语言学与应用语言学研究

北京师范大学汉语文化学院 编

第四辑

中国社会科学出版社

图书在版编目(CIP)数据

语言学与应用语言学研究. 第 4 辑 / 北京师范大学汉语文化学院编. —北京：
中国社会科学出版社，2015.12

ISBN 978 – 7 – 5161 – 6734 – 2

Ⅰ.①语…　Ⅱ.①北…　Ⅲ.①汉语 – 语言学 – 文集②汉语 – 应用语言学 –
文集　Ⅳ.①H1 – 53

中国版本图书馆 CIP 数据核字(2015)第 174106 号

出 版 人　赵剑英
责任编辑　任　明
责任校对　韩天炜
责任印制　何　艳

出　　　版　中国社会科学出版社
社　　　址　北京鼓楼西大街甲 158 号
邮　　　编　100720
网　　　址　http：//www. csspw. cn
发 行 部　010 – 84083685
门 市 部　010 – 84029450
经　　　销　新华书店及其他书店

印刷装订　北京市兴怀印刷厂
版　　　次　2015 年 12 月第 1 版
印　　　次　2015 年 12 月第 1 次印刷

开　　　本　710 × 1000　1/16
印　　　张　23
插　　　页　2
字　　　数　401 千字
定　　　价　58.00 元

目　录

名词和定名短语充当主、宾语的差异

刘相臣 *

（北京师范大学汉语文化学院；南通大学文学院）

摘要： 名词和定名短语往往被当作一个整体来看待，本文发现二者除了具有相同之处，同时存在差异。本文探讨了二者作主、宾语时的差异，发现很难笼统地说充当主、宾语的能力孰强孰弱，一方面由于定名短语中"定"的作用，定名短语的能力将会强于名词，而另一方面也正是由于"定"的存在，导致了定名短语的能力要弱于名词。希望本探讨能对对外汉语教学有所裨益。

关键词： 名词；定名短语；主语；宾语；差异

人们往往把名词和定名短语当作一个整体来看待，我们发现二者除了具有相同之处，还存在差异。本文从作主语和宾语两个方面探讨二者的差异，希望能加深对名词和定名短语的认识，希望能对对外汉语教学有所裨益。

一　名词和定名短语作主语的差异

（一）名词受限的情况

1. 语用因素是导致名词受限的重要原因。相关表现如下：

（1）句子的主语往往是语用平面的已知信息，主语语域往往要求该位置的语言单位为定指性成分，从而影响到相应名词和定名短语的句法表现。

①专有名词作主语时，一般认为其定指性使得它们可较为自由地充任句子的主语。可有趣的是，即使如此，有时也还须添加相应的确指性定语。

---

* 作者简介：刘相臣，北京师范大学汉语文化学院 2011 级博士生，南通大学文学院副教授，主要从事对外汉语教学与现代汉语语法研究。

如下面说明主语性状的名词谓语句例：

　　　小王大眼睛，（小李小眼睛）。——一班的小王大眼睛。

这正是主语定指性强烈要求的反映。

②普通名词作主语时，主语语域的定指性要求在句法上有两种实现方式：

一是名词前面带上名词、代词等相应的确指性定语，使整个定名短语具有定指意义。

二是利用上下文语境的制约使其有具体的所指，这可看作第一种形式的省略。可是相应定名短语的"定"有时却不能省略。如：

A. 张斌先生（2000）分析说，名词谓语句中"如果谓语由那些不能扩展的名词性短语组成的话，主语一般要求是体词性短语，单个的体词只有在对举的句子中才能出现"。并举例：

　　　隔壁的孩子黄头发。——＊孩子黄头发。
　　　这张桌子三条腿。——桌子三条腿，（椅子也是三条腿）。

其实在其他类型的句子中，也存在着同样的情况：

　　　这种鸟会倒飞。——＊鸟会倒飞。
　　　这只猫不会爬树。——＊猫不会爬树。

我们可以看到，这些句子的谓语表某种不具普遍性的情况，即这种情况只是就特定的主语事物而言的，所以主语位置的名词多带有相应的确指性定语。

B. 同样的情况也存在于表判释关系的名词谓语句。我们参照符淮青先生（1996）所归纳的名词的释义模式：$m = tL$（m 代表被解释的词，t 代表种差，L 代表类词语），把表判释关系的名词谓语句的成句模式理解成："tL，m"或"m，tL"，并把 t 的所指放宽至各种定语。

如果要实现"判"的表述功能，则使用"tL，m"模式，此时判释句的主语一般由相应的定名短语充当。如：

　　　华人的最重要的节日，春节。——＊节日，春节。
　　　世界最高峰珠穆朗玛峰。——＊高峰珠穆朗玛峰。

如果要实现"释"的表述功能，则使用"m，tL"模式。普通名词作主语时，如果此时说话人是将它所代表的类当作一特定的对象来认识，则主语可由光杆名词充当，否则就需要添加确指性定语。如：

> 鲸鱼，世界上最大的哺乳动物。
>
> *姑娘，我的爱人。——那个短发姑娘，我的爱人。

C. 特别是某些抽象名词充任主语，其语义上的模糊性、不自足性更使得它们多以定名短语的形式出现，无论在多么具体的语境中也不能去掉相应的定语。如：

> 这方面值得我们重视。——*方面值得我们重视。
>
> 这种舍己为人的精神一定要发扬光大。——*精神一定要发扬光大。

（2）句子的主语对应于语用平面的未知信息时，主语名词前需添加"数量"定语，而且这种不定指标记是强制性的，如果缺少该"数量"定语，句子的可接受程度会大大降低。如：

> a. 一个家伙掠过来，用手抠了黎芬一把。（李国文：《情敌》）
>
> *家伙掠过来，用手抠了黎芬一把。
>
> b. 又像用了力掷在墙上而反拨过来的皮球一般，一个小学生飞奔上来，一手按住了自己头上的雪白的小布帽，向人丛中直钻进去。（鲁迅：《示众》）
>
> ? 又像用了力掷在墙上而反拨过来的皮球一般，小学生飞奔上来，一手按住了自己头上的雪白的小布帽，向人丛中直钻进去。

2. 语义因素也是导致名词受限的一个重要原因。以下面几种情况为例。首先看下面的例句：

> 几个人一起看海。——*人一起看海。
>
> 几个朋友围着柜台，吃喝得正高兴。——*朋友围着柜台，吃喝得正高兴。

例句的主语必须要带数量定语，因为句子其他位置包含着对主语的数量要求。第一例的状语为"一起"，后一例的谓语动词之一为"围"，它们都具有［＋量大］的语义特征或要求，要求名词性主语具有复数义，而光杆名词"人"、"朋友"难以获得明确的复数义，这就需要添加表人多的定语。

再看下面的两组例子：

> 一个月三十天。——*月三十天。

木头的桌子比铁的轻。——＊桌子比铁的轻。

上述例句中，定名短语作主语，其"定"和句中其他句法成分对举使用，一般不能缺失，也就是说此时相应的光杆名词作主语往往要受到限制。

（二）定名短语受限的情况

作主语时受限并不是名词的专利，定名短语也有受限的情况。

1. "语义程度极低的词语＋名词"类定名短语受限

石毓智先生（2001）发现下面的句子一般只能采用否定式：

　　a. <u>景气的地方</u>没有几个。

　＊<u>景气的地方</u>有好几个。

　　b. <u>照面的机会</u>不多。

　＊<u>照面的机会</u>很多。

从另一角度看，则是：画线的这类定名短语一般只能充任否定句的主语。相应的光杆名词却不受此限制、非常自由：既可出现在否定结构中，也可出现在肯定结构中。如：

　　a/. 地方没有几个。

　　地方有好几个。

　　b/. 机会不多。

　　机会很多。

例句 a、b 中，主语名词的定语都是语义程度极低的词语。依据自然语言肯定和否定公理：语义程度极低的词语，只能用于否定结构中；语义程度极高的词语，只能用于肯定结构中。"景气"、"照面"这类语义程度极低的词语虽然作定语，但同样影响到其所修饰的名词不能充任肯定句的主语。

2. "语义程度极高的词语＋名词"类定名短语受限

与某些句子一般只能采用否定式相反，下面的句子一般只能采用肯定式：

　　? 条条大路都不通北京。

　　? 件件家具都不自己买。

例句中主语位置的定名短语的"定"为量词重叠式，这类定语表遍指，其语义程度极高。修饰名词时，其语义便扩展到整个短语。受自然语言肯定和否定公理的作用，句子为否定式时，充当主语的名词性成分不能包含语义程度极高的定语：

> 大路都不通北京。
>
> 家具都不自己买。

其实"重叠量词＋名词"类定名短语即使作肯定句的主语也并不是自由的：不能作受事主语。如：

> ＊箱箱衣服他都卖了。
>
> ＊箱箱衣服都被卖了。

原因在于这类定名短语在语义上要求有所为，如"具有某种性质"、"拥有某种东西"、"发生了什么情况"等。

我们发现，定名短语作主语时受限的情况并不少见，一个重要的原因就是定名短语所在的句子包含着与定名短语的"定"相排斥的语义成分。如：

> ＊全身一丝不挂的婴儿戴着肚兜。——婴儿戴着肚兜。

二　名词和定名短语作宾语的差异

（一）数量定语对名词充当宾语的影响

1. 宾语需为"数量名"短语的情况

这种情况下，名词作宾语受到限制，"数量名"短语却可以比较自由地充任宾语。如：

（1）一部分动词要求宾语必须带数量成分，否则句子就不成立。如：

> 从南到北连亘500里路。——＊从南到北连亘路。
>
> 两处合计六十人。——＊两处合计人。

该类动词主要有：连亘、相距、相去、连续、合计、共计、总计、何止等。此外，受"一共、总共"类状语修饰的谓语也有同样的要求。如：

> 仓库里一共有六万公斤大米。——＊仓库里一共有大米。
>
> 我们总共买了三斤葡萄。——＊我们总共买了葡萄。

（2）非心理动词受程度副词（如"很、颇、略微、稍微、稍、多少"等）修饰时，作其宾语的具体名词必须接受不定数词的修饰，组成定名短语。如：

　　*很有蔬菜——很有一些蔬菜

　　*很种地——很种了几年的地

　　有、无某种具体的事物没有程度可言，具体名词要想出现在上述结构中，必须获得程度义。而程度和数量是相通的，程度表现的其实是一种模糊量，我们说正是在"表不定量的多数"的数量定语的帮助下，具体名词才获得了程度义，从而也就可以接受程度副词修饰的。

　　（3）动词带结果补语或趋向补语时，其名词宾语得带数量定语。如：

　　　*打破砂锅——打破一个砂锅

　　　*小厂引进外资。——小厂引进一笔外资。

　　我们发现，部分"动+补"结构的复合词也有同样的句法要求。如：

　　　*山前崛起大楼。——山前崛起一幢大楼。

　　　*我看见石头。——我看见一堆石头。

　　（4）动词加动态助词"了"时，其名词宾语得带数量定语。如：

　　　*吃了苹果——吃了一个苹果

　　　*用了时间——用了一个月的时间

　　（5）双宾语结构中，间接宾语表位移的终点处所或动作的对象时，直接宾语得带数量定语，光杆名词缺乏占据这个位置的能力。如：

　　盛碗里三条鱼——*盛碗里鱼

　　问老师一个问题——*问老师问题

　　上述（3）、（4）、（5）情况下，作宾语的名词得带数量定语，这是就事件句（即"叙述一个独立、完整的事件的句子"）而言的，而在非事件句中，光杆名词也可充任宾语。如：

　　　送学校油画，谁出的主意？（疑问句）

　　　她经常问老师问题。（惯常句）

　　　付他工钱。（祈使句）

　　　小厂引进外资。（标题句）

　　　买了书就走。（从属句）

　　（6）双宾结构的直接宾语如果是结果宾语，那么一定要带数量定语。如：

　　　　烫了孩子好几个泡——＊烫了孩子泡

　　　　捂了他一身痱子——＊捂了他痱子

（7）数量对应句中，宾语名词的数量定语也多不能缺失。如：

　　　　两斤漆混合一斤汽油。——＊两斤漆混合汽油。

　　　　一美元兑换八元人民币。——＊一美元兑换人民币。

（8）表领有的"有"字句。如：

　　　　这张桌子有三条腿。——？这张桌子有腿。

　　　　那姑娘有一双漂亮的大眼睛。——？那姑娘有眼睛。

　　句子的宾语为"数量短语（＋表示描述的词语）＋名词"，名词中心语前面的定语是不可少的，也就是说此时宾语须由相应的定名短语充当。该类句子与其说表领有，不如说是强调对主语的描述，如第二例的意思是"那姑娘的眼睛又大又漂亮"。我们认为该类句子也表领有，但对主语的描述方是语句的表达重心，如果把定名短语替换为相应的名词，句子往往就会因为定语的缺失而不能提供新信息，故右列的句子我们一般不说。

　　（9）"数量名"短语可自由地充任存在句的宾语，普通名词却不能。具体如：

　　①"有"字句：

　　　　屋前有一棵老树。——？屋前有老树。

　　　　门外有一个姑娘。——？门外有姑娘。

　　②"是"字句：

　　　　大门外是一个广场。——？大门外是广场。

　　　　墙外是个足球场。——？墙外是足球场。

　　③"着"字句：

　　　　墙上挂着一幅画儿。——？墙上挂着画儿。

　　　　门口站着两名卫兵。——？门口站着卫兵。

　　"着"字句中，宾语名词的定语有时也可以是其他类型。如：

　　　　床上坐着刚下飞机的客人。

　　　　手里捧着五彩缤纷的鲜花。

　　我们发现，"——"右侧的句子不自足，一般不单独成句，除非出现于对举格式。如：

> 墙外是足球场，墙内是篮球场。
>
> 墙上挂着画儿，地上堆着画，到处都是画。

存在句的主语表处所或方位，而处所和方位总是有一定的范围和区域，在人们的认知中是有界名词，组合搭配时要求宾语为有界名词，而数量定语恰恰具有变相应的无界名词为有界的功能。有趣的是，即使作宾语的是有界的专有名词，往往也须添加数量定语。如：

> 门口站着个林妹妹。
>
> 斜对门的豆腐店里确乎终日坐着一个杨二嫂。（鲁迅：《故乡》）

这恐怕还与宾语表新信息的倾向性有关。

2. 宾语排斥"数量名"短语的情况

这种情况下，"数量名"短语作宾语受到限制，名词却可以比较自由地充任宾语。如：

（1）石毓智先生（2001）注意到动词中有一特殊的小类——定量动词，对所带宾语有特殊的数量限制。有一类定量动词排斥"数量名"宾语，如"屏障、撩拨"等：

> 屏障目光——＊屏障一（两、三……）道目光
>
> 春色撩拨人。——＊春色撩拨一（两、三……）个人。

这类动词（或动词的某个特定义项）具有书面语色彩浓、历史长的特点，跟一般动词相比，句法活动能力弱，可看作古汉语词语在现代汉语中的化石。

（2）动词重叠形式排斥"数量名"宾语。如：

> 看看书——＊看看一本书
>
> 讨论讨论问题——＊讨论讨论一个问题

（3）下面这类句子的宾语也排斥"数量名"短语：

> 他吃着饭——＊他吃着两碗饭
>
> 他正读着书——＊他正读着一本书

例句分两类：

①动词带动态助词"着"。有一点需要说明：此时动词是动作动词，宾

语是动作的受事，这类句子表动作进行，不同于表状态的"着"字存在句。

②动词受"正在、正"等时间副词的修饰。

＊（他）在中学读一本书 —— （他）在中学读书

＊他在小教室看一本书。——他在小教室看书。

我们认为可以对（3）中的例子加以概括："动＋数量名"不能用于进行时。

对于（2）、（3）这两种现象，沈家煊先生（1995）从有界和无界的角度进行过探析：

定时动作"看看"等　固定终止点　排斥数量词

延续动作"架着"等　没有终止点　排斥数量词

（4）"动词＋动量/时量短语"排斥"数量名"宾语。如：

看了一遍书——＊看了一遍五本书

读了三遍课文——＊读了三遍两篇课文

"动词＋动量/时量短语"也应属"定时动作"，自然是排斥"数量名"宾语的。

（5）"处所＋动词＋'满'＋宾语"结构的宾语位置排斥包含具体数量义的定名短语。如：

a. 树上长满了苹果。

——＊树上长满了六个苹果。

——树上长满了非常多的苹果。

b. 桌子上堆满了课本。

——＊桌子上堆满了五本课本。

——桌子上堆满了很多课本。

"满"类补语在结构中表示语义极大的模糊量，与宾语的具体数量相冲突。

（6）陈述句中，受否定词"不"修饰的谓语多排斥"数量名"宾语，而相应的名词宾语却不受此限制。如：

＊他不喝三碗汤。——他不喝汤。

＊他不学几首民歌。——他不学民歌。

对此，参照石毓智先生（2001）可解释为：否定词"不"只能否定连续量，带"数量名"宾语的动词被有界化，具有明显的离散性特征，因而不能受"不"的否定。

可我们发现，"数量名"宾语即使出现于"没（有）＋谓语＋宾语"结构的陈述句中，也多不合语感，相应的名词宾语不受此限制。如：

> ？我没买三本书。——我没买书。
>
> ？小刘没喝三口水。——小刘没喝水。

不过这里所说的"数"不包括"一"、"几"等几个小数。如：

> 我没买一本书。／我没买几本书。
>
> 小刘没喝一口水。／小刘没喝几口水。

此时句子取的或者说强调的是数词的［＋量少］义，而不是具体数量义。

（7）受"半分、半句、丝毫"等定语修饰的名词不能作肯定句的宾语。如：

> a. 他说过瞎话。
>
> ＊他说过半句瞎话。
>
> b. 小李也动过恶念。
>
> ＊小李也动过丝毫恶念。

前边曾提过，自然语言中有这样一条公理：语义程度极低的词语，只能用于否定结构。例句中作定语的"半分、半句、丝毫"恰恰正是极小量成分。

（8）受"重叠量词"等定语修饰的名词不能出现于宾语位置。如：

> a. 他卖掉了衣服。——＊他卖掉了件件衣服。
>
> 他喝完了汤。——＊他喝完了碗碗汤。
>
> b. 他把衣服卖掉了。——＊他把件件衣服卖掉了。
>
> 他把汤喝完了。——＊他把碗碗汤喝完了。

（9）动宾组合可分为表事类和表事例两类：前者表具概括意义的"事"，宾语不带数量定语；后者表具体的"事"，宾语带数量定语。二者是有差异的。

①表职业的只能是事类。如：

> 卖豆腐的走了。——＊卖一块豆腐的走了。

卖香烟是他的职业。——＊卖一支香烟是他的职业。

②事类可作为判断、陈述的对象，而事例则一般不可。如：

看书是非常有意义的事情。——？看一本书是非常有意义的事情。

养宠物是老年人排遣孤独的好方式。——？养一只宠物是老年人排遣孤独的好方式。

从中我们不难看出名词和"数量名"短语的句法功能差异。

（二）其他类型的定语对名词充当宾语的影响

名词充当宾语时，还受其他类型的定语的影响。

1. 通过上面的分析，我们发现某些谓词对其宾语具有强制性的语义要求。比较明显的还有下面这两种情况：

（1）"睒、扑闪、坠"等要求其后的名词性宾语包含"大"义，而不能是表"小"义的成分。如：

扑闪着一双大眼睛——＊扑闪着一双小眼睛——扑闪着一双眼睛

树上坠着一个大石榴。——＊树上坠着一个小石榴。——树上坠着一个石榴。

（2）"理会、理睬、在乎"等要求其后的名词性宾语包含"小"义，而不能是表"大"义的成分。如：

很少理睬这类小问题——＊很少理睬这类大问题——很少理睬这类问题

他不在乎这些小事情。——＊他不在乎这些大事情。——他不在乎这些事情。

2. 抽象名词作为名词中的一个小类，在语义上往往不能自足。作宾语时，往往需要添加相应的定语以缩小外延、明确所指。如：

＊我们坚决反对要求。——我们坚决反对无理的要求。

＊这充分体现作风。——这充分体现我们空军的作风。

以上是作谓宾的情况，其实在作介宾时，抽象名词也往往具有同样的要求。如：

＊拿材料生产化肥——拿新材料生产化肥（介宾表材料）

＊用东西切肉——用这种东西切肉　　　（介宾表工具）

　　＊从方向去北京——从那个方向去北京　　（介宾表方向）

　　＊朝地方前进——朝人多的地方前进　　　（介宾表处所）

作"比事"时，有时即使是具体名词也须添加相应的定语。如：

　　我的书比他的书多。——我的书比他的多。

　　——＊我的书比书多。

　　木头的桌子比铁的桌子轻。——木头的桌子比铁的轻。

　　——＊木头的桌子比桌子轻。

该类句子可用符号表示为"X 的 N + 比 + Y（的 N）+ VP"。有趣的是：介宾中的"（的）N"在一定的条件可以隐去，其定语 Y 却是无论如何也不能缺失的。

　　3. 重动句"S + V + O + V + 得 + R"

　　（1）对于名词来说，"O"是开放的：无论是定指的，还是不定指的名词，均可出现在"O"位置上。如：

　　申思踢足球踢得棒极了。（张斌 2000 用例）

　　老人晒太阳晒得满身通红。（张斌 2000 用例）

　　（2）定名短语要想出现在"O"位置上，其定语须是表示定指的词语。如：

　　他烧菜烧得兴致十足。——他烧这几道菜烧得兴致十足。

　　祖海唱民歌唱得特好。——祖海唱中国民歌唱得特好。

而且较之名词，定名短语要受更多的限制。如：

　　踢球踢上瘾了。——＊踢那场球踢上瘾了。

　　4."变成、变作、成为、化为、是……了"等谓词或谓词性结构表变化，顺序义名词可以自由地充任它们的宾语，词义中没有顺序义的名词则须前加相应的定语。如：

　　a. ＊至此古猿终于变成了动物。——至此古猿终于变成了智能动物。

　　b. ＊她已经成了姑娘了。——她已经成了大姑娘了。

非顺序义名词变为相应的定名短语后，方可与其否定概念构成顺序序列，并在序列中获得顺序义，满足谓语对［＋变化］的语义要求。

5. "是"字句

"是"字句是一类较为特殊的句子，按照动词"是"作用的不同，可把"是"字句分为三类：表事物等于什么或属于什么，表事物的特征、情况，表事物的存在。表存在的情况，前面已探讨过，接下来看一下另两类"是"字句对名词和定名短语的选择情况。

（1）表等于或属于

一价名词作宾语时往往要配价名词作其定语。如：

> ＊九是倍数。——九是三的倍数。
> ＊她是老乡。——她是我的老乡。

从另一个角度看，一价名词包含着部分抽象名词。前面说过抽象名词作宾语多须添加相应的定语，以使其所指具体明确，在这里也不例外。如：

> ＊这是地方。——这是我师傅住过的地方。
> ＊今天是日子。——今天是我最快活的日子。

一价名词还包含了部分对称关系集合名词。对称关系集合名词在对某人或某物作分述式判断的句子中作宾语时，须以相应定名短语的形式出现。如：

> ＊小王是亲戚。——小王是我家的亲戚。（"亲戚"等表亲属关系）
> ＊小王是同事。——小王是我的同事。（"同事"等表社会关系）

此外，下面的这两种情况也要求名词宾语带上相应的定语。

首先看下面的例子：

> ＊去美国不是事情。——去美国不是件简单的事情。
> ＊这年头不是年头。——这年头不是养骆驼的年头。

左列的句子有一个重要的特点：否定词"不"否定名词宾语，从而造成了主宾语义上的直接冲突，影响到句子的成立；右列的句子，由于宾语名词带上了相应的定语，"不"的否定意义就转而指向定语，所以不影响句子的成立。

从语义上看，下面句子没有什么毛病，但日常交际中一般也不说：

> ＊他的路子都是路子。
> ＊我的一生是一生。

这类句子有一个重要的特点就是：宾语是对主语的简单重复。从语用的角度看，句子是用来传递新信息的，如果宾语不包含新信息往往会影响句子的成立。名词宾语添加作为新信息的定语后句子就可以成立了。如：

> 他的路子都是李白的路子。
> 我的一生是充满追求的一生。

（2）表特征、情况

可粗略地分为如下几类：

①描写主语的外在性状

> 这张桌子是三条腿。——＊这张桌子是腿。
> 叶蒂从写字台后钻出来，是满脸的汗水。——＊叶蒂从写字台后钻出来，是汗水。

②说明主语的内在特征

> 小李是一身的本事。——＊小李是本事。
> 你不应该是这个水平。——＊你不应该是水平。

③说明主语的数量

> 他们家是四口人。——＊他们家是人。
> 这个花瓶是两块钱。——＊这个花瓶是钱。

④说明主语所领有的人或物

> 刘女士是一个儿子。——＊小刘女士是儿子。
> 小李现在是一屁股的债。——＊小李现在是债。

综上，就充当宾语的能力而言，很难笼统地说名词强，还是定名短语强。一方面由于定名短语中"定"的作用，定名短语的能力要强于名词。另一方面也正是由于"定"的存在，导致了定名短语的能力要弱于名词，其中最为明显的就是"定"与句中其他成分在语义上不能相容，如：

> ＊他在案发现场抓获了不在现场的罪犯。——他在案发现场抓获了罪犯。
> ＊他一周前就离开了至今未涉足过的南极洲。——他一周前就离开了南极洲。

三　余论

通过以上分析，不难发现名词和定名短语虽然都是体词性的，但入句后由于各方面的原因在充当主、宾语时有不同的句法表现。这就提醒我们在对外汉语教学中要一般性的、粗线条的讲授是不够的；需要在大纲制订、教材编写、课堂教学等对外汉语教学相应环节中要有名词和定名短语存在差异的意识，在此基础上就名词和定名短语的下位类别，进行细致的讲解和操练，对外汉语教学需要较为细密的教学语法。

参考文献

崔应贤等：《现代汉语定语的语序认知研究》，中国社会科学出版社 2002 年版。

张斌：《现代汉语短语》，华东师范大学出版社 2000 年版。

符淮青：《词义的分析和描写》，语文出版社 1996 年版。

石毓智：《肯定和否定的对称与不对称》，北京语言文化大学出版社 2001 年版。

沈家煊：《"有界"和"无界"》，《中国语文》1995 年第 5 期。

刘顺：《现代汉语名词的多视角研究》，学林出版社 2003 年版。

黄伯荣、廖序东：《现代汉语》（下），高等教育出版社 1997 年版。

On Differences in the Syntactic Functions between the Noun and the "Attributive-and-Noun" Phrase

Abstract：The noun and the "attributive-and-noun" phrase are generally believed to be very similar in syntactic functions. But as to the subcategories of the nouns, there are differences between them. This paper explores the differences in the syntactic functions when they act as subject and object. Hope this paper can do good to Chinese teaching for foreign students.

Key words：noun; "attributive-and-noun"; subject; object; difference

现代汉语多义语素"风"的义项分类分级研究[*]

崔　娜

（北京师范大学汉语文化学院　北京联合大学应用文理学院）

摘要： 本文以现代汉语单音节多义语素"风"为例，初步探讨了在汉语二语教学中，如何运用词汇语义学的相关理论，根据义项间的远近亲疏关系，有意识地将语素义进行分类和分级，引导学生有效地归类学习，逐步培养他们建立起汉语词汇语义的系统观，并达到举一反三的能力。

关键词： 多义语素；义项；词汇语义

一　问题的提出

一首"最炫民族风"的歌名让班里的同学产生了不小的困惑：为什么这个"风"与"刮风"、"风景"中的"风"意思完全不同；为什么这样一个"风"字会有那么多的意思？

其实，学生产生这个问题的症结就在于他们的头脑中还没有建立起来汉字、语素、词汇这三个独立的系统，并没有意识到汉字只是记录词或者语素的符号，因此，每遇到一个生字，他们就认为是一个生词，误把字混淆为词，得出了一个汉字有好几个意义的结论。对此，朱志平（2013）曾指出，汉字与其所记录的词汇在意义上可能存在四种关系，即：第一，字义与词义完全一致；第二，字义与词义（或语素义）相关，但有差异；第三，字义与词义无关，汉字只是记录这个词或者这个词的组词语素的声音，并不记录其意义；第四，汉字只记录某个词的一半，本身并不直接表示词义。字义与词义之间错综复杂的关系要求教师在教学中不仅要引导学生学会归纳总结，

　＊ 基金项目：本研究是教育部社科项目"汉语作为第二语言教学词语属性基础研究"（项目号：12YJA740121）的阶段性成果之一，项目负责人朱志平。

更要适时地帮助他们进行条分缕析的工作，在这个过程中，必然要对"风"的不同义项进行相关的分类和分级，下面，我们将就这一问题进行初步的探讨。

二 已有的相关研究

首先，对于"最炫民族风"中"风"的意义，已经有学者进行了相关的研究，如，韩晨宇（2007）曾将"X风"按照语义的不同分为四组，分别是：（1）表示空气流动的现象，如：城市风、干热风；（2）表示某种倾向和做法，如：平调风、造谣风；（3）表示某种社会风气，如：浮夸风、摊派风；（4）表示社会流行的某种热潮，如：中国风，休闲风。他认为其中的"风"是类词缀，但仍具有不同的理性意义。阮绪和（2011）、马小里（2009）也持同样的观点，阮绪和（2011）认为，"X风"中的"风"虽然可看作类词缀，但它的虚化程度较低，仍有较强的词根意义；马小里（2009）则进一步指出，在"欧美风"、"中国风"、"英伦风"等词语中，"风"可以解释成"外在的姿态"，"X风"基本可以换成"X风格"；在"狩猎风"、"整容风"等词语中，"风"有"风气"的意思；而"风格"和"风气"只是"风"的基本意义，"X风"中"风"最合适的解释是"风尚"。

我们查阅了《现代汉语词典（第6版）》（以下简称"《现汉》"），其中"风"的义项共有12个，分别是①：（1）（名）跟地面大致平行的空气流动的现象，是由于气压分布不均匀而产生的；（2）（动）借助风力吹（使东西干燥或纯净）：～干，晒干～净；（3）借风力吹干的：～鸡，～肉；（4）像风那样快：～发，～行；（5）风气、风俗：蔚然成～，移～易俗，不正之～；（6）景象：～景，～光；（7）态度、姿态：作～，～度，～采；（8）（～儿）（名）风声、消息：闻～而动，刚听见一点～儿就来打听；（9）传说的，没有确实根据的：～闻，～言～语；（10）指民歌（《诗经》里的《国风》，是古代十五国的民歌）：采～；（11）中医指一种致病的重要因素（六淫之一）或某些疾病：～疹，～湿，羊痫～，鹅掌～；（12）（名）姓。〈古〉又同"讽"fěng。

---

① 中国社会科学院语言研究所词典编辑室编：《现代汉语词典（第6版）》，商务印书馆2012年版，第386页。

可见，以上三位学者认为"X风"中"风"的意义，对应的是《现汉》中"风"的义项（5）和义项（7）。《现汉》"凡例"中已指出给单字条目标注词类的原则是："词典在区分词与非词的基础上给单字条目、多字条目标注了词类，……单字条目在现代汉语中成词的标注词类，不成词的语素和非语素字不做标注。"①

因此，在《现汉》示例中，"风"表示（1）、（2）、（8）这三个义项的意义时可作为成词语素，而在表示其他义项的意义时，是不成词语素，这与三位学者认为"X风"中"风"是类词缀的观点是一致的。因此，我们认为，在"最炫民族风"中"风"的意思更接近于《现汉》中"风"的义项（5）"风气、风俗"，可进一步解释为"在一定时期中社会上流行的风气和习惯"。

一个简简单单的汉字"风"，却记录了十多个不同的意义，其中既有不成词语素义，又有成词语素义（词义），如此多的意义被隐含在同一个字形下，这就难免会造成学生们的疑惑。接下来，我们将继续讨论如何在汉语二语教学中，使留学生建立起汉语词汇语义的系统观，引导他们透过汉字的"外衣"进行有效的学习，较好地掌握类似"风"这样的多义语素。

朱志平（2005）在谈到"引申理论与语素的多义性"问题时曾对"开"的本义和引申义进行了双向分析，根据各个义项与本义间的远近亲疏关系及语用特点，将"开"的19个义项分为"实物原状态不再延续"、"社会原状态的不再延续"、"抽象事物的不再连接"、"词义的语法化"4个义列，并指出，如果能按照不同的义列进行汉语二语教学，那么多义词或者多义语素的现象就会变得容易驾驭。而为了了解同一语素各个义项之间的关系，应该先了解本义，本义往往可以通过汉字字形的分析获得。

三　我们的研究

我们参考了《说文解字注》，其中对"风"的释义为："风，八风也。东方曰明庶风；东南曰清明风；南方曰景风；西南曰凉风；西方曰阊阖风；西北曰不周风；北方曰广莫风；东北曰融风。风动虫生，故虫八日而化。从虫，凡声。"由此可知，"跟地面大致平行的空气流动的现象，是由于气压

---

① 中国社会科学院语言研究所词典编辑室编：《现代汉语词典（第6版）》，商务印书馆2012年版，第5页。

分布不均匀而产生的"是语素"风"的本义，而其他意义则是由此产生的引申义。我们尝试按照不同的语义关系形成的引申方向，将"风"的 11 个意义（作为"姓"的义项不纳入这一讨论）划分为不同的序列，同时将每个序列中的各意义归并为不同的子范畴。划分的标准是：同一序列的各意义之间联系紧密，具有共同的义素；不同序列的意义之间联系松散，所包含的义素彼此间差异较大。划分的结果如下①：

（1）空气流动的现象

第一序列：[＋流动性]

　　　　流动的速度：（4）像风那样快；

　　　　流动的扩散性：（9）传说的，没有确实根据的；（8）风声、消息；

　　　　流动的破坏性：（11）中医指一种致病的重要因素（六淫之一）或某些疾病；

第二序列：[流动经过的地域]

　　　　自然现象：（6）景象；

　　　　社会现象：（5）风气、风俗；（10）民歌；〈社会文化〉

　　　　| |　　（7）态度、姿态；〈个人精神面貌〉

第三序列：[流动产生的力量]

　　　　借风力吹：（2）借助风力吹（使东西干燥或纯净）；（3）借风力吹干的

第一序列，其中的各义项义位都含有［＋流动性］这一义素，它们的引申方向都与风的这个特点相关，同时，还可以继续划分出三个子范畴：第一，空气流动的速度有快有慢，因此可以产生出"像风那样快"的速度；第二，空气在流动时具有扩散性，会传播很多事物，其中就可能有"风声、消息"，也可能有"传说的，没有确实根据的（事情）"；第三，如果空气流动形成大风，常伴随着恶劣的天气，产生的破坏性后果之一就是导致人们生病，对人体造成伤害，因此"风"就代表了"一种致病的重要因素（六淫之一）或某些疾病"。

第二序列，其中的各义项义位都含有［＋流动经过的区域］这一义素，引申方向也与此有关，此序列也可划分为两个子范畴：第一，空气流动时会流经不同的地域，而不同地域的自然现象——"景象"一定不同；第二，

① 括号中的数字表示在《现代汉语词典》（第 6 版）中"风"的义项序号。

不同地域的社会现象也会各有特色，既可能体现在"风气、风俗"方面，这可以通过当地的"民歌"来表现，即，社会文化方面；又可能体现在不同地域人的"外在的姿态、作风"等个人精神面貌方面。

第三序列，其中的各义项义位都含有［＋流动的力量］这一义素，并据此产生了引申，可以"借助风吹（使东西干燥或纯净）"，同时此意义又可转喻指"借风力吹干的（事物）"。

通过这样的划分，就将"风"的义项分为三个序列和六个不同的子范畴。

我们这样划分序列，除了语义关系的原因以外，还有另一个原因。

据《汉语大字典》记载，汉字"風"在古代至少记录了两个语素，它们的读音不同，一是 fēng，《广韵》方戎切，平东非，侵部；二是 fèng，《广韵》方凤切，去送非，又方戎切，侵部。对照《汉语大字典》和《现汉》中的义项可知，第三序列中表示"借助风吹（使东西干燥或纯净）"、"借风力吹干的（事物）"的意义的"风"实为"fèng"，只是由于后来的简化，"fèng"与"fēng"合并到一起了。

下面，我们借助语料库，考察"风"的各个义项的使用频率。

我们选取"CCL 语料库系统（网络版）"中的现代汉语语料进行统计分析，这个语料库规模较大，共收录 4.77 亿字，并涉及不同的语体、语域、体裁，能较全面地反映中国人使用词语的实际情况，符合我们的研究需求。我们在语料库中检索出含有"风"字的词语，共有 266935 条记录，我们选取前 5000 条记录，并采取随机抽样的方法，通过等距抽样，抽取 10% 的样本进行统计，也即每隔 10 个样本抽取 1 个，逢"1"必抽，共收集到 500 条语料。通过对其中"风"的语素义进行分析，并参照《现汉》中的义项归类整理，得到的统计结果如表 1 所示：

表 1　　　CCL 语料库系统（网络版）中"风"的各语素义的义频统计

义项	1	2	3	4	5	6	7	8	9	10	11
数量	248	1	0	1	61	51	111	10	1	1	15
%	49.6	0.2	0	0.2	12.2	10.2	22.2	2	0.2	0.2	3

说明："义项"一栏的数字"1、2、3…12"表示语料中"风"的语素义对应于《现汉》中"风"的第几个义项，"数量"一栏指该义项在检索语料中出现的次数。"%"表示该义项出现的次数在所有义项出现次数中所

占的比例，它间接反映出该义项的义频。

表1的结果显示，在现代汉语语料中，语素"风"不同语素义的使用频率差异显著，我们可以通过图1更清楚地看出。

据此，我们尝试将"风"的所有义项划分为四组，即"最常用义项"、"次常用义项"、"不常用义项"和"少用或不用义项"，具体情况如表2所示：

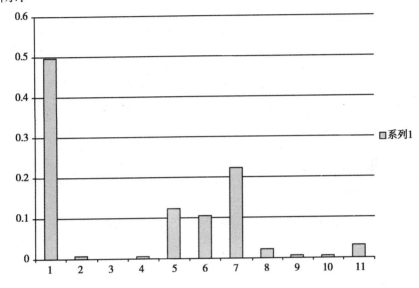

图1　CCL语料库中"风"的各义项的统计结果

表2　　　　　　　　　　　　　　"风"的各义项分级

"风"义项分级	数量	具体义项
最常用义项	1	跟地面大致平行的空气流动的现象，是由于气压分布不均匀而产生的
次常用义项	3	态度、姿态；风气、风俗；景象
不常用义项	1	中医指一种致病的重要因素（六淫之一）或某些疾病
少用或不用义项	6	借风力吹（使东西干燥或纯净）；借风力吹干；像风那样快；风声、消息；传说的，没有确实根据的；民歌

我们认为，在汉语二语教学中，对于"风"的"最常用义项"、"次常用义项"，应该重点教学，使学生能够全面掌握与之相关的词语，并能够正确使用；对于"不常用义项"，学生在特定的语境中理解即可，对使用不做硬性的要求；对"少用或不用义项"，如果在教学中没有遇到，可以不做要求。

为了考察"风"的各义项在汉语二语教学中是如何体现的以及体现的情况如何，我们又查阅了《新汉语水平考试等级大纲》（HSK1—6级）（以下简称《新HSK大纲》），作为规范性的水平大纲，它是汉语二语教学教材编写、课堂教学和测试的重要依据，具有相当的权威性。《新HSK大纲》中含"风"字的词语，共17个，具体如表3所示：

表3　　　　　　　　　　《新HSK大纲》中含"风"的词语

等级	3级	4级	5级	6级
含"风"的词语	刮风	风景	风格、风俗，风险、麦克风	风暴、风度、风光、风气、风趣、风土人情、风味、台风、威风、一帆风顺、作风

在这17个词语中，除了"麦克风"为音译外来词，其中"风"并无实际语素义外，其余16个词语中"风"的语素义都可归入我们之前对"风"的各个义项的划分序列中，具体如表4所示：

表4　　　　　　　　《新HSK大纲》中含"风"的词语按义项进行的分类

等级＼意义	3级	4级	5级	6级
空气流动的现象	刮风		风险	风暴、台风、一帆风顺
流动经过的地域（自然现象）		风景		风光
流动经过的地域（社会文化）			风俗	风气、风土人情、风味
流动经过的地域（个人精神面貌）			风格	风度、风趣、威风、作风

可以看出，《新HSK大纲》所列出的需要留学生掌握的含有"风"的词语，其中"风"的意义集中在了"跟地面大致平行的空气流动的现象，是由于气压分布不均匀而产生的"、"态度、姿态"、"风气、风俗"、"景象"这四个意义上，比照我们之前分析总结出的"风"的各义项的分级情况，这四个义项正是我们认为学生应掌握的"最常用义项"和"次常用义项"，只是在义项出现的先后顺序上与语料库的义频统计结果稍有差异，比如"风格"出现在了"风景"之后。但我们同时需要注意的是，在要求学生掌握3级词语"刮风"这个整词词义时，是否也应使他们了解其中"风"

的意义？因为据我们之前的分析，这是多义语素"风"的义项引申序列的基础，了解了这个意义，才便于学生今后学习其他"风"的引申意义，以及含有"风"的其他词语。

经过这样的工作之后，我们再教授不同等级含有"风"的词语时，就可以采用一种新的思路了，即有意识地引导学生在以"风"的意义为中心的语义场中，按照不同的引申序列，将这些词语进行归类记忆，逐步培养他们形成一种词汇语义的系统观，这样不但可以帮助他们更有效地学习课堂或教材中出现的词语，还可以培养他们"举一反三"的能力，再遇到含有"风"的词语时就能试着自己分析并猜测词义了。

四　对教材的反思

最后，我们以一套教材为例，简要探讨在教材中对于含有"风"字的词语的编排顺序的问题。

我们选择了《发展汉语（第二版）》"综合"系列教材作为考察的对象，这套教材是供来华学习汉语的长期进修生使用，分为初、中、高各层级。我们将其中"综合"系列的六本教材中含有"风"的词语逐个筛选出来，其中既包含生词表中的生词，也包含了课文中出现的含有"风"的词语，结果如表5所示：

表5　　　《发展汉语（第二版）》"综合"系列教材中
含"风"的词语的编排顺序

	生词表中出现的词语	课文中出现的词语
初级综合（Ⅰ）	10：风景	
初级综合（Ⅱ）	1：风俗	
中级综合（Ⅰ）	3：一帆风顺；8：风格	1：风，大风；5：被风掀起
中级综合（Ⅱ）	14：风险；15：风光	3：挡风玻璃；5：刮风下雨；8：上风上水
高级综合（Ⅰ）	2：风尚；14：风暴	1：风景；2：谈风（笔名）；3：作风；4：风情；7：风俗、作风；10：清凉的风、轻风；14：寒风、风险、台风、风霜雨雪
高级综合（Ⅱ）	1：风口浪尖；3：风风火火；8：风波；8：风行；10：风声	3：风鸣云影；6：风景、风格；7：风格；8：风俗、风格、风景

说明：表格中的阿拉伯数字表明是该册书的第几课。

　　观察表 5 可以发现，《发展汉语（第二版）》"综合"系列教材中对于含有"风"的词语的编排顺序比较随机，初级开始就出现了"风景"、"风俗"这类难度较大的词，而到了中级才出现"大风"、"刮风"相对较容易的词；对于"一帆风顺"这样的大纲 6 级词，也较早地出现在了中级阶段；而像"风行"、"风声"这类含有"风"的少用或不用义项的词，也出现在了高级阶段的生词表中。这与我们之前探讨的"风"的义项分级的结果以及新 HSK 大纲的等级顺序是有出入的，也许，这样的编排顺序是受到话题内容或者课文内容的限制，是一种不得已而为之的做法。面对这种情况，我们并不能强求教材完全按照对多义语素"风"的分级分类的结果进行编排，但仍希望在已有词汇的基础上，尽可能地引导学生建立起词汇语义的系统观，根据之前分析的语素"风"各义项形成的不同序列，来使学生能更容易和牢固地学习和掌握这些词语，使教学效果更加理想。此时，我们之前提出的观点同样可行，比如，在教材中，"作风"这个词直接出现在了高级阶段的课文中，之前并没有作为生词出现过，如果按照以往的教学方式，教师还是进行整词教学，学生感到的还是记忆新生词的痛苦和压力，如果采用新的方式，学生在中级阶段已经学过"风格"，在高级阶段教学"作风"时，教师引导学生对这两个词中"风"的意义进行联想记忆，教学的效果可能会更好。

　　这种以词汇语义系统观为基础的教学理念与之前学者提出的"集中识词"、"联想法"记忆生词的不同在于：这种方法是在教学之前，教师已经通过义频统计、引申序列的分析，对多义语素的各义项进行了分类和分级研究，并形成了一个需要学生知道的义项系统，即教师们已经心中有数，知道哪些教，哪些不教；哪些先教，哪些后教，哪些需要联想在一起教。这与随文记忆的"集中识词"和"联想法"是有着本质不同的。

　　希望本文的研究，能为解决汉语二语教学中的与"风"类似的多义语素义项的分级分类问题以及字词衔接问题提供些许的参考。

参考文献

　　北京语言大学汉语水平考试中心编：《汉语 8000 词词典》，北京语言大学出版社 2001 年版。

　　北京语言学院语言教学研究所编：《现代汉语频率词典》，北京语言学院出版社 1986 年版。

　　步延新：《面向对外汉语教学的单音节动词形容词义频研究》，北京师范大学 2005

年版。

曹先擢、苏培成主编：《汉字形义分析字典》，北京大学出版社 1999 年版。

陈明娥：《义位的归纳与义项的处理》，《柳州师专学报》2002 年第 9 期。

贾彦德：《汉语语义学》，北京大学出版社 1999 年版。

李格非主编：《汉语大字典（简编本）》，四川辞书出版社、湖北辞书出版社 2000 年版。

李耸、冯奇：《"风"和"wind"隐喻映射的文化透视对比》，《南昌大学学报》（人文社会科学版）2007 年第 7 期。

李行健主编：《现代汉语规范字典》，语文出版社 1998 年版。

林新年：《谈汉语的义素和义位的研究》，《福建师范大学福清分校学报》2003 年第 3 期。

刘志基：《疾病为何常称"风"》，《咬文嚼字》2009 年第 10 期。

罗竹风主编，汉语大词典编辑委员会、汉语大词典编纂处编纂：《汉语大词典》，上海辞书出版社 2011 年版。

马小里：《试论"X 风"》，《南京理工大学学报》（社会科学版）2009 年第 2 期。

国家汉办/孔子学院总部编制：《新汉语水平考试大纲 HSK 六级》，商务印书馆 2010 年版。

潘文国：《"本位"研究的方法论意义》，《华东师范大学学报》2002 年第 11 期。

阮绪和：《现代汉语类词缀"热"和"风"》，《辽东学院学报》（社会科学版）2011 年第 4 期。

施正宇：《从汉字教学看对外汉语教学中的本位问题》，《民族教育研究》2010 年第 6 期。

唐超群：《"义位"论》，《华中师范大学学报》（哲社版）1988 年第 1 期。

（汉）许慎撰，（清）段玉裁注《说文解字》，上海古籍出版社 1998 年版。

张志毅、张庆云：《词汇语义学》，商务印书馆 2005 年版。

中国社会科学院语言研究所词典编辑室编：《现代汉语词典（第 6 版）》，商务印书馆 2012 年版。

朱志平：《汉语二语教学词汇计量的维度》，《语言文字应用》2013 年第 2 期。

朱志平：《汉语双音复合词属性研究》，北京大学出版社 2005 年版。

张福存：《〈说文解字〉雨、风、云三部字的意义及先民自然观解读》，《许昌学院学报》2010 年第 3 期。

The study on the classification of the meanings ofpolysemous morphemes "风" in modern Chinese

Abstract：Taking monosyllabic and polysemous morpheme "风" as an example, this paper aims to explore how to apply the theory of lexical semantics to the classification of the meanings of a morpheme basing on the affinity-disaffinity relationship of the meanings of the morpheme in teaching Chinese as a second language so as to guide students to integrate this effective way of classification into Chinese language learning, help them construct a lexical semantic system and improve their lexical learning.

Key words：polysemous morphemes；meaning of morphemes；Lexical semantic

试论对外汉语教师课堂指令语的有效性

王 瑶

（北京师范大学汉语文化学院）

摘要：课堂指令语是教师传授知识、组织教学和管理课堂的重要手段。对外汉语课堂上，指令语几乎伴随着每个教学环节，影响着教学的连贯性、课堂互动的效果以及课堂活动的顺利进行。本文分析对外汉语教师课堂指令语的有效性，提出保证指令语有效性的几个原则：明确性、可懂性、简洁性、固定性、关联性，并在此基础上为对外汉语教师提供一些建议：教师在备课时要设计好将在课堂上使用的指令语，在学期开始教给学生课上常用的指令语、动作辅助指令语、动作提示替代指令语等。

关键词：对外汉语教学；课堂指令语；有效性

教师话语在课堂教学中既是学生语言输入的来源又是教师执行教学任务的工具。教师发出的指令是教师话语的一个重要组成部分，它是教师传授知识、组织教学和管理课堂的重要手段。教师指令也直接影响到学生课堂活动的完成效果以及对教学内容的领悟程度。[①]

对外汉语初级阶段，教师在课堂上使用指令语受到很大的限制，学生掌握的词语、句型相对较少，教师需要利用少量的词语、句型发出指令，完成教学任务。但是，笔者在参加赴泰汉语教师培训时，发现自己及其他同学在试讲时很容易说出学生无法理解的指令，比如"把卡片贴到黑板上"，学生往往似懂非懂，需要努力猜想老师的意图，这就影响了教学的顺利进行。学生无法理解或者影响教学效果的课堂指令语统称为无效指令语。反之，能够顺利引发学生的行为，保证教学顺利进行的指令语则为有效指令语。那么，

[①] 郑重：《汉语初级阶段教师课堂语言的考察和分析》，硕士学位论文，上海师范大学，2012年。

课堂指令语应该符合哪些条件才是有效的呢？教师如何保证指令语的有效性呢？

　　目前，关于英语课堂指令语的研究较多，但有关对外汉语课堂指令语的研究较少，缺乏系统性。本文结合具体案例，重点分析对外汉语初级阶段保证教师课堂指令语有效性的基本原则及教师在该方面存在的问题，并为对外汉语教学提供一些参考。

一　课堂指令语及其在对外汉语教学中的重要性

（一）课堂指令语

　　课堂教学是师生信息交流的系统，是教师发出信息学生接受信息和学生发出信息教师接受信息的动态过程。[①] 对外汉语课堂是以学生为主体的课堂，在课堂上，教师要安排学生进行大量的练习和操练，为此就要发出各种各样的指令，要求学生完成教师布置的任务。

　　1. 课堂指令语的定义

　　课堂指令语就是课堂上教师使用的用以实现教学功能的话语，是教师让学生在课堂上做某事的一种言语行为。它可以用来指示学生的行为，也可以用来解释与活动相关的内容和相关的操作程序。

　　2. 课堂指令语的分类

　　研究者依据不同的分类标准对课堂指令语进行划分。本文依据不同的交际目的，将其分为三种：第一，引发学生行为的指令语。教师发出该指令后，学生做出相应的反应。如"请大家跟我读"、"请同学们打开课本"等。第二，说明活动、游戏规则的指令。如，要开展"拍拍乐"的游戏，教师首先要说明游戏规则，学生依据规则开展游戏。第三，课堂纪律控制指令。它是用于组织和维持课堂秩序的教学指令，其目的是制止与学习活动无关的行为，保证教与学的活动顺利实施。本文的讨论在不同程度上涉及了这三类指令语。

　　3. 对外汉语课堂指令语的特殊性

　　与第一语言（L1）课堂相比，第二语言（L2）课堂的指令语具有特殊性。首先，课堂指令语不仅是教师组织课堂教学的工具，同时还是学生可理解语言输入的一个主要来源。学生在接受指令的同时，也强化了知识。其

---

① 杨惠元：《课堂教学理论与实践》，北京语言大学出版社 2007 年版，第 168 页。

次，在 L2 课堂上，教师使用课堂指令语受到很大限制。教师必须通过学生可以理解的语言形式来发出指令，一旦出现学生没有接触过的句式或生词，就有可能造成学生接受指令的失败。再次，L2 课堂更加要求课堂指令语的简洁性。在 L1 课堂上，教师可以发出比较复杂的指令，但这在 L2 课堂是绝对禁止的。因为语言形式越复杂、内容越多，学生理解起来越困难。复杂的指令语为学生带来不必要的困惑。

（二）课堂指令语在对外汉语教学中的重要性

教师从一上课就开始使用指令语（"现在上课"），指令语几乎伴随着每个教学环节。可以说，指令语的有效与否直接决定了每个教学环节能否顺利完成。具体说来，指令语影响着教学的连贯性、课堂互动的效果以及课堂活动的顺利进行。

1. 课堂指令语影响着课堂教学的连贯性

教学讲究连贯性，包括每节课的教学内容循序渐进以及各教学环节衔接自然。课堂指令语影响着教学环节的连贯性。各教学环节能否衔接自然取决于每个环节的教学内容能否顺利完成。课堂指令语是其中重要的影响因素，教师每讲一个语言点都会用到课堂指令语。请看下面的片段（斜体为教师指令语）：

> T：*大家跟我一起读：尝一下。*
>
> Ss：尝一下。
>
> T：（端着一盘水果走到 S1 面前）*尝一下。*
>
> S1：（夹起一块苹果尝了一下）
>
> T：（端着这盘水果走到 S2 面前）*尝一下。*
>
> S2：（拿起一瓣橘子尝了一下）
>
> T：*大家跟我一起读：尝一下。*
>
> Ss：尝一下。
>
> T：（走到 S3 面前）*看一下课本。*
>
> S3：（不知所措）
>
> T：（走到 S4 面前）*看一下课本。*
>
> S4：（看了一下课本）
>
> T：*大家跟我一起读：看一下课本。*

这是教师在讲"V + 一下"时的教学片段，斜体部分为教师的课堂指令语。在这个过程中，语法点本身也成为了课堂指令，教师通过发出包含语言点的指令来检验学生是否理解了该语言点的意思。可以说，指令语起到了衔接每个教学行为的作用。

2. 课堂指令语影响着课堂互动的效果

在对外汉语教学的课堂上，汉语既是学习者的目的语和教师的教学内容，同时也是教师的教学语言和师生之间、学习者之间相互交流的工具。①学生学习汉语的过程同时也是使用汉语与他人交际的过程，在课堂上，这一过程则是由教师主导的课堂互动。师生之间的互动大多是通过提问实现的，教师说出提问内容之后常常会发出一些指令，如"你来回答"等。这些指令能否有效地传达教师的意图以及学生能否领会教师的意图决定着提问能否顺利进行。比如，教师说出提问内容"你周末去哪儿玩了"后，若指令语继续用问句"谁来回答"，学生可能就无法领会教师的教学意图，导致师生互动的效果不理想。

同时，课堂上学生之间的互动也处于教师的控制下。初级阶段学生之间互动的方式主要有问答以及简单的活动。学生通过教师的指令语了解到该如何互动。仍以提问为例：

> T：你的生日是几月几日？（示意 S1 回答）
>
> S1：我的生日是 10 月 1 日。
>
> T：他的生日是几月几日？（指着学生 A）
>
> S1：我不知道。
>
> T：你问他。
>
> S1：你的生日是几月几日？
>
> S2：我的生日是 6 月 8 日。
>
> S1：他的生日是 6 月 8 日。

在上例中，教师通过简单的指令"你问他"让学生领会了自己的意图，从而实现了学生 1 与学生 2 之间的互动。试想，教师如果不是这样循序渐进地实现学生间的互动，而是企图一步到位，直接说"你问他，他的生日是几月几日"，那学生可能反应不过来，达不到预期效果。

3. 课堂指令语影响着课堂活动的顺利进行

上文提到初级阶段生生互动的方式除了问答之外，还有简单的活动。许多学者的研究表明，活动不仅可以活跃课堂气氛，而且有利于学生掌握语言

---

① 卢华岩：《对外汉语课堂教学行为的理论与实践》，北京大学出版社 2011 年版，第 175 页。

点。因此，教师在设计教学环节时，总是少不了设计活动环节。若想达到让学生"玩中学"的目的，活动的顺利进行是前提条件。当然，决定活动能否顺利进行的因素有很多，这里我们主要谈指令语的问题。

在活动开展之前，教师需要说明活动的具体规则，包括如何分组、如何进行、加分的标准等。教师能否将自己的意图顺利传达给学生决定着活动能否顺利进行。比如，王老师在讲完"人称＋时间＋动作"的句式后，设计了"大转盘"的游戏，将学生分为两组，每组派一名学生转转盘，该名学生转完之后，该组的学生根据指针指示的时间、动作说出完整的句子，说对了加一分。这种设计思路是不错的，但是王老师比较困惑的是：该如何让学生明白游戏的规则呢？这不仅是王老师的困惑，也是每个新手教师的困惑。这一点将在第三章详谈。

二　保证课堂指令语有效性的原则

简单说来，课堂指令语就是教师告诉学生做什么以及怎么做的话语，学生是否按照教师指令行事即是衡量课堂指令语有效性的标准。那么，有效的课堂指令语应该遵循什么原则呢？

（一）明确性

课堂指令语的明确性即教师发出的指令明确规定了做什么以及怎么做，学生在听到指令后会达成一致的认识，采取一致的行动。教师发出的指令是否明确直接决定了学生是否按照指令行动。请看下面的片段：

> T（教师）：你喜欢狗吗？
> S1（学生1）：我喜欢狗。
> T：大家一起说，他喜欢狗吗？
> Ss：他喜欢狗吗？
> Ss'：他喜欢狗。

教师希望学生一齐回答自己的问题"他喜欢狗吗"，用到了指令语"大家一起说"。但是，不同的学生对于该指令语的理解是不同的，有的学生认为教师是让自己重复这个问题，有的学生认为教师让自己回答这个问题。所以，学生们反应不一，课堂稍显混乱。事实上，教师应该避免类似于"大家一起说"这样模糊的指令语，若教师想让学生跟自己读，可以说"大家一起读"，若教师想让学生一起回答自己提出的问题，则可以说"大家一起回答"。

在简单的提问、互动中，指令语明确与否看似是无关紧要的，所以许多新手教师认为不必过于苛求其明确性。但是，一旦涉及课堂活动，指令语的明确性就关系到活动能否正常开展。比如，教师在讲完颜色词之后设计了"拍拍乐"游戏：

> T：*下面我们玩游戏。分成两组。第一组选三名同学，第二组选三名同学。老师说颜色，同学们听到后拍PPT 上这种颜色的气球。快的组有奖品。*

教师的设计思路是好的，但是她没有规定每组的三名同学依次拍还是大家可以抢着拍，学生在玩游戏的过程中，不清楚该依次拍还是抢着拍，结果不但没有达到预期效果，两组的学生还认为老师的计分方法是不公平的。

（二）可懂性

Stephen Krashen（1979）指出："好的教师是能够说得让学生懂的教师。"[①] 对于学生来说，课堂指令语与老师的其他话语一样，应该是可懂性输入。许多新手教师在进入初级汉语课堂时都会注意到这样的问题：几乎每说一句话都有可能说出学生听不懂的词，几乎每节课都可能用到学生没有学过的句式。初级阶段学生的知识储备有限，这就更要求教师有自我监控意识，避免说出学生不懂的话语。可懂性是保证指令语有效性的重要原则，学生只有懂了课堂指令语的意思才有可能按照课堂指令行事。请看下面的片段：

> T：你喜欢吃水果吗？
>
> S1：我喜欢吃水果。
>
> T：你喜欢什么水果？
>
> S1：我喜欢香蕉。
>
> T：*在黑板上把香蕉画出来。*
>
> S1：（不知所措）……

这是面向泰国学生的一节汉语体验课，教师在介绍了水果的生词之后，抓住泰国学生喜欢画画的特点，想让学生把自己喜欢的水果画到黑板上，以

---

① ［美］罗勃特·W. 布莱尔编著：《外语教学新方法》，许毅译，北京语言学院出版社1987年版，第28 页。

进一步开展活动。但是，初级汉语水平的泰国学生没有学过"把"字句，更没接触过"出来"之类的趋向补语，所以完全不明白老师让自己做什么。其实，教师完全可以用学生听得懂的指令语，比如"画在黑板上"。

（三）简洁性

Brown（1994）针对英语教学指出，教师在课堂上提问时，应避免使用复杂、啰唆的句子，应尽量避免使用带有从句的复合句。[①] 对外汉语课堂同样如此。学生的精力是有限的，如果学生把过多的精力用来听懂老师的指令语上，那么他们对语言点的关注就会相应降低。课堂指令语越简洁，学生越容易领会教师的意图，从而按照指令行事。尤其是在初级阶段，学生的语言水平还比较低，如果教师的指令语过于复杂，他们不但听不懂，还会产生焦虑情绪，阻碍教学的顺利进行。从这个角度看，简洁性与可懂性是密切相关的。正如上面提到的案例，教师如果可以用简单的指令语"画在黑板上"达到目的，就不要选择形式复杂的"把"字句。

课堂指令语的简洁性还包括教师在连续发出同一个指令时，不用重复指令语，而可以用眼神、动作让学生明白教师的意图。程晓堂在研究英语教师课堂话语时，发现这样一种现象：每位学生回答问题后，教师都要发出"Sit down, please"的指令，整节课下来，该指令竟然重复了48次之多。这无疑浪费了课堂时间。其实，教师完全不用每次都重复"Sit down, please"，而是点头示意学生坐下即可。对外汉语课堂也是同样，教师想用点读的方式让学生读单词或句子，可以不用重复说"你来读"，甚至不用每次都说出学生的名字，可以通过手势请某个学生回答。总而言之，课堂指令语不应占用过多的课堂时间，课堂上的大部分时间应该让学生发言。

（四）规约性

规约性即教师在一段时间内使用的课堂指令语是和学生经过意义协商后达成一致的结果，也就是说，课堂指令语是师生共同认可的。有些教师缺乏课堂指令语的规约性意识，总是随心所欲地说出自己的指令，对于同一个指令，一会儿这样表达，一会儿那样表达，就会造成学生理解上的困难，有时还会影响教学进度。请看下面的片段：

　　T：我们家有五口人。大家一起读。
　　Ss：我们家有五口人。

---

① 转引自程晓堂《英语教师课堂话语分析》，上海外语教育出版社2009年版，第161页。

> T：你家有几口人？
>
> S1：我家有三口人。
>
> T：他家有三口人。大家来读一下。
>
> Ss：他家有三口人。（有些学生没有开口读）

同样是为了让学生一起读句子，老师开始说"大家一起读"，这时学生是没有疑问的，"大家一起读"应该是师生共同认可的课堂指令语。后来教师又说"大家来读一下"，一些学生可以猜出老师的意思，另一些学生就不知道该做什么了。

（五）关联性

课堂上教师说话的时间应保持到最低限度，在课堂指令、示范、提问等方面少占时间。[1] 这就要求课堂上教师说出的每句话都应与讲解教学内容相关，尽量减少冗余话语。在对外汉语课堂上，新手教师极有可能说出一些冗余话语，既浪费了教学时间，又有可能带来不必要的教学风险。如"大家跟我读，注意发音和声调"这一指令语，初看似乎是没有问题的，但是仔细分析就会发现，"注意发音和声调"完全是冗余话语，跟老师读生词或句子不就是为了练习发音和声调吗？教师在领读过程中纠正学生的发音和声调就可以了，何必再提出来呢？

此外，前文提到的第三类指令语即课堂纪律控制指令语也与教学内容本身及教学活动的开展关联不大。用"请大家注意听讲"、"请你坐好"等课堂纪律控制指令语进行课堂组织管理的效果往往不甚理想。学生在收到"注意听讲"等指令语后可能会集中注意力一会儿，但若教学内容本身枯燥无聊，学生的注意力很快就会分散。教师可以使用简单的指令语，通过提问的方式来实现控制课堂纪律的目的。

三　相关的建议

上文谈到了保证课堂指令语有效性的几个原则以及新手教师经常出现的问题，即课堂指令语缺乏明确性、可懂性、简洁性、规约性、关联性。本节结合以上问题，探讨教师应采取哪些策略避免这些问题。

首先，教师应该提高自我监控意识，清楚自己在课堂上应该做什么和不

---

[1]　程晓堂：《英语教师课堂话语分析》，上海外语教育出版社 2009 年版，第 156 页。

应该做什么。在课堂教学中，教师自身行为往往不易被自己觉察，例如，教师的口头禅。教师要善于在注意学生的同时进行自我观察，通过观察学生的表情及时得到反馈。这是每个教学环节都需要注意的，这里不再赘述。针对指令语问题，笔者认为，可以采取以下策略。

（一）设计指令语

教师不是毫无准备地进入课堂的。在每节课前教师都会做好教学设计，包括教学内容、重难点、教学过程，等等。指令语也应属于教学设计的范畴。教师在设计教学过程时，要考虑到每一个环节需要用到哪些指令语以及如何设计这些指令语。教师在设计指令语时需要考虑到学生的水平、发出该指令的目的、指令语是否明确，等等。比如，王老师在设计朗读环节时，应该思考以下几个问题：

（1）学生水平如何？

（2）这一环节哪里需要发出指令？要用到指令语吗？

（3）用哪些指令语来达到教学目的呢？

（4）我设计的指令语是明确、可懂、简洁的吗？

教师几乎是在自问自答中完成了指令语的设计：学生是初级水平的，所以指令语要尽量地简单，不要出现生词；领读、点读环节需要用到指令语；我要用到"大家跟我一起读"等指令语；这些指令语是明确、可懂、简洁的。

当然，这个设计指令语的过程在教学初期可能比较复杂，随着教师经验、与学生默契度的增加，该过程会慢慢简化，甚至在不设计活动时，教师就不用再设计课堂指令语了。

（二）确定指令语

对于新手教师来说，带汉语零基础的学生是有难度的，因为教师每说一句话对学生来说都是陌生的。有些学者提倡借用学生的母语进行教学，但这样无疑会增加学生对母语的依赖性，阻碍汉语学习。那么，在这种情况下，教师如何发出指令呢？教师应该在第一节课就将一些简单的指令语教给学生，尤其是在以后的每节课都要用到的指令语，如"大家读课文"等。这样，教师在课堂中不用费力地解释自己的意图，学生也很清楚老师要自己做什么。

就活动指令而言，教师在课堂上使用的活动是有限的，诸如"拍拍乐""大转盘"之类的活动可能一个学期要做好多次。这就要求教师在每个活动第一次开展之前，用简单的指令语告诉学生明确的规则，并确保学生理解活动的规则。如此，以后提到这个活动学生就知道如何进行，而不用再花时间解释游戏规则，从而避免了所带来的教学负担。

当然，这里还涉及我们在第二节提到的"规约性"的问题。教师和学生就某些指令语达成一致后，教师要有高度的自我监控意识，保证自己说出的指令语是和学生共同认可的，不能根据自己的语言习惯肆意指挥学生。

（三）动作辅助指令语

教师说出的指令语激活的是学生头脑中以声音形式存储的知识，而辅以动作的指令语还可以激活学生头脑中的视觉形象，从而帮助学生提取相关信息。因此，在汉语初级水平的课堂上，教师说出指令语时的同时，做出相应的动作，能取得更好的效果。

教师在领读环节经常用到的指令语"大家跟我一起读"，教师在说出该指令语时，可以做出相应的动作，如一只手画出水平圆圈状表示"大家"，指着自己表示"我"，两只手臂向上抬表示"一起"，手在口的地方做吹气状表示"读"。再如，做活动时教师请学生来到讲台上，可以用手画出从学生位置到讲台的弧线，同时说出指令语"请到讲台上（前面）来"，而活动结束后再画出相反的弧线，同时说出指令语"请回到座位上"。这样，学生即使暂时没有听懂老师说的指令语，也可以通过动作领会老师的意图，并做出反应。

（四）动作提示代替指令语

前面我们谈到了教师在使用指令语时可以辅以动作。当动作和指令语之间的关系已经在学生头脑中建立起连接时，教师只要做出动作，学生便可以明白教师的意图。在这种情况下，教师便可适当省略指令语。课堂上使用指令语最频繁的教学行为是提问，尤其是初级汉语课堂。教师通过不断地提问强化学生的记忆，帮助其理解和掌握语言点。但是，在提问过程中，是不是应该不停地发出"请你回答"或者"你问他"之类的指令呢？答案显然是否定的。在频繁地提问中，教师用动作示意更能够节约时间、保持课堂的连贯性。请看下面的片段：

> T：佐通要吃什么？（手势示意 S1 回答）
> S1：佐通要吃饺子。
> T：你要吃饺子吗？
> S1：我要吃饺子。
> T：你要吃饺子吗？（手势示意学生 S2 回答）

S2：我不要吃饺子。

T：你要吃什么？

S3：我要吃包子。

T：她要吃什么？（指着 S3，示意 S4 回答）

S4：她要吃包子。

在以上的问答过程中，教师没有说出指令语，而是用手势示意学生回答问题，这与教师不停地说出指令语比起来，无疑加快了教学速度，节省出更多的时间让学生说话。

（五）通过示范简化活动指令语

第一章提到很多新手教师比较困惑的问题是当设计了较为复杂的活动时，无法将活动规则清楚明白地告诉学生，以致活动不能顺利地开展。教师首先要仔细考虑指令语，尽最大可能将其简化为学生可以理解的句子。如前面提到的大转盘游戏，教师可以这样表述指令：分为两组；每组选一名学生转动转盘（做转动转盘的动作）；转盘停下来时，这组学生说句子；说对加一分。简化后的指令语存在的问题是某些环节不能说清楚，比如"这组学生说句子"，根据什么说句子呢？学生可能不太明白。这时，教师可以按如下的方式示范：

T：马克，你到前面来。（做出请学生来前面的动作）

T：大家看马克。马克，你转动转盘。（教师做出转转盘的动作）

T：停。大家看转盘。老师说句子：小明下午六点吃晚饭。大家跟我一起读。

Ss：小明下午六点吃晚饭。

T：很好。马克，你转动转盘。

T：停。大家看转盘。老师说句子：小明早上六点起床。大家跟我一起读。

Ss：小明早上六点起床。

T：很好。（动作示意马克转转盘）

T：停。大家看转盘，一起说句子。

Ss：小明中午十二点吃饭。

T：非常好。

这样，教师通过示范使学生了解了该如何说句子，活动就可以正常进行了。许多较为复杂的活动都可以通过这样的方式来简化指令语，通过示范的形式让学生了解活动规则、内容。

（六）将指令语融于教学活动中

教师内心想达到的目标与说出的指令语是不同的，教师内心可能会有很多想说出来的话语，以期学生领会自己的用意，但是不一定要通过课堂指令语将其完全表达出来。杨惠元（2007）谈到课堂指令语时举了这样一个例子：

> 跟我念生词，看右边的英文。一边念一边想这个生词的意思，看看懂不懂，要是不懂，记下来，一会儿问我。

他认为，这种指令语言简洁明确，句式短，具有口语化的特点。[①] 可是，在笔者看来，该指令语过于复杂：首先，我们无法保证"看看"、"要是"等语言点学生是否学过；其次，这样的指令语浪费了课堂时间；再次，即使学生领会了教师的意思，若不懂某些生词的意思，他们真的会问吗？其实，我们完全可以换一种方式。试看笔者的设计：

> T：大家跟我读生词。怎么、橘子、味道、甜……
>
> Ss：怎么、橘子、味道、甜……
>
> （省略点读环节）
>
> T：他叫什么名字？（指着 S2，手势示意学生 S1 回答）
>
> S1：他叫佐通。
>
> T：他的名字怎么写？（S1 表示不知道，教师手势示意 S1 问 S2）
>
> S1：你的名字怎么写？
>
> S2：（将名字写在纸上）

对于"怎么"这个词，学生看完翻译之后可能还是不太理解，教师在领读、点读完成后，通过提问的方式，检查学生是否理解了词义。这样完全可以达到老师的预期目标，即期望学生理解词义，同时也避免了冗长的指令语。

四　结语

课堂指令语是教师传授知识、组织教学和管理课堂的重要手段，影响着

---

① 杨惠元：《课堂教学理论与实践》，北京语言大学出版社 2007 年版，第 168 页。

教学的连贯性、课堂互动的效果及课堂活动的顺利进行。新手教师在进入初级汉语课堂时缺乏自我监控意识，总是在无意中说出学生无法理解的指令，造成教学障碍。本文分析对外汉语教师课堂指令语的有效性，提出保证指令语有效性的几个原则，即明确性、可懂性、简洁性、固定性、关联性，并为教师提出一些建议：教师在备课时要设计好将在课堂上使用的指令语，在学期开始教给学生课上常用的指令语，动作辅助指令语，动作提示替代指令语等。教师在进入课堂后需要有高度的自我监控意识，避免无效指令语的出现。

本文提到的对外汉语教师课堂指令语中存在的问题出自教学观摩或教学实践，在此基础上提出的原则、方法可能还存在一些不足，比如第二章关于关联性的分析还不够深入，第三章提出的建议还不够全面，等等。总体来说，希望本文能够对对外汉语教师尤其是新手教师提供一些参考。

参考文献

陈瑜：《小学英语教师课堂指令语存在的主要问题与对策》，《小学教学设计》2012年第6期。

程晓堂：《英语教师课堂话语分析》，上海外语教育出版社2009年版。

刘晓琳：《对外语教师课堂指令语形式的研究》，《中国科教创新导刊》2007年总第474期。

卢华岩：《对外汉语课堂教学行为的理论与实践》，北京大学出版社2011年版。

徐子亮、吴仁甫：《实用对外汉语教学法》，北京大学出版社2006年版。

杨惠元：《课堂教学理论与实践》，北京语言大学出版社2007年版。

郑重：《汉语初级阶段教师课堂语言的考察和分析》，硕士学位论文，上海师范大学，2012年。

The effectiveness of classroom instruction words in Teaching Chinese as a Foreign Language

Abstract：Classroom instruction words play an important role in imparting knowledge, teaching organization and management of classroom. With connecting the exchanges in the teaching steps, classroom instruction words have an effect on teaching coherence, classroom interaction effect and whether activities can proceed smoothly. This paper analyzes the effectiveness of classroom instruction words in Teaching Chinese as a Foreign Language and puts forward some principles that ensure the effectiveness of classroom instruction words, such as clarity, intelligibility, simplicity, fixity and relevance. On the basis of these principles, the paper suggests foreign language teachers design classroom instruction words previously, teach students the common instruction words in the beginning of teaching, make the instruction words concise by using body language and so on.

Key words: Teaching Chinese as a Foreign Language, classroom instruction words, effectiveness

国际汉语教育背景下的避免汉语拼音诱发发音偏误的新语音教学法

周 奕

（北京师范大学汉语文化学院）

摘要：《汉语拼音方案》和汉语拼音是汉语学习特别是汉语语音学习必不可少的内容和工具。然而，由于运用到国际汉语教育场合的特殊性，使用适用于中国人的传统拼音教学法，会导致汉语拼音对外国学生的汉语发音偏误的诱导，影响外国学生的汉语语音面貌的改善和汉语交际能力的提高。本文针对汉语拼音可能诱发发音偏误的五种机制，提出了避免诱发偏误的细分法、添加法、还原法、明示法、外显法等五个新的汉语语音教学法。这些方法经过国际汉语教学的实践的检验，被证明是行之有效的。

关键词：汉语拼音；发音偏误；汉语语音教学法

汉语发音偏误是汉语语音学习过程中频繁出现的司空见惯的现象。在汉语教学活动的四大要素中，教材（教学内容）、教师、学生和教学过程（包括教学方法和教学法以及教学工具和手段），都有可能成为偏误产生的原因。近几年来，汉语教学专家和汉语语音学家越来越注意到四大要素中既是汉语教学和学习的内容，又是汉语教学和学习的工具的《汉语拼音方案》和某些汉语拼音对汉语发音偏误的诱发机制。

由于国际汉语教学事业的发展，汉语教学的主要舞台已经渐渐从中国国内转到国外。国际汉语教学工作，也越来越多地由外国本土教师承担。由于他们对汉语拼音的依赖程度比中国教师更高，实际的汉语语音的听音和发音经验又远不如普通话标准的中国教师，《汉语拼音方案》和某些汉语拼音很可能先误导教师，再间接导致学生产生发音偏误。

外国汉语学习者也很可能在学习中被《汉语拼音方案》和某些汉语拼音直接误导产生发音偏误。因此，在当前国际汉语教育迅猛发展的大背景下，研究出避免汉语拼音诱发发音偏误的汉语语音教学法是十分必要的。

一　《汉语拼音方案》的制定及其作用

《汉语拼音方案》是 1958 年 2 月 11 日由第一届中国全国人民代表大会第五次会议通过并颁布实施的。目前，《汉语拼音方案》不仅是中国国家法定的通用语言文字"拼写和注音的工具"，而且被国际标准化组织确定为拼写汉语的国际标准（王理嘉，2005；陶炼，2010），得到联合国的认可和使用。

50 多年来，《汉语拼音方案》除了在中国国内的语文教学、推广普通话和中文信息化处理等领域发挥了重要作用以外，在对外汉语教学和近年来的汉语国际推广工作中也发挥了十分重要的作用。

吴洁敏在《汉语拼音在语言教学中的应用》中高度评价了《汉语拼音方案》，指出汉语拼音在方言区人学习普通话、小学语文教学、外国人学习汉语、华裔子弟学好汉语以及文化扫盲中的重要作用（吴洁敏，2003）。

柯彼德在其《汉语拼音在国际汉语教学中的地位和运用》一文中总结了汉语拼音在汉语作为外语教学中的七大作用（柯彼德，2003）。他还指出："外国人学习和使用汉语时，汉语拼音除了其重要的辅助作用以外，早已具有了文字的性质和价值。"

二　《汉语拼音方案》在汉语国际推广事业中
##　　　出现的缺憾及其原因

通过几十年的对外汉语教学和汉语国际推广工作，我们也逐渐地认识到由于《汉语拼音方案》的一些特殊规则和汉语拼音本身的一些特点给汉语语音教学带来的负面影响和困难。也就是说如果对《汉语拼音方案》在汉语拼音教学中使用不当，会严重降低汉语语音教学的质量，从而降低整个汉语教学的质量。

首先，由于汉语拼音创始之初所秉持的一些原则，如"第一原则"是"我们自己学起来和事物上用起来合宜不合宜，不能全顾到中国人学习外国语言或外国人学中国言语的便当与否"，以及"字母和音标要分开对待"，字母"不作精确的研究器具"，"要求实用上的便利"，所以"一个字母可以有两种或几种读法"（王理嘉等，2003）。这些原则简化了拼音方案，使得

"汉语拼音的性质跟国际音标不同。它是拼写注音符号，不是记音符号。可以提示发音，不能描述发音"（石锋，2008）。

汉语拼音从诞生的第一天起，就同时承担了两个角色，拼音文字和注音工具。作为注音工具，为了使用简便，在创制之初，便定下了有别于国际音标严式音标的原则，它类似于国际音标的宽式音标（王理嘉等，2003），甚至比宽式国际音标还宽。它常常只代表一个音位，而对音位变体没有描写力。但是外国学生学习汉语时的发音过程不同于操汉语母语说话的中国人。中国人实际的汉语音感印象的获得往往早于汉语拼音工具的掌握，而外国学生往往是同步的，甚至是颠倒的，即外国学生是通过利用汉语拼音的拼读获得汉语发音的最早的音感印象，如果表音方式不是"一符一音"的方式的话，一定会影响汉语语音发音的精确度，也会影响到听力理解的准确度，甚至会误导汉语发音。（周奕，2005）

正因为上述原因，一些从事国际汉语教学工作的教师和专家甚至提出了直接修订《汉语拼音方案》的意见（刘振平，2010；陶炼，2010）。由于修改《汉语拼音方案》的影响面十分广泛，是一项牵一发而动全身的工作，需要长期的研究和慎重的修订，在近期内不能完成实现，因而缺乏现实性。

因此，在国际汉语教育事业迅速发展的背景下，在不大规模修订《汉语拼音方案》的前提下，遵循灵活、变通和实用的原则，研究和运用避免汉语拼音方案和汉语拼音诱发汉语发音偏误的语音教学法，已成为汉语国际推广事业和汉语语音教学的当务之急。

三　易于引发汉语发音偏误的汉语拼音和汉语拼音规则

（一）以一个拼音字母代表不同的音位，表示或者代表一个音位的几个音位变体

1. 以 i 分别代表 zhi 、chi、shi 、ri；zi、ci、si；ji、qi、xi 三组音节中的不同的 i 的发音，极易引起外国学生的发音混淆。

2. 以 a 分别代表 ai 、ian 、a 、ao、an 、yuan 、ia 、ang 中的 a 的不同发音。

虽然区别不是很大，但是学生仍然依赖发音十分标准和教学水平很高的教师的示范、监听，否则容易学成不够纯正的中介语口音。

3. 以 e 分别代表 ge 、wen 、bei 、jie 中的 e 的不同发音。

由于没有细分差别，加上单用时有动程的发音要领的省略，加大了 e 的

教学和学习难度。各国学生普遍感觉 e 的发音难以把握，发音的音色也大多不够纯正。

（二）为了使拼音音节简短、整齐，采取了一些省写的方法和规则

1. 最著名的就是 ü 在与 j、q、x、y 相拼时，两点省写为 u，引起了各国学生发 ju 、qu 、xu 、yu 时的偏误，有时也影响 lü、nü 的发音。

2. iou 省写为 iu，uen 省写为 un，uei 省写为 ui，buo、puo、muo、fuo 省写为 bo、po、mo 、fo（石锋，2008；曹文，2008）。

3. ien、ieng 省写为 in 、ing，为母语中没有前后鼻音区别的外国学生发音带来了很大的困难，也为其他国家学生发出纯正的语音带来一定的难度。

（三）为了手写方便和便于辨认对某些拼音进行了改写（赵金铭，2009）

ao、iao 、ong 中的 o 的发音本来应为 u，但为了方便，改为 o，为学习发音增加了一定的难度。比如在处理"好啊"的"啊"的实际发音时，容易产生读成 ya，而不读 wa 的错误。

（四）声调变调提示的缺省

这要求外国学生准确地牢记变调规律，在学习发音技能这一程序性知识的同时，还要学习发音规律这一陈述性知识，增加了外国汉语教师的教学难度和外国学生的学习负担。

1. 两个上声相加，很多词典的注音仍然没有反映出前一个上声的变化，只是一些对外汉语教材标示变化后的实际发音。

2. 上声同其他声调相加，前面的上声变为低平调的半上，这条规则没有在拼音中明示。

3. "一"与"不"的变调提示也缺失，需要外国学生特别记忆变调规则。

4. 轻声是汉语普通话中的一个特别的能够反映普通话特点的语言现象，也是教学的一个难点。

因为外国学生除了有辨识和记忆轻声的学习负担之外，还有一个怎么读轻声的学习任务。而在《汉语拼音方案》和正式汉语拼音注音中一般只对轻声进行标住（以前面加点或不标注调号的方式），但对怎么读轻声却采取了缺省的方式，这给外国学生，甚至也给汉语教师发准轻声带来了困难。

5. 句尾助词"啊"的音变也是一个比较复杂的规则，不仅很多外国学生比较糊涂，难以准确记忆，就是很多汉语教师也记得似是而非。甚至很多教科书都把"啊"，不分情况地注为 ya，或者干脆注上 a。这样很容易造成偏误。

（五）某些反映汉语发音特点的发音特征被忽略，产生规则缺失，使外国学生在发音时出现口音

1. 圆唇音 u 和 ü 应该说是汉语普通话的一大特点。

不用跟没有圆唇韵母的语言比，如韩语和日语，就是跟有圆唇音的语言比，如英语，汉语的圆唇音都是非常特殊和明显的。汉语的圆唇音，不仅圆唇口型明显，而且唇部紧张度和力度都比较大。特别是在和声母相拼的音节中，使位于起始位置的声母也产生了圆唇化的特征，产生了各种圆唇音的音位变体。标准的发音是在发辅音时双唇都是拢圆的。这和外国学生依据汉语音节中声韵母出现的顺序发音是非常不同的，也是外国学生发这类音节时产生口音的原因。但是我们的拼音没有给出任何提示，使得外国学生严重依赖高水平的汉语老师，正音的效率不高。

2. 普通话两字组的声调搭配一直也是人们关注的问题。

首先因为普通话的词汇大多数是以双音节形式存在的，即使是三音节以上的多音节词也是以双音节词为基础的。双音节词的声调搭配类型除了上声和上声以及其他声调的搭配音变比较明显以外，相同声调的双音节词及去声和阴平的声调组合也比较特殊，容易出错。

最新的研究成果显示：两字组后字为非轻声的音量比平均值为 1.05，而后字的幅度积稍大（梁磊、石锋，2010）。依据音节音高与音量、音强相关的原理，同时针对外国学生在发双阴平、双阳平时出现的困难，我们可以把发音规律描写为前字稍低、稍短，后字稍高、稍长。经过教学实验，提高了发音的准确度和纯正度。

而去声和阴平组配的双音节词的偏误率在各国学生中都比较高。外国学生一般都是顺着前字去声下降后的位置把阴平发成低平调，口音十分明显。其实发音规则要求在发前字的去声后，重新回到去声起点，发一个高平调的阴平。

去声和去声组配的双音节词由于前后词素的语法关系不同，而呈现出比较复杂的轻重格式和变调规律。如果不特别提示，外国学生很难自己掌握发音规律。

然而，拼音规则对这些都没有任何提示，出现规则缺失。

3. 单韵母 e 和 u 也是外国学生较难以掌握的或者说发音表现不太稳定的音。

究其原因是，e 在实际的发音过程中有一个动程，而不是一个固定的发音动作。u 在和 zh、ch、sh、r 相拼时也同样有向下向后移动的动程。但是我们的汉语拼音没有标出它们发音的这一特点。又由于学生在外部观察不到内部的舌位移动，汉语拼音实际上隐藏了这一重要发音特征。如果教师也不知道这一特点，那么整个教学效率会十分低下。

四　新语音教学法

针对以上《汉语拼音方案》和汉语拼音存在的缺憾，为了避免引发的汉语发音偏误，提高汉语语音教学质量，使外国学生拥有更为理想的汉语语音面貌，提高他们汉语交际的能力，我们必须研究出一套可操作性强，而且行之有效的，符合汉语语音学、实验语音学和教学语音学成果和规则的，符合汉语语音学习规律的新的语音教学法。

（一）针对汉语拼音一个字母代表一个音位，掩藏了不同的音位变体的特点，在汉语拼音教学和汉语语音教学中，应该采取区别、细分的教学方法，特别是在外国学生偏误率很高和纯正度不高的语音项目中，应该强化这种工作。如以 i 分别代表 zhi、chi、shi、ri、zi、ci、si、ji、qi、xi 三组音节中的不同的 i 的发音，极易引起外国学生的发音混淆。我们的细分法是，在讲 i 这个单元音时，一开始就把它细分为在三种舌尖后音、舌尖前音和舌面音辅音声母结合下的不同的发音，再辅以强调差别和特征的舌位变化的演示和操练，细分他们的发音特征，从而从一开始就打下一个它们彼此不同的强烈的第一印象。

当然出于教学时间、错误频率和学生负担等方面的考虑，我们不能在所有没有进行音位变体细分的语音项目中平均用力，比如 e 和 a 相比，e 的细分对提高学生发音的准确率和纯正度影响更大，而 i 的细分比 e 的细分更重要，所以我们采取的策略是，i 采用全面细分法，即理论讲解与听辨发音练习并重；e 采用部分细分法，不讲理论，只由教师控制模仿；a 不采用细分法，由学生自然学得。

（二）针对一些拼音项目采用了省写和省略的方法，丢失了很多重要的发音信息，我们采用添加语音教学法。即在发音教学时把省写或者省略的音素都添加上去，把实际的发音展示给学生，同时针对不同年龄的外国学生在适当时候强调书写和认读时的不同。比如，非常容易诱发偏误的 ü 的两点省写，iu、ui、un；bo、po、mo、fo；in、ing 中的主要元音的省略都要使用还原语音教学法把实际的发音展示给学生。

（三）针对一些拼音项目中出现的字母改写带来的发音困惑和困难，我们采用还原语音教学法。比如对 ao 我们还原为 au，ong 还原为 ung，这样学生听到的实际发音同看到的拼音没有差别，消除了学生的困惑，提高了教学效率。特别是 au 的还原，还为正确地读出 ao 与句尾助词"啊（a）"结合后的音变奠定了基础。

（四）针对某些变调项目中有规则无明示的缺憾，我们在汉语语音教学中采用明示语音教学法，即把变调规则通过可视的声调符号直接标示出来，使规则直观化，减轻学生记忆规则的负担，避免学生因规则记忆错误而导致的发音偏误。待学生熟练掌握发音后，再隐去明示符号。如，两个上声音节相连，可以通过符号表示：∨＋∨→／＋∨；而对于句尾助词"啊（a）"这种情况可以直接标注音变后的实际发音，如"你有什么事儿啊？"这句话，"啊"直接明示标注为 ra。

（五）对于某些没有被理论语音学和实验语音学重视，然而对于正确地学习汉语发音影响很大的潜在规则和隐性规律或者不易被察觉的发音方法和特征，我们应该采用凸显语音教学法，用特殊符号凸显它们的发音规则、方法和特征。比如：在含有圆唇韵母 u 或者 ü 的音节中，辅音声母一般都会产生圆唇变体。如"穷"的拼音是 qiong，但是它的实际发音不是从辅音声母 q 和介音 i 相拼的音开始，而是从圆唇口型 u 开始的。那么我们可以在语音教学中凸显这个发音特点，在整个音节前加一个小 u，意为首先要有一个圆唇的预备口型。

再比如 e，che，这个音节，在发音时，单元音 e 实际有一个向后的动程；u，zhu 也是如此。那么我们可以在 e、u 的下面画上一个"←"来凸显它们向后的动程。

五　结语

曾一直研究《汉语拼音方案》，关注汉语拼音应用和发展的王理嘉教授曾指出："从外国学生学习汉语的角度……建议汉语教师在课堂语音教学中因人制宜，创造一些权宜的变通的教学方法。关键是要开导学生不能把字母拼音跟实际语音完全等同起来，要在教师的指导下，根据实际语言去学会汉语拼音，然后用汉语拼音去学习汉语，而不是简单地按照字母去硬拼字音"。（王理嘉，2005）

我们针对《汉语拼音方案》和汉语拼音给汉语语音教学带来困难、容易诱发汉语发音偏误的某些语音项目所创造、采用的细分、添加、还原、明示和凸显这五大新语音教学法就是在国际汉语教育大发展的背景下对《汉语拼音方案》的更为积极地变通、丰富和补充，目的是在更大的范围内，最大限度地发挥汉语拼音的积极作用。我们的师生，仍然应以《汉语拼音方案》这一具有法律效力和学术权威性的文件为基础指导，再结合我们教授和学习汉语语音的实际，进一步提高汉语语音的教学质量和学习质量，从而为培养和具备出色的汉语交际能力打下坚实的基础。

参考文献

王理嘉：《〈汉语拼音方案〉与世界汉语语音教学》，《世界汉语教学》2005 年第 2 期。

陶炼：《从对外汉语教学角度谈〈汉语拼音方案〉的修订完善》，《对外汉语研究》2010 年第 6 期。

吴洁敏：《汉语拼音在语言教学中的应用》，《信息网络时代的汉语拼音》，语文出版社 2003 年版。

柯彼德：《汉语拼音在国际汉语教学中的地位和运用》，《世界汉语教学》2003 年第 3 期。

王理嘉等：《现代汉语专题教程》，北京大学出版社 2003 年版。

石锋：《汉语拼音符号的实际发音》，《语言文字应用》2008 年第 3 期。

周奕：《汉语拼音对外国学生发音偏误的诱发机制及其教学对策》，《语言文字应用》2005 年第 S1 期。

刘振平：《汉语国际推广背景下的汉语拼音拼写规则的改革》，《汉语学习》2010 年第 6 期。

曹文：《汉语语音训练》，北京大学出版社 2008 年版。

赵金铭：《汉语拼音方案——国际汉语教学的基石》，《语言文字应用》2009 年第 4 期。

梁磊、石锋：《普通话两字组的音量比分析》，《南开语言学刊》2010 年第 2 期。

The New Chinese Phonetic Teaching Methods Of AvoidingChinese Phonetic Pronunciation Errors Induced Based on The Background ofinternational Chinese language education

Abstract： "The scheme for Chinese phonetic alphabet scheme" and Chinese pinyin are indispensable content and tools of Chinese learning, especially Chinese phonetic learning. However, in the international Chinese education occasions, teaching the Chinese phonetic alphabet in traditional teaching method, maybe lead to the errors of Chinese phonetic alphabet of foreign students. The errors will influence foreign students' Chinese phonetic face and enhancement of Chinese communication ability. In view of the five kinds of mechanism that may cause the Chinese phonetic pronunciation errors, this article submit the five new Chinese phonetic teaching methods to avoid the breakdown of the induced errors. These methods are subdivision method, add method, reduction method and express method, explicit method. These methods were proved to be effective through the test of international Chinese teaching.

Key words：Chinese pinyin；Pronunciation errors；Chinese phonetic teaching method

从英国教师资格证制度看国际汉语教师胜任力的培养

李　琳　孙立峰

（厦门大学汉语国际推广南方基地　北京师范大学汉语文化学院）

摘要： 长期以来，"三教"问题成为对外汉语教学发展的瓶颈，作为汉语国际推广事业的关键一环，合格汉语师资的培养至关重要。随着世界"汉语热"的持续升温，全球对高素质汉语教师的需求不断加大，但就目前现状来看，不仅教师在数量上存在很大缺口，其综合素质和工作胜任能力也有待提高。本文试以英国教师资格证制度为例，着重考察了英国中小学教师的准入要求及素质要求，并结合笔者在英国执教的经历与感悟，分析了英国教师资格证制度对国际汉语教师胜任力培养的启示，提出了相关建议。

关键词： 国际汉语教师；胜任力；英国教师资格证 PGCE；启示；建议

随着国内对外汉语教学逐渐向海外汉语国际教育延伸，汉语学习者的年龄层次呈现年轻化趋势。很多发达国家对基础教育阶段师资的从业资质要求颇高，对教师的个人能力、知识结构、职业道德等方面均有严格规范。从职业发展角度来讲，国际汉语教师职业定位主要面向国外，教学实践是否成功，不仅要依据国内派出单位的标准进行测评，更应参鉴国外用人单位的考核标准。有鉴于此，外派教师赴任前若能充分了解目的国的教育政策和教师标准，具备海外工作胜任能力，那么海外教学的开展无疑会更加顺利，个人的职业发展前景也将更加广阔。

一　国际汉语教师胜任力

胜任力（Competency）这个概念最早由美国著名心理学家、哈佛大学麦克米兰教授（David. McClelland）提出。经过研究他发现，在组织人员的选聘和绩效考核中，仅采用传统的智力测验、性向测验、学校的学术测验等手段，并不能有效预测其从事复杂工作和高层次职位工作的绩效。为此，他提出用胜任力取代智力，并将其定义为：绩优者所具备的知识、技能、能力和特质。为了更科学全面地找出那些在工作中成绩优异者和绩效平平者之间差异的显著特征，他又提出胜任力特征这个概念，用来具体描述和测评胜任力。他将胜任力特征划分为两大部分：基准性胜任力特征，即知识与技能部分，这是对胜任者基础素质的要求，但它不能把表现优异者与表现平平者区别开来；鉴别性胜任力特征，包括社会角色、自我概念、特质和动机等胜任力特征，它是区分表现优异者与表现平平者的关键因素。后来这一研究成果在企业人力资源管理领域得到广泛应用。

80 年代以后，胜任力这一概念被引入教育领域。教师胜任力是指成功的教学实践所必需的教育教学方面的知识和技能。国外学者从教师职业的特点出发，进一步研究了教师职业胜任力特征，认为教师的胜任力特征包括专业知识、专业技能或能力、专业态度或价值观三个方面。

近年来，国内关于教师胜任力及其特征评价的研究也取得了一定成绩，但是大多数研究只限于一般教师胜任力范畴，鲜有针对国际汉语教师这个特殊职业的研究。2007 年国家汉办制订了《国际汉语教师标准》（以下简称《标准》），对汉语教师的专业知识、技能、职业道德和职业发展等几个方面做出了具体描述和规范；2012 年最新颁布的《标准》（2012 版）在原有基础上进行了修订和整合，突出了汉语教师的文化教学能力和跨文化交际能力。这两版标准可以作为测评国际汉语教师各项能力的有效依据。但是从胜任力角度来讲，《标准》更侧重于对基准性胜任力的考评，尚未对鉴别性胜任力，尤其是对国际汉语教师的岗中培训及未来的职业发展做出全方位动态量化，因此，国际汉语教师的胜任力研究还有较多值得探索的地方。

二　英国教师资格证制度对国际汉语教师胜任力培养的启示

为了对教师这个职业所应具备的素质、知识、能力和技术进行量化和规范，许多发达国家建立了比较完善的教师资格证制度。教师资格证制度是一个国家对教师实行的法定的职业许可制度，对保证国家整体的教育质量与教师素质、促进教师专业化发展、加强教师队伍法制化建设等方面具有重要意义。相对于一般教师来说，国际汉语教师这个职业具有其特殊性，表现在教学定位面向海外、教学对象年龄结构复杂、更注重教师的跨文化素质，等等，这些特殊性决定了国际汉语教师的教学实践必要兼顾赴任国家的教育政策和教师标准。以下以英国教师资格证制度为鉴，着重考察英国中小学教师的准入要求及素质要求，分析其在教师选拔和培养过程中对国际汉语教师胜任力培养的启示。

（一）英国现行教师标准对教师基本素质的要求

2011 年 7 月，英国颁布的最新《教师标准 2012》（Teachers' Standards 2012），取代了 2007 版"合格教师资质"（Qualified Teacher Status，QTS）标准和核心标准（Core Standard），在教师教学能力和职业操守方面有了新的解读。

新标准首章开宗名义，要求"教师必须把孩子的教育当作自己的首要任务，并且有责任在工作和操守上达到可能的最高标准"。在内容上，新标准主要分为两大部分。第一部分是教学（Teaching）能力标准，包括教师要激发、鼓励和挑战学生的学习兴趣；促进学生取得更大的进步和更好的学习结果；教师要显示出良好的学科和课程素养；能够设计和讲授组织结构优良的课程；要按照所有学生的优点和需求因材施教等八个方面。第二部分是个人职业操守标准（Personal and Professional Conduct），要求教师做到无论在校内外，都必须维护教师这个职业在公众心目中的形象，并保持较高的道德和行为水平；必须对民族精神、国家政策和学校实践秉持正确而专业的理解，同时对自己的作息规律和时间观念有严格标准；必须理解并时刻践行各项对教师职责进行规范的政策、法规，等等。

英国《教师标准 2012》不但注重教师的教学能力和技巧方面的素养，更强调教师自身的人格和职业道德，认为教师的人格不但影响着其自身教学活动效果，在很大程度上也决定了其能否有效地促进学生人格的健康发展。从上述内容里不难看出，新标准对教师的基准胜任力和鉴别胜任力都做出了规范。

（二）英国教师资格证制度简述

自 20 世纪 60 年代中期开始，英国的师范类院校纷纷并入普通综合类高等院校，至 80 年代初，合并过程逐步完成，标志着长期困扰师范教育的所谓"师范性"与"学术性"矛盾逐渐走向统一。因此，英国目前没有专门的师范类院校，教育体系较为开放。但是能进入教师行业并非易事，为了保证国家整体教育质量，英国有一套非常严格的准教师筛选和培养制度。英国《1994 年教育法》规定，每一位想进入教师行业的毕业生，必须大学本科毕业后再修一年的研究生教育课程，简称为 PGCE（Post Graduate Certificate in Education）。① 经过一年的理论学习和教学实习，各项考核通过后才能获得该课程的资格证书，取得从业资质，进入教师行业。PGCE 培训一般依托各大学教育系，也有部分依托当地师资力量雄厚的中小学；课程按照英国义务教育的关键期（Key Stage）阶段，划分为小学类（Primary）、中学类（Secondary）及继续教育类（Further Education），每个阶段再按照科目进一步细分，申请者可以根据自己学历背景和个人兴趣选择相应的课程。

PGCE 的培养过程一般包括提交申请材料、笔试 + 面试、课程学习 + 实习三个阶段。

第一是申请阶段。申请人必须有大学本科及以上学历，本科期间成绩达到一等学位（First Degree）（平均成绩 70 分以上）；至少有五天在中小学相关课程听课记录；通过全国英语、数学及计算机技能测试（QTS）；两封教育领域权威人士推荐信；有无犯罪记录证明、健康证明等相关材料。

第二是笔试和面试阶段。材料提交后学校将根据申请人的综合背景来考虑是否给申请人面试机会。顺利通过第一关筛选后，申请人得到笔试和面试通知。笔试一般是申请人所报的学科专业基础知识；面试一般包括小组合作、分组讨论、单人面试等形式，申请人在通过所有考试之后方能获得入学资格。

第三是课程学习和实习阶段，此阶段是教师培养的核心阶段。入读之后，第一学期基本以理论学习为主，学业评估方式为作业和课程论文，外语类课程还要求修第二外语，如德语 + 法语，汉语 + 西班牙语等双语组合。第二学期进入实习阶段，申请人在当地某所中小学全职实习，每天要像正规教师一样写教案和教学反思，每三周会有一次由学生家长、校长或带班老师等人组成的评审团，对申请者的教学情况进行评估。实习期间还有课程论文和毕业论文的压力，直到所有环节通过才算完成学业，最终获得教师资格证书。②

（三）英国教师资格证书制度对国际汉语教师胜任力培养的启示

英国的教师资格证制度素以严格的选拔标准和高强度的学习著称，除了面试阶段淘汰大部分申请人外，还有很多人在就读期间被淘汰，坚持到最后的申请者除了具备过硬的专业知识技能外，还拥有对教育职业的高度的热忱和责任感。这一制度对我国国际汉语教师的培养不无启示。

---

① PGCE 仅指英格兰和威尔士地区的教师资格证书，苏格兰地区教师资格证书名为 PGDE（Professional Graduate Diploma in Education）。

② 以上内容参鉴伦敦大学教育学院官方网站（http://www.ioe.ac.uk/study/22.html）。

1. 启示一：国际汉语教师要明确自己未来的职业规划

英国教师资格证制度挑选最优秀的人才从事教师职业，以保证国家基础教育的师资质量。让不少只想混学历，对教育并不抱太大兴趣的人望而却步，只有那些对自己未来职业生涯有清晰规划、真心热爱教育职业的人才会坚持到最后。培训前在中小学听课见习、培训中至少半年在中小学一线实习，这些措施都进一步避免了申请者对未来职业的盲目和遗憾，在很大程度上避免了人力资源的浪费。

反观目前国内的国际汉语教育硕士培养中，不少人对自己未来职业定位不清、职业热情和责任心不高、缺乏汉语教师的身份认同感，这势必会影响国际汉语教师的未来职业发展。因此，一名合格的国际汉语教师要首先明确自己的兴趣和理想，提前做好人生规划。

2. 启示二：国际汉语教师要全面提高海外教学适应能力

目前，已赴国外的国际汉语教师尚存在教学及生活适应问题，具体表现在：一些国际汉语教师对海外学校的工作强度估计不足；有些还未适应新环境就匆忙上岗教学，在国内学到的教学方法和技巧难免会"水土不服"。相比之下，当地其他语种的外语专职教师都是经过 PGCE 高强度培训的佼佼者，其教学理念、方法、技巧、课堂管理等已完全适应当地的教学情况。二者相比，难免会有优劣之分。因此，建议国内派出部门或有关培养单位按照国别研究目的国的教育政策、教育理念、教学方法、文化规约等，让汉语教师派出前就做好充分的准备，缩短海外适应时间；国际汉语教师则不仅要进一步夯实汉语本体知识、文化知识，关注目前国外流行的外语教学法动向，熟练掌握国外先进的数字多媒体教学手段；更要加强跨文化教学意识，多去当地中小学听课，实地观摩，学习他人的方法和技巧，补己之短，全面提升海外教学适应能力。

3. 启示三：尽快落实国际汉语教师资格证制度

英国教师资格认证制度具有严格的选拔标准和严谨的培养过程，既保证了国家整体师资质量，又为证书持有者提供了良好的就业机会。2006 年前，国家汉办组织的"汉语作为外语教学能力考试"一直是对外汉语行业的官方认证考试，但自 2006 年停办以来，全国规模的资格考试尚未正式启动。为了进一步加强国际汉语教师队伍建设，全面提高汉语教师的综合业务技能和胜任力，尽快落实国际汉语教师资格证书考试迫在眉睫。同时，考试及认证过程应科学、严谨，理论要与实践相结合，应借鉴国外教师资格证书制度的合理内容，保证国际汉语教师资格证书的含金量。

三　对国际汉语教师胜任力培养的几点建议

（一）结合《国际汉语教师标准（2012）》，构建国际汉语教师胜任力模型

构建国际汉语教师胜任力模型的目的是为了更科学、全面地考评国际汉语教师的胜任力特征。国内有学者提出，教师胜任力模型的建立，应该充分考虑现实中教师职业的工作对象、工作职责的差异、教师专业发展的不同阶段和发展水平，进行分层建模、多维操作。比如，可以根据国际汉语教师的职业特点按照国别建模，以符合不同国家用人单位的要求；也可以将汉语教师的发展分为新手教师、有过一定工作经验或海外经验的教师，以及有丰富教学经验和海外工作经验的资深优秀教师三个阶段，不同阶段制定不同的模型；还可以按照教学对象的年龄层次建模，等等。此外，构建国际汉语教师胜任力模型不但要包含入职前应该具备的专业知识和专业技能，还要包含入职后的培训、教师职业发展以及绩效考评等因素，突出国际汉语教师的跨文化工作能力。这项研究可以应用于教师管理的各个方面，如新教师的招聘、专业技术职称的评审、教师资格的评定、绩效考核，以及指导教师培训、教师职业发展规划，等等，对探索适应汉语国际推广需求的新型师资培养具有积极意义。

（二）完善在职培训体系，搭建国际汉语教师学术交流平台

在职培训是更新和完善国际汉语教师的知识结构，提升教学能力的有效途径。除了汉办组织的汉语教师或志愿者赴任前的集中培训外，各高校也可以充分利用自身资源和学术优势承揽国内汉语教师岗中培训。培训模式可以灵活，比如脱产或半脱产方式相结合，定期举行专题讲座、小型讨论会等学术培训；还可以采取教学演示、微格教学法等方式进行教学能力培训；培训内容要体现系统性和层次性，注重内容的实用性和前沿性。

此外，国际汉语教师要充分利用海外教学这个平台，不断加强教学实践能力和学术研究能力。首先是鼓励国际汉语教师积极参与各类学术研讨会，共享海外教学经验和研究成果；其次是希望汉办和首批12所孔子学院专职教师储备高校联合创办国际汉语教师学术交流论坛，为教师提供更多交流学习的机会，大家共同成长共同进步，由单纯的"匠人"向"学者型匠人"转变。

（三）探索硕士培养阶段与国外教师资格证培训对接

目前汉语国际教育硕士人才培养面临诸多困境，其中一点就是本专业毕业生实际对口就业比例较低。由于在国内难以找到合适稳定的工作，许多优

秀毕业生被迫转行。为了扭转人才浪费的局面，鼓励汉语国际教育专业的毕业生海外就业不失为一条有效途径。但现实情况是，虽然国外中小学对汉语师资的需求速度超过高校，但法定义务教育阶段对师资的要求很高，如英、美等国都要求 K－12 年龄段公立学校所有教师须执证上岗。因此，若能实现国际汉语教师培养与国外教师资格证的培训对接，一方面会大大提高汉语教师队伍的教学质量，更适应国外的教学实际，另一方面也为本专业优秀毕业生找到一条就业渠道。国内汉语国际教育硕士培养院校可以和海外教师资格认证机构，或者国外教师资格证培训承揽高校签署协议，实行联合培养或学分转换制，鼓励在校优秀学生考取海外教师资格证书。以英国为例，目前英国伦敦大学教育学院、爱丁堡大学、谢菲尔德大学等几所高校都开设了汉语类教师资格课程；国内北京语言大学、北京师范大学、华东师范大学等院校已经在这方面进行了成功探索，期待不久的将来，国内更多院校能与更多国家实现资格认证对接。

参考文献

国家汉语国际推广领导小组办公室：《国际汉语教师标准》，外语教学与研究出版社2007 年版。

国家汉语国际推广领导小组办公室编：《国际汉语教师标准（2012 版）》，孔子学院总部 2012 年版。

侯颖：《对外汉语教师资格制度的回顾与前瞻》，《语言教学与研究》2012 年第6 期。

李泉、金香兰：《论国际汉语教学隐形资源及其开发》，《语言教学与研究》2014 年第 2 期。

李玉华、林崇德：《国内外教师胜任力研究比较及思考》，《辽宁教育研究》2008 年第 1 期。

柳淑英、张忠惠：《重视教师素质选拔的入学考试 PGCE——以英国华威大学为例》，《外国中小学教育》2012 年第 3 期。

世界汉语教学学会秘书处：《第十一届国际汉语教学研讨会论文选》，高等教育出版社 2013 年版。

孙立峰：《从海外汉语教学看汉语国际教育硕士的培养》，《学术论坛》2012 年第1 期。

唐一鹏：《英国教师标准改革述评》，《全球教育展望》2012 年第 9 期。

王宏丽、陈海平：《国际汉语教师的胜任力研究——任务分析和招聘面试问题归类得出的结论》，《河北大学学报》（哲学社会科学版）2009 年第 5 期。

北京汉语国际推广中心、北京师范大学汉语文化学院：《国际汉语教育人才培养论丛》第 3 辑，北京大学出版社 2012 年版。

张俊友：《从"教师胜任力"的视角对我国教师资格认定的反思》，《教育管理》2007 年第 2 期。

TheEducation Act 2011, http：//www. education. gov. uk/aboutdfe/departmentalinformation/educationbill/a0073748/education-bill.

GOV. UK Department for Educationg 官网（http：//www. education. gov. uk/）。

英国高校联合招生委员会官网（http：//www. gttr. ac. uk/）。

英国伦敦大学教育学院官网（http：//www. ioe. ac. uk/study/22. html）。

The Revelations and Reflections on PGCE for Competency Cultivation of International Chinese Language Teachers

Abstract：The "Three Concerns" problem is the bottleneck fettering the development of teaching Chinese as a second language, and among which, "Teacher Education" is the most critical one. With the speedy development of teaching Chinese as a second language, there is an increasing demand of high-quality Chinese teachers in the world, however, on the current situation, there is a huge gap in quantity of Chinese teachers, and the teachers' overall quality and competency are to be further enhanced as well. This paper introduces the status quo of teacher training programme (PGCE) in England, with the entry requirements and basic quality requirement for being a secondary and primary school teacher as reference, and analyzes the revelations and reflections PGCE for competency cultivation of international Chinese language teachers.

Key words：international Chinese language teachers；competency；PGCE；enlightenment；suggestion

计算机辅助语音学习在汉语国际教育专业硕士普通话培训中的应用

杨 泉

（北京师范大学汉语文化学院）

摘要：语音教学是现代汉语教学的重点与难点之一，语音学习的特点使得学生难以在课下进行有效的自我学习和训练，计算机技术的发展，特别是语音技术的发展使得计算机语音评测和学习技术不断发展和成熟。本文以普通话水平测试软件为例，探讨在语音教学中如何充分利用计算机辅助语音教学的软件和方法，更有效地进行语音教学和训练。

关键词：语音教学；普通话测评；语音软件；汉语国际教育

一 引言

汉语国际教育专业硕士来自各行各业，专业背景差别很大，这当然壮大了汉语国际教育的队伍，丰富了整体知识结构，但是这些非中文专业出身的学生在本科阶段基本上都没有受过专业的语音训练，他们又常常来自祖国的四面八方，方音很重，这对他们讲授汉语和推广中华文化都非常不利，因此专业的普通话培训课程对他们来说就显得非常重要。

传统的语音教学方法主要是课堂教学，教师向学生讲解发音部位、发音方法，展示舌位图、唇形图等，然后作示范，带领学生进行练习，并及时纠正学生的错误。这种教学方法是十分重要和有效的，但是由于学时的限制，教师不可能在课堂上对每一个学生都进行大量的辅导，因此需要学生在课下进行反复练习。另外一个比较普遍的方法是听录音或看视频并跟读模仿。语音练习过程中最重要的是要有及时的、恰当的纠正和反馈，但是跟读练习的过程中学生得不到任何反馈与引导，因此这种练习方式效果不太明显，有时甚至会让学生产生一些难以纠正的错误。这些错误的发音，虽然不会影响交流和交际，但是在普通话测试中会严重影响学生的成绩，在汉语国际推广中会影响志愿者的形象。

上述种种问题，使得我们迫切需要寻找新的语音教学辅助手段。以多媒体计算机和网络技术为核心的信息技术的发展，可以用来辅助目前的汉语语音教学，形成人机互动平台，会使语音教学的效果得到显著的提高。利用计算机多媒体技术开发的语音软件来辅助语音教学，是目前辅助汉语语音教学最实用、最有效的方法之一。

二　计算机辅助语音教学软件的发展概况

最早的计算机辅助语言教学（Computer-Aided Language Learning，简称CALL），起源于20世纪60年代，60年代的PLATO项目是早期CALL系统的代表作之一。最初的CALL系统主要关注语言的文字应用能力（即读和写）和语音理解能力（即听力）训练，很少关注语言的口头表达能力训练。20世纪90年代以后，随着语音识别技术的进步，针对学习者发音水平的发音评测开始出现，CALL系统逐渐成为虚拟教师。国际上比较有影响的研究机构和相应系统有：美国的斯坦福研究中心（SRI）语音技术研究组的VILT系统，它主要侧重于对第二语言学习者的总体发音水平进行评价。英国剑桥大学人工智能实验室语音组和麻省理工学院人工智能实验室联合研制的SCILL系统，不仅提出了针对第二语言学习者发音的发音质量评价算法，还针对语言学习中的发音错误检测研究了度量手段。比较成熟的商业软件有法国Auralog公司开发的Tell Me More系列软件、语音合成与分析软件Praat等。我们国内在这一方面的研究也取得了很多进展，例如国家语委委托安徽科大讯飞信息科技股份有限公司研发的"国家普通话水平智能测评系统"、南开大学语言所开发的"桌上语音工作室Minispeechlab"、中国社会科学院开发的语音教学软件"音路历程"，等等，都可以应用到语音教学和语音分析当中。

三　计算机语音软件在教学中的应用

在汉语国际教育的普通话培训中，如果我们能够在开始学习之前可以给每个学生的语音面貌作个评价，就可以根据学生的发音特点和水平制订个性化的教学方案，有针对性地纠正发音问题，从而更加快速有效地提高学生的发音水平。如果再有一位老师为学生随时随地作个别辅导，学生的普通话水平一定会提高得更快。目前可完成上述两项工作的语音软件很多，下面以国家普通话水平智能测评系统和 Praat 为例，探讨如何用这些软件进行辅助教学。

　　国家普通话水平智能测评系统采用了和正式测试完全一致的评测技术，为广大学生提供了全真的普通话模拟测试环境和有针对性的语音训练。首先，系统提供了和国家正式普通话水平测试完全一致的全真模拟测试功能（如图 1 所示）。学习者只需要花费 10 分钟左右的时间，即可快速了解自己目前的普通话水平，同时系统提供一份模拟测试报告（如图 2 所示），指出学习者普通话发音中存在的一系列问题。解决了传统普通话教学过程中教师无法快速了解每个学生的普通话水平及主要问题等问题。

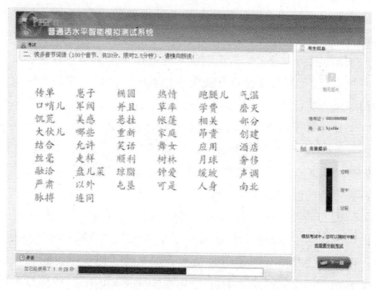

图 1　科大讯飞普通话水平智能测评系统自测环境

普通话水平模拟测试诊断报告

准考证号：8001680568　　　考生姓名：bjsfdx　　　测试时间：2010–11–9 15:39:59

您的普通话水平位于二级乙等　分数在84分上下。

您的主要发音问题有：

1）声母问题：舌尖前音，舌根音
2）韵母问题：后鼻音韵母
3）调整问题：阴平第1声，上声第3声

	声母类别	例字	发音准确度评价
声母发音报告	双唇音b,p,m	编（biān）	优
	唇齿音f	/	优
	舌尖前音z,c,a	丛（cóng），槽（zāo），籽（zī）	良
	舌尖中音d,t,n,l	傣（dāi）	优
	舌尖后音zh,ch,sh,r	茬（chá），搀（chān）	优
	舌面音j,q,x		优
	舌根音g,k,h	枯（kū），郝（hǎo）	良

	韵母类别	例字	发音准确度评价
韵母发音报告	舌面元音单韵母a o e i u ü	/	优
	舌尖元音单韵母 -i［前］（出现在z c a后）-i［后］（出现在zh ch sh r后）		优
	卷舌单韵母 er		优
	前响复韵母ai ei ao ou	篓（lǒu）	优
	中响复韵母iu iao ui uai		优
	后响复韵母ia ie uo ua üe	妥（tuǒ）	优
	前鼻音韵母an en in ian uan üan in um ün	/	优
	后鼻音韵母ang eng iang uang ing ueng ong iong	成（chéng），增（zēng），羚（líng），听（tīng），晴（qíng）	中

	声调类别	例字	发音准确度评价
调型发音报告	阴平第1声	糟(zāo),霹(pī),瞥(piē),搀(chān),音(yīn)	良
	阳平第2声	茬（chá），瘸（qué）	优
	上声第3声	郝（hǎo），傣（dǎi），篓（lǒu）	良
	去声第4声	恽（yùn）	优

图2　普通话水平模拟诊断报告①

　　其次，系统提供标准的学习训练语料，学习者可以参照标准发音进行学习（如图3所示），在学习的过程中，计算机会实时评测学习者的学习效果，纠正存在的问题，相当于一个高水平的普通话培训教师在一对一地进行实时辅导。如果学习者在正式学习之前进行了模拟测试，系统会根据模拟测试结果自动提供有针对性的学习语料（如图4所示），以便学习者进行有针

---

　　① 发音准确度评价说明：优：无明显发音问题（准确度参考值＞95％）；良：尚遗留语音问题（准确度参考值在85％—95％之间）；中：存在系统性发音问题，值得改进（准确度参考值在70％—85％之间）；差：问题较严重，注意纠正（准确度参考值＜70％）。

对性的训练，快速提高普通话口语水平。解决了在传统的普通话教学中教师无法进行一对一个别辅导，学校师资紧张等问题，给普通话的教学带来了实质性的改革。

图3　标准语音与学习者的语音对比图

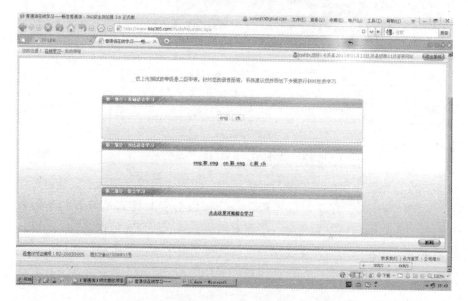

图4　针对学习者个人特点生成的个性化教案

国家普通话水平智能测评系统在声母、韵母、声调各部分功能都很强大，不过不能画出声调部分的图形；"Pratt"是荷兰阿姆斯特丹大学语音科学研究所的两位教授 Paul Boersma 和 David Weenink 研制开发的一种用于语音分析与合成的软件，恰好有这方面的功能。将采集来的语音样本输入软件，即可得到语音声调的调型以及各声调的数值（如图 5 所示），通过与普通话的调型和调值对比，可以让学生知道个人音高与普通话的差别。

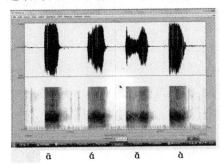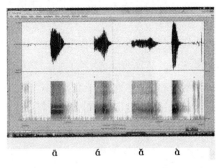

图 5　Praat 软件为学生读"a"的四声画出的语图和声调

四　结论

利用现代信息技术综合处理声音、文本、图形、图像等信息，使多种信息能根据需要建立有机的连接，集成系统，并形成具有交互性的辅助教学模式，使教学变得更加灵活、生动。从以教师为中心转变为以学习者为中心，由被动转为主动，使学生有了更强的参与感。利用这种方式辅助语音教学既可以用在对汉语国际教育专业硕士自身的普通话水平提高上，也可以鼓励这些专业硕士出国后利用这些软件进行他们的语音教学，可谓一举两得。

教学的方式、方法需要不断地改革和进步，用计算机辅助教学应该是伴随科技进步、在教学中实现现代化的一个首选的方式。计算机辅助汉语语音教学目前虽仍处于尝试性阶段，但从教学效果上看，应该不失为一种较好的辅助方式。社会的进步和发展、科技的发展都在引导着我们去寻找最佳最好的方式。

参考文献

王琦：《计算机辅助第二语言学习的理论与技术》，《电化教育研究》2001 年第 12 期。

贾卓燕、申瑞民：《应用语音对比技术构造的英文发音训练系统》，《计算机仿真》

2005 年第 22 卷第 4 期。

　　沙国泉：《计算机辅助语音训练与测试：问题与思考》，《外语电化教学》2005 年第
104 期。

　　董滨、颜永红：《计算机辅助语言学习算法的研究》，《声学技术》2008 年第 27 卷
第 5 期。

　　赵博、檀晓红《基于语音识别技术的英语口语教学系统》，《计算机应用》2009 年
第 29 卷第 3 期。

　　于涛：《多媒体计算机技术与对外汉语课程的整合研究——对我国多媒体辅助对外
汉语教学研究状况的统计分析》，《云南师范大学学报》（对外汉语教学与研究版）2010
年第 2 期。

Application in International Chinese Language Education Mandarin Speech Evaluation Training in Computer Aided Learning

Abstract：Chinese phonetic teaching is one of the emphases and difficulties of modern Chinese teaching. Students cannot carry out effective self-learning and training in the class because of characteristics of speech learning. The development of computer technology, especially the development of speech technology, makes computer speech evaluation and learning technology developing. This paper discusses how to make full use of the computer software in mandarin speech teaching, and how to use them more effective.

Key words：pronunciation teaching；mandarin speech evaluation；pronunciation software；international Chineses language education

基于词汇联想任务的汉语动词意义表征研究①

肖 青

（北京师范大学汉语文化学院）

摘要： 本文使用词汇联想实验任务，以高级汉语水平的英语母语者和汉语母语者为被试，考察了心理词典中动词的表征网络。结果发现，高级水平的汉语学习者和母语者在动词表征结构上遵循同样的模式，但在具体的表征方式上存在差异。在此基础上，本文讨论了二者之间存在异同的原因及影响第二语言词汇学习的主要因素。

关键词： 词汇联想；动词表征；第二语言词汇学习

一 研究背景

动词是语言研究、语言学习与教学研究领域关注的一种重要的词类，动词意义则是近年来词汇语义学研究关注的重点问题。语义框架理论认为：人们是在词语所激活的语义框架中理解词语意义的，人们听到或者看到一个词之后，引发的是一个框架。（牛保义，2011）从语义上看，一个动词通常能激活一个特定的场景——一种关于动作、行为或过程和参与者以及其他相关事物的具有整体性的知觉、记忆等心理过程。（袁毓林，1998）也就是说，动词意义的构成和与它相关的特定场景中的成分存在着密切的关联。那么动词意义的这一特点在第二语言学习者的心理词典中是如何表征的？这就是目前许多研究者关注的动词意义框架的心理现实性问题。

词汇联想是心理语言学领域在考察心理词典组织结构时常用的一种方法，并被证明是一种有效的实验手段。（Nelson et al.，1998）其基本程序

---

① 本研究得到中央高校基本科研业务费专项资金（105560GK）资助；北京师范大学优秀博士学位论文培育基金资助。

是给出一个刺激词，要求被试马上做出联想反应，说出或写出另一个（单一联想）或几个词（连续联想）。通过对学习者词汇联想结果的分析，可以推测学习者的心理词典中词汇网络连接的方式，了解词汇知识的掌握和习得程度。（Henriksen，1999）采用这一方式进行的研究发现：和成人相比，儿童产出更多的语音反应；随着语言水平的提高，语音反应减少，语义上有联系的反应增多；组合反应逐渐减少，聚合反应逐渐增多。（张萍，2009；付玉萍等，2009）这种"组合到聚合"的转变被认为是语言水平提高的标志。（Nissen & Henriksen，2006；张萍，2009）近年来，词汇联想任务也被用于第二语言学习者心理词典表征结构的考察，研究发现：与母语者相比，第二语言学习者的联想反应词数量少；词汇间的联系缺乏稳定性；（Meara，1983；张萍，2009）本族语者的聚合反应比例大于二语学习者，随着二语水平的提高，二语学习者对比较熟悉的词也能给出聚合反应词。（Wolter，2001；崔艳嫣，2010）也有研究发现：词汇联想的结果与联想材料有很大关系，刺激词的词频、词性和词义的具体性都会对联想测试的反应类型产生一定的影响。（石志亮，2009）对于不太熟悉的词，产生的是语音联想反应，对于部分熟悉的词产生句法联想反应，而对于非常熟悉的词产生的是语义联想反应。（Namei，2004）这些研究结果为探讨第二语言学习者的心理词典表征结构及其发展提供了重要的参考，但目前采用这一方法进行的关于汉语作为第二语言学习者心理词典的研究成果还不多见。

对于联想结果的类型，较多的研究分为组合反应、聚合反应以及语音反应。所谓组合反应指的是反应词和刺激词之间具有修饰、搭配关系；聚合反应指的是反应词和刺激词属于同一词性，并且能够实现为相同的语法功能，包括同义词、上下义词、反义词等；语音反应指的是反应词与刺激词只在语音上相似，没有任何语义联系。（郑咏滟，2011；付玉萍等，2009）但很多研究者通过词汇联想实验发现词汇联想包括两种过程：基于语言的系统和基于情景的系统，并在此基础上提出了双编码理论（Dual Code Theory）和概念加工的语言与情景模拟理论（LASS theory，Linguistic And Situated Simulation）。（Glaser，1992；Chaffin，1997；Solomon & Barsalou，2004；Barsalou et al.，2008）这与许多研究发现的第二语言学习者对词汇的记忆较多依赖语境的特点也是一致的。因此，在已有基础上，针对第二语言学习者词汇学习和记忆的特点进行心理词典表征结构的探讨，也是本文的研究目的之一。

　　基于上述研究结果，本文将以词汇概念结构理论和框架语义学理论对动词意义的研究为基础，采用词汇联想的方法，通过对反应结果的多维度分析，对高级汉语水平的英语母语者的心理词典中动词的语义框架进行探讨。具体来说，本文主要考察以下问题：（1）英语母语者的心理词典中的动词表征的网络结构有什么特点？（2）学习者的词汇表征网络与母语者的有哪些异同？（3）造成这种特点和异同的原因是什么？

二　汉语动词意义表征的词汇联想实验研究

（一）实验方法

　　根据研究目的，本文采用限定时间的连续联想任务，即请被试在规定的时间（30秒）内联想尽可能多的词。具体的操作方法为看—说式，给被试呈现书面的刺激词，要求被试说出联想词。

（二）实验材料

　　为了保证联想结果的稳定性，一般需使用数量较多的被试或者刺激词。（张萍，2009、2010）为此，我们首先从《高等学校外国留学生汉语言专业教学大纲》（附件一）（国家对外汉语教学领导小组办公室，2002）中的一、二级词汇中初步选择了100个双音节动词作为预选材料，所有动词在词频、笔画数等因素上进行匹配。由15名汉语母语者（不参加正式联想测试的被试）对动词意义的具体性进行主观评定，评定使用7点量表（1代表非常具体，7代表非常抽象）。对回收的问卷进行统计分析后，删除了其中抽象性较高或者具体性较高的词，最后保留的动词的意义具体性得分在2.06—5.13之间，平均值为3.27。

　　为保证实验材料的有效性，首先对3名母语为英语的高级汉语水平学习者进行了测试，根据测试结果，又删除了一些难度较大的词。最后确定的正式实验材料为76个双音节动词，其中及物动词40个，不及物动词36个。对所有的动词进行随机排序，为了避免呈现顺序对被试反应的影响，所有的材料分别用两个测试表呈现，被试根据参与实验的先后顺序交替使用两个测试表。两个表中的材料相同，差别仅在于排列顺序的不同。

（三）被试

　　参加本实验的被试一共有26人。其中汉语母语者11人，年龄在20—35岁之间，普通话标准，文理科各半。汉语学习者15人，母语均为英语，非华裔，年龄在20—35岁之间。学习者被试汉语水平的评定依据为：

（1）被试所在的学习班级；（2）被试任课教师的主观评定；（3）被试所用教材中的词汇量与《高等学校外国留学生汉语言专业教学大纲》的对应等级。

实验结束后所有被试都得到一定的报酬作为感谢。

（四）实验程序

实验开始前，主试向被试说明实验要求，请被试在规定的时间内说出看到刺激词之后想到的词，每个词的联想时间为 30 秒。然后进行练习，确定被试明白任务要求之后进行正式的实验。所有反应结果均以录音的方式记录，由主试对录音材料进行文字转写。

由于以往研究发现，在多词联想中被试可能出现连锁反应（response chaining）和检索抑制（retrieval inhibition）现象①，因此，在每个词的联想任务结束之后，主试会对其中与刺激词联系不明显的反应词进行询问（问句形式为："想到……是因为？"），让被试说出二者之间的关系，但是对反应结果不予评价。

实验结束后简单询问了被试进行词汇联想的过程及方法。

三　研究结果

通过对数据的初步分析，我们删除了一个学习者的数据（因为该被试对所有词的联想反应词都非常少）和一个母语者的数据（因为存在明显的反应策略），最后参与分析的数据为 14 个学习者和 10 个母语者的数据。

由于以往对联想反应的分类未能概括反应结果的全貌，因此本文参照 Santos 等（2011）的分类方法，将被试联想的词语分为以下类型，各类型的具体含义及示例如表 1 所示。②

---

① 所谓连锁反应是指被试给出的反应词并非对刺激词的直接反应而是对前面给出的某反应词的反应。检索抑制是指当需要给同一个刺激词连续提供多个反应词时，后来提供的反应词会被检索通道抑制，因而致使发生松散联想（weak associations）。参见袁登伟、李德高《词汇联想及其可操纵性》，《赤峰学院学报》（汉文哲学社会科学版）2010 年第 10 期。

② 上述分类体系见 Santos et al. , 2011：114—116, Appendix A。中文译文为本文作者翻译，为了适用于汉语，其中的个别例子略有改动。

表1 词汇联想反应词分类表

反应类型		各类的操作标准	示例① （学习者）	示例① （母语者）
语言上相关的反应	组合扩展向后	反应词与刺激词具有搭配关系，且为该语言搭配的后一个词	抚养——孩子	抚养——小孩
	组合扩展向前	反应词与刺激词具有搭配关系，且为该语言搭配的前一个词	成长——孩子	成长——儿童
	同义	反应词与刺激词语义相近或相同	去世——死亡	去世——逝世
	反义	反应词与刺激词语义相反	上涨——下降	上涨——下降
	词素相同	反应词与刺激词具有相同的词素、或者反应词包含刺激词	让步——进步 申请——申请表	分享——享受 申请——申请表
	语音相同	反应词与刺激词只在语音上有关系	商量——善良	无
分类②		反应词与刺激词具有上下位关系	无	无
情景描述		反应词与刺激词在同一场景或语境中共现	退休——旅游、疾病	退休——安逸、清闲
其他		随机或偶然联系，带有明显的个体特征或者个人经验等特异性	道歉——俗（被试刚看的电视剧中的台词）	治疗——姐姐（被试的姐姐是医生）

通过对所有联想词的综合考察，主要有以下发现。

（一）学习者和母语者心理词典中动词表征网络的共同特点

1. 动词表征呈现出多层次、多角度的特点

动词刺激词与联想反应词之间呈现出各种关系，这些关系包括：搭配、语义相关、语音近似或相同、词形近似或相同、语境共现、情感以及其他随机或偶然的联系。不同类型的反应所占比重见表2。

对学习者和母语者的数据进行卡方检验，发现在各类反应的分布上二者没有显著差异［p > .05］。这说明学习者和母语者心理词典中动词意义表征呈现出相同的网络结构模式。

在这个网络模式中，动词与其他词语主要通过两种途径发生关联，一是语言系统（49%），一是情景系统（48%）。其中，语言系统主要指的是线性组合关系（搭配关系）（37%）。而语义聚合关系、词形上的关系、语音上的关系在动词的表征网络中所占的比重很小。

---

① 本文中示例格式均为"刺激词——反应词"。

② 由于"分类"这一类在本文实验结果中未出现，因此下文的分析将此类略去。

表2　　　　　　　　　　词汇联想反应词不同类型所占比重表

反应类型		总比重	学习者	母语者
语言上相关的反应	组合扩展向后	0.18	0.18	0.18
	组合扩展向前	0.19	0.22	0.16
	同义	0.06	0.09	0.03
	反义	0.01	0.01	0.01
	词素相同	0.04	0.04	0.04
	语音相同	0.01	0.01	0.00
情景描述		0.48	0.41	0.56
其他		0.04	0.05	0.03

注：各类比重的计算方法为：首先计算每个被试各类反应词所占其总反应数量的比重，然后对所有被试各类反应的比重进行平均，保留小数点后两位。

2. 动词表征与存储方式体现出了明显的概念框架模式

被试识别某个动词后，会根据该动词所表达的概念或事件，产生出概念框架或者事件中涉及的人或者事物、情感等相关的反应词。

比如，"失业——经济、不景气、铁饭碗、懊恼、艰苦、美国、中国"等（学习者），"审判——法官、律师、法院、罪犯、目击者、监狱、警察、公正、信访、强拆、毁容"等（母语者）。

在所有被试的联想反应中，"情景描述"这类的反应所占比重最大（48%）。另外，"组合扩展向后"和"组合扩展向前"这两类反应，基本表示动词所在的概念框架中的参与者（36%），比如"抚养——孩子"、"成长——儿童"，因此，总体来看，动词所激活的是一个包含各种信息的概念框架系统。

3. 动词类型会影响动词的表征网络与存储方式

及物动词与不及物动词在联想反应类型的分布上存在差异，具体可见表3。

从表3可以看出，汉语学习者和汉语母语者都表现出同样的规律，主要体现在"组合扩展向后"和"情景描述"两类反应上存在显著差异。不及物动词由于后面不可以继续加宾语，因此几乎未产生"组合扩展向后"的反应，不过其"情景描述"类反应显著多于及物动词。

表3　　　　　　　　　　　　不同动词联想反应分类表

		组合扩展向后	组合扩展向前	同义	反义	词素相同	语音相同	情景描述	其他
所有被试	及物动词	0.32	0.17	0.05	0.01	0.05	0.00	0.33	0.03
	不及物动词	0.01	0.23	0.07	0.01	0.04	0.01	0.60	0.05
学习者	及物动词	0.34	0.19	0.07	0.00	0.04	0.00	0.22	0.03
	不及物动词	0.00	0.28	0.09	0.01	0.04	0.01	0.50	0.06
母语者	及物动词	0.29	0.15	0.03	0.01	0.05	0.00	0.44	0.03
	不及物动词	0.01	0.18	0.04	0.01	0.04	0.00	0.69	0.03

及物动词在语言上相关的反应，特别是具有搭配关系的反应多于概念框架类反应；而不及物动词正好相反。

动词及物性对动词表征网络的影响仅在语言组合关系和概念框架所包含的信息两个方面，对动词的语义聚合关系、亚词水平①的联结没有影响。为了更清晰地比较三种反应的结果，不同被试的平均反应如表4所示。

表4　　　　　　　　　　　不同被试对不同动词的联想反应

		组合扩展向后	组合扩展向前	情景描述
学习者	及物动词	0.42	0.22	0.36
	不及物动词	0.01	0.36	0.64
母语者	及物动词	0.33	0.17	0.50
	不及物动词	0.01	0.21	0.79

汉语学习者和汉语母语者不同类型反应的相对比重见图1。

综上，在汉语学习者和母语者的心理词典中，动词表征表现出了相同的网络模式。在这个网络模式中，与动词联系最密切的信息是动词所表示的事件结构的参与者信息，即动词所表示动作的主体和客体，以及动词所在的概念框架或情景系统。

不过，在网络关系内部，汉语学习者的动词表征系统也呈现出不同于母语者的特点，下面对其不同点进行具体的分析。

①　亚词水平指的是词汇下水平（sublexical level）的反应，比如通过词素或语音发生联系的反应。

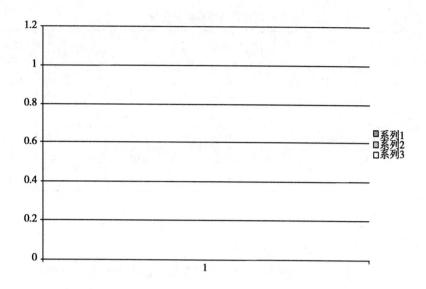

图1　学习者和母语者对不同类型动词的联想反应对比图

（二）学习者和母语者心理词典中动词表征网络的不同特点

1. 对每个刺激词的联想反应速度与数量不同

学习者的联想速度比母语者慢。由此也导致在规定的时间内，母语者被试对每个刺激词产出的反应词数量比学习者被试多。

2. 对每个刺激词产出的反应词类型不同

这主要体现在两个方面。

第一，学习者虽然和母语者一样都产出了动作的主体或客体，但在具体性上存在差别。学习者了解某个词的概念意义，比如"交代"是某个人交代某个人做什么，会产出"人"这样的反应词，但很少想到具体是什么人；而母语者会举出具体的例子，比如"父母、老师、长辈、祖先"等这样的词。还比如"骗取"，母语者会想到"骗子、小偷"等，学习者不知道具体的名称，产出了"一个人"这样的反应。

这表明在学习者心理词典的动词语义框架中，与动词相关的题元角色的表征处于较为抽象的层次，与情景中的运用缺乏关联，比如："交代——人"，仅体现了动词题元的施事角色；而母语者对动词语义特征有所意识，与语义特征相关的题元成分的表征与具体的情景相联系，比如："交代——父母、老师"，体现了与动词意义相匹配的施事的类别特征。

第二，学习者虽然和母语者一样都产出动词所表达的概念框架中的词，但概念框架中的信息不同。

首先，学习者联想到的词语大多比较具体，而母语者产生了更多的抽象词。比如"起飞"，学习者一般产出的反应词是飞机、鸟等具体的事物，而母语者除了具体的事物以外，还产生了如"梦想、经济、人生、事业"等抽象的词。

其次，母语者比学习者产生了更多的中国文化词、社会现象类词。比如关于"听写"，母语者和学习者都产生了与课堂上的听写相关的词，不过母语者还产生了课后回家父母听写的情景词。

最后由于受到个人经历和生活环境的影响，被试倾向于产出与自己生活、工作关系密切的词，因此学习者和汉语母语者在反应词上也存在差别。比如"等待"这个词，母语者会想到火车站、汽车站等地方，而学习者会想到"学校门口、第三公寓大厅"等自己生活的地方。

3. 其他不同特点

受个人学习经历的影响，学习者会产生修饰性的副词或者介词，如"迟到——千万（别迟到）、迟到——经常（迟到）、成长——继续（成长）、道歉——非常（抱歉）、约会——跟（谁约会）"这样的词，而母语者一般不会产生这样的词。

学习者更容易受汉字的影响，产生在文字形体上有关联的词，如"鼓掌——重整旗鼓"、"锻炼——铁"等。母语者一般没有这样的反应。

四 综合讨论

（一）基于词汇联想实验得出的心理词典中的动词表征网络

心理学家通过单词联想测验发现，对名词的词汇联想来说，有四种占优势的语义关系：分类关系（如：椅子——桌子、家具），部分关系（如：椅子——底座、垫子、腿），属性关系（如：椅子——舒适的、木制的），功能关系（如：椅子——坐、休息、摇晃）。[《语言心理学》（第四版），第107页] 而本文通过对动词的词汇联想实验发现，与名词不同，动词占优势的语义关系是：搭配关系（包括主谓搭配和动宾搭配）、情景共现关系。其他关系的凸显度并不明显。名词与动词在表征网络上存在很大的差别。

根据前边的分析，动词词汇联想反应词中占优势地位的是"组合扩展向前"和"组合扩展向后"，这两类都属于基于语言系统的反应，在实际的语言使用中可以组成短语或句子，表达比较完整的概念。其中，在这两类中，占优势的联想关系分别是主谓关系和动宾关系，即反应词是刺激动词的主语或宾语。这与通过行为反应时实验的方法得出的结论是一致的，即汉语动词的主语、宾语信息是动词意义表征的一部分，在动词的加工过程中，动词的主语、宾语信息得到了即时的激活。（李雪松，2005）而主语信息和宾语信息哪个更占优势地位，与动词自身的特点有关。在本研究中，及物动词激发的宾语反应多，不及物动词激发的主语反应多。

　　除了这两类反应之外，在所有被试的数据中基于情景的反应也占很大比例，这类反应属于动词所表达的概念结构、事件或场景中的一部分。这证实了框架语义学理论以及关于概念加工的语言与情景模拟理论（LASS）的合理性。

　　与以往的研究一样，本文的研究发现，动词的心理词汇表征是一个多层次、非线性的网络结构。单个的汉语动词不仅与同一层级的其他词类之间有联结，与词的上位层级（短语或句子），甚至与包含该词的整个概念框架或情景结构有联结；同时也与词的下位层级（词素、词素的部件或词音、字音）有联结。至于各种联结强度的大小，要受到词汇语义、词汇熟悉度或任务等因素的影响。根据本文的实验，动词的及物性也是一个重要的影响因素。

　　及物动词和不及物动词是汉语语法中对动词的传统分类（王俊毅，2001），一般依据的是形式标准，即动词后能否接宾语以及宾语的类型（刘月华等，1983；陆俭明，1991；范晓，1991）。本文的词汇联想实验证明，在汉语母语者和学习者的心理词典中，动词的及物性都具有很强的心理现实性。除了句法层面上的区别之外，及物动词和不及物动词在概念框架或者事件信息上也存在很大的差别。不及物动词所激活的概念框架信息多于及物动词，不及物动词比及物动词更能表达完整的概念框架结构。因此，动词本身的语义特点对其理解具有重要的影响，在研究动词意义时，需要对动词作进一步分析。框架语义学理论中也需要对不同动词的框架概念结构进行进一步的说明。

（二）学习者与母语者心理词典中动词表征网络的对比

　　从所有联想反应类型的整体分布趋势看，学习者和母语者动词意义的表征结构有一致的表现，说明第二语言学习者与母语者关于动词的心理表征遵循同样的网络模式。由于本文中的学习者被试指的是高级汉语水平的学习者，因此实验结果表明，在词汇的表征上，第二语言学习者学习的最终状态（ultimate attainment）在某种程度上接近母语者。

不过，上文的分析表明，学习者在词汇表征网络内部表现上依然存在与母语者不同的特点。这些特点反映了学习者在对汉语词汇的提取速度、提取数量（词汇量）、提取层次、概念框架信息的丰富性与具体性等方面与汉语母语者存在差异。汉语学习者虽然识别了某个动词，并激活了其概念语义信息，但对其有关的信息的提取速度不如母语者快，所激活的与某个动词有关的词语数量少，并且停留在较为抽象的层次，比如"人或者事物"、"动作的主体或者客体"这个层面，但是对其具体的语义特征，与具体情景中的联系掌握不够明确。

另外，在学习者的心理词典中，语义联结所占比重也多于母语者，具体表现在语义相近的词语之间的关联。这也反映了学习者比母语者更不容易区分语义相近的词语。

（三）学习者心理词典中的动词表征网络的影响因素

通过对学习者动词表征网络的特点分析，进而推测学习者心理词典中动词意义表征的影响因素主要有以下几方面。

1. 语言输入方式与语言接触

联结主义理论认为语言习得的过程实际上是学习者通过真实语言材料获取语言知识并储存于心理词典中，联结主义主张的浮现特征（emergent properties）揭示了语言知识的获得和语言材料之间的本质联系，浮现特征的核心原则是语言规则不是先天固有的，而是在语言获得过程中表现出自然浮现特征，这种浮现过程可以基于对大量输入语料的统计学习而获得。（邢红兵，2009）

对参与本实验的学习者来说，他们都受过专门的语言训练，经历过汉语课堂学习，这种接触方式会影响其词汇的存储与行为表现。

学习者在自然情景中的语言接触量不如母语者多也是很重要的原因。人们存储在大脑中的知识是包括语言系统知识在内的百科性知识模型库。这种知识模型是人们通过不同的学习方式获得的一种模式化知识结构，它是在反复运用过程中强化有效成分、淘汰不稳定因素的基础上形成的。（薛恩奎，2006：177）因此，学习者所产出的概念框架和情景信息更少、更抽象。

2. 词汇熟悉度和词汇量

关于语言加工机制的神经网络模型假设，词汇系统由一系列分布但内在联结的词组成。一个刺激会平行地激活所有存储的表征。激活的程度与输入和存储的表征之间的相似度成正比。当表征的激活水平达到一种阈限，表征就能得到进一步的加工。（Caramazza et al.，1991）

由于母语者对词汇的熟悉度高，其激活的词汇表征水平也相对高；而学习者激活的表征水平相对低一些。

对有些词语来说，学习者虽然知道其概念意义以及涉及的人或事物，但由于词汇量的限制，不知道如何用汉语表达，如前边所举的例子。

3. 社会文化因素及母语迁移

对生活在同一语言环境、文化背景的人们来说，他们使用的语言、思维方式与他们的知识结构模式之间的联系具有一定的共通性。（薛恩奎，2006：178）因此，社会文化背景和生活环境会对词汇存储与表征产生很大的影响。

另外，由于语言之间词汇概念的不对等性，不同语言的人所看到的世界切分（概念）是不同的（王洪君，2011：162），他们的词汇语义概念网络也会有差别，由此导致对同一个词的概念理解不同。

4. 个人因素及其他

在实验中，我们还发现词汇联想任务也会受个人因素的影响。比如有的被试很喜欢产出与刺激词意义相近的词，有的被试会非常注意某个词的语法特征等。不过由于这不是本文要考察的问题，暂且不作具体分析。

五　结语

本文的研究对今后的词汇表征研究和汉语词汇教学都有一定的启示。

对词汇表征研究来说，在第二语言的词汇联想研究中普遍认为，母语被试的联想网络密度比第二语言被试的更大（denser），因为母语词汇比第二语言词汇具有更多的联想联结，但是对这个观点的具体含义却几乎没有给出精确的描述。（Wilks et al.，2005）本文通过词汇联想任务对动词心理表征的考察，发现了动词表征的多层次性、不同层次之间的差别以及影响动词表征的因素，希望可以为第二语言词汇的表征研究提供更细致的视角。

在对外汉语教学中，很多教师都发现，学习者虽然知道某个词语的概念意义，但在实际使用中经常出现使用不当或者使用错误的情况，特别是对语言水平较高的学习者或者词频很高的词来说，出现这种情况尤其引人注意。这当然受到很多因素的影响，对第二语言认知与习得来说，一个很重要的假设是第二语言学习者心理词典中词汇的表征和存储方式是否与母语者存在差异。通过对汉语水平较高的学习者动词的心理表征研究，我们发现学习者与母语者之间最大的差别在于词汇与具体情景的关联。因此，在汉语词汇教学中，不应该局限于某个词的概念意义或者几种语言组合结构，应努力提供多样的词汇使用情境（包括词汇的概念框架知识与词汇的交际情景知识）等方法帮助学习者建立多样的词汇网络。另外，近义词之间的区分是词汇教学中要重点关注的问题。

参考文献

崔艳嫣：《词汇联想测试与心理词库研究》，《语文学刊·外语教育教学》2010 年第 1 期。

范晓：《有关动词研究的几个问题》，载《句型和动词》，语文出版社 1987 年版。

付玉萍、崔艳嫣、陈慧：《二语心理词汇发展模式的历时研究》，《外国语言文学》2009 年第 1 期。

国家对外汉语教学领导小组办公室：《高等学校外国留学生汉语言专业教学大纲》，北京语言文化大学出版社 2002 年版。

李雪松：《汉语动词意义的心理表征——认知行为和 ERP 的研究》，博士学位论文，北京师范大学，2005 年。

刘月华、潘文娱、故韡：《实用现代汉语语法（增订本）》，商务印书馆 2007 年版。

陆俭明：《现代汉语不及物动词之管见》，载《语法研究和探索》（五），语文出版社 1991 年版。

牛保义编著：《构式语法理论研究》，上海外语教育出版社 2011 年版。

石志亮：《从词汇联想测试看二语心理词库的发展特征》，《西安外国语大学学报》2009 年第 3 期。

王洪君：《基于单字的现代汉语词法研究》，商务印书馆 2011 年版。

王俊毅：《及物动词与不及物动词分类考察》，《语言教学与研究》2001 年第 5 期。

邢红兵：《基于联结主义理论的第二语言词汇习得研究框架》，《语言教学与研究》2009 年第 5 期。

薛恩奎：《词汇语义量化研究》，黑龙江人民出版社 2006 年版。

袁登伟、李德高：《词汇联想及其可操纵性》，《赤峰学院学报》（汉文哲学社会科学版）2010 年第 10 期。

袁毓林：《汉语动词的配价研究》，江西教育出版社 1998 年版。

张萍：《词汇联想与心理词库：词汇深度知识研究现状》，《外语教学理论与实践》2009 年第 3 期。

张萍：《中国英语学习者心理词库联想模式对比研究》，《外语教学与研究》2010 年第 1 期。

郑咏滟：《从联想反应类型和母语影响看二语学习者的心理词汇》，《复旦外国语言文学论丛》2011 年第 1 期。

D. W. 卡罗尔:《语言心理学 (第四版)》,缪小春等译,华东师范大学出版社 2007 年版。

Ave Santos, Sergio E. Chaigneau, W. Kyle Simmons, Lawrence W. Barsalou, "Property generation reflects word association and situated simulation", *Language and Cognition* (1), 2011.

Barsalou, L. W., A. Santos, W. K. Simmons & C. D. Wilson, "Language and simulation in conceptual processing, In M. De Vega, A. M. Glenberg & A. C. Graesser (eds.), Symbols, embodiment, and meaning, Oxford: Oxford University Press", 2008.

Caramazza, A., & Hillis, A., *Lexical organization of nouns and verbs in the brain*, Nature.

Chaffin, R 1997 *Associations to unfamiliar words: Learning the meanings of new words.* Memory and Cognition.

Clarissa Wilks, Paul Meara, Brent Wolter 2005 *A further note on simulating, word association behaviour in a second language.* Second Language Research (4).

Glaser, W. R 1992 *Picture naming.* Cognition.

Henriksen, B 1999 *Three dimensios of vocabulary development.* Studies in Second Language Acquisition.

Meara. P 1983 *Word association in a foreign language: A report on the Birkbeck vocabulary project.* Nottingham Linguistic Circular.

Namei 2004 *Bilingual lexical development: A Persian-Swedish Word Association Study.* International Journal of Applied Linguistics (3).

Nelson, D. L., McEvoy, C. L., & Schreiber, T. A 1998 *The University of South Florida word association, rhyme and word fragment norms.* Available at http://www.usf.edu/FreeAssociation.

Nissen, H., & Henriksen, B 2006 *Word class influence on word association test results.* International Journal of Applied Linguistics (3).

Solomon, K. O. & L. W. Barsalou 2004 *Perceptual simulation in property verification.* Memory and Cognition.

Wolter, B 2001 *Comparing the L1 and L2 mental lexicon: A depth of individual word knowledge model.* Studies in Second Language Acquisition (1).

A study of Mental Representation of Chinese Verb Meanings based on Word Association Task

Abstract: This paper explores representation network of Chinese verbs in the mental lexicon using word association task, with advanced Chinese learners whose native language is English and Chinese native speakers as the subjects. It is found that there are no significant differences in representation architecture of verbs for advanced Chinese learners versus Chinese native speakers, but there are differences in the specific characterization of the way. On this basis, the reasons of the similarities and differences and factors influencing L2 vocabulary learning are discussed.

Key words: Word association; Verb representation; L2 vocabulary learning

动词意义和句式语义对学习者语义理解的影响研究

——以予夺不明类动词双宾结构为例*

冯丽萍

（北京师范大学汉语文化学院）

摘要：予夺不明动词构成的双宾结构在汉语中存在歧义，汉语母语者对这类歧义结构的意义倾向于理解为索取义。本文的研究发现：中介语语料库中出现的此类歧义结构较多表达给予义，英语母语者虽然能正确理解动词意义，但是对歧义双宾结构的理解表现出给予义倾向。其原因在于双宾结构在英语中仅表示给予义，这在很大程度上影响了英语母语者对汉语双宾结构语义的理解。

关键词：予夺不明动词；双宾结构；语义理解

"动词是句子的中心、核心、重心，别的成分都跟它挂钩，被它吸住。"（吕叔湘，1987）。动词的意义对句子的构成有着重要的制约作用，例如，由于动词语义中有致使—改变的概念结构，它能构成带有结果补语的句子（影山太郎，2001）；同样，"请、叫"等词语能构成兼语结构，"给、问"等动词能构成双宾结构，这与动词本身的语义有密切关系。近年来，关于句式意义的研究也日渐成为语法学界的热点，许多学者认为，句式本身有其特定的意义，"构式是独立于词汇语义规则之外的语法事实，有独立的语义"（张伯江，2009）；"不同的词类序列代表不同的句式，但是句式并不等于不同的词类序列……句式的整体意义不等于各组成部分的简单相加"（沈家煊，1999），这也是构式语法所主张的"整体大于部分之和"。既然词汇语

* 本研究得到教育部人文社会科学研究项目"汉语特殊句法的认知与习得研究"（10YJA740023）、国家社科基金项目"面向第二语言习得的汉语句法复杂度测评指标研究"（14BY146）的支持。

义和它所构成的句法结构意义之间可能存在不完全一致，那么，当这种不一致在语料中出现时，学习者如何理解该动词所构成的句式结构的意义？本文将以汉语中存在的具有歧义的予夺不明类动词构成的双宾结构为例进行探讨。

"借、租"等汉语动词均能构成双宾结构（$V + N_1 + N_2$），由于其意义的双向性，它们所构成的双宾结构也具有歧义，如"我借他一辆自行车"，既可以表示给予义，即"我借给他一辆自行车"；也可以表示索取义，即"我向他借一辆自行车"，对于这类动词，学界称为"予夺不明"动词（卢建，2002）或"授受"动词（古川裕，2002）、左右向动词（石毓智，2004）。关于这类动词构成的双宾结构所表示的意义，古川裕（2002）指出：该类动词所形成的结构中，近宾语既可以表示起点，形成索取义；也可以表示终点，形成给予义。卢建（2003）认为：由于动词本身语义的双向性，致使间接宾语的指派存在不同的可能性，间接宾语可以被指派为与事，全句表示给予义；也可以被指派为夺事，全句表示索取义。

对于此类可能产生歧义的结构在实际语言中的语义，来自语言学领域的分析认为："借"表示借出时必须有上下文语境，才能确定为借出的意义，否则总是表示为借入（吕叔湘，1999）。张国宪（2001）依据对历时的文献和共时的方言分析认为：汉语双宾语句的原始句式语义是强制的索取性转移。张宁（2000）也认为：汉语中的索取义双宾句是无标记句式，而给予义则是有标记的。那么在实际的语言运用中，汉语母语者如何使用此类歧义结构表达语义呢？是否同样表现出索取义的倾向呢？我们以"借"为关键词，在北京大学语料库（CCL）中随机抽取了200条语料，对其中"借"所表示的语义进行分析发现，单字"借"表示给予义的语料只有一条（作者注：以下文中所引例句均摘自所标明的语料库）：

兄弟借我200块钱，怎么样？我得去还房租。

当表示给予义时，"借"大多与"给"连用，如：

教练里尔·尼克斯借给我们每人100元。
美国银行一点儿钱都不借给我。

但是，"借"表示索取意义的语料却数量众多。在这些语料中，"借"可以与"向、问"等构成的介词短语共用，表示"索取"义，如：

他和叔叔向别人借了两把菜刀，带着组织起来的二十多个农民趁夜色闯入了盐局。

问她借点儿钱。

但是在"借"单用时，也大多表示索取义，如：

你得借钱，买料，买料投入生产。

幼小的恩来不得不去富户叩门借债，或是送衣物进当铺典押。

（这点儿武艺）说不用你就没辙，就指着借、卖、当。

语言学论证和语料分析都表现了汉语母语者语言理解和使用中"借"表示索取义的优先性，而这种优先性也得到了来自心理语言学研究的证实。卢建（2003）以40名汉语母语者为对象，通过书面问卷的形式对予夺不明类双宾结构的理解情况进行了调查。结果显示：在没有时、体等标志的情况下，人们对予夺不明类双宾结构的理解倾向于索取义。郭彭冰（2010）的调查也进一步证实：对于汉语母语者来说，此类歧义双宾结构的理解中，取得义为优势语义。

上面我们介绍了来自语言学、心理学和语料库分析结果所体现的予夺不明类双宾结构在汉语母语者的语言使用和理解中所表现出的索取义优势，双宾结构是许多语言中都存在的句法结构，例如句子"我给他一本书"，英语（I give him a book）、法语（Je luidonne un livre）中也同样可以用双宾结构来表达。那么，对于外国学习者来说，他们在学习汉语的过程中，是如何使用和理解此类汉语动词及其构成的双宾结构的意义呢？我们仍然以"借"为例，首先以北京语言大学 HSK 动态作文语料库中的材料为依据，对学习者所使用的结构进行了分析，结果发现：在由"借"构成的语料中，学习者常常将"借"与其他词语共现来区分给予和索取义。在表示索取义时，学习者常用"向、跟"引出索取的对象，例如：

每到假期，父母亲都向朋友借了一部轿车带我们姐弟游山玩水。

因我常没图画纸，向他们借。

我父亲无奈跟别人借一笔钱开了一个小的铺子。

我向朋友借了一本英语短篇小说。

在表示给予义时，学习者常将"借"与"给"共用，如：

朋友鼓励我继续学习普通话，又借一些教材给我。

她一看到我的肢体语言，就笑着把钱借给了我。

如果你们方便的话，借给我一点儿好吗？

当时借给我的父亲钱的人都来我家要求还钱。

而在单独使用"借"的结构中,"借"在表示索取义时,学习者所产生的语料均为单宾句,例如:

为了孩子上好的学校,妈妈得借亲戚的钱。

跟别的同学一样经常不上课,但考试之前借笔记全都背,考得还可以。

我常常借朋友的汽车开去学校。

而在由"借"构成的双宾结构语料中,所表示的均为给予义,例如:

他哥哥借他点钱,他用这笔钱开了一个炸土豆条的小摊儿。

上次他借我新买的收音机,所以我很感动。

随机抽取的语料分析表现出了学习者与汉语母语者对此类歧义双宾结构使用倾向的不同,那么,学习者如何理解由具有予夺两种意义的动词构成的双宾结构的语义?他们是与汉语母语者一样表现出对索取义的理解倾向?还是具有中介语语料所体现出的给予义倾向?针对这一问题,我们以动词"借"及其构成的双宾结构为材料进行了调查。为控制学习者母语背景对研究结果的影响,我们仅选择英语母语者为研究对象。

调查采用口头翻译任务,翻译材料为由"借"构成的双宾结构。为保证学生的理解不受其他因素的影响,双宾结构中的 N1 均采用人称代词,N2 均采用被试熟悉的名词,例如"借他 100 块钱",同时加入非歧义的双宾结构、非双宾结构作为填充材料。参加调查的为 45 名汉语专业的美国大学生,参照他们所使用的课本中的词汇量要求,这些学生应该已掌握至少 2000 个汉语词汇。

对学生的反应语料进行分析,我们将其结果分为以下四类,各类的例句及数据结果如下:(1)理解错误:指学生没有将所听到的结构理解为给予类或索取类语义,而是理解为其他结构。比如,将"借他一百块钱"理解为"He borrowed 100 dollars"或是"He lent 100 dollars"。该类错误所占比例为 15.5%。(2)理解正确:即正确理解予夺不明类双宾结构"予"与"夺"两种可能的语义。该类语料所占比例为 2.2%。(3)理解为给予义:例如将"借他 100 元钱"理解为"lent him 100 dollars"。这种理解方式占 73.4%。(4)理解为索取义:例如将"借他 100 块钱"理解为"borrowed 100 dollars from him"。这种理解方式占 8.9%。

从上述理解材料的分布数据我们可以看出,对于"借"所构成的双宾结构，英语母语者能正确理解为给予和索取两种意义的数量很少，最主要的方式是理解为给予义，其比例远远高于索取义，表现出了与汉语母语者索取义理解倾向的不同，但是与中介语语料库中所出现的歧义双宾结构主要表示给予义的特点一致。

为什么英语母语者倾向于将该歧义结构作为给予义来理解呢？我们以动词"借"为例对 8 名英语母语者进行了访谈，访谈中首先请他们给出"借"的英语意义，结果显示：1 名学生翻译为 lend，3 名学生翻译为 borrow，4 名学生表示无法翻译，因为存在 lend 和 borrow 两种意义。之后请他们选择与"借他一辆自行车"对应的英语意义。结果 7 名学生选择给予义"lend him a bike"，1 名学生选择索取义"borrow a bike from him"。询问其选择原因，他们非常一致的回答是：这与英语中的句法结构一致，但是与英语中索取义的语法结构（"borrow a bike from him"）是不一致的。这就意味着在词汇层面，学习者能够正确理解歧义动词给予和索取的两种意义，但是在进入句法层面后，动词所形成的句法结构与学习者母语的对应关系对其理解汉语句子的语义产生了明显的影响。

关于汉英两种语言中双宾结构的意义，石毓智（2004）指出："对于同样的动作行为，不同的民族有不同的概念化方式，表现为用不同数目的词语来表示，相对应的词语的内涵和句法行为也不一样。汉语中将物体'从甲向乙的转移'和'从乙到甲的转移'看作一个行为，概念化为一个动词，可以用相同的句法结构来表示。"因此汉语中出现了"我借他一本书"这样的歧义句，表示索取义的"我买他一本书"和表示给予义的"我卖他一本书"都可以使用双宾结构；而英语中则设置不同的动词（如 borrow 和 lend）来表示方向相反的动作行为，所形成的句法结构也不一样。在这种概念化机制的制约下，汉语的双宾结构可以是左向的（索取义），也可以是右向的（给予义），或左右双向的（予夺不明的歧义），而英语的双宾结构则只是右向的（只表示给予义）。对于汉语中左右向的动词，英语中往往用不同的动词或结构来表示，但是只有表示右向意义（即给予意义）的动词才能进入双宾结构（石毓智，2004）。也就是说，由于汉英两种语言中对给予和索取两种行为的概念化方式不同，所形成的句法结构的语义也有很大差异，这种差异在很大程度上影响了学习者对该句式语义的理解倾向。

上面我们就外国学生对汉语予夺不明义动词及其构成的双宾结构的使用和意义理解倾向进行了分析，发现英语母语者虽然能较好地理解动词的意义，但是对歧义双宾结构意义的理解和使用则因母语中双宾结构句式语义的影响，表现出了与汉语母语者不同的倾向，语法结构在其母语中的语义特征在更大的程度上影响他们对汉语语法结构的理解。但本文只是以最典型的歧义双宾动词"借"及其构成的双宾结构为例进行了研究，同时也仅抽取了部分语料进行了分析，因此本文只是一个探索性研究。不同学习者对双宾结构理解和使用的规律、其深层的制约因素还需要我们今后通过更多的语料和研究来进行验证。

参考文献

古川裕：《"起点"指向和"终点"指向的不对称性及其认知解释》，《世界汉语教学》2002 年第 3 期。

郭彭冰：《现代汉语予夺不明义双及物结构歧义现象分析》，硕士学位论文，河北师范大学，2010 年。

卢建：《影响予夺不明双宾句语义理解的因素》，《中国语文》2003 年第 5 期。

吕叔湘：《现代汉语八百词》，商务印书馆 1980 年版。

吕叔湘：《句型和动词学术讨论会开幕词》，载《句型和动词》，语文出版社 1987 年版。

沈家煊：《"在"字句和"给"字句》，《中国语文》1999 年第 2 期。

石毓智：《汉英双宾结构差别的概念化原因》，《外语教学与研究》2004 年第 2 期。

［日］影山太郎：《动词语义学》，于康、张勤、王建华译，中央广播电视大学出版社 2011 年版。

张伯江：《从施受关系到句式语义》，商务出版社 2009 年版。

张国宪：《制约夺事成分句位实现的语义因素》，《中国语文》2001 年第 6 期。

张宁：《汉语双宾语句结构分析》，载陆俭明《面临新世纪挑战的现代汉语语法研究》，山东教育出版社 2000 年版。

A Study on Verb Meaning and Sentence Semantics Effects on Semantic Interpretation by CSL learners

Abstract：There is ambiguity in Chinese Giving-Acquiring Di-transitive constructions. Chinese native speakers showed clear tendencies of Acquiring in interpretation of this kind construction. This study found that: in the Chinese inter-language corpus, this kind of construction showed Giving semantics more frequently, the English native speakers can understand correctly the meaning of such verbs, but they showed clear tendencies of Giving about such ambiguous constructions. The reason is that in English, the Di-transitive construction only has the meaning of giving, which largely affected the interpretation of Chinese Di-transitive construction of English native speakers.

Key words: Ambiguous Giving-Acquiring verbs; Di-transitive constructions; interpretation of semantics

对达慕思大学中级水平学生的故事教学

李彦春

（北京师范大学汉语文化学院）

摘要： 故事教学是一种操作性较强的教学方法，既可对学生进行语言训练，又可体现以学生为中心的教学理念，还可培养学生的想象力、思维能力、逻辑性，尤其对于中级水平的学生而言，不仅可以调动学生积极参与课堂教学，提高其学习兴趣和注意力，而且还满足了学生活用语言知识的要求，与美国达慕思大学学生的学习特点及其对教学的要求相契合。因此本文根据故事教学的作用，结合笔者的教学经验，分析了在课堂上进行故事教学的操作步骤，使其更好地为教学服务，以达到学生在使用中巩固汉语知识、在使用中提高语言技能的教学效果。

关键词： 达慕思大学；中级水平；故事教学

在语言技能课的教学中，如何既能有效地提高学生的学习效果，又能使整个课堂处于良好的氛围，是每位教师努力追求、希望达到的课堂教学境界。教育家苏霍姆林斯基说："教师如果不想方设法使学生产生情绪高昂和智力振奋的内心状态，而只是不动感情的脑力劳动，就会带来疲倦（周晓珍，2009 年）。"故事教学是一种操作性较强的教学方法，既可对学生进行语言训练，又可体现以学生为中心的教学理念，还可培养学生的想象力、思维能力、逻辑性，尤其对于中级水平的学生而言，不仅可以调动学生积极参与课堂教学，提高其学习兴趣，使其集中注意力，而且还满足了学生活用语言知识的要求，与美国达慕思大学学生的学习特点及其对教学的要求相契合，亦可满足其在使用中巩固汉语知识、在使用中提高语言技能的需求。

一　达慕思大学学生的学习特点

美国达慕思大学已经和我校建立关系多年，笔者曾经教授过在北师大开设的达慕思大学北京暑期班和秋季班，亦赴美任教两年。在教学的过程中，笔者发现该校学生具有下列学习特点。

第一，这是学生最突出的特点：想象力发达、参与意识非常强。

第二，学生学习极其认真，无论是预习还是写作业，都完成得相当出色。

第三，学生的独立性很强，每个学生的个性化、自我的思考和创新性突出，且善于思考，非常喜欢提问，并争着回答问题，经常发表自己的不同见解；同时又表现出很强的小组合作精神，对于教师布置的小组作业，可以分工合作，出色完成，体现出很好的团队协作能力。

第四，学生的表现欲很强，模仿能力也很强。平时在课间休息时，有些学生就喜欢拿他们的总统开玩笑，用名人的糗事逗乐，或者模仿一些名人或者主持人，模仿电视节目或者电影里的一些段落。而在课堂教学中，他们尤其喜欢表演课文内容，喜欢自己编故事表演。

第五，学生特别喜欢挑战，希望自己每天在语言学习中都有较大的进步和提高，具有自我挑战精神。

此外，学生的时间观念比较强，很守时。

总之，达慕思大学的学生在学习汉语时的主动性、参与性、目的性、灵活性都较强。他们更愿意在使用的过程中学习语言知识，达到掌握语言的目的。他们擅长现学活用，在使用中巩固，在使用中提高。在语言学习上注重语用，主要通过参与、交流、反馈的互动方式来强化识记。

二　学生对教学的要求

学生在学习的过程中不仅对自己有明确的要求，而且对教材、教学和教师也有非常明确的要求。

第一，是对教材的要求。学生希望教师所选的教材具有趣味性和时效性，最好是繁体字和简体字兼具，因为有的学生一直学习繁体字，这样可以满足不同学生的需要。

第二，关于教学的要求。（1）教师应在上课之前提前说明所教课程的具体要求和计分办法，使学生清楚了解自己应该怎样做，才能取得好成绩；（2）希望教师采用多样化的教学方法：最好是教师每次上课时都能够采用新颖、富于变化的教学方法，如果变化较少或者一成不变，学生会觉得乏味，产生厌倦感；（3）学生喜欢较快的课堂节奏，这样可使学生一直处于比较紧张的状态，始终保持高度集中的注意力，避免出现懈怠或者注意力分散的状况；（4）学生不仅要求能够将课上所学的内容和在课下与社会接触的内容相结合，以提高学生的学习兴趣和教学效果，而且还要求每节课的课容量比较大，以满足他们的自我挑战；（5）教师每节课前应该准备好 PPT 或者有关教学资料，或在上课之前把相关内容提前写在黑板上，既可高效率地利用课堂时间，又方便学生做笔记；（6）教师一定要准时上下课，尤其是下课时不要拖堂，因为学生在不同的教学楼里上课，拖堂会导致学生上其他的课时迟到，影响其正常学习。

第三，对教师的要求。学生希望老师既具有丰富的专业知识，也具有开朗的性格，最好还具有幽默感，在课堂上能够选择学生感兴趣的话题进行讨论，以引发学生发表不同的见解，并能够公平地对待每个学生。此外，教师也要和学生具有融洽的关系，能够热情地帮助学生在课下开展一些相关的课外活动。

三　故事教学的特点和作用

故事包含了人类集体的或个人的经验，讲故事实际上就是一种传递人类经验或知识的方法。在人类历史中流传不息的各种神话、传说，实际上都是以讲述故事的方式展现了人类的古代历史。人们也可以通过阅读故事积累经验，扩大生活体验，丰富自己的生活阅历，发现生活的意义，体味不同的人生经历，了解世界与人类的发展。

结构主义的叙事理论认为：故事即指一切包含有人物和行动的事件组合，这些事件经由时间顺序和因果逻辑所关联，强调情节的生动性和连贯性，以逗引人们的好奇心去探索故事的情节发展，并体验作者在故事中表达的精神和逻辑。故事植根于不同人群共享的文化传统，是文化的重要载体，它具有流动性，是一个开放性的经历，不管是读故事、说故事或听故事，其过程均包含三个重要的心理历程：区隔、认同与投射，即人们在听故事时会学习运用他的想象力，当他在想象故事中的动物和人物如何解决问题时，就好像自己在联系如何应对现实生活中的问题一般，所以它具有很强的共享性

和共通性。(张莉，2011 年)

在教学中使用的教材所涉及的作品主题，大多植根于作者对社会、对人生的深入观察和思考，故事的背景和结构、主次情节的搭配、人物性格的描绘等都起到烘托主题的作用，而且故事中往往包含着善与恶、美与丑、生与死、爱与恨等冲突，是对生活的叙述，与人的生存方式紧密相关，因此可以促使学生主动参与理解，并与学生个体的生活经历发生关系，使其产生认同或其他不同的感受，从而引发学生的趣味性和模仿倾向。

而故事的叙述方式也是吸引人流连忘返、难以释怀的重要原因。因为故事依照时间和逻辑关系叙述情节和内容，具有稳定的形态，但是故事的叙述方式则可以多样化。即使是相同的一个故事，不同的人也可使用不同的叙述方法：即可以从头至尾叙述，也可以从故事的中间或结局开始叙述，由此体现出叙述故事的独特魅力。

White 在世界各地用故事作为媒介对英语作为第二外语的语言学习者进行教学试验，通过实证研究发现：故事能很好地调动学习者的学习兴趣，并使得他们在英语学习尤其是口语学习中取得极大的成功。随后，很多英语教师在英语课堂教学上也都用故事作为媒介，通过不同的活动形式，让学生参与其中，从而激发他们对英语口语的兴趣和提高他们的口语表达能力。(白杨，2010 年)

根据 White 关于故事教学的实验结果，和故事本身具有的特性，故事教学同样可以运用于汉语教学中。因为故事教学是一种操作性很强的教学方法，不仅可以充分体现以学生为主体、以学生为中心的教学理念，而且还可调动学生参与课堂教学活动的积极性，提高学生的学习兴趣，可以更好地训练学生的语言组织能力和表达能力，培养学生的思维逻辑性和想象力，从而有效地完成语言教学任务，实现教学目标。

对于中级水平的学生而言，语言知识的活用、创造性使用语言的能力比较强，而且中级水平的课文也以记叙文的体裁为主，具有故事情节，既适合学生发挥想象和再创造的特点，又符合学生在使用中巩固、在使用中提高的学习特点，可以很好地满足学生对教学的要求。

四　故事教学的步骤

在故事教学中，故事首先是一个媒介。借由故事，学生触碰自身的经验和生活世界，针对性地以向外再现世界，并进而以向内反思，建构自己的精神世界。同时，由于故事总是处于转变、进展中的，故事只要一开了头，便不会结束，为此，故事教学必须是一种故事化的链性、延展性的存在。（张莉，2011 年）因此，教师可以根据需要选取内容，精心设计课堂活动，采用故事教学来训练学生的语言能力，将语言知识和交际运用并重，既提高了学生灵活运用语言的能力，又可训练学生的逻辑性和成段表达能力，从而有效地完成课堂教学任务。而在课堂上几个人一组来讲故事或者表演故事，让每个学生都得到了表现的机会，也加深了学生之间的相互了解和协作精神。因为让学生讲故事，为学生提供了一个表现自我的舞台，既能使其熟练运用所学内容，又能达到交际的目的，提高了学生的学习效率，使学生有一种获得成功的感觉。表演故事则不仅可使学生将所学的汉语知识得以充分展示，同时还可以尽情地展现每个学生的特点和优势，而且在表演的过程中，学生还可表达自己的好恶，释放情感。此外，学生既是编剧，也是导演；既是演员，也是观众，身兼数职，这也给学生带来了很大的乐趣和挑战。

故事教学的具体步骤如下：

第一步：学生最好在课下提前预习词语和课文内容，然后教师在课堂上采用多样的形式操练课文中涉及的词语和语言点，使学生正确掌握课文中的生词和语言点的用法，之后教师可以通过问答法检查学生掌握课文内容的情况，对学生有疑问的地方加以解释。

第二步：以所学的课文内容为依据，进行讲述。可以尝试的叙述方法有：（1）复述、分段讲述课文内容；（2）每人一句，接龙讲述课文内容；（3）进行角色扮演，表演课文内容；（4）转换语体并叙述；（5）可让学生根据课文内容编对话，将以前学过的语言知识使用到对话中，并进行表演。

第三步：创新性编写故事。让学生充分发挥自己的想象力和创造力，活用已经掌握的语言知识。（1）用指定词语编写故事，并表演；（2）根据教师创设的情景，让学生自己建构故事框架编一个故事，并表演；（3）借用课文中的人物编写新故事；（4）续写故事的结尾：如果课文中讲述的故事是一个开放性的结局，就可以采用此法，让学生根据自己的想象写一个结尾；（5）改编某一个情节：在学习课文内容时，教师也可以根据课文内容准备一些相关的课件，利用多媒体手段设计出故事情境，逐步引导学生进入课文的故事情境中，同时在某个重要的地方，可以设定几个不同的故事情节，以引发学生的思考、激发其丰富的想象，让学生根据自己的理解编出很多新的故事情节。由于学生的思维非常活跃，想象力发达，编出的故事自然是异彩纷呈。

第四步：让学生在课下阅读一些名著的简读本，了解讲述故事的一些模式，或通过各种媒体，如电视、电影、电脑等，接触一些题材新颖、叙述视角独特的故事，丰富学生的创作。在故事教学和写作的关系的实证研究中，发现故事教学可以激发学生对写作的兴趣。"教师在初级阶段可以运用故事教学来激发学生的写作兴趣，然后再选用其他的方法来逐步提高学生的写作能力。"（白杨，2010 年）众所周知，一般而言，美国学生的汉语听说水平高于其读写水平，而通过此类作业，使学生的读写能力在愉悦的学习过程中得到提高，可以说是取得了事半功倍的效果。

上述论述虽然说明了故事教学的有效性，但是故事教学并不是唯一有效的教学方法，教师应该在众多的教学方法中，选取最适合自己所教学生的方法，以保证课堂教学的顺利完成，并获得最佳的教学效果。

参考文献

周晓珍：《小故事大文章——小学英语教学中故事的魅力》，《教育教学论坛》2009 年第 1 期。

张莉：《故事教学模式研究》，硕士学位论文，西南大学，2011 年。

白杨：《故事教学与大学生英语写作能力的提高》，《信阳师范学院学报》（哲学社会科学版）2010 年第 3 期。

Teaching Intermediate Level Students of Dartmouth College by Story-telling

Abstract：Story-telling is a more operational teaching method. It can provide language training to students as well as reflect the student-oriented teaching philosophy, and develop students' imaginative, thinking and logical abilities. This method can encourage the students, especially those at the intermediate level, to participate classroom teaching actively with strong learning interest and focused attention, meet their demand of using language knowledge flexibly, which is consistent with the learning feature and teaching needs of students in Dartmouth College. Combined with the writer's teaching experience, and by discussing the role of Story-telling, this paper examines the operational steps of Story-telling in class so that it can serve for class teaching. It is hoped that, with this method, students can increase their Chinese language knowledge and improve their language skills in practice.

Key words: Dartmouth College; intermediate level; teaching by story-telling

对美汉语教学中文化教学研究综述

李 莉

（北京师范大学汉语文化学院）

摘要：随着 AP 汉语与文化课程的开设，美国的汉语教学更加强调学生对于中国文化的体认，文章试图整理近年来关于对美汉语教学中文化教学的研究，总结已有的文化教学模式，提出应进一步加强美国学生对于中国观念文化的认识。

关键词：汉语教学；文化教学；观念文化

20 世纪 80 年代以来，文化问题逐渐成为对外汉语教学领域的热点问题。文化背景知识的掌握对汉语第二语言学习者语言水平的提升有着至关重要的作用已毋庸置疑，更重要的是，中华文化的魅力是吸引无数海外汉语学习者的绵绵不绝的动力。据调查，美国的汉语学习者中有一半以上是因为对中国文化感兴趣。美国教育机构和多个外语教学协会共同制定的美国《21世纪外语学习标准》及其"5C"核心框架（以下简称"5C"标准），也凸显了文化的重要地位。随着 2006 年 AP 汉语与文化课程的开设，美国的汉语教学越发呈现出蓬勃发展的态势，但与此同时，我们也应该考虑如何更好地开展针对美国学生的汉语教学，尤其是汉语文化教学。基于此，笔者试图整理、分析近年来关于对美汉语教学中文化教学的研究，总结已有的文化教学模式。

近年来专门讨论对美国学生汉语文化教学的文章为数不多，笔者通过中国知网的检索共找到九篇文章，另有十几篇关于对美汉语教学的文章在论述其他问题时也涉及了文化教学。按照这些文章所论述的文化教学方式的不同，可以将它们分为三类，以下分别来看。

一　文化导入说

郭红焱 1995 年发表的《对美国留学生汉语教学过程中的文化导入》和杨瑾钰的硕士论文《美国学生汉语教学课堂中汉字文化教学策略的实践研究》遵循了学界历来讨论较多的"文化导入"的观点，认为对美汉语教学中必须考虑同步进行文化导入。郭文认为可以利用多种教学手段和设备，向美国学生展示相应的文化背景知识，帮助他们克服学习语言过程中的文化障碍；也可以通过参观、看电影、文艺演出等活动，将语言教学融入文化背景中进行。杨文认为通过文化导入的方式讲解汉字，可以帮助学生提高学习汉字的兴趣，建立学习汉字的信心。她认为对于初级阶段的学生，可采用图画展示等方法，讲解汉字的构字理据；中高级阶段可用文化联想法、学生自己"说文解字"法来帮助他们理解汉字在不同语境中的意义，加深对汉字的记忆。这两篇文章中介绍的方法，在国内对外汉语教学界，都已经有教师在使用，也取得了较好的效果，不过其主导思想，还是语言技能教学为主，文化教学为辅。

二　以中国文化为核心的汉语教学

谢玲玲在她的博士论文及 2012 年发表的文章《以文化传承为核心的汉语教学模式——以美国堪萨斯中南部教育服务中心为例》中介绍了美国堪萨斯中南部教育服务中心的汉语教学模式。该教育中心在"5C"标准的基础上，将文化放到了汉语学习的核心地位。他们主张汉字教学首先要让学生懂得汉字所承载的文化意义，在学会汉字的同时吸收中国古圣先贤的智慧；主张学生通过诵读中华文化经典，如《弟子规》《太上感应篇》《十善业道经》等，将对中国的儒释道思想的理解贯穿到汉语学习当中，理解并接受中国古人关于修身立德的原则并把这些原则运用到现实生活中去。除了经典文化课之外，还开设了节日文化课、电影文化课等。在语言课教学中，也贯穿汉字文化的教学和中华经典名句的背诵。该模式的目标是：让美国学生除了学会汉语，更能以一种包容的态度对待中国文化，吸收中国文化中的精华，完善自身的道德修养。这是将语言学习提升了一个高度，以传承中国文化、提高自身素质和道德修养为终极目标。

三　语言、文化并重，以文化沉浸、文化体验为特点的汉语教学

随着"5C"标准和 AP 汉语课程对文化内容的突出强调，以及学习汉语的美国学生本来就具有的对于中国传统文化及当代中国的政治、经济、时事和文化现象等的热情，美国汉语教学界近年来一直较重视汉语教学中的文化问题，力求使学生沉浸在浓烈的文化氛围中学习汉语。陈绂（2006）谈到了美国汉语教学的情况：每间教室里都贴满了体现中国元素的照片、图画，挂着各种各样的中国手工艺品，好像一个个汉语文化岛，能够让学生在浓浓的汉语文化氛围中充满新奇感及学习的热情。关于教学模式，则是将主题式的教学理念融入分科式教学体系当中，教材的选题与授课内容均关注世界性的共同主题，注重学生的参与。认为"中文教学的目标就是培养学生三种沟通模式的中文语言沟通及文化应用能力，帮助学生能在实际生活中，在适当的场合和时间，对适当的人，用适当的方式，表达适当的内容"。① 因此美国的汉语课堂基本都是采用"任务型"的教学模式，学生所学习的汉语知识都在教师事先设计的"任务"之中，完成了任务，则会掌握相关语言知识，同时也能在模拟或真实的场景中掌握相应的文化内容。按照 AP 汉语与文化课程的指导思想，其文化教学的目标就是：学生"最终超越对中国文化产物以及习俗的知识性的学习，从而理解透过这些文化表象反映出来的中国式的世界观"②。

钱茜露（2010）、黄东梅（2006）和杨静林（2010）也论述了美国目前汉语教学中文化教学的特点，其中都介绍和认可的方式主要有以下几种。

（一）文化对比教学法

杨静林（2010）提到美国小学的汉语教师在汉语教学中融入文化比较，既丰富了语言教学的内容和形式，也增强了学生对异国文化的理解。黄东梅（2006）指出北美高校要求教师承认和重视多元文化的存在，利用课堂上的文化冲突进行文化教学，并引导学生在文化对比中积极面对和正确理解不同文化之间的差异。钱茜露（2010）根据 Byrnes（1991：210）的观点，提出了汉语文化"Ll/C1→L1/C2→L2/C1→L2/C2"的教学步骤，即认为美国学

---

① 转引自陈绂《对国内对外汉语教学的反思——AP 汉语与文化课及美国教学实况给我们的启发》，《语言文字应用》2006 年第 6 期，第 35—44 页。
② 同上。

生可以先用自己熟悉的英语学习一些本国文化的特点，然后学习相应的中国文化的内容，将两种文化用英语进行比较，之后再用汉语依次学习本国文化和中国文化的相关内容，用汉语进行比较。认为这种方式，有利于美国学生较快地了解汉语词汇和语句的意思，也能使他们相对容易和全面地认识汉语和中国文化，去除他们原先固有的对于汉语和中国文化的一些成见。同时她认为在汉语语音、词汇、语法、阅读和书写教学中，都可以融入文化元素，进行中美文化的对比，这样可以加深学生对所学内容的印象，使汉语学习变得更容易。

（二）真实语料的使用

黄东梅（2006）在介绍北美语言教学模式时谈到了真实语料模式，认为语言和文化紧密结合的真实语料不仅能让学生得到所学语言的知识，还能让他们获得目的语关于态度、情感、思想等方面的表达方式，在提高学生认知水平、开阔视野、激发学习兴趣方面有着较大的优势。钱茜露（2010）提到 Richard chi 关于使用真实的语言和文化内容进行汉语教学的观点。认为AP课程中应该使用真实语料如：旅游手册、火车飞机时间表、菜单、标语、报纸标题、广播、电视节目、广告等，使学生对当前和历史性的中国文化有较为直接的认识。另外陈绂在（2006[2]）中也主张 AP 汉语教材中应大量地给出反映现实生活经验的真实语料，帮助学生在模拟或现实的情景中充分地使用汉语进行交际。

（三）丰富多样的课堂活动

上述几篇文章和张媛媛（2006）都谈到了在"5C"标准和 AP 课程大纲的要求下，美国的汉语教师在课堂中普遍采用了对话、角色扮演、讨论、辩论、口头报告、讲故事、编辑板报、观看中国电影、给中国笔友发邮件、书法练习等丰富多样的活动，力求做到以学生为中心，充分发挥他们的主观能动性，让他们沉浸在汉语文化的氛围中，在一个个有趣的主题活动和任务中去体味和挖掘中国文化的魅力，感受学习汉语的乐趣，进而更好地学习语言。

（四）文化体验

美国的外语教学强调"实用"，注重培养学生运用目的语思考问题、解决问题的能力。因此课内外的文化体验活动在培养学生综合语言运用能力方面就显得十分有效。杨静林（2010）认为对美国小学生而言，文化体验活动在课堂内、外均可以实现。课堂内可以通过文化展示、角色扮演等方式进行；课外可去有中国特色的地方，如中国餐馆等，在真实场景中运用汉语，体验中国文化。黄东梅（2006）提出应鼓励美国学生参加汉语角、汉语桥比赛，到中国参加暑期班等，让他们通过在真实的目的语环境中的体验去进一步了解中国文化。钱茜露（2010）提到的撰写与中国文化相关的文章，为庆祝春节用书法写对联，使用中国成语、习语及传统诗词制作和书写新年贺卡，都是很好的文化体验活动。

另外，美国俄亥俄州立大学东亚语言文学系中文部的吴伟克教授提出了"体演文化"教学法，认为学生应该学习运用所学的语言做事，学会做的事越多，在语言中就越成熟。曲抒浩、潘泰（2010）也介绍了这种教学法并给予充分肯定，认为可将该教学法推广到国内的对外汉语教学中来。

陈蓉（2010）也介绍了一些美国在华中文项目中文化体验的设置情况，其中主要介绍了 CIEE（美国国际教育交流协会）项目的文化体验模式，并以文化体验理论和体验式学习循环模式为理论支撑，认为美国学生，也包括所有以汉语为第二语言的学习者，可以在教师带领下参与文化体验、描述文化现象、阐释文化观念，通过不同的文化主题及活动方式，如：采访、讨论、角色扮演、中文桌子、旅游、合作研究、学习报告等，将自身的文化纳入文化体验过程之中，通过比较、分析、鉴别等方式深刻理解中国文化与母语文化的差异，最终形成自己的文化意识。

针对美国现有的文化教学模式，学者们也提出了一些改进的意见。王晓阳（2008）指出，汉语在美国虽"热"，但还不足以与其国内其他外语如西班牙语、法语抗衡。因此我们还应加大汉语和中国文化在美国推广的力度，除了推广中国的传统文化，还应介绍反映中国经济、社会生活现实的文化内容。同时要扩大中文在美国出版物和媒体中的影响力，在美国营造学习汉语与中国文化的氛围，如：在美国超市和社区等地设立中文报纸杂志投放点，提供有关中国的语言文字资料，包括有中国特色的儿童读物等；通过"汉语桥"等多种途径，鼓励、支持美国的教育工作者、家长和学生，来中国考察，进行语言文化学习，以吸引更多美国学生来华留学。王晓钧（2004）指出汉语教师应利用美国学生渴望了解不同文化的特点，自觉挖掘汉语中反映出来的中国文化，并与语言教学结合起来。同时注意将基础汉语教学与专业汉语教学，如旅游、商业内容结合起来，才更能满足美国学生"实用主义"的价值观念，让他们尝到学汉语的甜头。陈绂（2006[1]）、（2006[2]）通过对美国"5C"标准的全面分析，指出外语教学中的"文化"，"不是只指那些单纯的文化活动或文化产品本身，而是指建立在这些具体的文化内容之上的文化观念"。因此在 AP 汉语教材的编写中就应该注意围绕文化现象来选择题材、编写课文，并能用不同的形式体现出蕴涵在这些文化现象背后的中华民族的思维特点和思维方式，让学生在这些展现中华文化特质的话题中获得综合的语言交际能力。

马莫非在其硕士论文《对美汉语教学电影教材设计研究》中设计并实施了针对美国学生的电影教材，认为电影本身蕴涵着丰富的文化知识，能为汉语学习者提供听觉和视觉上的冲击，吸引并帮助他们理解语境，能以寓教于乐的方式，让学生生动、直观地理解和学习语言，同时通过电影中的中国元素加深对中国文化的理解。

综上所述，我们可以看到，已有的关于对美汉语文化教学的研究，涉及了美国汉语教学的理念、方法、教学活动的组织形式、教材编写等方面，基本呈现了现阶段美国汉语文化教学的面貌。但我们也能看到，专门研究对美汉语文化教学的文章数量太少，尤其是在向美国学生引介中国的文化产物、文化习俗的同时，如何导入中国的文化观念，使他们更好地理解和学习汉语方面，研究还较欠缺。同时，在教材编写方面，如何选取反映中华民族思维方式和思维特点的材料；在教师培训方面，如何提高汉语教师对于语言和文化的把握能力，培养他们主动传播中国文化观念的意识；以及一些美国在华中文项目成功经验的介绍，等等，这些方面的研究都有待加强。我们期待有更多专门探讨对美汉语文化教学的研究成果出现，也期待在美国从事汉语研究和教学的学者与我们分享研究的心得，从而更快地推进汉语文化的教学与研究。

参考文献

谢玲玲：《以文化传承为核心的汉语教学模式——以美国堪萨斯中南部教育服务中心为例》，《大学教育科学》2012 年第 3 期。

钱茜露：《美国公立学校汉语课中的文化教学策略研究》，硕士学位论文，浙江大学，2010 年。

黄东梅：《汉语文化教学在北美高校》，《涪陵师范学院学报》2006 年第 6 期。

陈蓉：《在华汉语强化教学项目中的文化体验研究——以 CIEE 为例》，硕士学位论文，华东师范大学，2010 年。

王晓阳：《对美推广汉语与中国文化的机遇与挑战》，《世界教育信息》2008 年第 3 期。

王晓钧：《美国中文教学的理论与实践》，《世界汉语教学》2004 年第 1 期。

陈绂：《对国内对外汉语教学的反思——AP 汉语与文化课及美国教学实现给我们的启发》，《语言文字应用》2006 年第 6 期。

陈绂:《五个 "C" 和 AP 汉语与文化课教材的编写》,《语言文字应用》2006 年第 6 期。

马莫非:《对美汉语教学电影教材设计研究》,硕士学位论文,青岛大学,2011 年。

郭红焱:《对美国留学生汉语教学过程中的文化导入》,《北京第二外国语学院学报》1995 年第 4 期。

杨静林:《美国小学对外汉语课堂教学文化引入与介绍模式》,《四川教育学院学报》2010 年第 12 期。

吴伟克:《体演文化教学法》,湖北教育出版社 2010 年版。

曲抒浩、潘泰:《美国 "体演文化" 教学法简论》,《教育评论》2010 年第 5 期。

An Overview of the Research above Chinese culture Teaching of Teaching Chinese as a Second Language in America

Abstract:Along with the AP Chinese language and culture curriculum open,the United States is more emphasis on the teaching of the students in Chinese cultural awareness,this article attempts to collate the study of Chinese culture teaching according to American students in these years,summarizes the existed models of culture teaching,and puts forward in Chinese language teaching in America,the teaching of the Chinese culture concepts should be pay more attention.

Key words:Chinese language teaching;Culture teaching;The concept of culture

副词"还"的行、知、言三域

冯丽娟

(北京师范大学汉语文化学院)

摘要: 本文针对以往研究中的问题,以三域理论为指导,对副词"还"从行域、知域和言域的角度进行了重新分类和解释,最后得出的结论是:"还_行"表示的是在原有命题基础上的"一般增量","还_知"表示的是在原有命题基础上的"认知增量","还_言"表示的是在原有命题基础上的"言语行为增量"。

关键词: 副词"还";行域;知域;言域

一 问题的提出

关于"还"的意义,研究者们的归纳不尽相同,但大都义项繁杂,如《现代汉语词典》(第6版)归纳了6个义项;侯学超的《现代汉语虚词词典》归纳了2个大类,总共11个义项;张斌的《现代汉语虚词词典》有5个大类,13个义项;《现代汉语虚词例释》有9个义项;《现代汉语八百词》归纳了3大类,总共13个义项;《实用现代汉语语法》有7大类,9个义项。另外,有的义项之间还存在边界不清,甚至交叉、涵盖等情形,如《现代汉语词典》(第6版)中第4个义项是"常跟'呢'搭配使用……",而第5个义项中的例子也均可以跟"呢"搭配使用,如:他还真有办法(呢) | 这么高的山,他还爬上去了(呢),甚至有的例子本身就带"呢",如:你还大学生呢,连这个字都不认识。再如《现代汉语八百词》中"还"的第一个义项是"表示动作或状态持续不变;仍然",紧接着的第二个义项是"表示动作或状态不因为有某种情况而改变",笔者认为后者可以归并到前者中。这些问题给二语学习者理解和掌握该语法项目造成了障碍。

还有一个问题是,分类标准不清楚,个别义项不在同一平面上。如侯学超的《现代汉语虚词词典》把"还"的意义分为两大类,第一类表示追加,第二类表示积累。第一类又包含8个义项，这8个义项中，有4个是从语义的角度说的，而另外四个则是从搭配的角度说的。《现代汉语八百词》也有同样的问题，它从语气的角度把副词"还"分成三大类，在第三类"表示抑的语气"中，有5个义项，其中有3个义项从语义的角度进行了解释，即：（1）表示勉强过得去；（2）表示数量小，时间不到，等等；（3）尚且。而另外两个义项则是单纯把"还"的搭配关系列在那里，即（4）还…就…；（5）还＋没（不到）…就…。仔细分析，这两个表达式之间不仅存在包含与被包含的关系，而且其语义其实都可以用"2. 表示数量小，时间不到，等等"来表达。

鉴于以上分析，笔者试着抛开以往的研究思路，运用行、知、言三域理论，从一个全新的角度，对副词"还"进行重新分析和解释，希望可以得出既简单又明确的结论。

二　语义三域：行、知、言

（一）概念介绍

沈家煊（2008）认为，存在着三个并行的世界：物理世界、心理世界、语言世界。语言世界不是直接对应于物理世界，而是有一个心理世界作为中介。在语言世界内部，也可以分出三个概念世界或概念领域来，即行为领域、知识领域、言语领域，简称行域、知域、言域，大致跟上面说的物理世界、心理世界、语言世界相对应。

沈家煊（2003）在 Sweetser, E.（1990）的基础上，对汉语复句中的行、知、言三域进行了详细的分析，先看下面三个句子：

（1）张刚回来了，因为他还爱小丽。［行域］
（2）张刚还爱小丽，因为他回来了。［知域］
（3）张刚还回来吗？因为小丽在等他。［言域］

这三句都表示因果关系。（1）是说明一种事理上的因果关系：张刚还爱小丽是他回来的原因，因此这个"因为（1）"属于行域。（2）好像是颠倒了（1）中的因果关系，其实不是。这句话通常的理解不是"张刚回来是他还爱小丽的原因"，而是"说话人知道张刚回来了，这是说话人判断张刚还爱小丽这一结论的原因"。换言之，（2）是说明一种推理上的因果关系，因此这里的"因为（2）"不是行域，而是知域。至于（3），主句是个问句，而不是陈述句，因此不可能按事理上或推理上的因果关系来理解。（3）的意思其实是"我问你张刚回来不回来是因为小丽在等他"，原因从句是说明做出"提问"这一言语行为（Speech Act）[①]的原因，因此这里的"因为（3）"属于言域。因果关系三个域的区别可以从小句的不同性质来说明。

根据以上分析，三域的概念总结如下："行域"对应的是客观事实和一般常理；"知域"是说话人的主观判断、认识、推理等；"言域"是说话人为了实现某种意图的言语行为，如宣布、命令、许诺、请求、责备等。由于言语行为具有语力或言外之力，即对听话人产生影响，故言域常具有交互主观性特征。

（二）例释副词"还"的三域

（4）半夜了，他还在工作。[②]

（5）他这个人当个基层干部还能胜任。

（6）英语都不会说，还在美国待了五年呢。

例（4）中的"还"表示状态的持续或动作继续进行，是客观事实，属于"行域"。例（5）中如果没有副词"还"，则表示"他能胜任"这个客观事实，但是加上"还"，使句子带有了一定的主观性，因此排除了"行域"的可能。实际上，例（5）中的"还"表示说话人的主观判断和认知，属于"知域"。例（6）中的"还"表示不合理、不寻常，表示批评、讽刺的言语行为，属于"言域"。下面我们就来分别解释"还$_行$"、"还$_知$"、"还$_言$"。

第一，"还$_行$"。

（7）夜深了，小明还在看书。

（8）已经五月了，天还这么冷。

（9）改完作业，还要备课。

（10）除了他们，还有谁支持你的意见。

"还$_行$"可以表示动作的继续进行，如（7）；也可以表示状态的持续，如（8）。在表示动作的继续进行时，并不一定是同一动作，有可能是在原来动作的基础上补充或增加了新的动作，如（9）。同理，"还$_行$"还可以表

---

① 即说话人想通过言语达到一定的现实意图，对听话人产生影响。这就是所谓的"语力"或"言外之力"（illocutionary force）。

② 本文的例句来自于虚词词典、专著或相关论文，下文同。

示在提到的人物、事件或情况外，另有增补，如（10）。不管是动作的继续进行、状态的持续还是在原来基础上的增补，都表示"客观量"的增加，我们采用沈家煊（2001）中提到的术语"一般增量"来概括。因此，"还$_{行}$"表示的是在原有命题基础上的"一般增量"。

第二，"还$_{知}$"。

（11）这张画儿画得还可以。

（12）场上的麦子堆得比小山还高。

（13）连5000米还跑不了呢，1万米就更不行了。

学术界把例（11）中的"还"解释为"勉强过得去"[①]或"基本满意"[②]，但笔者认为，这种意思大多数是副词"还"所修饰的成分给它的，并不是它的本义。例（11）中"可以"本来就表示"不好不坏"的意思，又如：这部小说写得怎么样？——还不错，值得一看。那么，副词"还"是什么呢？笔者认为，它是对"这张画儿画得可以"这个命题的再判断和认知，即在原命题基础上的一个增量，由于带有主观性，可以推断这里的副词"还"就是"元语增量"。所谓"元语"（meta-language）是指用来指称或描述语言的语言，"元语增量"是对陈述的命题表明说话人的主观态度。（沈家煊，2001）

在分析例（12）之前，我们需要先弄清楚"还"和"更"的区别。"更"表达的是客观事实，毫无主观色彩。如：小王比小李更高。这句话的意思是，小李已经很高了，但是小王还是比小李高。需要注意的一点是，此句话的重音在"更"上。但这句话若换用"还"，同时把重音转移到"小李"的身上，"还"轻读[③]，表达的语义就有所不同了。它的侧重点不在比较"小王"和"小李"到底谁高上，而是表达说话人的主观情感，即：说话人认为"小王"非常高，甚至比"小李"都高。那么，例（12）的语义可以解读为：说话人认为场上的麦子堆得非常高，甚至比"小山"都高。需要注意的是，这类句子是"比拟"，有的时候并不符合客观世界的真值条件（麦子堆得不可能比小山高）。沈家煊（2001）认为比较句中的副词"更"和"还"都是一般增量，笔者不同意这个看法，笔者认为"更"是

---

① 如：《现代汉语词典》（第6版）、《现代汉语八百词》、《实用现代汉语语法》。

② 如：《现代汉语虚词释例》。

③ "还"当然也可以承载重音，但是在这种情况下"还"和"更"语义完全相同，我们不考虑。

一般增量,而"还"则是元语增量。

沈家煊(2001)对例(13)这类句式(还 p 呢,别提/何况/更 q)进行了详细分析,沈文认为说话人想表达命题 q,但是又认为命题 q 的信息量不足,于是选择先表达命题 p,而由于命题 p 的信息度高于命题 q,即听话人可以通过 p 推衍出 q,于是说话人就无须再说命题 q 了。判断命题 p 是否可以推衍命题 q,依据的是一般公理或说话人和听话人共有的知识。笔者认为,副词"还"的功能是把命题 p 的高信息度进一步表示和凸显出来,这就带有了说话人的主观判断和认知,即从 p 推衍 q 是显而易见的,也属于元语增量。

综上所述,"还$_知$"表示的是在原有命题基础上的元语增量。这个元语增量是对该命题的主观判断和认知,因此我们把它命名为"认知增量"。

第三,"还$_言$"

(14)还不快进屋去?

(15)这么难的题,他还真做出来了。

(16)居然 5000 米都跑不了,还是运动健将呢。

副词"还"用在反问句中,可以表示一种命令或建议的语气,如例(14),这里属于言域。《实用现代汉语语法》对例(15)中"还"的解释为表示出乎意料,含有"居然"的意思。也就是说,它是在原句基础上增加了惊讶的语气和夸奖的言语行为,即这么难的题,他真做出来了(夸奖他)!

沈家煊(2001)把例(16)类的句子归纳为:居然 p,亏你/想不到还 q 呢。沈文认为命题 p 的信息量不足,因而又表述一个命题 q,p & q 这个复合命题的信息度较高,能提供足量的信息,"还"在这里仍然是一个元语增量,带有主观性,不能用"更"替换。但是沈文并没有指出副词"还"具体表示什么语气。学术界大多认为这里的"还"有责备、讽刺的意味[①],即你是运动健将,居然 5000 米都跑不了(批评他)!

总之, "还$_言$"表示的也是在原有命题基础上的"元语增量",跟"还$_知$"不同的是,这个元语增量主要是指命令、建议、惊讶、夸奖、批评、讽刺等言语行为,我们称之为"言语行为增量"。

---

① 如:《现代汉语词典》(第 6 版)、《现代汉语八百词》、《实用现代汉语语法》等。

（三）交叉的情形

从"行域"到"知域"再到"言域"，这是一个语义逐渐引申和虚化的过程。三个域之间常常有交叉。

(17) 连这个字还不认得，亏你还上过大学呢。（还$_言$）

(18) 亏你上过大学，连这个字还不认得呢。（还$_言$＋还$_行$）

参照以上的分析，我们可以判断例（17）中的"还"是"还$_言$"，表达批评、讽刺的言域行为。那么如果把例（17）中的命题 p 和 q 交换一下位置，就会变成例（18）。沈家煊（2001）认为，这两句的差别在于例（17）强调的是"你上过大学"这个命题，即"学历"，而例（18）所取的维度则是"你不认得这个字"，即"学识"。笔者认为，例（18）中的"还"除了表示言域以外，还表示一般增量（以前不认得这个字，上大学以后还不认得），即"还$_行$"。

（四）同行歧域及其区分

同一个句子用在不同的语境或上下文里按不同的域来理解，这叫"同行歧域"（沈家煊，2003）。

(19) 这部小说写得还不错。

(20) A：这部小说写得怎么样？

B：还不错。

参照以上的分析，可以判断例（19）是"还$_知$"，是说话人对于原有命题的主观再认知。那么如果用在对话里，则应该按"还$_言$"来理解。（20）B 要表达的意思是：不错，推荐/建议你去看。这体现了说话者的"言外之力"，带有交互主观性。

三　结语

本文在三域理论的指导下，从语义的角度把副词"还"进行了解析。结论归纳如表 1 所示：

表1 副词"还"的三域

还$_行$	表示的是在原有命题基础上的"一般增量"。
还$_知$	表示的是在原有命题基础上的"认知增量"。

还言	表示的是在原有命题基础上的"言语行为增量"。

另外，本文还可以提供几种在形式上辨别三域的办法：

1. 重音。行域的重音一般在"还"上，而知域和言域的重音一般在其他成分上。例如：

(21) 老赵还'① 没回来。（行域）

(22) 这根绳子还比较' 结实。（知域）

(23) 你还是省省' 吧。（言域）

2. 辖域。作为副词，行域"还"的辖域只是后面所修饰的谓词性成分，而言域中的"还"则大多可以后置到句子的末尾。知域是从行域发展到言域的中间阶段，"还"能不能后移存疑，如：

(24) 洗完一看还【脏】②，又洗了一遍。（行域）

(25)【你上过大学呢】还，连这个字都不认得。（言域）

(26)?③ 小车通不过呢还，别提大车了。（知域）

3. 提问。行域表示的是客观事实，没有主观性，不能提问。知域表达的是"认知增量"，即主观判断，一般可以用"对不对"来提问。言域表达的是"言语行为增量"，一般可以用"行不行"来提问。例如：

(27) 小伙子不仅会开拖拉机，坏了还会修理。*④对不对？／*行不行？（行域）

(28) 他还真有办法，对不对？／*行不行？（知域）

(29) 还不快进屋去，行不行？／*对不对？（言域）

需要指出的是，虽然行、知、言三域之间有交叉，在不同的语境中也有同行歧域的情况，但是总体来说，分析的结论还是比较清楚、易于接受的。这种分类方法既避免了以往研究中义项繁杂的情况，也解决了义项之间交叉、涵盖的问题，更把义项都放在三域这一统一平面上来分析，不失为一种

---

① "还'"表示重音在"还"上，下文同。

② "还【脏】"表示"还"的辖域为"脏"，下文同。

③ "?"代表后面的句子合不合法存疑。

④ 带"*"的句子都是不合法的，下文同。

有价值的尝试。

参考文献

北京大学中文系 1955、1957 级语言班：《现代汉语虚词例释》，商务印书馆 1982 年版。

侯学超：《现代汉语虚词词典》，北京大学出版社 1998 年版。

刘月华、潘文娱：《实用现代汉语语法》（增订本），商务印书馆 2001 年版。

吕叔湘：《现代汉语八百词》（增订本），商务印书馆 1999 年版。

沈家煊：《跟副词"还"有关的两个句式》，《中国语文》2001 年第 6 期。

沈家煊：《复句三域"行、知、言"》，《中国语文》2003 年第 3 期。

沈家煊：《三个世界》，《外语教学与研究》2008 年第 6 期。

张斌：《现代汉语虚词词典》，商务印书馆 2004 年版。

中国社会科学院语言研究所词典编辑室：《现代汉语词典》（第 6 版），商务印书馆 2012 年版。

Sweetser, E., *From Etymology to Pragmatics*：*Metaphorical and Cultural Aspects of Semantic Structure*, Cambridge：Cambridge University Press, 1990.

Adverb "hai" in three conceptual domains：acting，knowing and uttering

Abstract：The division of conceptual domains into acting，knowing and uttering is very useful to explain the grammatical functions of adverb "hai" in Chinese. We analyzed some Chinese sentences，the conclusion is：the acting "hai" indicates "the general increment" on the basis of the original statement，the knowing "hai" indicates "the cognitive increment" on the basis of the original statement，and the uttering "hai" indicates "the increment of speech act" on the basis of original statement.

Key words：adverb "hai"；acting；knowing；uttering

现代汉语中女性长一辈拟亲属称谓使用考察

海常慧

（北京师范大学汉语文化学院）

摘要：本文通过《人民日报》语料库检索，对现代汉语女性长一辈拟亲属称谓"大妈、阿姨、大娘、大婶（儿）"的使用现状进行了考察及分析，并运用语言演变理论对之进行解释。我们发现女性长一辈拟亲属称谓的使用存在不平衡情况，"大妈、阿姨"的使用频率比"大娘、大婶（儿）"的使用频率高。根据语料分析及语言演变理论，我们认为这种不平衡现象将继续存在。

关键词：现代汉语；女性拟亲属称谓

亲属称谓是用来称呼有亲属关系的人，但在汉语中广泛存在着使用亲属称谓称呼没有亲属关系的人的情况，有的学者把用亲属称谓语称呼非亲属的做法称为"亲属称谓的社会称呼法"（崔山，1990）、"亲属称谓的特殊现象"（素虹，1991）、"亲属称谓在非亲属交际中的运用"（潘文、刘丹青，1994）、"亲属称谓语的泛化"（潘攀，1998）、"亲属称谓语的扩展用法"（潘之欣，2001）等，把这类称谓语称为"拟亲属称谓语"（吴慧颖，1992等）、"类亲属称谓语"（潘文、刘丹青，1994）或"准亲属性的社会称谓"（李思敬，1996）。根据术语使用频率的多少，我们采用"亲属称谓语的泛化"和"拟亲属称谓语"两个使用较多的名称。

一 女性长一辈拟亲属称谓的语义分析

根据潘攀（1998）的调查，"现代汉语口语中泛化较为定型的亲属称谓语主要有十六个"。其中女性长一辈亲属称谓泛化的有五个，包括"伯母、（～）妈、（～）娘、（～）婶（儿）、（～）姨"。按照潘攀的描述，这五个拟亲属称谓从是否年长于母亲、是否结婚、是否是父系三个角度来分类，根据本文研究需要，我们又增加了"配对称谓"与"语体"两项，以便更加全面地分析。下面分别阐述。

第一，从是否年长于母亲的角度，结果如表1所示：

表1 　　　　　　　　　　义素分析（1）

拟亲属称谓	伯母	（～）妈	（～）娘	（～）婶（儿）	（～）姨
年长于母亲	+	+	+	－	±

从表1可以看出，这五个拟亲属称谓都是以母亲的年龄为参照点，其中比母亲大的可以称之为"伯母、（～）妈、（～）娘"，比母亲小的可以称之为"（～）婶（儿）"，而"（～）姨"是与母亲相当的称谓，也就是说它可用于以上两种情况。

第二，从是否结婚的角度来分，结果如表2所示：

表2 　　　　　　　　　　义素分析（2）

拟亲属称谓	伯母	（～）妈	（～）娘	（～）婶（儿）	（～）姨
结婚	+	+	+	+	±

从表2可以看出："伯母、（～）妈、（～）娘、（～）婶（儿）"都是称呼结婚女性，而"（～）姨"则和是否结婚关系不大。

第三，从是否是父系的角度来分，结果如表3所示：

表3 　　　　　　　　　　义素分析（3）

拟亲属称谓	伯母	（～）妈	（～）娘	（～）婶（儿）	（～）姨
父系	+	+	+	+	－
配对称谓	伯父	（～）爷	（～）爷	（～）叔	叔叔

在这一分类中，我们添加上了"配对称谓"这一项。从表3可以看出，"伯母、（～）妈、（～）娘、（～）婶（儿）"都是父系的称谓，都是作为父系长一辈男性称谓"伯父、（～）爷、（～）叔"的配偶称谓，与长一辈男性称谓具有对称性。而"（～）姨"是母系称谓，在亲属称谓中它的配对称谓是母系的"（～）姨父"，但是在拟亲属称谓中，它的配对称谓却是父系的"叔叔"。

第四，从语体角度来分，书面语中使用较多的是"伯母"，口语中使用较多的是"（～）妈、（～）娘、（～）婶（儿）、（～）姨"，如表4所示：

表4　　　　　　　　　　　　义素分析（4）

拟亲属称谓	伯母	（～）妈	（～）娘	（～）婶（儿）	（～）姨
口语	–	+	+	+	±

由于"伯母"的语体色彩倾向于正式、庄重，和其他四个拟亲属称谓的使用范围有较大的区别，因此本文主要考察"（～）妈、（～）娘、（～）婶（儿）、（～）姨"的使用情况。另外，本文并不全部考察这四个拟亲属称谓的所有形式变体，而是考察它们在作为社会称谓时，使用频率较高的形式，即潘文中的甲形式"大妈、大娘、大婶（儿）、阿姨"。

"大妈、大娘、大婶（儿）、阿姨"这四个亲属称谓既有共同点又有不同点，我们把上面三个表重新组合，如表5所示：

表5　　　　　　女性长一辈拟亲属称谓义素分析汇总

拟亲属称谓	大妈	大娘	大婶（儿）	阿姨
年长于母亲	+	+	–	±
结婚	+	+	+	±
父系	+	+	+	–
配对称谓	大爷	大爷	大叔	叔叔
口语	+	+	+	±

从表5可以看出：①"大妈、大娘"与"大婶（儿）"年龄界限分明，前者称呼年长于母亲的女性，后者称呼比母亲年轻的女性。②"大妈、大娘、大婶（儿）"都是父系的长一辈男性配偶称谓，口语中使用较多。③"阿姨"是母系长一辈女性配偶称谓，其在"年长于母亲、结婚、口语"三项中，范围比"大妈、大娘、大婶（儿）"都要大。

现代汉语词典（第六版）中对这四个词的解释分别是："阿姨"是称呼跟母亲辈分相同、年纪差不多的无亲属关系的妇女，"大妈"是尊称年长的妇女（一般指年纪大于母亲的），"大娘"是尊称年长的妇女（一般指年纪大于母亲的），"大婶（儿）"指尊称年长的妇女（一般指年纪小于母亲的）。从意义上看，"大妈"与"大娘"所指相同。"阿姨"的使用范围是比较广泛的，其使用范围没有年龄限制。

二　女性长一辈拟亲属称谓的使用情况考察

那么"阿姨"与"大妈、大娘、大婶（儿）"的使用情况怎样呢？我们在一些学者的文章中找了一些线索。在陈松岑（1984）的调查中，通过对比中老年人与青年人对非亲属称谓使用亲属称谓的情况，他发现青年人称谓中的"阿姨"不但取代了中老年人称谓中的"姑"和"姨"，还取代了"大妈"和"大婶儿"。换句话说，青年人已不再区分对方与父亲或是母亲是否有关系，也不管她是否长于自己的父母，一律称为"阿姨"。潘文、刘丹青（1994）也认为老派的类亲属称谓基本上承袭了亲属称谓的这种主从关系，一般是对男的用自主称谓，如"大伯、大爹、大哥"等，对已婚女子用从属性称谓，如"大娘、大妹、大妈"等。新派的类亲属称谓，这种主从关系显得较为模糊，如对年轻男子一律称"叔叔"，对年轻女子统称"阿姨"。齐沪扬、朱琴琴（2001）调查了上海市徐汇区大中小学生称谓语的使用情况，认为非直系亲属称谓"叔叔""阿姨"的相对利用率较高，表现在中小学生中更为突出，这与他们的年龄有关。"叔叔""阿姨"被广泛应用于营业员、警察、鞋匠、医生、同学的父（母）亲、卖菜人、陌生人等各层面、各层次的人身上，它已经成为了一个典型的非亲属称谓语，其意义也已泛化。

从学者们的观点可以看出，"大妈、大娘、大婶（儿）"是传统的拟亲属称谓，"阿姨"是新兴的拟亲属称谓，陈松岑（1984）认为"这个词在解放前的北京话中是没有的"。胡培安（2004）认为20世纪三四十年代，"阿姨"或以"姨"为构词语素的一些词逐渐获得了新的功能，由纯粹的亲属称谓向社交称谓渗透、转化。到50年代，"阿姨"作为社交称谓已经比较常用了。学者们还发现后者似乎有取代前者的趋势，那么现代汉语中这四个拟亲属称谓的使用情况怎么样？它们之间存在竞争吗？它们的命运是什么样？

本文使用的语料为北大语料库中现代汉语语料库1993—1998年的《人民日报》与人民网电子版人民网检索中2006—2013年的《人民日报》，通过对这两个时间段的考察、比较来分析"大妈、大娘、大婶（儿）、阿姨"拟亲属称谓在新旧世纪之交的使用情况及其竞争情况。

表6	女性长一辈拟亲属称谓1993—1998年使用情况数据统计				单位：次	
	1993	1994	1995	1996	1998.1	共计
阿姨	43	47	63	63	5	221
大妈	37	51	44	55	2	189
大娘	85	102	89	104	7	387
大婶（儿）	2	7	6	7	0	22

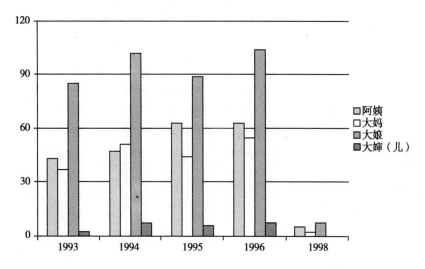

图1　女性长一辈拟亲属称谓1993—1998年使用情况图示

通过对于表6的数据及语料分析可知：

①使用频率从高到低依次为：大娘、阿姨、大妈、大婶（儿）。其中"大娘"的使用频率明显高于其他三个称谓；"大婶（儿）"则是使用次数最少的，与其他三个称谓的使用次数相比差别很大；"阿姨"的使用次数比"大妈"略胜一筹，但差别不大。（参见图1）

②从使用形式看，"大妈"的使用形式有单独使用、"姓＋大妈"、"老＋大妈"、"姓名＋大妈"、"民族/职务＋大妈"、与"大爷"并举等，其中使用次数较多的是"姓＋大妈"、"老＋大妈"，与"大爷"并举使用有2次。"大娘"的使用形式有单独使用、"姓＋大娘"、"老＋大娘"、"姓名＋大娘"、与"大爷"并举、"民族/职务＋大娘"等，使用次数最多的是"姓＋大娘"、"老＋大娘"，与"大爷"并举使用有4次。"阿姨"的使用形式有单独使用、与"叔叔"并举、"姓＋阿姨"、"名＋阿姨"、"职业＋阿姨"、"处所＋阿姨"等，其中使用最多的是"叔叔阿姨"，其次是"姓

+阿姨"。"大婶"的使用形式有与"大叔""大妈"并举、"人称代词＋大婶"、"名字＋大婶"等。

③从被称呼人的年龄特征看，"大妈、大娘"为50岁以上，为老年女性；"大婶（儿）"多为中年女性，"阿姨"则一般是青年女性。这是因为使用"大妈、大娘、大婶（儿）"的多为中年人，而使用"阿姨"称谓的多为儿童。《现代汉语词典》第四版里对"阿姨"的解释第二项即是一个佐证：儿童称呼跟母亲年岁差不多的无亲属关系的妇女。

"大妈、大娘、大婶（儿）、阿姨"在2006—2010《人民日报》的使用情况如表7所示：

表7　　　　　女性长一辈拟亲属称谓2006—2010年使用情况数据统计

	2006	2007	2008	2009	2010	共计
阿姨	42	52	53	45	70	262
大妈	81	88	73	66	78	386
大娘	29	49	26	34	16	154
大婶（儿）	12	6	6	6	5	35

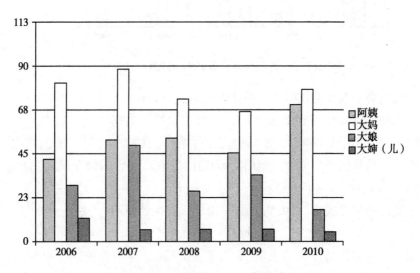

图2　女性长一辈拟亲属称谓2006—2010年使用情况图示

通过对表7的数据及语料的分析，我们可以得知：

①四个拟亲属称谓的使用频率从高到低依次为：大妈、阿姨、大娘、大婶（儿）。其中"大婶（儿）"的使用次数大大少于其他三个拟亲属称谓；

"大娘"居于第三位，比表6中的使用次数急速减少；"阿姨"与"大妈"相比，后者居上，但二者的差距越来越小。（参见图2）

②从使用形式来说，"大妈"的使用形式有"姓＋大妈"、"老＋大妈"、"姓名＋大妈"、与"大爷"并举、"民族/处所名＋大妈"等，使用频率最高的是"姓＋大妈"，"老＋大妈"的使用频率比以前有所下降，与"大爷"并举使用的有18次。"大娘"的使用形式有"姓＋大娘"、"姓名＋大娘"、"老＋大娘"、"民族＋大娘"、单独使用、与"大爷"并举等，使用次数最多的是"老＋大娘"，其次是"姓＋大娘"，与"大爷"并举使用2次。"阿姨"的使用形式有"姓＋阿姨"、"姓名＋阿姨"、"职业/处所名＋阿姨"、与"叔叔"并举使用等，其中使用频率最高的是"姓＋阿姨"，"叔叔阿姨"的使用频率有所下降。

③从被称呼人的年龄特征看，"大妈、大娘"仍是老年女性，"大婶（儿）"多为中年人，"阿姨"则从称呼青年女性慢慢扩大到中老年女性，这说明其使用者的年龄也增长了。《现代汉语词典》第五版、第六版对"阿姨"的解释第二项可以作为这一点的佐证：称呼跟母亲辈分相同、年纪差不多的无亲属关系的妇女。与以前的解释比较，称呼人"儿童"被去掉，说明"阿姨"这一拟亲属称谓的使用人群扩大了，使用范围也扩大了。

表8　　女性长一辈拟亲属称谓2011—2013年使用情况数据统计

	2011	2012	2013	共计
阿姨	117	116	101	334
大妈	108	89	106	303
大娘	49	48	29	126
大婶（儿）	2	5	15	22

通过对表8及语数的分析，我们可以得知：①这四个拟亲属称谓的使用频率依次为：阿姨、大妈、大娘、大婶（儿）。（参见图3）与2006—2010年五年的使用次数相比，"阿姨"的变化最为瞩目，其使用频率大大提高，这三年的次数甚至超过了那五年的使用次数。

②从使用形式来说，"大妈"的使用形式有"姓＋大妈"、"老＋大妈"、"姓名＋大妈"、与"大爷"并举、"民族/处所名＋大妈"等，使用频率最高的是"姓＋大妈"，与"大爷"并举使用形式的有22次。"大娘"的使用形式有"姓＋大娘"、"姓名＋大娘"、"民族＋大娘"、单独使用、

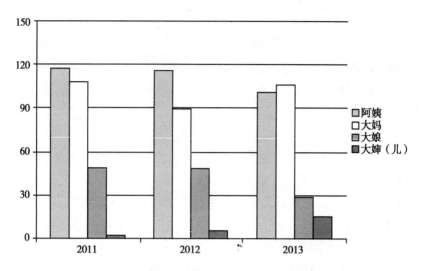

图3　女性长一辈拟亲属称谓2011—2013年使用情况图示

与"大爷"并举等，使用次数最多的是"老+大娘"，其次是"姓+大娘"，与"大爷"并举使用1次。"阿姨"的使用形式有"姓+阿姨"、"姓名+阿姨"、"职业/处所名+阿姨"、与"叔叔"并举使用等，其中使用频率最高的是"姓+阿姨"，"叔叔阿姨"的使用频率仍不低，说明有固化倾向。

　　③从被称呼人的年龄特征看，"大妈、大娘"仍是老年女性，"大婶（儿）"是中年人，"阿姨"的使用范围是青年女性到中老年女性，这种用法已经被大家所接受。另外，"老+阿姨"形式的出现也说明"阿姨"的使用范围已扩大到老年女性。

　　为了直观地感受这四个拟亲属称谓的变化，我们把三个图表放在一起，如图4所示。

　　通过图4，我们发现：

　　①"大娘"在20世纪90年代很盛行，进入21世纪以后，使用频率大大降低。

　　②"大婶（儿）"在两个时间段都是低频率拟亲属称谓。

　　③"大妈"使用次数呈逐渐增加的趋势，使用范围也有所变化。在20世纪90年代时，因为"大娘"的使用范围一般是老年妇女，占有优势地位，又由于"大婶（儿）"基本没有竞争力，因此"大娘"的同义词"大妈"的使用范围就不仅仅限于比母亲大，也可以是与母亲相当或比母亲稍小，这从"大妈"前的年龄修饰语可以看出，50岁左右或以上的都可以用

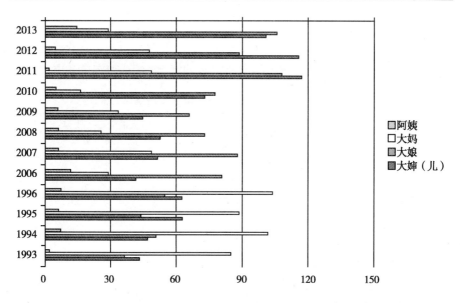

图 4　女性长一辈拟亲属称谓 1993—2013 年使用情况图示

"大妈"来称呼。进入 21 世纪后，"大妈"占据了绝对优势，"大娘"的使用频率大大降低，于是"大妈"的语义范围的核心又变成了"比母亲大"。另外，从与"大爷"并举的使用情况看，"大爷大妈"的使用次数比"大爷大娘"的多了很多，这也是"大妈"取代"大娘"的证明。从历时看，在"大娘"与"大妈"的竞争中，"大妈"取得了目前的胜利。

④"阿姨"在 20 世纪 90 年代的使用范围是青年女性，不一定结婚，从"叔叔阿姨"并举使用的情况也可以看出使用者多为儿童。进入 21 世纪，"阿姨"的使用范围扩大，从青年女性到中年女性甚至老年女性，这从"叔叔阿姨"的并举使用有所下降可以看出，从"老"与"阿姨"的组合也能看出"阿姨"的称谓范围扩大。另外，《现代汉语词典》对"阿姨"的解释的变化也是一个有力的佐证。"姓 + 阿姨"的使用形式大大增加说明"阿姨"的使用也由临时的拟亲属称谓成为固定的，根据潘攀（1998）的图表，"姓 + 拟亲属称谓"是使用频率相当高的形式，16 个泛化的亲属称谓语中除"伯母"外，其余 15 个拟亲属称谓都有"姓 + 拟亲属称谓"的使用形式。

三　女性长一辈拟亲属称谓未来使用情况预测

通过对"阿姨、大妈、大娘、大婶（儿）"的使用情况的考察分析，我们可以大胆地预测：普通话中"大妈"与"阿姨"将取代"大娘"与"大婶（儿）"成为女性长一辈主要拟亲属称谓。这一点通过对人民网系列的所有报纸的检索结果汇总也能够说明这一点，如表9、图5所示：

表9　　　　　　女性长一辈拟亲属称谓2006—2013年使用情况汇总

	阿姨	大妈	大娘	大婶（儿）
2006—2013	4577	4625	983	344

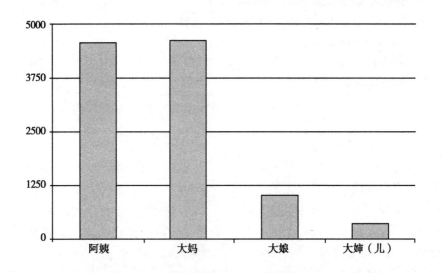

图5　女性长一辈拟亲属称谓2011—2013年使用情况图示

　　那么"大妈"和"阿姨"的关系将会有什么变化？"大娘"与"大婶"会慢慢消失吗？下面我们从拟亲属称谓与亲属称谓的关系、普通话与华语、城市方言与农村方言的角度来谈谈对这两个问题的看法。

（一）"大妈"与"阿姨"的关系发展

　　根据第二部分的分析，我们认为"大妈"与"阿姨"的关系有两种趋势：①"大妈"与"阿姨"各有分工，前者称呼比母亲大的女性，后者称呼比母亲小的女性。②"阿姨"成为女性的泛尊称。

　　1. 从拟亲属称谓与亲属称谓的关系来分析第一种趋势的原因

　　拟亲属称谓是由亲属称谓直接使用或改变形式来称呼没有亲属关系的人，因此当人们在用亲属称谓称呼没有亲属关系的人时，也会自觉体现亲属称谓的特点。从潘攀（1998）文中可以看出，女性长一辈拟亲属称谓是存在着对称的，即"大妈、大娘"称呼比母亲大的女性，"大婶（儿）"称呼比母亲小的女性。这说明拟亲属称谓延续了亲属称谓"长幼有序"的特点，"长幼有序"表现在不同辈之间的辈分区别和同辈之间的长幼差异在称谓上较为严格的区分（陈月明，1990），其他证明如男性长一辈拟亲属称谓"伯伯"与"叔叔"的区分，平辈拟亲属称谓如"哥哥"和"弟弟"、"姐姐"和"妹妹"等，都充分体现了汉语亲属称谓"长幼有序"的特点。

2. 从拟亲属称谓的实际使用情况及普通话与话语的角度分析第二种趋势产生的原因

首先从拟亲属称谓的实际使用情况来看，在陈松岑（1984）的调查中，通过对比中老年人与青年人对非亲属称谓使用亲属称谓的情况，他发现青年人称谓中的"阿姨"不但取代了中老年人称谓中的"姑"和"姨"，还取代了"大妈"和"大婶儿"。换句话说，青年人已不再区分对方与父亲或是母亲是否有关系，也不管她是否长于自己的父母，一律称为"阿姨"。潘文、刘丹青（1994）也认为老派的类亲属称谓基本上承袭了亲属称谓的这种主从关系，一般是对男的用自主称谓，如"大伯、大爹、大哥"等，对已婚女子用从属性称谓，如"大娘、大妹、大妈"等。新派的类亲属称谓，这种主从关系显得较为模糊，如对年轻男子一律称"叔叔"，对年轻女子统称"阿姨"。齐沪扬、朱琴琴（2001）调查了上海市徐汇区大中小学生称谓语的使用情况，发现"叔叔""阿姨"被广泛应用于营业员、警察、鞋匠、医生、同学的父（母）亲、卖菜人、陌生人等各层面、各层次的人身上，它已经成为了一个典型的非亲属称谓语，其意义也已泛化。

其次我们来看一下海外华语中与"阿姨"使用情况差不多的"安娣"。王晓梅（2010）通过调查发现"它从指称女性长辈的社会称谓语，扩展为指称女性长辈或同辈"，还认为"'安娣'和'阿姨'的关系，这两个语言变式分别用于口语与书面语。然而这个分布情况已经发生了变化，'安娣'开始进入书面语，有取代'阿姨'的趋势，随着'安娣'进一步书面化，它将取代'阿姨'指称非亲属称谓的语用功能，成为马来西亚华人社区稳定的社区词"。在普通话中，目前不会出现"安娣"的称谓，因此也不存在"安娣"取代"阿姨"成为对女性的泛尊称，但是"阿姨"像"安娣"一样发展成为泛尊称是有可能的。

"阿姨"与"大妈"的命运何去何从，并不取决于我们的预测，而是取决于社会、取决于使用者。

（二）"大娘"与"大婶（儿）"的命运

通过上面的分析，似乎"大娘"与"大婶（儿）"即将被"大妈"、

"阿姨"取代,但事实并非如此,我们从城市方言与农村方言、年龄与语言的关系来分析这个问题。

"城市里的方言变化较快,农村的方言变化较慢,城市周围的方言往往跟着城里的方言变化。从乡下方言的现状可以看出城里方言以往的历史面貌。"(游汝杰、邹嘉彦,2009:30)胡培安(2004)认为"'阿姨'主要流行于城市,既是儿童的交际语言,其他相关人员也常常以此为交际语言,称代与自己母亲年龄相仿的女性","在农村,与'阿姨'相对应的称谓是'大婶'、'姓+婶'","'阿姨'不是父系的,而是母系的,所以在农村社交称谓中没有一席之地"。房红霞(2008)描述了小孩回老家对女性的称谓的场景,"放暑假了,不满两周岁的侄女,从所生活的城市回到了老家,孩子天真单纯,见到年轻的女性,张口闭口就是阿姨,叫得人们一时反应不过来,也难怪,在老家邻里街坊的,论辈分,不是婶子就是大娘,都叫阿姨不是乱了辈分伦理(嘛)"。由此可知,"大婶(儿)"在普通话中逐步会退出,但在农村方言仍然存在于人们的交际系统中,"大娘"也是如此。

陈松岑(1984)通过调查发现中老年人和青年人对非亲属使用亲属称谓的情况是不同的,在大多数情况下,中老年人对上一辈非亲属都称为"大爷、大妈、大叔、大婶儿、姑、姨"。一般是以自己的父亲(若父亲已去世,则以母亲)的年龄为准,较长者称"大爷",其配偶必称"大妈";较幼者称"大叔",其配偶理所当然地称"大婶儿"。即"大妈、大婶儿"等称谓是从属于"大爷"和"大叔"的,女方本身年龄的大小并不重要。对于上一辈熟人中的未婚女性,父亲的熟人称"姑",母亲的熟人称"姨",一般不能混淆。青年人已不再区分对方与父亲或是母亲是否有关系,也不管她是否长于自己的父母,一律称为"阿姨"。这充分说明年龄因素在使用拟亲属称谓中是个关键因素,中老年人倾向使用传统称谓,青年人则多使用新兴的称谓。在齐沪扬、朱琴琴(2001)的调查中发现非直系亲属称谓"叔叔""阿姨"的相对利用率较高,表现在中小学生中更为突出,这与他们的年龄有关。这也说明了年龄与称谓的密切关系。

因此"大娘"与"大婶(儿)"也许慢慢会退出普通话的舞台,但是在农村或中老年人中仍有存在的价值。

四　结论

"阿姨、大妈、大娘、大婶(儿)"这四个拟亲属称谓中,"阿姨"作为拟亲属称谓的时间比较短，陈松岑（1984）、胡培安（2004）都认为其成为拟亲属称谓的时间在新中国成立后，可以推测它进入普通话称谓系统的时间并不长，但是它对普通话称谓系统，尤其是女性长一辈称谓系统产生的影响却不小。"阿姨"从使用者为儿童扩展到中青年，被称呼人从年轻女性到中老年女性，它的使用范围迅速扩大。荣晶、丁崇明（2008）总结的语言演变的过程模式如下：

A ▸ 个体无意识变异 ▸ 部分人有意识模仿变异 ▸ 群体有意识/无意识变异 ▸ 泛群体无意识自然变异 ▸ 全社团无意识自然变异 ▸ B
    （第一步）   （第二步）   （第三步）   （第四步）   （第五步）

A ▸（无序变异）→（准有序变异）→（有序变异）→（准有序变异）→（无序变异）▸ B

    按照此模式，从对"阿姨"的使用者分析，它现在处于泛群体无意识自然变异阶段，正在突破性别、阶层和年龄阶段，至于它什么时候完全突破这些因素，进入全社团无意识自然变异则要看它自身的发展。由于"阿姨""意味着妇女有了独立的社会地位，不再从属于她们的丈夫，符合男女平等的新的道德观；没有已婚、未婚的差别，使用起来比较方便"（陈松岑，1984），我们认为它的生命力是旺盛的，是受欢迎的女性长一辈拟亲属称谓。

参考文献

陈松岑：《北京城区两代人对上一辈非亲属使用亲属称谓的变化》，《语文研究》1984 年第 2 期。

陈月明：《现代汉语称谓系统与称呼规则》，《宁波大学学报》（人文科学版）1990 年第 1 期。

房红霞：《从婶子大娘的称呼说起》，《农家女》2010 年第 10 期。

胡培安：《说"阿姨"》，《修辞学习》2004 年第 2 期。

潘攀：《论亲属称谓语的泛化》，《语言文字应用》1998 年第 2 期。

潘文、刘丹青：《亲属称谓在非亲属交际中的运用》，《南京师大学报》（社会科学版）1994 年第 2 期。

齐沪扬、朱琴琴：《上海市徐汇区大中小学生称谓语使用情况调查》，《语言文字应用》2001 年第 5 期。

荣晶、丁崇明：《"A 很多"结构的历时考察及其在现代汉语中的扩散》，《语言文字应用》2008 年第 2 期。

王晓梅：《马来西亚华语社会称谓语"安娣"探析》，《华文教学与研究》2010 年第 4 期。

游汝杰、邹嘉彦：《社会语言学教程》（第二版），复旦大学出版社 2009 年版。

The research of female fictive kinship
terms in Modern Chinese

Abstract：In Modern Chinese context, it is found that the frequent use of fictive kinship terms of older women Dama and Ayi over Daniang and Dashen has caused an imbalance phenomenon in language environment. Based on data analysis and the theory of language evolution, such imbalance will continue. This paper investigates and analyses the present use of Dama, Ayi, Daniang and Dashen by means of corpus retrieval from People's Daily, and explains their formation from social and cultural perspectives.

Key words：Mordern Chinese；fictive kinship terms

汉泰语动宾结构形式对比分析

（泰国）刘培杰*

（北京师范大学汉语文化学院）

摘要： 本文对汉泰语动宾结构形式进行对比，找出它们之间的相同点和不同点，进而归纳出汉泰两种语言动宾结构之间的对应规律，并在此基础上进行一些适当的解释，从而帮助泰国学生更好地理解这两种语言的异同。结果表明：汉泰语动宾结构的形式不完全相同，在泰语中，有些插入成分位于动宾结构之前；有些位于动宾结构之后；少部分位于动宾结构之间。

关键词： 汉语；泰语；动宾结构；对比

汉泰语的动宾结构是汉泰两种语言的常用句式，也是一个十分重要的语法结构。汉语和泰语都属于汉藏语系，基本句法结构为 SVO 型语言。从亲属语言的关系上看，两者在语音、词汇或语法方面都存在着一些关系，但汉泰语的动宾结构在其组成方式的特点方面仍存在着一些差别。如果我们不讲清这些不同点，那么泰国学生就会在受母语干扰的影响下造出不合汉语语法的句子。下面是笔者在教学中发现的几个病句。例如：

(1) *他听歌着呢。（应该为：他听着歌呢。）

เขาฟังเพลงอยู่

(2) *我做作业完了。（应改为：我做完作业了。）

ฉันทำการบ้านเสร็จแล้ว

(3) *拿衣服起来。（应改为：拿起衣服。）

---

* 作者简介：刘培杰（泰国姓名：KOMKRIT THARAWIWAT），男，泰国人，北京师范大学汉语文化学院 2011 级博士研究生。

หยิบเสื้อขึ้นมา

（4）＊我给钱他了。（应改为：我给他钱了。）

ฉันให้เงินเขาแล้ว

上面的例子说明泰国学生对汉语动宾结构的用法还没掌握好，也说明这是因为他们受到母语干扰的影响而造出的病句。本文通过对汉泰语动宾结构进行对比，找出两种语言动宾结构的相同点与不同点，进而为泰国学生的汉语教学提供一些参考。

一　体词性与谓词性

汉语和泰语的动宾结构可分为两种：单宾语"V ＋ O"结构和双宾语"V ＋ O1 ＋ O2"结构。下面先看单宾语"V＋O"结构。

（一）单宾语——V ＋ O 类

汉泰语动宾结构中的宾语，一般可以分为两种，体词性的和谓词性的，这是汉泰语动宾结构的共同点。

1. V ＋ O 体词类

这是 SVO 语序语言中的一种基本结构，在汉泰语两种语言中，这种结构的表述完全一致。例如：

（5）喝水　　　　　（汉语动宾结构例）①

ดื่ม　น้ำ（泰语动宾结构例）

喝　　水　　　（泰语直译成汉语形式）

（6）看电视

ดู　โทรทัศน์

看　　电视

（7）学汉语

เรียน　ภาษาจีน 学　　　汉语

---

① 我们每个例子分为三种形式：第一行是汉语动宾结构；第二行是泰语动宾结构；第三行是泰语直译成汉语形式。

（8）唱歌

ร้อง　　ɛพลง

　唱　　　　歌

　　例（5）的名词"水"做了动词"喝"的宾语；例（6）的名词"电视"做了动词"看"的宾语；例（7）的名词"汉语"做了动词"学"的宾语；例（8）的名词"歌"做了动词"唱"的宾语。"水""电视""汉语"和"歌"都是体词性的，而且汉泰两种语言的动宾结构相同，即动词在前，宾语在后，组成"V + O"结构，但也有一些宾语是谓词性的。

　　2. V + O 谓词类

　　（9）喜欢旅游

ชอบ　　เที่ยว

　喜欢　　旅游

　　（10）禁止参加

ห้าม　　เข้าร่วม

　禁止　　参加

　　（11）感到高兴

รู้สึก　　ดีใจ

　觉得　　高兴

　　（12）觉得热

รู้สึก　　ร้อน

　觉得　热

　　从上面的例子中，我们可以看到，例（9）和例（10）的宾语由动词"旅游"和"参加"来充当，做了动词"喜欢"和"禁止"的宾语。而例（11）和例（12）的宾语由形容词"高兴"和"热"来充当，做了动词"感到"和"觉得"的宾语，组成"V + O"结构。

　　可见，在单宾语的情况下，汉语和泰语的动宾结构形式没有什么实质性的区别。体词性宾语和谓词性宾语都能做宾语，这是两种语言的共性。但在汉语动宾结构中，还可以在动词后面附加其他成分。

二　动宾结构与插入成分

（一）V + 动态助词 + O

汉语动宾结构中，动词后可以插入动态助词"了""着""过"。例如：

（13）吃了杧果

กิน　มะม่วง　แล้ว

吃　　杧果　　了

（14）洗了衣服

ซัก　เสื้อผ้า　แล้ว

洗　　衣服　　了

例（13）和例（14）的动态助词"了"是"了1"表示动作或变化已经完成[①]，而在泰语是没有"了1"或"了2"之分，在泰语中可译成副词"**แล้ว**"，表示某种行为完成或结束[②]，即要把副词"**แล้ว**"放在宾语后面，组成"V + O + 了"形式。

（15）听着歌

ฟัง　เพลง　อยู่

听　　歌　　着

（16）带着项链

สวม　สร้อย　อยู่

带　　项链　　着

例（15）的动态助词"着"表示动作正在进行[③]，例（16）的"着"表示状态的持续[④]，两者在泰语中都可译为动词"**อยู่**"，表示动作在进行

---

① 参见中国社会科学院语言研究所词典编辑室《现代汉语词典》（第6版），商务印书馆2012年版，第784页。

② 参见《现代泰语大词典》ราชบัณฑิตยสถาน，2013：1088。

③ 参见《现代汉语八百词》，商务印书馆2003年版，第665页。

④ 同上书，第666页。

中①，在泰语中也只能将动词 "อยู่" 放在宾语后面，组成 "V + O + 着"
形式。

（17）去过泰国

เคย ไป ประเทศไทย

过　　去　　　泰国

（18）爱过他

เคย รัก เขา

过　爱　他

动态助词 "过" 具有两个义项，有不同的对应，即第一个义项表示某
种行为或变化曾经发生，但并未继续到现在②，如例（17）和例（18），可
译成助词 "**เคย**"，表示事情曾经发生③，与汉语不同的是在泰语中的
"**เคย**" 位于动词前面，组成 "过 + V + O" 形式。另外一个义项的形式则
不然。例如：

（19）吃过饭

กิน ข้าว เสร็จ

吃　饭　　完

第二个义项表示完毕④，如例（19），可译成副词 "**เสร็จ**"，表示动作
已经完成⑤，与第一义项的位置相反，即 "**เสร็จ**" 位于宾语后面，组成
"V + O + 过" 形式。

从上面的例子中可以看出，汉语和泰语的动宾结构有了明显的差异，汉
语动态助词 "了" "着" 和 "过" 都位于动词和宾语之间，而泰语则不行。
与汉语对应的泰语副词 "**แล้ว**（了）" 和动词 "**อยู่**（着）" 都位于宾语之
后。泰语的助词 "**เคย**（过）" 的位置在动词之前，而副词 "**เสร็จ**（完）"
的位置在宾语之后。

---

①　参见《现代泰语大词典》ราชบัณฑิตยสถาน，2013：1376。
②　参见中国社会科学院语言研究所词典编辑室《现代汉语词典》（第6版），商务印书馆2012
年版，第500页。
③　参见《现代泰语大词典》ราชบัณฑิตยสถาน，2013：268。
④　参见中国社会科学院语言研究所词典编辑室《现代汉语词典》（第6版），商务印书馆2012
年版，第500页。
⑤　参见《现代泰语大词典》ราชบัณฑิตยสถาน，2013：1，256。

（二）V + 结果补语 + O

汉语动宾结构当中，也可以在动词和宾语之间插入"到""好""完""懂""成"等结果补语。有些汉语结果补语有几个义项，每一个义项可以对应泰语的不同的词或短语，或者只有一个义项，但能对应几个泰语的词语。结果补语"到"有一个义项表示动作有结果①，但在泰语里有三个对应词语。例如：

（20）降到五度

ลดลง ถึง ห้าองศา
　降　　到　　五度

例子（20）的结果补语"到"，可译成介词"**ถึง**"，意思为"到、直到"②，其结构与汉语的相一致，即"V + 结果补语'到' + O"形式。但有些对应词语不能与汉语完全对应。例如：

（21）搬到上海

ย้าย ไป ที่ เชียงไฮ้
　搬　去　在　上海

例（21）的结果补语"到"，由泰语短语的"**ไปที่**"为对应，意思为"去在"，这里的泰语动宾结构仍然与汉语的相同，要将"**ไปที่**"放在动词和宾语之间，组成"动 + 结果补语'到' + 宾"形式。但是也有些对应词语，翻译成泰语后，位于泰语动宾结构的前面。例如：

（22）见到他

ได้ พบ เขา
　已　见　他

例（22）的结果补语"到"，由泰语能愿动词"**ได้**"为对应，表示过去③，此结构与汉语不同，要将"**ได้**"放在动词前面，组成"结果补语'到' + V + O"形式。

---

① 参见中国社会科学院语言研究所词典编辑室《现代汉语词典》，商务印书馆2012年版，第266页。

② 参见《现代泰语大词典》ราชบัณฑิตยสถาน, 2013: 531.

③ 同上书，第448页。

从例（20）至例（22）中，可以看出，结果补语"到"在泰语的对应词语很多，其结构也不完全相同，只有例（20）汉泰语的对应词与结构完全一致，对泰国学生而言比较容易掌握，但例（21）和例（22）的对应词不能与汉语完全对应，而且，例（22）的结构与汉语的完全不同，所以泰国学生很难掌握这些比较复杂的结构及不同的对应词语。

结果补语"好"，如果直接翻译成泰语，则是"ดี"，意思为"好"的意思，但是当"好"充当结果补语时，就不能用"ดี"来对应。结果补语"好"只有一个义项，表示完成或达到完善的地步①，在泰语里有三个对应词与短语，即①对应成副词"เสร็จ"，意思为"完"；②对应成短语"ให้เรียบร้อย"，意思为"使整齐"；③对应成短语"เสร็จเรียบร้อย"意思为"完整齐"。例如：

（23）订好票

จอง ตั๋ว เสร็จ

订　　票　　　完

（24）穿好衣服

ใส่ เสื้อผ้า ให้ เรียบร้อย

穿　　衣服　　　使　　整齐

（25）写好作业

เขียน การบ้าน เสร็จเรียบร้อย

写　　作业　　　　完整齐

例（23）的结果补语"好"，由泰语副词"เสร็จ"为对应，意思为"完"，此结构与汉语的不同，要将"เสร็จ"放在宾语后面，组成"V＋O＋结果补语'好'"形式。例（24）的结果补语"好"，由泰语短语"ให้เรียบร้อย"为对应，意思为"使整齐"，在泰语中要将"ให้เรียบร้อย"放在宾语后面，组成"V＋O＋结果补语'好'"形式。例（25）的结果补语"好"，由泰语短语"เสร็จเรียบร้อย"，意思为"完整齐"，在泰语中同

---

① 参见中国社会科学院语言研究所词典编辑室《现代汉语词典》，商务印书馆 2012 年版，第517 页。

样将 "**เสร็จเรียบร้อย**" 放在宾语后面，组成 "V + O + 结果补语 '好'"
结构。

可以看出，汉语结果补语 "好" 在泰语中有三个对应形式，而且既可
以对应成泰语的词，也可以对应成泰语的短语，比较复杂。因此，对泰国学
生而言，动宾结构插入汉语结果补语 "好" 比较难掌握。

结果补语 "完"，有一个义项，表示完结①，可译成副词 "**เสร็จ**"，表
示动作已经完成，此情况与结果补语 "好" 的第一个义项的泰语对应词相
同。例如：

（26）看完书

อ่าน หนังสือ เสร็จ

看 书 完

（27）唱完歌

ร้อง เพลง เสร็จ

唱 歌 完

例（26）和例（27）的结果补语 "完"，在泰语中要将副词 "**เสร็จ**"
放在宾语后面，组成 "V + O + 结果补语 '完'" 形式。

动词 "懂" 作为结果补语表示知道②，可译为 "**เข้าใจ**"，意思为
"懂、知道"③，在泰语中要将 "**เข้าใจ**" 放在宾语后面，组成 "V + O + 结
果补语 '懂'" 形式。例如：

（28）听懂汉语

ฟัง ภาษาจีน เข้าใจ

听 汉语 懂

从以上的例句可以看出，结果补语 "好" "完" 和 "懂" 在汉语动宾
结构中要放在动词与宾语之间，而在泰语的动宾结构中，则将其放在宾语后
面，句子才能成立，这也是汉语和泰语动宾结构中的不同之处。

---

① 参见中国社会科学院语言研究所词典编辑室《现代汉语词典》，商务印书馆 2012 年版，第
1338 页。

② 同上书，第 311 页。

③ 参见《现代泰语大词典》 ราชบัณฑิตยสถาน, 2013: 209.

　　我们可以看出，汉语动宾结构如果插入结果补语的形式与泰语的有很大的不同，一般来说，汉语结果补语，对应成泰语后不能插入在动词和宾语之间，要么放在动词前，要么放在动词后，不过只有唯一的结果补语"成"，却与汉语动宾结构形式一致。例如：

　　（29）翻译成英语

　　แปล　　เป็น　　ภาษาอังกฤษ

　　翻译　　是　　　英语

　　例（29）的结果补语"成"表示成为；变为①，在泰语中对应成"**เป็น**"，意思为"是"。"**เป็น**"位于动词和宾语之间，组成"V + 结果补语'成' + O"形式。

　　从上面的例子中，可以看出，V + 结果补语 + O 形式，汉语和泰语的表达形式属于不对称的，有些结果补语两种语言的表达结构相同，但有些结果补语两种语言的表达结构有明显的差异，而且对应形式较复杂多样。两种语言的结构形式有很大的差异，使泰国学生学习动宾结构插入结果补语时有点困难。

（三）V + 趋向补语 + O

　　汉语动宾结构当中，也可以在动词和宾语之间插入"上""下""起""出"等趋向补语。如果直接把"上"翻译成泰语，则是"**ขึ้น**"，意思为"上"，但是当"上"充当趋向补语时就不能仅这个词语来对应。趋向补语词"上"具有三个义项，每一个义项也有不同词语对应。第一个义项表示由低处到高处②，由"**ขึ้น**"对应，意思为"上"，表示到高处③，例如：

　　（30）爬上山

　　ปีน　ขึ้น　ภูเขา

　　爬　　上　　山

　　（31）走上二楼

---

①　参见中国社会科学院语言研究所词典编辑室《现代汉语词典》，商务印书馆 2012 年版，第 164 页。

②　同上书，第 1137 页。

③　参见《现代泰语大词典》ราชบัณฑิตยสถาน，2013：201.

เดิน <u>ขึ้น</u> ชั้นสอง

　　走　　上　　　二楼

　　例（30）和例（31）的趋向补语"上"位于动词和宾语之间，组成
"V＋趋向补语'上'＋O"形式，与汉语的动宾结构形式相同。

　　第二个义项表示有了结果或达到目的①，情况比较复杂，例如：

　　（32）关上门

ปิด ประตู <u>ให้</u> สนิท

　关　　门　　使　　紧

　　（33）考上大学

สอบ <u>เข้า</u> มหาวิทยาลัย <u>ได้</u>

　考　　进　　　大学　　　　成功

　　例（32）和例（33）的趋向补语"上"虽然都表示有了结果或达到目
的，但两种语言的形式有明显的差异，而且其对应形式在泰语的位置也不
同。汉语动宾结构仍然是"V＋趋向补语'上'＋O"，而泰语与此不同。
例（32）的趋向补语"上"，由短语"**ให้สนิท**"对应，意思为"使紧"，
其位于宾语的后面，组成"V＋O＋趋向补语'上'"形式。但例（33）却
稍微复杂，其对应形式为"**เข้า…ได้**"结构，意思为"进……能"，要将动
词"**เข้า**"放在动词之后，表示"进"的意思，而动词"**ได้**"位于宾语之
后，表示成功。② 如果例（33）没有"**เข้า**"，那么句子不成立。

　　第三个义项表示开始并继续。③ 例如：

　　（34）喜欢上了音乐

<u>เริ่ม</u> ชอบ ดนตรี แล้ว

　开始　喜欢　音乐　　了

　　（35）爱上了汉语

---

　　① 参见中国社会科学院语言研究所词典编辑室《现代汉语词典》，商务印书馆 2012 年版，第
1137 页。

　　② 参见《现代泰语大词典》 ราชบัณฑิตยสถาน，2013：448.

　　③ 参见中国社会科学院语言研究所词典编辑室《现代汉语词典》，商务印书馆 2013 年版，第
1137 页。

เริ่ม ชอบ ภาษาจีน แล้ว

开始　喜欢　　汉语　　　　　了

例（34）和例（35）的趋向补语 "上" 可以对应为动词 "**เริ่ม**"，意思为 "开始"，"**เริ่ม**" 位于动词之前，组成 "趋向补语 '上' ＋ V ＋ O" 形式。

如果直接把 "下" 翻译成泰语，则是 "**ลง**"，意思为 "下"，但是当 "下" 充当趋向补语时，具有三个义项，而且这三个义项的泰语对应都有不同的词语。第一义项是表示由高处到低处[①]，例如：

（36）放下书

วาง หนังสือ ลง

放　　书　　下

（37）传下命令

ถ่ายทอด คำสั่ง ลง ไป

传　　　命令　下　去

例（36）和例（37）的趋向补语 "下"，可以对应为动词 "**ลง**"，意思为 "下" 或短语 "**ลงไป**"，意思为 "下去"。"**ลง**" 和 "**ลงไป**" 位于宾语后面，组成 " V ＋ O ＋趋向补语 '下' " 形式。

第二个义项是表示有空间、能容纳[②]，例如：

（38）容下两千人

บรรจุ สองพัน คน ได้

容　　两千　人　　能

（39）睡下四个人

นอน สี่ คน ได้

睡　四　个　能

例（38）和例（39）的趋向补语 "下"，可以对应为动词 "**ได้**"，意

---

① 参见中国社会科学院语言研究所词典编辑室《现代汉语词典》，商务印书馆 2012 年版，第 1403 页。

② 同上。

思为"能"。"ได้"位于宾语后面，组成"V＋O＋趋向补语'下'"形式。

第三个义项表示动作的完成或结果①，例如：

（40）打下基础

ทำ พื้นฐาน ให้ ดี

（41）准备下材料

เตรียม วัสดุ ให้ เสร็จ

例（40）和例（41）的趋向补语"下"，可以对应为短语**"ให้ดี"**，意思为"使好"或短语**"ให้เสร็จ"**，意思为"使 完成"。 **"ให้ดี"** 和 **"ให้เสร็จ"** 同样位于宾语后面，组成"V＋O＋趋向补语'下'"形式。

不难看出，趋向补语"下"，在汉泰语两种语言的动宾结构中位置完全相反，而且在泰语的结构中位置都一致，即把相对应"下"的词或短语放在宾语之后。

趋向补语"起"具有三个义项，第一个义项表示向上②，例如：

（42）抬起箱子

ยก กล่อง ขึ้น

抬　　箱子　　上

（43）拿起衣服

หยิบ เสื้อผ้า ขึ้น

拿　　衣服　　上

例（42）和例（43）的趋向补语"起"，可以对应为动词**"ขึ้น"**，表示往高处，用"上"为对应词。**"ขึ้น"** 位于宾语后面，组成"V＋O＋趋向补语'起'"形式。

第二个义项表示事物随动作出现并持续③，例如：

（44）响起掌声

---

① 参见中国社会科学院语言研究所词典编辑室《现代汉语词典》，商务印书馆 2012 年版，第 1403 页。

② 同上书，第 1023 页。

③ 同上。

เสียงปรบมือ　ดัง　ขึ้น

掌声　　　　　　　向　　上

(45) 下起雨

ฝน　ตก　ขึ้น　มา

雨　　下　　上　　来

例（44）和例（45）的趋向补语"起"，可以对应为动词"**ขึ้น**"，表示产生或具有①，意思为"上"或短语"**ขึ้นมา**"，意思为"上来"。"**ขึ้น**"和"**ขึ้นมา**"位于宾语后面，组成"V＋O＋趋向补语'起'"形式。

第三个义项表示动作涉及人或事②，例如：

(46) 想起一件事

คิด　ถึง　เรื่องหนึ่ง

想　　到　　事一件

(47) 问起你

ถาม　ถึง　คุณ

问　　到　　你

例（46）和例（47）的趋向补语"起"，可以对应为词"**ถึง**"，意思为"到"。此义项的结构与汉语的相同，即将"**ถึง**"放在动词和宾语之间，组成"V＋趋向补语'起'＋O"形式。

趋向补语"出"只有一个义项，表示向外，显露或完成③，例如：

(48) 拿出一张纸

หยิบ　กระดาษ　ออกมา　หนึ่งแผ่น

拿　　纸　　　　出来　　　一张

(49) 看出问题

มอง　ปัญหา　ออก

① 参见《现代泰语大词典》ราชบัณฑิตยสถาน，2013：201.

② 参见中国社会科学院语言研究所词典编辑室《现代汉语词典》，商务印书馆2012年版，第1023页。

③ 同上书，第187页。

　　看　问题　出

　　在泰语可以对应为两种，一种对应为短语，即"**ออกมา**"，意思为"出来"，另一种对应为词，即副词"**ออก**"，意思为"出"，表示"能"。[①] 其位于宾语后面，组成"动＋宾＋趋向补语'出'"的形式。

　　从上面的例子可以看出，汉语动宾结构中的插入成分无论如何都位于动词之后宾语之前，这是因为汉语的动态助词与补语和动词的关系十分紧密，其位置要在动词后面表达动词。泰语的则有时在动词之前、有时在宾语之后、有时在动词和宾语之间，情况较复杂。

三　双宾语——V＋O1＋O2 类

　　在一个句子里，动词后带两个宾语时，叫双宾语动宾结构。一个是动作直接支配的对象，称为直接宾语；另一个是动作所涉及的对象，称为间接宾语。汉语是间接宾语要紧跟动词之后，通常都是有生命的事物，属于体词。而直接宾语的位置在间接宾语之后，通常是物或事情。而泰语的双宾语结构基本上与汉语的相反。其结构是"动　＋　直接宾语　＋　间接宾语"。只有一些情况下，汉语和泰语是相同的。根据其语法性质，直接宾语可以分为体词和谓词两类。

（一）V＋O 体词 1＋O 体词 2 类

　　指动词后面紧跟两个体词宾语。在汉语中双宾语的情况十分普遍，在泰语中也存在着相应的结构。如：

　　（50）教我们汉语

　　สอน **ภาษาจีน** **พวกเรา**

　　教　　　汉语　　　我们

　　（51）给他钱

　　ให้ **เงิน** **เขา**

　　给　　钱　　他

　　（52）问他两个问题

　　ถาม **คำถาม** **เขา** **สอง** **ข้อ**

---

①　参见《现代泰语大词典》ราชบัณฑิตยสถาน，2013：1384.

问	问题	他	两	个

　　从以上例子的比较中可以看出，汉语双宾语 V + O体词1 + O体词2 类与泰语的双宾语结构有着明显的不同。汉语要将间接宾语放在动词后面，而泰语要把直接宾语放在动词后面。例（50）的"汉语"、例（51）的"钱"和例（52）的"问题"都是直接宾语，要放在动词后面，而"我们"、"他"、"他"等间接宾语，在泰语要放在直接宾语后面，其结构与汉语相反。然而，如果间接宾语和直接宾语指同样的东西时，汉泰两种语言的结构基本相同，不过，在泰语里，两个宾语之间需要加动词"ว่า"，用于连接前后的句子。① 如：

（53）叫她阿姨

เรียก	**หล่อน**	**ว่า**	**น้า**
叫	她	[连接功能]	阿姨

（54）称他老师

เรียก	**เขา**	**ว่า**	**อาจารย์**
称	他	[连接功能]	老师

　　我们可以看出例（53）和例（54）的结构顺序基本相同，只是泰语必须附加动词"ว่า"来连接直接宾语和间接宾语。例（53）用"ว่า"连接代词"**หล่อน**（她）"与名词"**น้า**（阿姨）"；例（54）用"ว่า"连接代词"**เขา**（他）"与名词"**อาจารย์**（老师）"，句子才成立。

　　（二）V + O体词1 + O谓词2 类

　　汉语双宾语的第二个宾语，即直接宾语也可以由谓词充当。此情况与上述宾语指同一个东西一样，结构形式表达相同，但泰语必须在宾语之间附加动词"ว่า"，来连接前后的句子，这里是连接直接宾语和间接宾语。如：

（55）他告诉我喜欢

เขา	**บอก**	**ฉัน**	**ว่า**	<u>**ชอบ**</u>
他	告诉	我	[连接功能]	喜欢

（56）他回答我去

เขา	**ตอบ**	**ฉัน**	**ว่า**	<u>**ไป**</u>

---

① 参见《现代泰语大词典》ราชบัณฑิตยสถาน，2013：1108.

他　　回答　　我　［连接功能］　　去

(57) 他答应我来

เขา รับปาก ฉัน　　ว่า　　　มา

他　　　答应　　　我　［连接功能］　　来

从上例中可以看出，泰语例（55）、例（56）和例（57）的宾语之间要附加动词"ว่า"，来连接体词性宾语和谓词性宾语，否则句子不成立。例（55）连接体词性宾语"ฉัน（我）"与谓词性宾语"ชอบ（喜欢）"；例（56）连接体词性宾语"ฉัน（我）"与谓词性宾语"ไป（去）"；例（57）连接体词性宾语"ฉัน（我）"与谓词性宾语"มา（来）"。

四　结论

以上讨论的是有关汉泰动宾结构的组成手段。通过对比我们看到，汉泰语的宾语可以都是体词性的和谓词性的，而且在"V＋O"形式中，两种语言的动宾结构形式相同，即动词在前，宾语在后。但在插入其他成分时，两种语言的结构形式有着明显的差异。在泰语中，绝大多数的插入成分位于动宾结构之后，如"了""着""好""完""懂"等；少部分的插入成分位于动宾结构之前，如"过"表示曾经发生、结果补语"到"对应为"ได้"和趋向补语"上"对应为"เริ่ม"；有些位于动宾结构之间，如结果补语"到"对应为"ถึง"、结果补语"成"对应为"เป็น"、趋向补语"上"对应为"ขึ้น"等。在双宾语当中，如果宾语不同，两种语言的结构形式完全相反，即泰语的直接宾语在间接宾语的前面；如果宾语相同或者直接宾语是谓词性的，两种语言的结构形式一致，但泰语要使用动词"ว่า"来连接直接宾语和间接宾语，句子才能成立。汉泰动宾结构形式的对比可以总结为表1。

表1　　　　　　　　汉泰语动宾结构对比形式总结表

单宾语、插入成分、双宾语	汉语动宾结构形式	泰语动宾结构形式
体词性宾语 谓词性宾语	V＋O	V＋O
动态助词"了"表示动作已完成	V＋了＋O	V＋O＋了

单宾语、插入成分、双宾语	汉语动宾结构形式	泰语动宾结构形式
动态助词"着"表示动作正在进行 动态助词"着"表示状态的持续	V +着+ O	V + O +着
动态助词"过"表示曾经发生 动态助词"过"表示完毕	V +过+ O	过 + V + O V + O +完
结果补语"到"对应为"ถึง" 结果补语"到"对应为"ไปที่" 结果补语"到"对应为"ได้"	V +到+ O	V +到+ O V +去在+ O 已 + V + O
结果补语"好"对应为"เสร็จ" 结果补语"好"对应为"ให้เรียบร้อย" 结果补语"好"对应为"เสร็จเรียบร้อย"	V +好+ O	V + O +完 V + O +使整齐 V + O + 完整齐
结果补语"完"对应为"เสร็จ"	V +完+ O	V + O +完
结果补语"懂"对应为"เข้าใจ"	V+ 懂+ O	V + O +懂
结果补语"成"对应为"เป็น"	V +成+ O	V +是+ O
趋向补语"上"对应为"ขึ้น" 趋向补语"上"对应为"ให้สนิท" 趋向补语"上"对应为"เข้า…ได้" 趋向补语"上"对应为"เริ่ม"	V +上+ O	V +上+ O V + O + 使紧 V +进 +O + 成功 开始 + V + O
趋向补语"下"对应为"ลง"、"ลงได้" 趋向补语"下"对应为"ได้" 趋向补语"下"对应为"ให้ดี"、 "ให้เสร็จ"	V +下+ O	V + O +下 V + O +能 V + O + 使好（使完成）
趋向补语"起"对应为"ขึ้น" 趋向补语"起"对应为"ขึ้น"、"ขึ้นมา" 趋向补语"起"对应为"ถึง"	V +起+ O	V + O +上 V + O +上（上来） V +到+ O
趋向补语"出"对应为"ออก"、 "ออกมา"	V + 出+ O	V + O +出（出来）

续表

单宾语、插入成分、双宾语	汉语动宾结构形式	泰语动宾结构形式
双宾语 V + O体词1 + O体词2（宾语不同） V + O体词1 + O体词2（宾语相同）	V + O间 + O直	V + O直 + O间 V + O间 + ว่า + O直
V + O体词1 + O谓词2	V + O间 + O直	V + O间 + ว่า + O直

　　本文尽管找到了一些汉泰语动宾结构的相同点和不同点，解释了泰国学生出现偏误的一些原因，但我们的对比比较粗糙，没有解释两种语言出现差别的深层原因，也没有涉及语义层面上的探讨，此问题仍有待于深入研究。

参考文献

　　［1］北京大学中文系现代汉语教研室：《现代汉语》（重排本），商务印书馆2009年版。

　　［2］黄伯荣、廖序东：《现代汉语》（增订三版），高等教育出版社2002年版。

　　［3］中国社会科学院语言研究所词典编辑室：《现代汉语词典》（第6版），商务印书馆2012年版。

　　［4］พจนานุกรมฉบับราชบัณฑิตยสถานพ.ศ.2554 กรุงเทพ: บริษัททนานมีบุ๊คพับลิเคชั่นส์ จำกัด（《现代泰语大词典》）

　　［5］วิจินต์ ภาณุพงศ์(VichinPanupong)(2000).โครงสร้างของภาษาไทย: ระบบไวยากรณ์ กรุงเทพ: สำนักพิมพ์รามคำแหง（《泰语的结构：语法体制》）

A Contrastive Analysis on the form of Verb-Object Structure between Modern Chinese and Thai language

Abstract：This article focuses on the comparison of the form between Chinese and Thai Verb-Object structure，finding out their similarities and differences，concluding the corresponding rules between the Verb-Object structure in Chinese and Thai language then giving some proper explanation according to the rules, in order to help Thai students better understand the similarities and differences between two languages. The result shows that some form of Verb-Object structure in Chinese is not e-quivalent to Thai language. In Thai language, some of inserted compo-nents are located in the front of Verb-Object structure; some of them are located at the back of Verb-Object structure; a few of them are located between verb and object.

Key words: Chinese language; Thai language; the Verb-Object Struc-ture; Contrastive Analysis

中国茶文化课程在国际汉语
教育人才培养中的作用

贾笑寒

（北京师范大学汉语文化学院）

摘要： 在面向国际的汉语教学中，文化活动的开展可以调动学生学习汉语的积极性，有效促进语言教学。同时，增进文化交流、促进文化层面的相互理解也是语言教学的重要目的之一。中国茶文化课程能够在传授茶文化专业知识和技能的同时，帮助学生提高个人素质和跨文化意识，不仅有利于汉语教学本身，对中国茶文化的国际传播也有着重要的促进作用。

关键词： 中国茶文化课程；国际汉语教育；人才培养

经济的快速发展使中国受到世界的瞩目，希望了解中国的人越来越多，学习汉语的人数也在不断增长。在面向国际的汉语教学中，文化活动的开展可以调动学生学习汉语的积极性，有效促进语言教学。同时，增进文化交流、促进文化层面的相互理解也是语言教学的重要目的之一。

目前国际汉语教育中经常开展的文化活动主要有太极拳、书法、国画、剪纸等，这些文化活动都在一定程度上起到了辅助汉语教学、促进文化交流的作用，不过也存在着文化活动的专业水平不一，部分教师的相关技能水平有限等问题。如果文化活动开展不当，不仅会影响汉语教学的开展，还有可能削弱学生了解中国、学习中国文化的积极性。

世界范围的汉语教学还处在一个起步阶段，要想长期稳定发展下去，丰富深厚的文化支撑是必不可少的，能够正确表达和传播文化的人才也成为必需。中国文化博大精深，因此必须以其中具有代表性且容易被接受的文化内容为重点来进行传播。有专家指出，需要引起相关机构和部门高度重视的是在中国大学生眼中"最具推广价值的中国文化符号"中位列前十位的"孔子""汉语/汉字""中医""书法""功夫""中餐""京剧""长城""古典诗词"和"茶"等文化符号。正是这些中国文化符号而非其他中国文化符号在当前中国文化发展及软实力建设中具有突出意义（王一川、张洪忠、林玮，2010）。在这个调查中，茶排在第十名，但从文化传播的角度来看，茶的潜力很大。

中国茶文化不仅直接涉及茶叶、茶具和冲泡，更包含了历史、地理、诗歌、绘画、民俗、宗教、美学、哲学等丰富的内容，又与实际生活密切相关，能够引起广泛的兴趣。遗憾的是，在目前与国际汉语教育相关的文化课程中，中国茶文化课程开设得较少，其主要原因是缺少具备相关资质的人才。

中国茶文化复兴运动开始于20世纪七八十年代的台湾，大陆地区经过十几年的发展也有了长足进步。但是很多人开始反思，目前的茶文化复兴很大程度上是为经济利益服务的，培养出来的茶文化人才大部分是茶叶销售人才，缺少传统文化素养和高度的责任感、使命感，难以担当茶文化传承和传播的重任。中国茶文化复兴迫切需要高层次人才的加入。

因此，我们认为，在国际汉语教育专业的文化课程中增设中国茶文化课程，这对于汉语教学工作的开展和中国茶文化的国际传播都是十分必要的。中国茶文化课程不仅能够帮助学生提高个人素质，还能使他们掌握茶文化专业知识和技能，有效辅助汉语教学。同时，学习过该课程的学生能够发挥高水平的外语能力和跨文化交际能力促进中国茶文化的复兴与国际传播。

一　提高学生的个人素质

一个合格的国际汉语教育人才，除了应该具备专业知识和技能以外，还应该具有良好的道德品质和文化素养。由于近年来经济发展迅速，人们更多地把目光投注到经济利益上，很多年轻人偏重于对金钱、地位的追求，忽视了个人修为上的精进。高校学生中也出现一些现象，例如缺少集体观念、缺乏服务精神、对教师不够尊重或不知道如何表现尊重等。这说明在当前的教育中，优秀的文化传统和礼仪规范并没有得到足够的重视和传承。

另外，从国际汉语教育专业的培养方向来看，这个专业的学生将要从事的是面向国际的汉语教学和文化传播工作，他们的个人素质和精神风貌将直接影响到世界人民对中国、中国人和中国文化的判断。在这个领域，个人品质的影响力有时甚至大于专业技能。因此，国际汉语教育专业更有必要在提高学生的个人素质和道德品质方面下大力气。

中国知识分子自古以来都重视提高自身的道德修养水平，而茶文化历来是知识分子修身的途径之一。茶生于青山秀水之间，性质平和，苦涩中带着清甜，又具有提神醒脑的功效。于是文人用来激发文思，道士用来轻身换骨，佛家用来清心提神。正像王玲教授在《中国茶文化》中指出的那样，中国茶文化是一种典型的"中介文化"，是物质文化和精神文化的巧妙结合。它首先是以物质形式出现，但发展到一定时期便被注入了深刻的文化内容，产生了精神和社会功用。其中贯彻着儒、道、佛诸家的深刻哲理和高深的思想，不仅是人们相互交往的手段，而且是增进修养，助人内省，使人明心见性的功夫（王玲，2009：5）。

目前，中国茶文化正处于复兴阶段，很多学者呼吁恢复和重视茶的精神功用，提倡以茶悟道、以茶修心，把品茶当作修身、雅志、怡情养性的手段。著名茶学家庄晚芳教授把中国茶德概括为"廉美和敬"，并指出茶道是通过饮茶的方式进行礼法教育、提高道德修养的仪式。

在礼法教育方面，由于茶文化具有"中介文化"的特质，既是日常事务，又高雅深沉，内涵丰富，还有泡茶、饮茶等实际体验，因而相比单纯的说教，更能吸引学生的兴趣。另外，对泡茶、饮茶、清洗整理茶具等操作过程的学习不仅有助于学生将文化知识与实际行动结合起来，还有助于培养学生优雅大方的仪态、礼貌的语言和服务他人的精神，使学生切实体会中国传统文化之美，并在精神上受到潜移默化的熏陶。

在历史上，中国茶文化不仅高度发展，还影响了世界很多国家，中国的近邻日本和韩国受到的影响最大。日本茶道以"和敬清寂"为主要思想内涵，明治维新以后在西方国家广泛传播，以至于"茶道"一词几乎被用来专指日本茶道。韩国的"茶礼"主张"清敬和乐"、"和敬俭真"，仪式华丽，有着严格的礼仪规范，也已成为韩国传统文化的代表。

中国是茶文化的发源国，因此我们在传播茶文化的时候就更应该慎重，万万不能以一些粗糙简陋的表现损害中国茶文化的形象，这就需要传播者具备良好的知识水平和精神品质。国际汉语教育专业的学生不仅是对外汉语教学的后备军，也是中国文化国际传播的生力军。开设中国茶文化课程，有助于提高他们的个人素质。这不仅对他们未来即将从事的汉语教学工作有利，而且也能保证中国传统文化精神更准确地传递到世界各国。

二　使学生具备一定的茶文化专业知识和技能

从 20 世纪 90 年代中期开始，茶文化教育走入高校，设立茶学专业的高校在专业教学中陆续开设了茶文化概论性的课程。茶文化课程也走进了高校的非茶学专业领域。在北京，中国茶文化课程从 2000 年开始被定为海淀区高校校际选修课，北京航空航天大学、北京科技大学等 16 所高校为本科生设置了茶文化方面的选修课，很多学生参加了茶艺学习。

本科阶段的茶文化选修课属于大学生人文素质教育课程，其目的是提高大学生的个人修养，普及传统文化知识。从选课的情况来看，大学生对这门课程还是抱有极大兴趣的。不过由于课程时间短，教学方法和课程安排因教师而异，教学内容在深度和广度上受到了一定的限制。另外，从全国范围来看，在大学本科阶段开设中国茶文化选修课的高校还是少数。

因此，有必要为国际汉语教育专业的学生专门开设中国茶文化课程。而且，应该从知识和技能两方面入手，使他们成为相对专业的茶文化人才。具体来说，就是使他们具有中级茶艺师以上的专业水平。从教学内容、课时等方面考虑，这个目标是完全可以实现的。

1999 年国家劳动部正式将茶艺师列入职业总类，茶艺师资格成为从事茶艺相关工作的重要资质。中级茶艺师的资格要求是：掌握茶叶、茶具、用水等知识和专业冲泡技巧，了解茶叶标准和卫生知识以及相关的法律、法规，具备一定的茶文化基础知识。

具体来说，中级茶艺师应该了解茶树的基本知识、茶叶种类、中国名茶及产区，具备鉴别茶叶品质、正确保管茶叶的能力，还应该了解茶叶的主要成分，具备科学饮茶的常识。中级茶艺师应该具备的技能是茶叶的冲泡技巧，能够正确地选茶、择水、装饰环境，能够根据不同的茶叶准备适合的冲泡用具，调整用水的温度，进行正确的冲泡，同时通过语言、动作和神态传达中国茶文化精神，给人以美的享受。在茶文化基础知识方面，中级茶艺师应该了解茶从药用到食用再到饮用的变化过程以及不同时代饮茶方法的演变，能够领悟中国茶文化的主要精神特点。

在专业的茶艺学校中，针对零起点学员的中级茶艺师课程学习时间平均为 50—60 小时。这大概相当于高校每周两课时课程两个学期的学时。当然，也可以分为专业知识和实际操作两门课，设置在同一学期完成。从课时方面来看是完全可以实现的。

　　另外，国际汉语教育专业的研究生与一般社会人员相比具有较高的文化素养和学习能力，能够实现更好的教学效果。特别是在茶文化知识理解和研究方面有着极大的潜力。

　　因此，国际汉语教育专业的中国茶文化课程可以按照中级茶艺师资格考试标准设置教学大纲，并在茶文化知识方面加入更为深入的内容。这门课程能够帮助学生实际掌握一门技能，在未来的汉语教学工作中发挥辅助作用，同时，也使学生有机会加入中国茶文化传播的行列中来。

三　发挥学生的外语能力和跨文化交际能力促进茶文化发展

　　由于海外从事茶文化传播工作的人不多，因此对于很多通过某个机会接触到中国茶文化并产生兴趣的外国人来说，唯一的可能是直接来中国学习。可是在中国也很难找到用外语进行教学的茶艺专门学校，只好先学中文再开始茶艺学习。对一些没有工作的年轻人来说，这也许是个不错的选择，但是对很多想在工作之余了解中国茶文化的人来说就几乎是不可能的事了。

　　文化的内部结构包括物态文化、制度文化、行为文化和心态文化。在茶文化中，除了属于行为文化的茶叶冲泡过程和环境设计以外，其他更广泛的内容都需要语言来传达。由于传达的内容涉及范围广，还包含哲学、宗教等大量复杂而抽象的内容，对语言水平的要求很高。在向国际传播时，对外语能力的要求也相对较高，如果仅有日常会话能力，或口语表达能力欠缺，不仅无法传递文化的精髓，很多时候还会破坏整体氛围，造成歧义和误解，降低文化的魅力。

　　从现状来看，具有高等学历的茶艺行业从业人员不多，具备相应外语水平的茶艺师和茶艺教师就更是屈指可数。中国茶文化的国际传播需要能用外语流利、生动地讲解茶叶知识和中国茶文化的相关内容，自如地进行沟通和交流的外语人才。只有这样，中国茶文化才能被世界人民接受和喜爱。

　　在国际文化交流中，除了语言能力以外，良好的沟通能力、合作能力以及对待不同文化的正确态度也是非常重要的。妄自尊大，蔑视其他国家和地区的文化或妄自菲薄、缺少文化自豪感都是不正确的。另外，文化的展现方式也是非常重要的。中国茶文化博大精深，但是展现方式不正确就不能引起别人的兴趣。一个合格的文化传播人才应该善于寻找文化共同点，有相互学习、取长补短、共同发展的态度，并能够运用丰富有趣、易于接受的传递手段将包括茶文化在内的中国文化展现在世界人民的面前。当然，这一目标的实现也需要依赖高水平的外语能力。

国际汉语教育工作本身就承担着中国文化国际传播的重任，因而该专业对学生的外语水平和文化素养有较高的要求，同时也注重培养学生的国际视野和跨文化交际能力。这些能力对于中国茶文化的国际传播都是非常有益的。

据统计，现在全世界 160 多个国家有饮茶的习惯，世界各国人民对中国茶文化都抱有极大的兴趣。即使是在饮茶大国日本，中国茶以及相关知识也开始受到关注。随着中国经济的快速增长，学习汉语并希望了解中国文化的人数在不断上升，同时，有越来越多的西方人关注东方，努力向东方文化中寻求精神寄托。种种原因都使得中国茶文化越来越受到世界性的瞩目。国际汉语教育专业开设中国茶文化课，不仅有利于汉语教学本身，对中国茶文化的国际传播也有着重要的促进作用。

参考文献

劳动和社会保障部中国就业培训技术指导中心：《茶艺师基础知识》，中国劳动社会保障出版社 2003 年版。

沈佐民、陈念、李年蛟：《茶文化在构建大学生综合素质中的应用研究》，《中国茶叶加工》2008 年第 3 期。

王玲：《中国茶文化》，九州出版社 2009 年版。

王一川、张洪忠、林玮：《我国大学生中外文化符号观调查》，《当代文坛》2010 年第 6 期。

张凌云、梁慧玲、陈文品：《茶文化教学内容对大学生人文素质与思想道德的影响初探》，《广东茶叶》2009 年第 6 期。

庄晚芳：《中国茶史散论》，科学出版社 1987 年版。

The Effect ofChinese Tea Culture Course in the Talent Training of International Chinese Education

Abstract：The Chinese tea culture course can help students improve the personal qualities and grasp professional tea culture knowledge and skills. It can help to cultivate qualified talents both in the area of international Chinese language education and Chinese tea culture to promote the Chinese language and Chinese culture in the international scope.

Key words：Chinese tea culture course；International Chinese education；talent training

教学文化与教师跨文化交际能力

胡秀梅

（北京师范大学　汉语文化学院）

摘要： 汉语教师跨文化交际能力涉及生活与工作的各个方面，其中最先面对的就是与教学相关的教学文化差异。不同国家的教学文化差异带来课堂教学与管理的问题，直接影响汉语教学和文化推广工作。因此，对于教学文化的学习与解读是提高教师课堂管理能力、跨文化交际能力的关键环节。

关键词： 教学文化；跨文化交际能力；课堂文化；语言政策

随着汉语国际推广事业的不断发展，越来越多的汉语教师去海外从事汉语教学工作，在一个全新的环境中他们必然要面对许多问题。从日常生活中的衣食住行适应性问题到教学科研工作中的方方面面，都给教师带来了巨大的挑战。一些生活适应性的问题因为教师在出国前的了解和心理准备大多能够尽快解决，但对于教师而言，最大问题和挑战是工作中的问题。不管是教学环境、教学对象、教学理念、教学管理以及教学内容和教学方法，都有其特点。教学工作是一件需要与学校、学生，甚至学生家庭接触沟通的事情，教师必须面对各种不同的人群，面对可能出现的各种状况。如：学校的课程的设置和教学安排、课堂上与学生的冲突，以及课后家长的需求或质疑等。这些问题的解决需要教师有足够的应对能力，这种应对能力，也就是教师的跨文化交际能力。

跨文化交际能力涉及日常生活、教学工作、外交礼仪，其至价值观念等诸多方面。教师的跨文化交际能力，一方面是克服语言的障碍以便生存和必要的社会交往的能力，另一方面则是克服文化的障碍并有效开展汉语教学工作和职业生涯发展的能力。

对于汉语教师来说，最直接面对的与教学工作相关的文化差异就是教学文化差异。教学文化指的是"教学生活过程及与之有机成为一体的教学生态环境的整体"（刘庆昌，2008），是文化的一部分，文化包括精神与物质，包括行为、制度、心态等各方面。教学文化从大的角度看包括教育信仰、教育价值观、教学风俗、教学伦理、教学制度和教育法律等要素，具体则涉及国家语言政策、各国语言及教育标准（如5C、欧洲标准、HSK等）、教育体制、学校教务安排、教学环境、教学文化、师生关系、课堂文化等诸多方面。总之，上至政府的语言政策、教育部制定的课程大纲，下至课堂里的教学策略和学习活动、学生动机和行为都是教学文化中的一部分。而这种种相关因素都直接影响到教师的教学工作，考验教师应对和处理教学工作中困难（课程安排、资源短缺、人际关系、课堂冲突等）的能力。

对不同国家的教学文化差异不了解，就可能产生跨文化交际的障碍或冲突，直接影响汉语教学和文化推广工作。比如：无法与学校和相关工作人员顺利沟通并保持良好的关系；教学工作无法顺利进行；推广活动无法进一步发展，甚至萎缩退步；课堂教学活动低效；课堂管理混乱等。有时可能进一步导致教师情绪低落，无法正常生活。这些问题的存在，无疑都是跨文化交际障碍的具体表现，也是不了解、不尊重教学文化差异而产生的。

一　语言政策和教育标准与跨文化教学能力

语言政策和教育标准决定课程设置。作为汉语教师，首先要对国家语言政策有一定的了解，对汉语国际教育和文化推广事业的目标有所了解，这样才能明确生活与工作的目标。其次，汉语教师还需要了解其他国家的语言政策和语言教育标准，因为一个国家的语言政策直接影响到汉语教学在该国的发展。如：是否把汉语列为一门正式的外语选修课程？在哪一个阶段开始进行汉语的教学？这些都取决于该国的语言政策。据了解，大部分国家都是在大学阶段设置正式的汉语课程，但是也有不少国家已经开始把汉语教学纳入中小学的教学计划中，同时把汉语作为升学时学校承认的一门外语课程，承认并接受其成绩和学分。这既是汉语国际教育和文化推广事业的成绩，也是未来进一步发展的目标。

美国大学理事会2003年增加外语AP课程，其中一门就是中文，将汉语作为可选外语考试之一。2007年7月开始AP中文课程的考试，承认并接受学生该门课的成绩和学分，这使得很多中小学开始将汉语教学纳入学校的教学计划之中。在英国，学生完成中学教育时，需通过考试取得《中学教育普通证书》（GCSE），在这个考试中汉语也是学校承认其成绩和学分的外语之一，同时英国计划自 2014 年起将汉语普通话列为小学阶段的外语必修课可选科目之一。德国也将中文纳入了许多州的中学会考科目。在不少东南亚国家汉语也是升学时的一门正式外语课程，同时因为有很多华校实行双语课程，汉语教学更是受到重视。随着孔子学院的不断建设和发展，还有许多国家已经在各个层次的学校开设汉语课程并考虑将汉语列入其正式的教学系统中。据报道，澳大利亚计划在 2014 年把普通话课程列为澳大利亚中小学教育的正式课程之一，斐济教育部门也计划将汉语普通话列入该国中小学的教学内容。

汉语在国外受到越来越多的关注和重视，不同的重视程度直接关系到汉语课程在学校的设置情况，也直接影响学生学习汉语的动机和效果。随着汉语进入中小学教学计划的趋势变化，我们的汉语教学和文化推广所面对的学习者可能越来越多样化，甚至低龄化。教师有可能面对的是各种各样的学习者，小学生、中学生或大学生，这就要求教师有针对性地锻炼和提高相应的能力。教师需要更多地了解青少年的心理特征，学习中小学课堂教学法，学会应对和处理非成人的问题。

另外，各国语言及教育标准（5C、欧洲标准、HSK 等）设定了外语教学的目标和评价标准，它们既是教学目标也是教学指导原则，教师在教学中应该紧密结合相关标准，根据相关要求进行教学设计和安排，以达到最优化和最有效的教学，这也是对教师的教学能力的直接检验。因此，除了课堂教学的能力，教师还应该具有教学安排的能力，能够根据政府的国家的语言政策、外语教学标准和学校的课程要求相应地设计和调整教学计划，选取最合适的教学方法调动学生的学习积极性，保证教学工作顺利进行。

二　学校的课程设置与教师教学能力

不同的国家和地方语言政策不同，汉语在学校中的设置情况也就必然不同。一般在大学中，汉语课程有专业和选修两类，而中小学则多将汉语列为外语选修课程或是课后兴趣班，少数中小学校列为必修课。还有一种形式是双语课程之一，这种设置形式多在东南亚国家的华校，这些不同的设置形式具休关系到课时的安排、教学计划的设定和课程内容的安排。作为专业或选修课程，其教学目标和教学内容以及课时等都有相应的规定和要求，对从事教学工作的教师要求更为明确。从一定程度上说，这样的课程设置下的教师的工作相对规范和容易。而作为兴趣班的汉语课程，多以体验中国文化和感受汉语为目的，学校对教学的要求相对较低，以培养和建立学生的兴趣为主，没有具体的教学内容和教学计划的要求。这种教学看似简单，但实际对教师的能力提出了更高的要求。因为教师个人的教学效果直接影响学生的兴趣，直接决定课程是否能够继续。

学校的课程设置影响教学计划和教学内容。教师在开始教学工作前，必须对该校的汉语课程的设置和安排有所了解。了解该校汉语课程与其他课程之间的关系，了解校方对汉语课程的规划和态度。只有在尽可能多地了解情况之后，教师才能更顺利地开展工作，最有效地安排教学内容和教学计划，最大限度地施展教师的能力，也能最大限度地达到校方的要求。

三　教育价值观与教师教学能力

教育价值观决定教学理念和教学方法。教育价值观包括"教育中的价值"和"价值中的教育"两个范畴。前者指教育中包含着许多有价值的因素，如方法、内容、措施、活动等，它们在教育过程中都具有相应的教育价值。我们所说的是后一种概念，包括教育目的、教育理念和教育信条。简单地说就是教育的目标是什么，我们给受教育者什么样的价值观念以及让他们成为一个什么样的人。这些教育的理念和信条提醒教师在实际的教学中是以多元智能的培养为目标，还是以单纯的技能训练为目标。对于我们汉语教师，我们需要明白不同文化背景下的教育价值观是有所不同的。有人说"中国重实用，西方重理性"。在教育过程中，西方似乎更多地在关注学生的心灵、思想和能力，塑造一个未来的有思想的人。以单纯技能培养为目标的教育观已经逐渐转化为"素质"教育观，目标是培养多元智能的人才。因此，在教学过程中，教师若过分关注教学内容的传授，则有可能忽视对学生能力的培养。

同时不同教学文化所强调和重视的理念不同，在具体的教学中就会采用不同的教学方式。除了我们传统的讲授型教学方式，教师还应该了解体验式教学、任务型教学等其他方式。在教学过程中更多地关注师生互动、生生互动、批判性学习等理念。在跨文化环境下的教师不学习了解这些不同的教学文化和教学理念，就无法提高自己的教学能力、有效地进行教学。

四　师生关系与教师跨文化冲突处理能力

师生关系是教学文化中至关重要的一部分，作为教学的主体，教师和学生以何种关系相处直接影响到教学气氛和效果。由于东西方传统文化的不同，师生关系表现出了很大的不同。尽管东方国家的教育理念已经有了很大的变化，传统的"师道尊严"、"一日为师终身为父"的观念已经淡去，教师角色在转变，并呈现出多样化，师生关系也变得多样化。既有长辈型教师，也有朋友型教师，甚至有助手型教师。双方平等、相互尊重的师生关系越来越多地得到推崇，但上下位型的师生关系仍然普遍存在，老师更多地具有权威性。教师对学生的管理和制约较多，学生往往服从教师。而西方文化中平等、个性观念在师生关系中则表现为相互尊重前提下的朋友关系，双方是学习的共同体，彼此之间没有制约与服从的关系，彼此之间是信任、理解、合作的关系。不同的文化背景和不同的师生关系，以及不同的学习习惯和课堂文化都可能带来一些冲突。了解不同文化背景下的师生关系，有助于教师正确对待学生的"不合适"举动，正确处理师生关系中的冲突和矛盾。

除了师生之间的冲突，跨文化的冲突还包括教师与学校之间的冲突、教师与同事之间的冲突、学生之间的冲突。汉语教师在海外的生活与教学中需要与学校沟通，与教师同事沟通，与学生和学生家长沟通，这些需要教师具有跨文化社交能力。教师必须充分认识到多元文化背景下的不同，尊重文化的差异，对跨文化冲突持宽容的态度，采取协商和融合的策略解决文化差异问题。

与学校的良好沟通基于对国家的语言政策和教育体制以及学校课程设置的了解。包括了解学校的教学理念，中文课的设置出发点，中文课与其他课程之间的关系（此项具体涉及该国的语言政策以及教育机制），具体的中文课的课程安排。与教师同事的良好沟通基于对不同国家教师责任的了解和跨文化人际关系的了解，包括社会的价值观和个人价值观。与学生的良好沟通基于对师生文化的了解，对不同文化背景的师生关系的了解，对多元文化背景的学校环境和学生群体的尊重。与学生家长的良好沟通基于对社会背景，对价值观、人生观的了解，基于对不同文化背景中家庭关系的了解。

五　课堂文化与课堂管理能力

不同文化背景的学生构成多元文化环境课堂，不同文化的差异带来学生的不同课堂表现。教师最直接面对的跨文化冲突就存在于课堂中，最直接地考验教师的跨文化交际能力。习惯了中国（或其他一些东方国家，如韩国、日本）传统课堂的教师，面对学生直呼其名、随时提问、提意见、插话甚至就某个问题与教师争论的状况也许一时无法适应和接受，或者无法有效地应对以致产生跨文化冲突。中国的教学往往以教师为中心，教师多以知识传授者身份出现，学生等待教师提问，极少主动提问或插话，更不敢与教师争论，他们的交流是单向的，课堂较为安静。欧美国家的学生则自主要求高，如美国的课堂是以学生为中心的，师生关系相对随意松散，学生随时提问、插话、质疑，课堂气氛较为活跃。这是完全不同的两种课堂文化，是不同教学文化差异的一种表现。

这种差异带来了课堂教学与管理的问题。东西方国家差异较大，即使都是东方国家，各个国家之间的课堂也存在明显的不同。有的是课堂纪律松散混乱，如泰国的课堂纪律混乱，学习积极性不够，对非正式教师不听从。韩国和日本的课堂相对沉闷，学生虽然尊重教师，但主动性差，教学活动低效，这与教师的教学方法、学生的行为习惯和多元文化背景密切相关。教师需要充分考虑学生的心理和行为特征，选择最合适的教学方法。尤其是面对非成人的教学对象，了解他们的心理特征和行为特点可以使我们正确看待他们的课堂行为，特别是一些可能不理智的表现。因为不同年龄段的人会有不同的心理和行为特点，特别是青少年的叛逆性，因此学习和解读相关的心理学知识有助于提高教师管理课堂秩序的能力。教师在游戏活动的设计和安排上也能更为准确和合理，在课堂上能更有效地调动学生的积极性。

另一方面，多种族学生并存的课堂因为有更为复杂的文化背景可能带来更突出的跨文化冲突。面对来自世界各国的学生，教师要了解学生的相关信息和尊重学生的不同文化背景，包括对学生的个人信息、风俗习惯、宗教信仰、学习动机、学习习惯以及学生的年龄特征，学习者特征等方面的了解，避免引起不必要的冲突和麻烦。我们可以通过学习了解文化间的不同，思想观念的不同。比如东西方文化对于"个人和集体"、"隐私权"的不同看法。在教学活动的设计和实施过程中，充分考虑学生这些不同，从学生普遍接受和共同的兴趣点出发，以保证与学生的交流和教学活动顺利进行。

六 教师的教育信仰与教师的工作态度

教师的教育信仰决定教师的工作态度。教师要有教育信仰，相信教育的价值，追求教育理想。教师的教育信仰是教师的职业动力，使教师在面对困难时能够坚持不懈地努力。教育信仰直接决定了教师对于教学工作的态度、理念和方法。作为汉语教师，应该把汉语国际教育和文化推广事业作为自己的追求，全身心地投入自己的工作中。即使在遇到挫折和失败时，也能正确面对和调解。不应该把去海外教学当作你出国的跳板或是你短期旅游的机会。当你忽视了作为教师的职责时，往往无法集中精力认真地工作。

从上面的分析我们可以看到，国家语言政策、语言教育标准、学校的课程设置和教学安排以及师生关系、课堂文化都与教师的工作密切相关，直接影响到教学工作的开展。教学工作的安排与教育政策和体制相关，教学任务的安排则与地方政府的语言政策和学校的课程设置相关。教师的角色定位涉及师生文化、教育理念，师生关系与社会和个人的价值观以及教育价值观多方面相关。课堂教学则最多地涉及多元文化背景和跨文化交际，不同的文化背景产生不同的教学文化，不同的教学文化难免会带来一些问题和冲突。教学工作的顺利开展需要教师能够尽可能多地了解和认识这些相关因素，提高自己跨文化交际的各方面能力。

因此，对于教学文化的学习与解读是提高教师课堂管理能力、跨文化交际能力的关键环节。通过对不同教学文化的解读学习、对师生文化解读学习、对儿童和青少年心理解读学习，教师尽可能多地了解一个国家语言推广政策、外语教学标准，了解学校教学环境和具体教务安排，了解教学对象的文化背景、家庭状况、个性特征等。教师只有在充分了解相关的教学文化差异后，才能具有较强的跨文化交际能力，才能更好地管理多元文化环境下的课堂，才能更为有效地开展教学和推广工作。

参考文献

陈芳：《国外教学文化与新教师发展研究述评》，《外国教育研究》2009 年第 5 期。

陈申、薛馨华：《国际汉语教师培养理念解构》，《语言教学与研究》2010 年第 5 期。

龚孟伟、南海：《教学文化内涵新解及其结构辨析》，《山西大学学报》（哲学社会科学版）2010 年第 4 期。

刘庆昌：《教学文化的意义探寻》，《山西大学学报》（哲学社会科学版）2008 年第 2 期。

聂学慧：《汉语国际推广形势下教师的跨文化教学能力》，《河北大学学报》（哲学社会科学版）2012 年第 5 期。

曲凤荣：《对外汉语教学视阈下的跨文化冲突与策略》，《黑龙江高教研究》2012 年第 8 期。

王爱菊：《教学文化冲突初探》，《当代教育科学》2009 年第 5 期。

张俊列：《中西教学文化差异比较、文化探源与启示》，《教学与管理》2009 年第 9 期。

张强：《中美课堂文化比较研究》，硕士学位论文，山东师范大学，2011 年。

张西平、柳若梅：《世界主要国家语言推广政策概要》，外语教学与研究出版社 2008 年版。

Guo-Ming Chen& William J. Starosta：《跨文化交际学基础》，上海外语教育出版社 2009 年版。

TeachingCulture and Teachers' Intercultural Communicative Competence

Abstract：Chinese teacher's intercultural communicative competence relates to the life and work. The first is the differences of teaching cultural. Teaching cultural differences between different countries brought teaching and management problems, and it directly affects the work of teaching Chinese and cultural promotion. Therefore, learning and understanding for teaching culture is the key link to improve the teachers' classroom management ability and intercultural communicative competence.

Key words：Teaching culture；Intercultural communicative competence；Classroom culture；Language policy

语言理论的哲学基础对语义理论及其应用的影响

——以认知语言学的原型范畴理论为例

解 竹

（北京师范大学汉语文化学院）

摘要：哲学作为语言学的理论基础之一，对语言学理论及其应用都产生了深刻的影响。本文以认知语言学的原型范畴理论为例，首先阐述了其哲学基础——体验哲学——的本质，然后在简要介绍该理论产生和发展过程的基础上，论述了体验哲学对原型范畴理论本身产生的影响。最后，分别从语言本体及语言教学的角度出发，通过实例分析，探讨体验哲学对原型范畴理论应用的影响。

关键词：体验哲学；原型范畴理论；影响

语言学理论的产生和发展离不开相应的哲学基础，其理论的应用也深受哲学基础的影响。经验主义与唯理主义两种对立的哲学观，在西方哲学的发展史上交替占据主导地位。语言学作为与哲学密切相关的学科，在这两种哲学思想的影响下，也产生了不同的理论，进而也影响到这些理论的应用：当经验主义占主导地位时，语言学领域产生了历史语言学及结构主义语言学，语音研究取得了较大进展，外语教学领域产生了情景法等教学法；当理性主义占据主导地位时，语言学领域产生了形式语言学及转换生成语言学，语法研究取得较大进展，语言的计算机信息处理成为可能。

与经验主义和理性主义相区别的"体验哲学"，作为认知语言学的哲学基础，对其相关理论及其应用也产生了深刻的影响。本文以认知语言学的基础理论之一——原型范畴理论——为例，探讨"体验哲学"对该理论本身及其在语言研究和语言教学应用上产生的影响。

一 认知语言学的哲学基础——体验哲学

Lakoff 和 Johnson 在 experience 的基础上提出了 experientialism 或 embodiment。① 为了避免与经验主义混淆，国内学者（例如：王寅，2003）将其译为"体验哲学"。体验哲学属于非客观主义，与包括经验主义和理性主义在内的客观主义相区别。该哲学理论认为人在认识范畴、形成概念、进行推理、建构语义时是有主观能动性的，人的身体经验、生理构造、认知方式、丰富的想象力起到了重要作用。②

尽管体验哲学的主要观点与客观主义相悖，但它仍从客观主义中继承了相当一部分内容，这也是部分学者将体验哲学归入经验主义的原因之一。③从本质来看，体验哲学是在吸取经验主义和理性主义合理成分的基础上形成的。首先，体验哲学并不否认认知世界的过程是人与客观事物互动的结果，它所大力提倡的"人的身体经验"也正是人与客观事物接触后产生的经验，而经验主义也强调经验来自于人与客观事物的互动。其次，体验哲学认为人与客观事物的互动要通过人的认知加工才能得到反映，而理性主义所说的"理性认识""一般包括概念、判断、推理三种形式"④，这些不同形式的理性认识也需要人的认知加工。

由此我们可以看到，体验哲学一方面意识到了客观事物在认知世界中的作用，一方面也肯定了人脑的加工是认知过程中必不可少的过程。与客观主义不同的是，体验哲学对人类加工客观事物、现象的方法进行了新的阐述，即人是从自己的身体经验、身体构造和认知方式出发认知世界的。

原型范畴理论

（一）理论的产生及主要内容

Lakoff（1987）指出："There is nothing more basic than categorization to our thought, perception, action and speech（对我们的思维、感知、行为和言语而言，没有什么比范畴划分更基本的了）。"⑤ 范畴反映了人类对世界的认知。最早的范畴理论是由亚里士多德提出的经典范畴理论，该理论认为："范畴划分由一组充分必要条件决定；特征是二元的；范畴具有清晰的边界；范畴成员之间地位平等。"⑥

---

① 参见郭熙煌《语言认知的哲学探源》，华东师范大学出版社 2009 年版，第 43 页。

② 参见王寅《体验哲学：一种新的哲学理论》，《哲学动态》2003 年第 7 期，第 24—30 页。

③ 例如梁晓波在《认知语言学对英语词汇教学的启示》（《外语与外语教学》2002 年第 2 期，第 35—37 页）中指出认知语言学是建立在"经验主义"基础之上的。

④ 参见郭熙煌《语言认知的哲学探源》，华东师范大学出版社 2009 年版，第 56 页。

⑤ 引自 Lakoff, G. and M. George, *Woman, Fire and Dangerous: What Categories Reveal about the World*, Chicago: The University of Chicago Press, 1987, p. 5.

⑥ 转引自李福印《认知语言学概论》，北京大学出版社 2011 年版，第 93 页。

　　Wittgenstein 对经典范畴理论进行了批判，他认为"游戏"范畴聚合在一起的原因是"家族相似性"，即不同"游戏"有着相似的属性，而各种游戏之间的关系是交叉重叠的。"家族相似性"的提出对"原型范畴理论"的产生起到了重要作用。此后，美国心理学家 Rosch 等人在对鸟、水果等十个范畴进行研究后，正式提出"原型范畴理论"①，该理论逐条批判了亚里士多德的经典范畴理论：范畴不是通过充分和必要条件建立的；范畴的特征不是二元的，而是由有着家族相似性的成员互相重叠组成的；范畴之间的界限不是清晰的，而是模糊的；范畴成员之间的地位不平等，有的是典型成员，有的是非典型成员。

（二）"原型"的本质

　　李福印（2011）指出目前对"原型"的理解主要有两种："典型成员观"和"图式表征观"。

　　"典型成员观"认为原型是某一范畴的典型成员，是有最大家族相似性的具体实例，例如某一种特定的杯子是"杯子"这一范畴的典型成员，其他事物是否属于"杯子"这一范畴，要通过与这种特定杯子进行比照。

　　"图式表征观"认为原型不是一个具体的实例，而是一种从各个实例和各种次范畴中抽象出来的表征。以"水果"这个范畴为例，我们在判断某一种东西是否是水果时，不是通过与某个具体水果如"苹果"或"香蕉"进行比照，而是与我们认知中有关水果的特征集合进行对比，比方说"植物可食的果实"、"味道一般或酸或甜"、"可以生食"等。也就是说，当我们想要对一个陌生实物的范畴进行界定时，我们要进行比照的是从该实物抽象出的特征与范畴的原型特征的相似程度，而不是和某个具体的实物比照的结果。

（三）原型与成员的关系

　　通常认为原型作为"最佳成员"是范畴中的参照点，其他成员应该以辐射的形式围绕在原型周围，即任何一个成员都必须与原型有关联。但Kortmann 认为这种辐射式的关系并不是"家族相似性"。② 因为根据 Wittgenstein 提出的家族相似性原则，如果将 A 看作原型特征的抽象集合，B、C、D 看作范畴中成员的特征，那么原型和成员之间可以呈现出"AB、BC、

---

① 参见束定芳《认知语义学》，上海外语教育出版社 2008 年版，第 45 页。
② 参见黄月华、左双菊《原型范畴与家族相似性范畴——兼谈原型理论在认知语言学中引发的争议》，《语文研究》2009 年第 3 期，第 27—31 页。

CD"这样的关系。即成员 C 进入该范畴的原因是与成员 B 联系，而不是与原型 A 直接联系。也就是说，C 与 A 可能没有相似性。因此，原型与成员之间的关系不仅有辐射式，还有连锁式等其他构成形式。

（四）体验哲学对原型范畴理论的影响

原型范畴理论严格来说是关于范畴化的一个理论①，作为认知语言学的基础理论之一，深受其哲学基础——体验哲学——的影响，这一影响主要体现在两个方面。

原型范畴理论的优越性与体验哲学密切相关。上文我们已经论述过，体验哲学是在经验主义和理性主义基础上提出的，其贡献在于将人的身体经验、生理构造和认知引入范畴的形成，这种对人自身体验的关注是范畴建立的基础。原型范畴理论较经典范畴理论的进步之处也体现在此：传统的经典范畴理论在解释范畴的模糊性和内部成员的隶属度的级差上存在缺陷，引入了人的自身经验后，相关问题得到了较好的解释。例如，袁毓林（1995）将该理论引入汉语的词类划分，将词类看作一种原型范畴，在以句法功能作为词类划分依据时，必然存在界限不清的情况。不同词类的典型成员在句法功能上有明显的差异，可以较好地体现该类词的特点，但非典型成员与典型成员相比，共性少、个性强，不具备该类词的全部句法功能。

原型范畴理论存在的问题也与体验哲学密切相关。上文我们已论述过原型与成员的关系，这一关系是建立在"家族相似性"基础之上的，即原型与成员间由具有"象似性"的特征相关联。但"象似性"本身就是一个带有较强主观色彩的概念，作为范畴核心的"原型"，其抽象特征的确定也缺乏客观标准，"象似"本身也存在等级的差别。因此，体验哲学将人的主观因素引入研究，尽管可以解释一些语言现象，但在实际操作上存在一定的随意性。

二　体验哲学对原型范畴理论在汉语本体研究中应用的影响

原型范畴理论目前被应用于汉语的语音、语法、语义、语用、翻译、辞典释义等多方面的研究中。其中关于词义，特别是一词多义的研究是原型范畴理论的重要应用方向。Lakoff、Langacker 和 Taylor 等认知语言学家认为

---

① 参见卢植编《认知与语言——认知语言学引论》，上海外语教育出版社 2007 年版，第 139 页。

"词义属于语义范畴，词的不同义项就是相应的范畴的不同成员，成员义项之间的联系以基本的认知原则为理据"①。将词义看作语义范畴，那么词的核心意义所包含的语义特征就是词义的原型，以原型为出发点，在认知原则的支配下，产生了一个词的多个义项。陆宗达、王宁（1983）指出词的引申义是从本义出发，沿着本义的特点所决定的方向引申而来的。因此，一个具体词的不同意义所组成的语义范畴中，本义的语义特征是该词的词义原型，其他义项由本义引申而来。我们以汉语的"挺"为例，从本义出发，结合原型范畴理论分析其现代汉语中各义项与本义及其他引申义之间的关系，在此过程中探讨体验哲学对一词多义现象形成的影响。

《现代汉语词典》（第5版）对"挺"的注释如下：

挺1

① 硬而直：笔挺｜挺立｜挺然屹立（坚强地直立着）

② 动 伸直或凸出（身体或身体的一部分）：挺胸｜挺着脖子。

③ 动 勉强支撑：他有病还硬挺着上班。

④ 特出、杰出：英挺　挺拔。

⑤〈口〉副 很：这花挺香｜他学习挺努力｜心里挺不痛快的。

挺2

量 用于机关枪。

语料显示"挺"目前新增一个义项"支持"。例如："按理来说这两个人，应该是最挺他最支持他的，没有想到最先背叛就是这两个。"② 因此，我们将现代汉语中"挺"概括为以下七个义项③：

①　硬而直　　②　伸直或凸出（身体或身体的一部分）　　③　勉强支撑

④　支持④　　⑤　特出、杰出　　⑥　很　　⑦　用于机关枪的量词

《说文解字·手部》："挺，拔也，从手廷声。""从手"，即"挺"是与手部相关的动词，其本义是"拔、拔出"，如《战国策·魏策四》："挺剑而

---

①　引自李福印《认知语言学概论》，北京大学出版社2011年版，第214页。

②　转引自宋晖《"挺"的一个新增义项【＋支持】》，《语文学刊》2006年第1期，第95—96页。

③　这里义项①和⑤是"挺"进入复合词的语素义，其他义项为词义，为了便于讨论引申过程，我们都看作"挺"的义项，不作严格区分。

④　将这个义项排列在③之后是因为该义项与"勉强支撑"的义项关系密切，其引申关系见下文。

起，秦王色挠。"本义产生后，从本义的特点出发形成了引申义，这一过程
与人的身体经验和认知密切相关：所谓"拔"，即将某物从一固定物中抽
出，在拔的过程中"某物"一定是挺直的才能被拉出，因此"挺"引申出
了"直"义，如《左传》："周道挺挺"，段玉裁注："直也"，是本义的
"引申之义"，再如《周礼·考工记·弓人》"於挺臂中有焉"，郑玄注：
"挺，直也。"现代汉语中可以说"挺胸"、"挺着胸"，这是动词意义"伸
直"，也可以进入双音词"笔挺"、"挺立"，这是形容词性质"直的"。从
"挺直"的意义出发，"挺"向两个方向引申：

　　第一个方向，人们在客观世界中体验到了"挺直"的物体具有"支撑"
的作用，因此引申出了"勉强支撑"的含义，如"他有病还硬挺着上班"。
"勉强支撑"的对象最初只能是自己，近年来，支撑对象从自己演变为别
人，"支撑别人"即是对他人的支持和肯定，因此该词引申出了"支持"的
含义（侯志杰，2004），如"别担心，我们都挺你"。我们认为这一过程是
人类认知中的转喻在起作用。

　　第二个方向是由"挺直"义引申出"突出、杰出"的含义。人们通过
对周围事物的观察发现，在一些物体中间"直"的物体往往是突出的，与
众不同的，因此从客观的物体"突出"引申出了抽象的人的"杰出"，这里
是认知机制中的隐喻在起作用，即从"物体突出"这个认知域映射到"人
的杰出"这个认知域。如《后汉书·黄琼传》："光武以圣武天挺，继统兴
业。"现代汉语有双音词"英挺"。"挺"副词义项的产生刘晓凡（2008）
认为是语法化的结果：从语义上是"杰出"义进一步虚化，产生的"很"
义，从句法上是形容词"挺"与其他形容词连用，起初地位平等，之后，
逐渐出现两个形容词地位不平等的情况，"挺"显现出虚化的趋势，到18
世纪中后期开始出现了典型副词的用法，虚化为程度副词，例如："公子
道：'是个挺大的大狸花猫。'（《儿女英雄传》第六回）。"

　　此外，"挺2"作为量词，在现代汉语中有"一挺机关枪"、"一挺迫击
炮"的说法。对于"挺"这种用法的来历学界有两种观点：一是认为"挺"
本身有"伸直"的含义，在此基础上引申出量词的用法。例如：王力
（1955）指出古代有"挺枪"的说法，"挺"由动词转化为量词，用来表示
机关枪；另一种观点认为"挺"用作量词来源于"梃"，是由"梃"假借
而来的。刘世儒（1965）指出"梃"本义是植物的"干"，魏晋时期已有
广泛的量词用法，是"挺"的本字。"一挺机关枪"的说法正是由"一梃甘
蔗"一类的用法发展出来的。陈绂（2002）也认为由于在《说文解字》中

"梃"已被解释为数量短语，做量词的用法早于"挺"。因此，作为量词的"挺"本字应该是"梃"，是使用范围的泛化造成了假借。我们认为，无论采取哪种观点，表示量词的"挺"其意义中都包含了"挺直"的含义，因此我们将其列为"挺直"的引申义。

以上分析可以用下图表示：

$$③勉强支撑→④支持$$
$$↗$$
$$挺→拔→①②挺直→⑤突出→⑤杰出→⑥很$$
$$↘$$
$$⑦表示机关枪的量词$$

通过上述分析我们可以看到，"挺"词义范畴的原型为动作"拔"，人们通过对"拔"这个动作的体验得到了其原型的语义特征"挺直"、"直"，各个义项从原型的特征出发，基于人的身体经验和认知原则（转喻和隐喻），由家族相似性连接，逐步引申出词义的其他成员，形成一个词义网络，而这一过程中体验哲学的影响无处不在。

三 体验哲学对原型范畴理论在汉语作为第二语言教学中应用的影响

原型范畴理论也被广泛地应用于汉语作为第二语言教学，我们以词汇教学为例，探讨体验哲学在该理论应用中的影响。

首先，可以利用词义范畴中的典型成员，帮助学生理解词义，并进行相关的词汇扩展。在汉语作为第二语言教学的初级阶段，词义的讲解宜采用"典型成员观"，以具体范例的形式出现，通过直观的方式向学生展示。需要注意的是，当学生母语的范畴与汉语的范畴相当，仅仅是由于社会环境等原因建立了不同的典型成员时，教师在引入该范畴时一方面要介绍中国人的典型成员，另一方面要与学生已有的认知经验进行连接，根据学生所处社会的特点，对学生在该范畴中的典型成员涉及的词汇进行扩展。例如在教授"水果"一词，利用其下位范畴进行词汇扩展时，教师除了引入"苹果"或"梨"等中国的典型水果，也要关注学生所在社会中"水果"范畴的典型成员，这一点在海外汉语教学中尤为重要。

其次，某些学生的语言文化中没有的词，或是与中国人理解差异较大的词，要帮助学生建立该词的词义在汉语中的原型，其中要特别注意将文化因素引入原型特征。例如："龙"的词义在中西方的文化中差异较大，在学习"龙"这个词时，关键是将中国"龙"所包含的文化传达给学生，使学生建立正确的"龙"的原型。

最后，在含有多义项的词的教学中要适当引入原型范畴理论，合理利用学生的自身体验和认知能力，建立各义项之间的联系。特别是从人的自身体验出发可以得到的义项，一定要先讲原型，再讲由原型特征可以推求的义项。例如：课文中生词"消化"首次出现的用法是"消化一下学习的东西"。学生通过阅读课文和英文翻译后，很难理解这里"消化"和"学习的东西"之间的搭配关系。此时，教师需要将"消化"的原型"食物变为养料被人体吸收"先介绍给学生，因为这种"消化"的经验是基于人自身体验的，学生容易理解，在此基础上再引入"理解、吸收知识"的义项，学生可以较快地领会这个抽象的引申义。需要注意的是，我们梳理词义引申过程的目的是帮助学生建立一个词的多个义项之间的关系，减少记忆负担。因此，如果一个词的不同义项间联系不紧密，或者建立关联需要引入该词在现代汉语中已不再使用的意义，那么我们不主张利用这种方式增加学生负担。

参考文献

陈绂：《简析汉语"陪伴性"物量词中的通假现象》，《北京师范大学学报》2002年第6期。

段玉裁：《说文解字注》，上海古籍出版社1981年版。

耿军：《量词"挺"、"梃"与"铤"》，《宿州教育学院学报》2005年第8卷第3期。

郭熙煌：《语言认知的哲学渊源》，华东师范大学出版社2009年版。

侯志杰：《说"挺"》，《语文学刊》2004年第12期。

黄月华、左双菊：《原型范畴与家族相似性范畴——兼谈原型理论在认知语言学中引发的争议》，《语文研究》2009年第3期。

李福印：《认知语言学概论》，北京大学出版社2011年版。

梁晓波：《认知语言学对英语词汇教学的启示》，《外语与外语教学》2002年第2期。

刘世儒：《魏晋南北朝量词研究》，中华书局1965年版。

刘晓凡：《程度副词"挺"的语法化》，《现代语文》2008年第10期。

卢植：《认知与语言——认知语言学引论》，上海外语教育出版社2007年版。

陆宗达、王宁：《训诂方法论》，中国社会科学出版社1983年版。

束定芳：《认知语义学》，上海外语教育出版社2008年版。

宋晖：《"挺"的一个新增义项【+支持】》，《语文学刊》2006 年第 1 期。

王力：《有关人物和行为的虚词》，中国青年出版社 1955 年版。

《同源字典》，商务印书馆 1982 年版。

王寅：《Lakoff 和 Johnson 的体验哲学》，《当代语言学》2002 年第 4 卷第 2 期。

王寅：《认知语言学的哲学基础：体验哲学》，《外语教学与研究》2002 年第 34 卷第 2 期。

王寅：《体验哲学：一种新的哲学理论》，《哲学动态》2003 年第 7 期。

姚亿兵：《国内语言学界原型范畴理论研究综述》，《语文学刊》2010 年第 18 期。

袁毓林：《词类范畴的家族相似性》，《中国社会科学》1995 年第 1 期。

中国社会科学院语言研究所词典编辑室：《现代汉语词典》，商务印书馆 2010 年版。

Lakoff, G. & M. George, *Woman*, *Fire and Dangerous*：*What Categories Reveal about the World*, Chicago：The University of Chicago Press, 1987.

TheInfluence of the Philosophical Foundation of Linguistics theory on the Semantic Theory and Its Application：Take the Prototype Theory of Cognitive Linguistics as an Example

Abstract：As one of the basic theories of linguistics, philosophy has a profound influence on linguistic theory and its application. This paper takes the prototype category theory of cognitive linguistics as an example to expatiate the affection of the philosophical basis. First, it presents the essence of the prototype category theory. Second, after a brief introduction of development process of the theory, it discusses the influence which the embodiment affects on the theory. Finally, through the examples of analysis, it explores the affection of embodiment on the application of the theory in linguistic study and teaching Chinese as a foreign language.

Key words：embodiment；the prototype category theory；influence

反映民俗的成语语义、语用研究

——以"待字闺中"为例

李 莹

（北京师范大学汉语文化学院）

摘要：本文首先探求了成语"待字闺中"的语源意义，结合语料分析了该成语在语义、语用上的使用变化。随后从认知和意义演变角度分析了该成语的语义、语用演变机制。最后，在对部分成语词典释义考察的基础上，对词典编纂提出了建议。

关键词：成语；待字闺中；语义；语用

一　引言

成语是历史上相沿习用的固定短语，也是现代汉语的熟语中表现最生动、最富有意趣的部分。莫彭玲（2011）提出："成语是语言文化的'活化石'。成语一方面在现代汉语中广泛使用（即所谓的'活'），另一方面又比较系统地保留了古代语言文化的遗迹（即所谓的'化石'）。"成语是从古代流传下来的，必然会保留许多古代的思想文化和社会现象，其中一部分成语就记录了古代的民俗现象。曲彦斌在他的著作《民俗语言学》一书中提出俗语同民俗有紧密的联系。"一些俗语的语言构成中含有民俗语汇，或以这一民俗语汇为中心词构成俗语，这类俗语则由此而同民俗直接联系起来，具有显著的民俗性。"随着时代变迁，社会生活发生了巨大的变化，然而许多成语的字面形式并没有随之变化，导致许多现实现象不能够与成语字面上的意义相对应，这给成语的使用和理解带来了影响：一方面特定社会民俗现象的弱化促使成语在语义、语用上发生变化，另一方面部分成语字面形式与实际生活的不对应也为我们准确地理解成语带来了困难。

现有的成语研究侧重于熟语的性质、来源研究，更多关注成语语义的静态分析及其运用。传统的成语研究有两方面有待推进，其一是在分析成语结构之余，关注成语内部构成成分如何构建成语的整体意义；其二是在成语现有的整体意义和当前形式基础上，考察成语字面上消失了的意义，以及这些消失了的意义对成语的语义和语用所带来的影响。现以成语"待字闺中"为例，加以分析。

二　成语的语源

"待字闺中"的"字"是古代民俗在成语字面上的保留。《礼记》中说："男子二十有字，冠而字；女子许嫁，笄而字。"① 也就是说，古代的男子在二十岁行冠礼并命字，古代女子到许嫁的时候行笄礼并命字。"中国人除了有名以外还有字，又叫表字，是在本名之外所取的与本名意义相关的别名。女子有字的如汉代蔡琰字文姬，唐代薛涛字洪度等。字的起源可以追溯到殷商时代，但字的盛行在周代，'冠而字'已成为周代礼法的一部分。"（籍秀琴，2009）

吉常宏（1997）也指出"上古贵族女子，原本起字"，他在书中对笄礼和女子起字习俗的起源和发展作了介绍：当女子成年许配人家时，把垂发挽在头顶，用笄别住，并给她取字。这一礼制，秦汉以后没承袭下来。虽然上层妇女中，有的也既有名，又有字，但不一定是"许嫁笄而字"。广大女性一般自幼至成年，就只有一个小名（闺名）。笄礼和待嫁起字的礼制虽然没有推行开来，但是这一习俗在汉语中却留下了许多成语。如说女子已有婆家，叫作"已字"，"已字人"；没找婆家，则称"待字闺中"，"未字人"，"未字"。（吉常宏，1997）

三　成语的语义、语用演变分析

当今社会，"笄礼"这一习俗已经消失，多数人只是对"取字"这一习俗有少许概念。然而，对当代人而言，"字"的常用义更多指"汉字"。马国凡、曲彦斌等学者认为，社会民俗的改变也会直接或间接影响成语的语义、语用发展。我们在北京大学现代汉语和古代汉语语料库中搜索了"待字闺中"的语料，对搜索到的语料进行了穷尽式的分析。剔除其中重复、残缺的语料，得到古代汉语有效语料 48 条，现代汉语有效语料 73 条。其中，古代汉语语料主要来自清代和民国时期。根据分析，部分现代汉语语料

---

① 胡平生：《中华经典藏书·礼记　孝经》，陈美兰译注，中华书局 2012 年版，第 26—27 页。

中的"待字闺中"的语义和语用条件产生了变化见表1。

表1　　　现代汉语语料中成语"待字闺中"语义、语用变化数据

		语义	语用
不变	数量	48	48
	比例（%）	65.8	65.8
改变	数量	25	25
	比例（%）	34.2	34.2

我们搜集的现代汉语语料中，"待字闺中"在1/3的语料中表现出明显的语义、语用变化。"待字闺中"的语义、语用具体分析结果如下。

（一）语义分析

全部48条古代汉语语料中，"待字闺中"的语义都为"女子等待出嫁"。在全部73条现代汉语语料中，有48条"待字闺中"的语义、没有变化，基本语义都是"女子等待出嫁"；而其他25条语料中，"待字闺中"的语义不同于其常规意义，其语义变化的共同点是仅保留了"等待"和"出让"的意义。例如：

（1）俊贵其女，谓他日必母仪天下，故不轻许人，年二十，尚<u>待字闺中</u>。

（清代小说《南朝秘史》）

（2）在这5名女子中，老大今年5月10日刚刚完婚，其余均<u>待字闺中</u>。

（新华社2004年新闻稿）

3.据有关资料统计，1993年国民生产总值2万多亿元，产品成交额为1.5万亿多元，其中就有0.5万亿元的产品<u>待字闺中</u>。

（《市场报》1994年）

经分析，例1、例2中"待字闺中"表示"女子等待出嫁"，例3中"待字闺中"语义为产品等待出售，完全没有"出嫁"的意义，只有"等待出让"的意义。与原来的意义相比，该成语的语义明显扩大。

（二）语用分析

在所有古代汉语语料中，"待字闺中"的适用对象都限制在"未婚女子"中，而现代汉语的全部73条语料中，有25条语料中的"待字闺中"适用对象出现扩展，该成语的使用条件较原来更宽。例如：

（1）据悉，下半年大陆地价跌幅在 20% 左右，使中国已有 5000 多万平方米的商品房<u>待字闺中</u>。

（1994 年报刊精选）

（2）我国已建成各类数据库 1000 多个，占世界数据库总数的 10%，然而，由于电子化、网络化程度不高，数据中能联网使用的尚不足 10%；部门和行业垄断使得许多数据库"待字闺中"，造成信息资源不足和闲置的现状并存，促使这些信息上网是丰富网上信息资源的捷径。

（《人民日报》1998 年）

"待字闺中"原先的适用对象仅限于"未婚女子"。以上两例语料中"待字闺中"分别用在"商品房"和"数据库"中，使用范围明显扩大。

四　成语的语义、语用生成演变机制

（一）从认知角度分析

Lakoff（1987）指出："转喻是认知的基本特征之一。人们通常会采用事物易于理解或易于观察到的某一方面来指称该事物的整体或者其他方面。"[①] 转喻反映人类的认知特征，部分转喻也具有文化性，即受特定的社会文化现象制约（Lakoff & Johnson，1980）。在其著作中，Lakoff 以理想认知模型（ICM）来阐释转喻规则："这些规则具有下列形式：给定一个带有背景条件的理想认知模型（例如，某机构在某地），则 A 和 B 两元素之间存在一种'代表'关系，如理想认知模型中的元素 B 可以指代元素 A。在这种情况下，B＝某地，而 A＝某机构。我们将这种含有代表关系的理想认知模型看作转喻模式。"[②]

成语"待字闺中"各部分意义能够表示其整体意义也得益于转喻作用。在古代，许嫁命字是嫁人的第一步，在理想的"待嫁"的认知模型中，"等待行笄礼并取表字"就是一个典型的场景，"待字"正处在"待嫁"这一认知框架中，因而以"在闺阁中等待行笄礼取表字"转喻"待嫁"。

后来，随着民俗的发展变化，"笄而字"的习俗逐渐淡出人们的生活。原有的"待字"转喻"待嫁"便不能成立，然而在成语的长期使用中，该成语的"待嫁"意义逐渐被常规化，"待字"成为了该成语中的羡余成分。现在，

---

① 笔者自译。

② 同上。

无论是"笄礼"还是"起表字"的习俗都已经远离了我们的生活，原有的转喻映现在常规化过程中消失了，取而代之的是超转喻，即已被人们重新解释和常规化的原有的转喻语义扩展。超转喻是指熟语使用不再依赖原有场景而存在，而可以超越原有语境。（张辉，2003）正因为转喻基础的消失，对"待字闺中"的理解实现了"超转喻"，超转喻语境甚至超越了原有的"待嫁"语境，这正为该成语语义和语用使用范围扩大做好了认知上的准备。

（二）从意义演变角度分析

沈家煊（2010）提出语义和语用的区分标准在于所研究的意义是否是约定俗成的，即规约意义。规约意义属于语义学，半规约意义和非规约意义属于语用学。沈家煊认为"意义的规约性演变在语言中非常普遍"，意义演变基本过程如下图：

规约意义1→ 会话隐涵→ 短路的会话隐涵→规约意义2

所谓短路的会话隐涵是指不能通过一般逻辑推导出来的隐涵意义。结合上文举出的例子，成语"待字闺中"的规约意义1是"等待出嫁的女子"，这也是词典中给出的释义。在具体的语境中，受上下文影响，可以推导出一些临时的附加意义，即"会话隐涵"。当"待字闺中"在一定语境中指"待售商品"时，该成语在句中的新意义不是经逻辑推导出来的，也就是产生了"短路的会话隐涵"。目前，这个意义还没有固定下来，只能在修辞环境下产生，因而并不能说是正式产生了规约意义2。但是根据这一语义演变规律我们可以推测，未来成语"待字闺中"可能会产生新的语义。

五　成语词典释义

"待字闺中"这一成语因社会发展变迁，其"待字"的民俗成分失去了表意功能，该成语的直义度下降，可能会带来理解上的困难。词典作为人们学习成语的工具，应当准确全面地释义，帮助理解。我们就几部常用的成语词典中对"待字闺中"的解释进行了考察，如表2所示：

表2　　　　成语"待字闺中"词典释义考察

词典名	释义
《汉语成语源流大辞典》开明出版社	指女子尚未定亲。古代女子到了成年，许嫁时即束起头发，别上簪子，等待起表字。《礼记·曲礼上》（《十三经注疏》本1241下）：女子许嫁，笄而字。笄：古代束发用的簪子。

词典名	释义
《中华成语词海》（释义卷）长春出版社	字：许配。闺：指女子的卧室。留在闺房之中等待许嫁。旧指女子成年待聘。
《汉语成语大全》商务印书馆国际有限公司	字：许配。闺：女子的卧室。留在卧室之中，等待许婚。指女子尚未订婚。
《成语辞海》中国卓越出版公司	谓女子未嫁，亦作待字闺门，女子许嫁曰字。《礼记·曲礼》："男子二十冠而字，女子许嫁笄而字。"
《中华成语大词典》延边大学出版社	待字：古代女子许嫁以后才命"字"。后即称没有订婚的女子为"待字"。闺：旧称女子所居住的内室。在闺房中等待出嫁的女子。《礼记·曲礼上》：男子二十冠而字，女子许嫁笄而字。
《古今汉语成语词典》山西人民出版社	《礼记·曲礼上》：女子许嫁，笄而字。字：许配。闺：旧称女子居住的内室。旧时称女子已到婚配的年龄。

在所考察的六部成语词典中，有四部对"字"作了准确详尽的说明。另有两部词典将"字"解释为"许嫁"，虽然合乎整体义，但不够准确，没有说清成语的语源意义。

对于"待字闺中"这类成语，词典的释义应当清楚地注明成语的民俗意义。如果要求更详尽，还应当说明成语的使用条件。文中第三部分分析古代现代汉语语料发现现代汉语中"待字闺中"的语义、语用范围扩大，不限于"待嫁"的语境，目前尚不能说该成语语义、语用的扩展用法已经固定下来，但是可以从变化数据中可以看出，这是一个明显的趋势。待用法进一步发展确定后，成语词典在释义时可以考虑说明这一变化。

参考文献

莫彭玲：《论成语的语言文化特质》，《南京师范大学文学院学报》2011 年第 12 期。

沈家煊：《语用学和语义学的分界》，《外语教学与研究》1990 年第 2 期。

曲彦斌：《民俗语言学》，辽宁教育出版社 2004 年版。

籍秀琴：《姓氏·名字·称谓》（北京大学中国传统文化研究中心主编），大象出版社 2009 年版。

吉常宏：《中国人的名字别号》（中国文化史知识丛书），商务印书馆 1997 年版。

张辉：《熟语及其理解的认知语义研究》，军事谊文出版社 2003 年版。

刘洁修：《汉语成语源流大辞典》，开明出版社 2009 年版。

姜光辉、于光明：《中华成语词海》（释义卷），长春出版社 1994 年版。

梅萌：《汉语成语大全》，商务印书馆国际有限公司 2007 年版。

胡汝章：《成语辞海》，中国卓越出版公司 1990 年版。

《古今汉语成语词典》，山西人民出版社 1985 年版。

《中华成语大词典》，延边大学出版社 2004 年版。

Lakoff, *Women, Fire, and Dangerous Things*, Chicago: The University of Chicago Press, 1987: 94—95.

Lakoff & Johnson, *Metaphors we live by*, Chicago: The University of Chicago Press, 1980: 29—33.

The Semantic and Pragmatic Variation Study on Chinese Idioms Reflecting Ancient Folk-custom——taking "Dai zi gui zhong" as an example

Abstract: In this paper, we firstly search for the etymological meaning of "Dai zi gui zhong", and analyze the idiom's evolution on semantics and pragmatics after examining the specific examples in corpus. Secondly, we discuss the mechanism to the semantic and pragmatic variation of this idiom in the perspective of cognition and lexical meaning. Finally, basing on the observation of definitions in several important idiom dictionaries, we give some advice on the dictionary compilation.

Key words: Chinese idiom, Dai zi gui zhong, semantics, pragmatics, variation

基于汉英专利机器翻译的要素句蜕调序标记"的"的研究

刘 婧 朱 筠 晋耀红

（北京师范大学中文信息处理研究所）

摘要： 要素句蜕这一概念源于 HNC 理论，是广泛存在于汉语专利语料中的语言现象。由于汉语中的要素句蜕内部结构复杂并且在翻译到英语时需要在语序上作出调整，因此成为了汉英专利机器翻译中错误的主要来源。要素句蜕在汉英专利机器翻译过程中能否正确调整语序取决于调序标记"的"的识别结果。为了提高要素句蜕的翻译效果，本文基于要素句蜕调序标记"的"的语义分析，提出了一种要素句蜕调序标记"的"及其在嵌套要素句蜕中所处的句法层次的识别方法。基于分析结果本文制定了一系列规则并将其运用于已有的基于 HNC 理论的汉英专利机器翻译系统中进行了测试，测试结果表明我们的方法能够有效地识别要素句蜕调序标记"的"以及其在嵌套要素句蜕中的句法层次，准确率分别达到 88.13% 和 84.27%。

关键词： 机器翻译；专利；要素句蜕；调序

一 引言

句蜕是一种常见的语言现象，这一概念源自 HNC 理论，最早由黄曾阳先生提出（黄曾阳，1988）。句蜕是指一个句子蜕化为语义块或语义块的一部分，根据其不同表现可以分成三种基本类型：原型句蜕、要素句蜕和包装句蜕。作为句蜕的重要类型，要素句蜕在由句子蜕化成语义块或语义块的一部分时由于形式上发生变化，内部结构更为复杂，在翻译为英文时需要进行语序上的调整，因此要素句蜕中调序标记"的"的识别是句蜕翻译中的亟待解决的难题。

　　基于 HNC 理论，要素句蜕是由句子蜕化而成的语块，其最大的特点是要素句蜕与其蜕化而来的原句在结构上发生了变化，并且要素句蜕比原句增加了"的"（黄传江，2005），如图 1 所示，例句中"包括热敏式印刷机构的读卡机"是一个要素句蜕，由"读卡机包括热敏式印刷机构"这个句子蜕化而来，要素句蜕中"读卡机"成为了描述中心，"包括热敏式印刷机构"作为其修饰语，蜕化过程中所增加的"的"连接了这两部分，这个"的"也就是要素句蜕汉英翻译中的调序标记"的"。

S	V	O		
样品	是	包括热敏式印刷机构	的	读卡机。
		修饰语	调序标记	描述中心

Reference:	sample is a card reader equipped with a thermal printing mechanism.
MT1:	Sample include thermal printing mechanism Reader.
MT2:	Sample is include the establishment of thermal printing card reader.
MT3	Sample include thermal printer:card reader.

图 1　要素句蜕示例

　　"的"字在汉语中经常出现，但是并非所有"的"都可以在汉英翻译中引起语序调整，并且还有一些可以引起翻译语序调整的"的"出现在短语结构中而非要素句蜕中。因此对于这三种"的"的区分是正确识别要素句蜕调序标记"的"的一个重要环节。我们设计了区分这三种"的"的标记，分别为：DE1、DE2 和 DEYT，如表 1 所示，"数据 148 包括其他类型的标识信息"的语序与其英文译文语序一致，在翻译中没有调序的需要，这种情况下句中的"的"被打上 DE1；"模块 136 最初启动认证模块 134 以便认证用户的身份"中短语"用户的身份"在翻译成英语"identity of the user"时需要调整语序，然而这个"的"出现在短语而非要素句蜕中，因此它不是要素句蜕调序标记，会被打上 DE2。句子"样品是图 3 所示的滑门构件主体"的修饰语"图三所示"中含有动词"所示"，在翻译到英语时通常被译为分词结构或从句形式并置于描述中心"滑门构件主体"之后。这种类型的"的"与修饰语和描述中心一同构成了要素句蜕，是要素句蜕的翻译调序标记，将被打上 DEYT。

表1　　　　　　　　　　　　　要素句蜕中"的"的类别

标记	例句	译文
DE1	数据 148 包括其他类型的标识信息。	Data148 comprise other types of identification information.
DE2	模块 136 最初启动认证模块 134 以便认证用户的身份。	Module 136 initially launches authentication module 134 to authenticate the identity of the user.
DEYT	样品是图 3 所示的滑门构件主体。	Sample is a shutter section main body shown in FIG. 3.

　　专利文献的一大特点是包含大量长句和复杂句，因此要素句蜕的嵌套是要素句蜕翻译中需要重点考虑的一种情况。在识别出一个嵌套要素句蜕中的多个调序标记"的"后，我们需要确定哪一个调序标记在翻译过程中先起作用，也就是哪一层调序先进行。本文设计了要素句蜕调序标记"的"的句法层次 LEVEL 值来解决这一问题。我们制定了两部分规则，第一部分用于排除掉 DE1 和 DE2 完成 DEYT 的识别，第二部分用于出现要素句蜕嵌套的情况来判断 DEYT 的 LEVEL 值。

二　相关研究

　　句蜕这一概念最早由黄曾阳（1988）先生提出随后在《HNC 理论导论》一书中作了详细的阐述（苗传江，2005）。依据 HNC 理论句蜕可以分为三种类型：原形句蜕，要素句蜕和包装句蜕。本文所研究的对象为要素句蜕。

　　HNC 领域的研究者们曾通过对比汉英句蜕得出这样的结论：汉语的要素句蜕只需要加"的"就可实现，而不用像英语一样要使用动名词、不定时或者从句来实现（晋耀红，2001）。唐兴全认为嵌套要素句蜕是一种复杂的句蜕，他在研究成果中展示了复杂句蜕块的三种主要类型，探讨了它们的处理策略，提出对复杂句蜕块的处理同样要从基本的句蜕结构的歧义判断开始（康兴全，2002）。本文设计的研究对象：要素句蜕调序标记"的"与《汉语句蜕外处理（晋耀红）》中的分析有着一致性，然而我们没有从汉英要素句蜕的形式对比入手而是选取汉语要素句蜕在翻译为英语时"的"所起到的作用这一侧面，在此基础上制定规则识别这一类"的"。

　　语言学领域的研究者们关注于汉语和英语修饰语与描述中心的关系，特别是汉语的偏正结构以及汉语与英语修饰语的位置及组织方式的异同。詹卫东、陆俭明都对汉语的偏正结构"NP＋的＋VP"进行了研究，詹卫东考察了能进入"NP＋的＋VP"这一结构的单个动词的属性，以及 VP 与 NP 的不同的语义关系，提出除了实施和受事关系以外还有其他多种复杂情形；陆俭明依据"中心词理论"（head theory）认为"NP＋的＋VP"是名词性结构，但不是偏正结构，而是由结构助词"的"插入"NP＋VP"这种主谓词组中间所构成的另一类"的"字结构。

由于"的"在翻译到英语时非常灵活，有多种不同的方式，已成为机器翻译中的一个主要错误来源，在基于统计的机器翻译领域一些方法也被提出来对汉语机器翻译中的"的"进行歧义消除。Chao Wang 等人首先提出了基于手工抽取一系列规则的"的"字结构调序，其结果实现了翻译质量的明显改善。Pi—chuang Chang 等人指出汉语和英语之间的许多结构上的差异都与无处不在的"的"字结构短语有关，他们在研究中使用对数—线性分类器将"的"分为五种更细粒度的类型。Jinhua Du 等人将汉语中名词性短语中的"的"分为五种类型，用 DPLVM 模型来标注"的"字结构。

本文的研究基于要素句蜕调序标记"的"的语义分析，关注要素句蜕中的调序标记"的"。我们将要素句蜕分为六种搭配类型，并抽取出十种嵌套要素句蜕的基本类型。在此基础上分析了要素句蜕中可能出现的三种类型的"的"：DE1、DE2、DETY，我们对要素句蜕调序标记"的"进行语义特征的抽取并制定规则来识别要素句蜕调序标记"的"及其在嵌套要素句蜕中的 LEVEL 值。

三　要素句蜕中"的"的分析

（一）DE1

修饰语的位置不同是汉语与英语的一个重要区别，汉语中修饰语通常出现在其描述中心之前，并且由"的"连接这两部分；而在英语中，修饰语可以以从句或短语的形式置于描述中心之后。我们根据在汉英翻译过程中"的"能否引起修饰语和描述中心的语序调整将 DE1 与另外两类"的"区别开来。我们注意到汉语中"的"之前的修饰语的类型是识别 DE1 所需的重要特征。

当"的"前的修饰语为形容词短语或数量短语时，"的"所连接的修饰语和描述中心的汉语语序与其英文译文语序一致，在翻译过程中没有调序的需要。如例句 1 所示，"不同"作为"平台和操作系统"的修饰语是一个形容词，例句1的参考译文"different platforms and operating systems"与汉语句子语序一致，修饰语和描述中心不需要在翻译中做出调序，因此连接这两部分的"的"是 DE1。

例句1. 运行在不同的平台和操作系统上。（Run on different platforms and operating systems.）

例句2. 在闸板的背面配置有底板。（Placed at a backside of the shutter plate is a base plate.）

由于汉语中"NP1 ＋的＋NP2"的结构可以被翻译成英文中的从属结构"NP's NP2"或"NP2 of NP1"，当"的"前的修饰语是名词性短语时，翻译中修饰语和描述中心之间可以进行调序也可以不调整语序。例如，例句2中"闸板的背面"可以被翻译成"a backside of the shutter plate"或"the shutter plate's backside"。然而，由于英文中的 of － 从属结构比 s － 从属结构更加普遍常用，只有在 NP1 是人称代词时 s － 从属结构不能被 of － 从属结构替代，并且在汉语专利文献中 NP1 是人称代词的情况十分罕见，因此本文所采用的方法中我们决定将"NP1 ＋的＋NP2"的结构译为"NP2 of NP1"，这意味着 NP1 和 NP2 需要在翻译中调序，连接它们的"的"是 DE1。

（二）DE2 和 DEYT

上文中已说明 DE2 和 DEYT 都是在汉语翻译中会引起调序的"的"，但是 DE2 是短语的组成部分而 DEYT 是要素句蜕的组成部分。我们发现 DE2 和 DEYT 有着不同的搭配成分，并且要素句蜕的搭配特征是用于排除 DE2 和识别 DEYT 的重要特征信息。

区别 DE2 和 DEYT 的关键是要素句蜕的搭配特征。如表2所示，要素句蜕在搭配上可以分为六种形式。X 表示要素句蜕的主语或宾语，通常由名词短语、介词短语或另一个句蜕充当。SC0 是一类介词。汉语中的介词依据它们所引导的语义角色可以被归为两类：SC0 和 SC1，SC0 引导题元角色（thematic roles），如"把"、"将"、"由"、"对"；SC1 引导辅助角色（adjunct roles），如"在"、"通过"、"除了"、"根据"。[①] 在要素句蜕中 SC0 是直接构成成分，而 SC1 可以出现在 X 中，间接构成要素句蜕。表2所示结构中的 V 代表谓语，DE2 与 DEYT 的一个明显的区别是修饰语中是否有 V 的存在。另外，"的"、SC0 和 V 三者之间的相对位置关系也是区分 DE2 和 DEYT 的重要搭配信息。

---

①

表2　　　　　　　　　　　　　　　要素句蜕的类型

	SS		Example and reference
SS1	X + V + M_ DE + X	该表面所限定的外形	the shape of that surface
SS2	SC0 + X + V + M_ DE + X	与橡胶相关的化合物	rubber related compounds
SS3	V + X + M_ DE + X	结合有外部肋条的管子	a pipe incorporating external ribs
SS4	V + M_ DE + X	已经铺设的管子	an already laid pipe
SS5	X + M_ DE + V	活塞608的运动	movement of the piston 608
SS6	SC0 + X + M_ DE + V	对本发明广义说明的限制	limiting the broad description of the invention

　　例句3中"用户的身份"是一个名词短语而非要素句蜕，因此其中的"的"不可能是要素句蜕的调序标记"的"。例句4中，位于"的"前的修饰语中含有动词"长"并且在翻译到英语时"搅拌"被置于修饰语"长于60分钟"之前，这种类型的"的"是DEYT。

　　例句3. 模块136启动模块137以便认证用户的身份。（Module 136 launches module 137 to authenticate the identity of the user.）

　　例句4. 长于60分钟的搅拌应该不降低活性。（Stirring longer than 60 minutes should not decrease activity.）

（三）嵌套要素句蜕中DEYT

　　中文专利语料一个很显著的特征就是含有复杂长句，复杂长句中的嵌套要素句蜕是专利语料汉英机器翻译中的一个难点。表2所展示的要素句蜕的结构中我们已经说明X可以由句蜕来充当，当一个要素句蜕中的X是由另一个要素句蜕充当时，它们所在的句子就包含了嵌套的要素句蜕。由于含有嵌套要素句蜕的句子中有多个调序标记DEYT，在由汉语翻译为英语的过程中需要进行多次调序，因此调序标记的作用需要有先后之分，对于多个调序标记的区别就成为了一个重要的问题。本文中，我们基于句法层次的不同对调序标记进行区分，由于超过两层的嵌套要素句蜕在中文专利语料中很稀少，因此我们的研究中只包括双层嵌套要素句蜕这种语言现象。

　　我们为要素句蜕的调序标记DEYT定义了表明其所在要素句蜕的句法层次的属性LEVEL，基于DEYT在句法树上的节点位置来确定它的LEVEL取值，在双层嵌套要素句蜕中，外层的DEYT取值为LEVEL［1］，内层的DEYT取值为LEVEL［2］。下面以例句5为例展示双层嵌套要素句蜕的句法层次分析。

例句5. 发明6.0 提供了制造将材料进行浇铸的复合产品的模具。(The invention 6.0 provides a mould which composite products where a component is casted.)

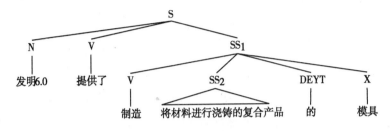

图2　例句5 的句法树

图2 展示了例句5 的句法树。从图中可以看出 SS₁"制造将材料进行浇铸的复合产品的模具"是一个要素句蜕，它独立地充当句子的宾语，其结构是 SS3：V + X + DEYT + X；而 SS₂"将材料进行浇铸的复合产品"整体出现在 SS1 中的第一个 X 的位置上，可以得知 SS2 是嵌套在 SS₁ 中的一个要素句蜕，其结构是 SS2：SC0 + X + V + DEYT + X。因此我们判断例句5 中出现了双层嵌套要素句蜕的现象。在这个分析的基础上，我们可以得到如表3 所示的例句5 的句法层次分析结果。

表3　　　　　　　　　　　例句5 的句法层次分析结果

LEVEL	要素句蜕	父节点	结构
[1]	制造将材料进行浇铸的复合产品的模具	S	SS3
[2]	将材料进行浇铸的复合产品	SS₁	SS2

四　DEYT 的识别规则和调度

(一) DE1 和 DE2 的排除规则

"的"的排除规则包括两部分，分别是排除 DE1 和 DE2，由于这两种非调序标记有不同的语义特征，因此我们制定了规则组 R1 和 R2 分别对这两种"的"进行排除。

1. R1

用于排除 DE1 的规则组 R1 包括 31 条规则，主要基于前边所分析的 DE1 所连接的两部分的概念类型而制定，匹配上 R1 中规则的"的"将被排除并打上 DE1，未匹配的"的"将会被打上 DEC 表明其是 DEYT 的候选项。下面以例句6—7 为例说明 R1 中规则的作用。

例句6. 简化功能 OS 按钮 80 可以以不同的方式标识。(Reduced function OS button 80 may be otherwise identified.)

步骤1：找到句中出现的"的"，这个"的"进入 R1 规则中进行识别。

步骤2：句中的"的"匹配上规则1，被识别为 DE1。

规则1：(-2) LC_ CHK［SC1 | SC0］+ (-1) ADJ + (0) ｛CHN［的］&! E%｝= > PUT (0，DE1)

结果：例句6中的"的"被排除掉，其不可能是 DEYT。

例句7. 图1是对称的聚合部件在存储器 130 中形成的接头类型。(Fig. 1 is a coupling type which is formed from balanced polymeric components in memory 130.)

步骤1：找到句中出现的两个"的"，两个"的"进入 R1 规则中进行识别。

步骤2：第一个"的"匹配上规则2，被识别为 DE1。

规则2：(-2)! LC_ CHK［V］+ (-1) ADJ + (0) ｛CHN［的］&! E%｝= > PUT (0，DE1)

结果：例句7中的第一个"的"被排除掉，其不可能是 DEYT；第二个"的"未匹配 R1 中规则被打上 DEC 将进入 R2 进行判定。

2. R2

用于排除 DE2 的规则组 R2 包括 84 条规则，主要基于前边所分析的要素句蜕类型及搭配特征，在经过 R1 规则识别后，能够匹配上 R2 中规则的 DEC 将被识别为调序标记 DEYT。下面我们以例句8—9 为例说明 R2 中规则的作用。

例句8. 图1是对称的聚合部件在存储器 130 中形成的接头类型。(Fig. 1 is a coupling type which is formed from balanced polymeric components in memory 130.)

步骤1：利用 R1 识别的结果：第一个"的"打上 DE1 标记被排除掉，第二个"的"被打上 DEC 标记。

步骤2：第二个"的"进入 R2，匹配上规则3。

规则3：(b) ｛(-2) LC_ CHK［SC1］｝+ (b) ｛(-1) LC_ CHK［V］｝+ (0) ｛LR1［DEC］&! GBK_ E%｝+ (f)! ｛LR 1［DEC］｝= >PUT (0，DEYT)

结果：第二个"的"被打上 DEYT 标记，识别出例句 8 中要素句蜕的调序标记。

例句 9. 模块（131）控制能够由电子设备（10）呈现的媒体内容。（Module（131）controls at least one type of media content presentable by an electronic device（10）.）

步骤 1：利用 R1 识别的结果：句中出现的"的"未匹配 R1 规则，被打上了 DEC 的标记。

步骤 2：句中"的"进入 R2，匹配上规则 4。

规则 4：（b）{（-2）LC_ CHK［SC0］&CHN［由，被，受］&GBK_ B%} +（-1）{LC_ CHK［V］} +（0）{LR1［DEC］&! GBK_ E%} +（f）! {LR1［DEC］} = >PUT（0，DEYT）

结果："的"被打上 DEYT 标记，识别出例句 2 中要素句蜕的调序标记。

（二）调序标记"的"的 LEVEL 识别规则

这一部分中我们将设计另一组规则用于识别要素句蜕嵌套情况下 DEYT 的 LEVEL 值。内外层要素句蜕中的 V、SC0 以及 DEYT 的相对位置信息被用来确定这两个 V 的句法层次，并由此找到内层句蜕的起始位置。理论上表 2 中的每一个要素句蜕结构都可以嵌套另一个要素句蜕结构以及其自身，然而在考察过由中国专利信息中心提供的 500 篇中文专利文献后，我们发现双层要素句蜕嵌套情况有十种基本类型。在表 4 中我们展示了这十种基本类型以及每种嵌套类型的内层要素句蜕起止位置 BP 和 EP，其中 BP、EP 取值的后缀 P 代表实边界，即当前节点是开始或结束位置；Q 代表虚边界，即当前节点的后一个节点是开始位置，当前节点的前一个节点是结束位置。

表 4　　　　　　　　　　　嵌套要素句蜕的基本类型

LEVEL［1］	LEVEL［2］	BP	EP
SS1	SS3	V_ LEVEL［2］_ P V_ LEVEL［2］_ P	V_ LEVEL［1］_ Q —
	SS2	SC0_ P	—
	SS5	— DEYT_ LEVEL［1］_ Q	V_ LEVEL［2］_ P V_ LEVEL［2］_ P
SS3	SS2	SC0_ P	DEYT_ LEVEL［1］_ Q
	SS3	V_ LEVEL［2］_ P	DEYT_ LEVEL［1］_ Q
	SS5/6	SC0_ Q	DEYT_ LEVEL［1］_ Q

续表

LEVEL [1]	LEVEL [2]	BP	EP
SS5	SS1	—	V_ LEVEL [2] _ P
	SS5	—	DEYT _ LEVEL [1] _ Q
	SS2/3/4	V_ LEVEL [1] _ Q	DEYT _ LEVEL [1] _ Q
SS3/4	SS1/2/4	V_ LEVEL [1] _ Q	DEYT _ LEVEL [1] _ Q

＊BP：开始位置；EP：结束位置。

　　基于上文的分析，我们建立起 LEVEL 值的三阶段识别模块。第一阶段，利用20 条规则识别嵌套要素句蜕中两个 V 的句法层次；第二阶段，依据表4 中的嵌套要素句蜕的类型特征以及第一阶段的识别结果，确定内层要素句蜕的前后边界；第三阶段，将 V 的句法层次传递给对应的 DEYT，由此得到DEYT 的 LEVEL 值。下面以例句 10 为例，对 LEVEL 值的识别模块进行说明。

　　例句 10. 图 6 示意性地表示在第一实施方案中所示的与平滑的孔钢管连接的模具 500。（Figs. 6 schematically illustrate the mould 500 shown in the first embodiment when connected to a smooth bore steel pipe. ）

　　步骤 1：匹配上规则 5，句中要素句蜕的两个 V 分别被识别为："所示"LEVEL [1]，"连接"LEVEL [2]。

　　步骤 2：匹配上规则 6，内层要素句蜕的前后边界生成：SC0"与"被识别为前边界 BP_ P，句尾为后边界。

　　步骤 3：V 的 LEVEL 被传递给对应 DEYT，第一个"的"被赋值 LEVEL[1]，第二个"的"被赋值 LEVEL [2]。

　　规则 5：（ -4）LC_ CHK [V] + （b）{ （ -3）LR2 [DEYT]} + （b）{ （ -2）LC_ CHK [SC0]} + （b）{ （ -1）LC_ CHK [NOUN] ｜LR1 [! DEC]} + （0）LC_ CHK [V] + （1）{LR2 [DEYT] &! GBK _ E%} = >PUT （ -4, LEVEL [1]） + PUT （0, LE VEL [2]）

　　规则 6：（b）{ （ -1）LC_ CHK [SC0]} + （0）{LC_ CHK [V]} + （1）{LR2 [DEYT]} + （f）{ （2）SS_ E% &! LR2 [DE YT]} = > PUT （ -1, BP_ P） +PUT （2, EP_ P）

　　（三）流程及规则的调度

　　要素句蜕调序标记 DEYT 的识别主要遵循先排除非调序标记"的"从而识别 DEYT，再确定 DEYT 的 LEVEL 取值这两步的思路。DEYT 的识别流

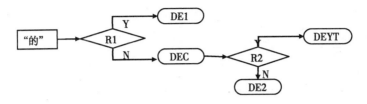

图 3　DEYT 的识别流程

程及相应规则的调用顺序如图 3 所示：第一步，调用 R1 中规则，进入 R1 的"的"依据其能否匹配规则打上相应的标记：匹配 R1 规则的 DEC 打上 DE1 标记，表明其被排除，未匹配的"的"打上 DEC 标记表明其是 DEYT 的候选项；第二步，调用 R2 规则，进入 R2 的 DEC 若未匹配规则，将被打上 DE2 标记，表明其被排除，若匹配上规则将被打上 DEYT 标记，识别完成。其中每一阶段规则的内部调用顺序及处理流程已分别在前边所举例子中说明。步骤三为非必选步骤，只在要素句蜕嵌套出现的情况下进行，DEYT 识别后将继续进入 LEVEL 判断规则中进行识别。

五　实验及分析

本文的实验选取了 9 篇由中国专利信息中心提供的专利文献共 2000 个句子。要素句蜕调序标记 DEYT 的识别和其 LEVEL 值的确定规则被应用于我们已有的基于规则的机器翻译系统 HNCMT［12］，我们测试了应用这些规则后的准确率、召回率和 F 值来检测本文所提供的方法的作用。同时，还将要素句蜕调序标记 DEYT 的识别效果与 Google 的识别结果作了对比，结果在表 5 中展示。Google 是一个在线的统计机器翻译系统，我们对 Google 做出的要素句蜕识别结果统计是基于其译文结果，若译文中要素句蜕的调序标记"的"之前的描述部分和"的"之后的描述中心发生了调序，就记作 DEYT 识别正确，至于调序标记的 LEVEL 值的识别结果这里不作对比。

表 5　　　　　　　　　　　　LEVEL 的识别结果

翻译系统	准确率（%）	召回率（%）	F 值（%）
HNCMT	84.27	65.47	73.69

表 6　　　　　　　　　　　　**DEYT 的识别结果及对比**

翻译系统	准确率（%）	召回率（%）	F 值（%）
HNCMT	88.13	76.25	81.76
Google	82.11	71.20	76.27

　　从表 5 和表 6 所示的结果中可以看出应用了本文所提供的基于规则的 HNCMT 在要素句蜕调序标记 DEYT 的识别上获得了高于 Google 的准确率、召回率和 F 值。并且实验结果展示了我们的方法不仅可以有效地识别要素句蜕调序标记 DEYT，还能够对其句法层次的 LEVEL 取值作出很好的识别，准确率分别达到了 88.13% 和 84.27%。

　　至于表 5 和表 6 中所显示的召回率低于准确率，有两个原因可以解释这一现象。（1）语块的切分错误所致。DEYT 和 LEVEL 的识别需要在语块的内部进行，因此如果由于分词错误或歧义导致一个要素句蜕没有切分在一个语块内时，这必然会导致 DEYT 和 LEVEL 的识别错误。在句子"用于说明图 1 中呈现的第一实施方式的电池组"中，"图 1 中呈现的第一实施方式的电池组"是一个要素句蜕，但是"说明图"被切分成一个词，那么"说明"这个 V 就不可能被识别，整个要素句蜕也就不存在了。（2）V 和 SC0 的错误识别产生的干扰。V 和 SC0 的识别是要素句蜕中 DEYT 和 LEVEL 识别的关键，如果它们未被识别或识别错误将一定会对 DEYT 和 LEVEL 的识别产生负面的影响。例如，在要素句蜕"将聚合材料直接浇铸到管子的操作"中，"将"被识别为动词的修饰语而非 SC0。

　　实验后我们在分析结果中出现的错误的基础上，总结了我们需要在未来工作中继续改进的几个要点。（1）我们会进一步大量分析专利语料，总结识别要素句蜕中 DEYT 和 LEVEL 的规则；（2）一些对 DEYT 和 LEVEL 的识别产生干扰的处理模块将会被改进；（3）在本文的研究中，识别完全基于语义分析及规则制定，为了进一步提高要素句蜕的机器翻译效果，我们将尝试把统计的方法与规则的方法进行结合。

六　总结

　　要素句蜕是一种在汉语专利文献中常见的语言现象，当翻译到英语时汉语要素句蜕的修饰语和描述中心需要进行调序，而连接这两部分的"的"就成为了要素句蜕翻译中调序的重要标记。要素句蜕的复杂性使其成为了汉英专利机器翻译中的一个难点，要素句蜕的调序标记"的"的正确识别是提高要素句蜕的翻译效果亟待解决的问题。本文在分析了 500 篇由中国专利信息中心提供的汉英双语专利文献后将要素句蜕分为六种搭配类型，并抽取出十种嵌套要素句蜕的基本类型。在此基础上，我们区分了要素句蜕中可能出现的三种类型的"的"：DE1、DE2、DETY，并制定规则来识别要素句蜕调序标记 DETY 及其在嵌套要素句蜕中的 LEVEL 值。实验结果显示我们的方法能够达到 88.13% 和 84.27% 的准确率，可以有效地识别要素句蜕调序标记"的"。在以后的工作中，为了达到更好的识别效果我们会进一步大量分析专利语料完善分析模块以及规则库。

参考文献

黄曾阳：《HNC（概念层次网络）理论——计算机理解语言研究的新思路》，清华大学出版社 1988 年版。

晋耀红：《汉语句蜕处理》，载《自然语言理解与机器翻译——全国第六届计算语言学联合学术会议论文集》，　　　　2001 版。

陆俭明：《对"NP + 的 + VP"结构的重新认识》，《中国语文》2003 年第 5 期。

苗传江：《HNC（概念层次网络）理论导论》，清华大学出版社 2005 年版。

唐兴全：　《现代汉语复杂句蜕块研究》，硕士学位论文，北京语言文化大学，2002 年。

詹卫东：《关于"NP + 的 + VP"偏正结构》，《汉语学习》1998 年第 2 期。

ChaoWang, Michael Collins, Philipp Koehn, "*Chinese Syntactic Reordering for Statistical Machine Translation*", 2007 in proceedings of *EMNLP-CoNLL*：737—745.

Pi-Chuan Chang, Dan Jurafsky and Christopher D. Manning, "*Disambiguating "DE" for Chinese-English Machine Translation*", 2009 Proceedings of *the Fourth Workshop on Statistical Machine Translation*：215—223.

Jinhua Du, Andy Way, "*A Discriminative Latent Variable-based "DE" Classifier for Chinese-English SMT*", Proceedings of *the 23rd International Conference on Computational Linguistics（COLING 2010）*：286—294.

HU Renfen, Zhu Yun, JIN Yaohong, "*Semantic Analysis of Chinese Prepositional Phrases for Patent Machine Translation*", *CCL and NLP-NABD 2013*, *LNAI 8202*：333—342.

Yun Zhu, Yaohong Jin, "*A Chinese-English Patent Machine Translation System Based on the Theory of Hierarchical Network of Concepts*", *The Journal of China Universities and Tele-communications（Supplement）*, 2012, 19（2）. 140—146.

A Study of Reordering Mark "DE" for Element Sub-sentence in Chinese-English Patent Machine Translation

Abstract: According to HNC theory Element Sub-sentence is a language phenomenon which widely exists in Chinese patent literature. As very flexible and need structural reordering when translated in to English, element sub-sentences become the major source of error in Chinese-English patent machine translation. Therefore the correct identification of reordering mark "DE" is very important for improving the translation performance of element sub-sentences. In this paper we present a method based on semantic analysis of "DE" to determine reordering mark "DE" in an element sub-sentence and identify the syntax level of it in nested element sub-sentences. After integrating into a HNC patent machine translation the result shows that our method can achieve accuracies 88. 13% and 84. 27%.

Key words: Machine translation; Patent; Element Sub-sentence; Reordering

完句条件在对外汉语教学中的应用

刘晓婷

（北京师范大学汉语文化学院）

摘要： 20 世纪 90 年代以前，现代汉语完句问题的研究都只有散落在语法书中的只言片语，90 年代以后，随着三个平面语法理论的兴起和认知功能语法的影响，学者们逐渐认识到现代汉语中有一种制约句子合法性的完句成分。21 世纪已有学者将完句问题研究与对外汉语教学结合起来。本文主要回顾汉语语法学界以往对汉语完句问题的研究成果，分析满足形容词谓语句 "名 + 性质形容词" 这一句式的完句条件，并对对外汉语这一句式的教学提出一些建议。

关键词： 完句条件；完句成分；完句范畴；对外汉语教学

一　引言

黄南松（1993）在《从对外汉语教学看现代汉语语法研究》中指出："我们在教学中发现，经过一段时间的学习之后，留学生即使懂得了各类词的基本特点，句子的安排法则以及语义搭配之后，也常常不能造出能在汉语里站得住脚的句子。"① 例如：

* ＊（1），他锻炼身体。　（1a）他在锻炼身体。
* ＊（2），我看完电视。　（2a）我看完电视了。
* ＊（3），树叶红。　　　（3a）树叶很红。/树叶红了。
* ＊（4），今天冷。　　　（4a）今天很冷。

分析上面的例子我们可以看出，（1）—（4）的句子必须加上一定的成

---

① 黄南松：《从对外汉语教学看现代汉语语法研究》，《语文研究》，1998，08.

分才能成为合格的句子。也就是说现代汉语的句子在论元齐全的情况下还必须加上一定的完句成分才能成句。但是为什么要加上这些完句成分才能成句呢？我们怎样给学生教以及怎样解释才能帮助学生更好地习得汉语的这一隐形语法呢？这就是本文需要回答的问题。

二　研究综述

（一）词组与句子关系的重新认识

汉语学界一直有着这样一种观点，即汉语词组的构造原则和句子的构造原则基本一致，词组加上句调就成为句子。这种看法源于美国描写语言学的代表人物哈里斯（Harris），他（1951）曾说过："就英语而言，可以说出现的语句由短语加语调组成。"① 我国学者多受此观点的影响，如朱德熙（1982），黄伯荣、廖序东（1991）等学者均持此观点。随着汉语语法的深入研究，尤其是关于汉语完句问题研究的深入，很多学者提出了不同的观点，即并不是所有的词组加上语调都能够成为句子，汉语中有些短语是不能直接成句的。

通过阅读文献我们可以发现，20 世纪 90 年代以来，一些学者开始从句子的语用功能出发对词组和句子的关系进行重新认识。如王艾录（1990）、杨成凯（1993）、黄南松（1994）等都指出词组和句子是不同的语言单位，句子的容量要比词组大。其中杨成凯的论述较为详细。杨成凯（1993）从汉英对比的角度对词组和句子的差异进行了较深入的研究。他指出，"短语是结构单位，句子是功能单位，二者不是同一分析层次上的概念"。并在随后的分析中得出这样的结论：时间、情态和信息量的不同是区分词组和句子的可行性标准。这一结论在后来的完句成分研究中也得到了证明。

（二）现代汉语完句成分研究

1993 年之前，现代汉语语法界对"完句成分"的研究只是散见于某些语法著作的有关章节，而且很多都只是对现象的描述，没有进行深入的研究。胡明扬和劲松（1989）先生在《流水句初探》中正式提出了"完句成分"这一名称，但也只是简单描写了现代汉语语法中的这种语法现象。在第四届现代语言学研讨会上，黄南松（1994）、贺阳（1994）、孔令达

---

① 转引自黄南松《试论短语自主成句所应具备的若干语法范畴》，《中国语文》1994 年第 6 期。原文出自 Harris *Method in Structural Linguistics*，Chicago University Press。

（1994）三位学者就"完句成分"这一现象进行了比前人更为细致的描写，正式将"完句成分"作为一个问题进行研究。在这之后关于"完句成分"的文章大多都是以这三位学者的研究为基础的。目前已有的研究主要集中于两方面，即完句成分的分类和完句范畴的分类。

1. 完句成分的分类

到目前为止，学者们对完句成分类型的研究都只是列举自己能够想到的，将这些完句成分进行对比就可以发现，完句成分的主体部分是大致相同的，如大多数学者都认为"助词和副词"是比较典型的完句成分；由于研究展开程度的不同，有的学者会分出更多的种类，如李泉（2006）认为："从词类来分，主要的完句成分有：助词、副词、量词、代词、助动词、关联词语、数量词、介词、方位词和方位短语、补语、状语。"这样的分类是比较细致的，但是在这里有一个比较明显的混淆概念的错误，即作者的分类是从词类来分的，但是最后的几项完句成分却是从句法成分的角度来分的。这种情况在其他学者的研究中也有出现，大多都是将词类和句法成分等同的问题。

2. 完句范畴的分类

相比较对完句成分类型的研究，学者们对完句成分范畴的研究就深入得多。大多数学者都是在分析有限的句子之后，分析其各自所属的范畴。由于研究角度和深度的不同，学者们对完句成分的归类也不尽相同，如表1所示：

表1　　　　　　　　　　　完句成分范畴统计表

名称学者	时体	语气	程度	数量	方所	情态	趋向	结果	指代	关联	能愿	范围
李泉	+	+	+	+	+	+	+	+	+	+		+
孔令达	+	+	+	+	+	+	+	+			+	
黄南松	+	+	+	+		+	+					
贺阳	+	+	+	+		+					+	
司红霞	+	+	+	+		+					+	
金廷恩	+	+		+		+		+			+	

从表1可以看出，大多数的学者都认为完句成分有表示时体范畴、语气范畴、数量范畴、趋向范畴、程度范畴、情态范畴这些情况，即这些都是完句成分的典型范畴。但是我们也可以看到，其中的分歧也是比较明显的，

"程度范畴"应该是完句成分比较典型的范畴，但是金延恩的分类中却没有涉及这一项。

（三）现代汉语完句条件研究

目前学者们对现代汉语完句成分和完句范畴的研究都比较多，但研究完句条件的人却比较少。就当下的研究来看，学者们对完句条件的研究大都是以某一理论为基础，用这一理论来分析现代汉语中的完句问题产生的深层原因。

黄南松（1994）、孔令达（1994）采用"信息论"的观点来解释完句成分：表示经常性动作时，信息量小，受话人会以为"动 + 宾"只是一个陈述中的次要信息，是另一个动作的时间参照点，主要信息随后会出现，因而此句语义未完，必有后续句。在这里就必须要加上完句成分才能够使句子成立。

竟成（1996）用"时间说"来解释完句成分，认为不管是用显性方式还是用隐形方式表达，时间因素是汉语完句成分的重要条件，时间因素的表达与成句过程同步。

Tang & Lee（2000）在前人研究的基础上，提出了一个一般定位原则（Generalized Anchoring Principle）。他们认为，每个句子在 LF 界面上都必须得到时态或焦点的解读，即要有时间定位或者焦点定位才能够成句。

胡建华、石定栩（2005）以生成语法理论为基础提出指称特征允准说，认为从语义方面讲，句子不自足，是因为句子中含有不受约束的自由变量；从句法方面讲，就是句子含有没有被允准的指称特征，也就是 VP 或 NP 没有分别投射成 IP 或 DP。

这些学者采用不同的理论来分析完句条件，大都是针对动词谓语句部分句式进行分析的，最后也得出了比较令人信服的解释。但是把这样的解释用在对外汉语教学中是行不通的。

三 现代汉语完句条件分析

经过对"名词 + 性质形容词"这一句式的考察，我们发现这一句式如果要成句，必须要加上一定的程度范畴、否定范畴、情状范畴或者语气范畴。我们这一部分主要就是分析为什么这一句式要加上一定的完句成分和完句范畴才能够成句。本文拟从生成语法理论的指称特征允准角度来分析这一现象产生的深层机制。

Abney（1987）① 认为，光杆动词的句法功能受到很多限制，比如在英语里不能说 John wrote a book，而必须说成 John wrote the book。生成语法对此的解释是 a book 或 the book 的句法地位是 DP（determiner phrase）而非 NP，只有 DP 才能进入句法过程，才能在概念—意向界面得到解读。

从句法方面来看，就是句子必须投射成 IP/CP 和 DP 才能得到解读，句子要投射成 IP/CP 或者 DP，就必须获得指称特征。在没有获得指称特征之前，它只能表特征性，而不能指称个体、时间或者状态。从语义方面来看，所谓句子不自足，就是句子中含有没有受约束的自由变量。

用上面的理论我们可以分析"名＋性质形容词"这一句式必须加上一定的完句成分和完句范畴的原因。单独的"名＋性质形容词"要成句，必须加上程度副词、助词和介词短语等才能够成句。这是因为，在简单的"我瘦"这一句子中，"瘦"的句法地位不是 DP，还没有获得指称特征，所以不能进入概念—意向从而得到解读，因而句子中也没有约束形容词中的状态变量的成分，所以不能成句。但是如果说"我瘦了"、"我很瘦"就可以成句，句子从 IP 投射到了 DP，"了"和"很"也可以约束形容词中的状态变量，从而使其成句。

经过对比分析我们可以发现，对于"名＋性质形容词"这一句式，大多数人会首先带入的完句成分是程度范畴的副词。几乎所有的"名＋性质形容词"这类句子都可以加上程度范畴的副词，进而独立成句。从这一现象我们还发现完句条件有度的差别，从对不足句的补充和对留学生偏误的分析我们可以发现，"很"这一副词是程度范畴中最常见的完句成分。

综上所述，我们可以发现，一个句子"名＋性质形容词"这一句式要成句，必须要加上一定程度范畴、语气范畴或者情状范畴。这是因为，这一简单句式中的形容词没有获得指称特称，不是能够进入句法成分的 DP，句子中也没有约束其状态量的自由变量，所以不能成句。

这与英语在完句上的句法要求是一致的，即句子要投射成 IP/CP，从而使其变成在概念—意向界面可以解读的成分。他们之间的差别仅仅在于满足这一句法要求的途径不同。英语可以用某种固定的语法手段来满足，而汉语往往必须用几种语法手段来满足。

---

① 转引自胡建华、石定栩《完句条件和指称特征的允准》，《语言科学》2005 年第 5 期，原文出自 Abney, S. 的 The English Noun Phrases in its Sentential Aspect, Ph. D. disertation, Cambridge, MA。

四　对对外汉语教学的建议

经过一系列的分析我们可以发现，汉语中的"名＋性质形容词"这一句式要独立成句，必须加上表示一定完句范畴的完句成分才可以。这是因为，这一简单句式中的形容词没有获得指称特称，不是能够进入句法成分的DP，句子中也没有约束其状态量的自由变量，所以不能成句。那么我们在教学中怎样将这一规律交给学生们呢？

这就启示我们在今后的对外汉语教学中一定要把完句成分的教学也加进去，如我们在教学生一定构式或者语块的时候，不能只告诉学生"名＋性质形容词"这一构式，这样的构式产生的句子，如"她漂亮"不是一个能独立交际的句子。要告诉学生，这一句式要成句，必须加上一定的程度范畴和语气范畴，等等，即还必须加上一定的状语或者补语等，如："她很漂亮"、"她十分漂亮"，这样才能使它成为现实交际中的句子，才能完成交际功能。特别是教"很"的时候，在初级阶段可以将"很"与形容词作为一个语块教给留学生，以培养学生的语感。

五　小结

本文在前人研究的基础上，回顾了近三十年汉语学界对完句问题的研究。并在此基础上，运用生成语法理论，从指称特征允准角度分析了汉语中的形容词谓语句"名＋性质形容词"这一句式的完句条件。在以上分析的基础上为对外汉语教学提供了一些教学建议。

参考文献

陈一：《现代汉语非自足句法组合研究》，博士学位论文，南开大学，2007 年。

贺阳：《汉语完句成分试探》，《语言教学与研究》1994 年第 4 期。

黄伯荣、廖序东：《现代汉语》（增订三版）（下册），高等教育出版社 2002 年版。

黄南松：《从对外汉语教学看现代汉语语法研究》，《语文研究》1993 年第 3 期。

黄南松：《试论短语自主成句所应具备的若干语法范畴》，《中国语文》1994 年第 6 期。

胡建华、石定栩：《完句条件和指称特征的允准》，《语言科学》2005 年第 5 期。

胡明扬、劲松：《流水句初探》，《语言教学与研究》1989 年第 4 期。

金廷恩:《"体"成分的完句作用考察》,《汉语学习》1999 年第 2 期。

金廷恩:《汉语完句成分说略》,《汉语学习》1999 年第 6 期。

孔令达:《影响汉语句子自足的研究形式》,《中国语文》1994 年第 6 期。

李泉:《试论现代汉语完句范畴》,《语言文字应用》2006 年第 1 期。

刘顺:《影响名词谓语句自足的语言形式》,《汉语学习》2001 年第 5 期。

吕文华:《"了"与句子语气的完整及其他》,《语言教学与研究》1983 年第 3 期。

司红霞:《完句成分在对外汉语教学中的运用》,《汉语学习》2003 年第 5 期。

史有为:《汉语如是观》,北京语言文化大学出版社 1997 年版。

王艾录:《汉语成句标准思考》,《山西大学学报》1990 年第 4 期。

王玉华:《完句成分与"有界"、"无界"》,《语文学刊》2004 年第 3 期。

邢福义:《小句中枢说》,《中国语文》1995 年第 6 期。

杨成凯:《关于短语和句子构造原则的反思》,《汉语学习》1993 年第 2 期。

殷志平:《不能成句的主谓短语》,《汉语学习》2002 年第 6 期。

张健军:《现代汉语完句问题探讨》,东北师范大学硕士学位论文,2004 年。

Abstract：Before 1990s, the study of sentence-completing condition can only be found in a few words in grammar books. After 1990s, along with the rise of Three-dimensional grammar and the influence of the Cognitive grammar, linguists gradually realized that in modern Chinese there are some sentence-completing elements which constraint the validity of the sentences. In this century some linguists combine the study of sentence-completing and the teaching of Chinese as a second language together. In this paper, we mainly summarize the past research achievements about the sentence-completing problems, and analyze the sentence-completing conditions of the adjective-predicated sentence, and at last make some suggestions to the teaching of this pattern.

Key words：Sentence-completing condition；Sentence-completing element；Sentence-completing category；teaching Chinese as a second language

美国大学基础中文教材编写的新发展

——以达慕思等大学使用的《中文听说读写》(第3版)为例

王玊承

（北京师范大学汉语文化学院）

摘要：美国大学普遍使用的基础中文教材《中文听说读写》(第3版)体现了教学观念和教材编写观念的更新。这种新的发展具体体现在：把教学的交际性标准放在首位，采用任务型语言教学的教学观念和练习方式，更为注重教学的交互性和语言的实践性。这是由这套中文教材编写者内部根本性教学观念变化的原因及教材编写的跟进和外部的竞争性因素造成的。其存在的问题和尚需进一步改进之处有：教学观念的更新在教材编写具体成果上的体现还不够充分，在教材的体例上还需要有更大的变化，更多地增加听说的练习，培养即时交际的能力。希望该教材的编写者能进一步进行有益的探索。

关键词：中文教材；教材编写；任务型语言教学

一　引言

美国大学基础中文教材修订、更新的速度在加快。例如，美国大学普遍使用的基础中文教材《中文听说读写》（*Integrated Chinese*）①，继2005—

---

① 如美国达慕思大学（Dartmouth College）等大学就在使用《中文听说读写》。美国俄克拉荷马大学的桂明超教授认为："《中文听说读写》自出版以来，可能是美国大学中选用最广泛的汉语教材。"（2005：67）王晓钧统计美国大学中文课程教材使用情况时该教材的第一册（Level 1）排名第一，第二册（Level 2）排名第三。（2004：102）王若江在《美国与澳大利亚两部汉语教材的对比与分析——〈中文听说读写〉和〈汉语〉的考察报告》一文中也提到，在美国实地考察时，"我们了解到美国编写的《中文听说读写》已被很多大学确定为一二年级中文课的教材，某些2006年秋季准备开设AP汉语与文化课程的中学也选择了这部教材"。（2006：87）何文潮提到该教材时也说："该书因为打破了语法为中心的汉语教学体系，课文选材更接近美国学生的生活，也更适合北美地区的教学，在美国逐渐成为许多大学和高中中文课的首选教科书。"（2007：346）王静在一份调查报告中提及《中文听说读写》的一年级教材在所调查的26所美国学校中有19所选用，占到了73%的高比例。（2009：48）

2006 年第 2 版出版，2007 年出版第 2 版的扩展版（Expanded 2nd Edition）之后，很快就在 2009 年出版了第 3 版。

修订出版时间间隔的缩短还不是主要的[1]，教材编写观念的更新是最突出的特点。对比已经出版的三版《中文听说读写》教材，第 1、2 版之间的变化是技术性的改进[2]，而第 2、3 版教材之间的变化除了技术性的改进之外[3]，最重要的却是教学观念和教材编写观念的更新。

本文主要想探讨一下在有代表性的、普遍使用的教材《中文听说读写》上所体现的美国大学基础中文教材中教学观念和编写观念的更新。

二　教材编写的新发展在第 3 版《中文听说读写》中的具体体现

作为在美国基础中文教学中普遍使用的教材，《中文听说读写》引起了研究者们的关注。许多研究者都提及了该教材多方面的优点（王晓钧，2005；桂明超，2005；韩萱，2009；李敏，2009；朱波，2010：84）。王晓钧论及《中文听说读写》等教材时认为，这些教材的特点是："课文内容敢于创新，直接地并有控制地介绍生活中的日常用语，不受语句结构的限制，有利于学生交际能力的发展。在教学中看到，大部分学生喜欢带一定挑战性的综合性教材，能把每天学到的词汇和语句马上用到生活中去，甚至加以发挥，具有新鲜感和成就感，从而增强了他们的记忆能力。"（2005：111）桂明超在论文中提及："据俄克拉荷马大学 7 年来使用这套教材的经验表明，供初级班上、下学期使用的第一册第一部分和第二部分（Level One，Part One and Part Two）不论在授课时间上的安排和编写教材的语言规范性，还是在结合美国学生日常生活中的内容、语法解释、练习难易程度的掌握诸方面，都有其科学性和专业水平。"（2005：67）韩萱在评述全球有代表性的汉语教材时选取该教材作为"北美最有影响力的中文教材之一"（2009：1）来论述。李敏（2009）认为该教材的优点有：紧贴美国的生活，编写时具有英汉语对比的意识，课文的安排切合了美国大学的学期特点，比较注意篇

---

　　[1]　该教材第 1 版是 1997 年出版的，间隔 8 年后出版了第 2 版，可是间隔 2—4 年就出版了第 3 版。

　　[2]　如单色印刷改为双色印刷等，并由此改变了教材的内容安排和排版方式。

　　[3]　在第 3 版使用了彩色印刷技术，除了图片改为彩色之外，课文的编排方式也发生了改变，如：对话课文中的人物以图像而不是姓名来呈现，等等。

章的特点等。

有学者在回顾美国大学中文课程教材选用情况时提出，教材的更迭也反映着教学法的不同："以亚利桑那大学为例，早期使用 De Francis 的 *Beginning Chinese*，20 世纪 90 年代开始用陈大瑞等编写的 *Chinese Primer*，近些年开始用 *Integrated Chinese*。教材的选用与变化，直接反映了教学法的发展与变化，……"（王晓钧，2004：101）这里提到的这些"发展与变化"值得进一步加以探讨。

本文认为《中文听说读写》中新的教材编写观念主要体现在：把教学的交际性标准放在首位，采用了任务型语言教学的练习观念和练习方式，在教材中更为注重教学的交互性和语言的实践性等方面。

（一）把教学的交际性标准放在首位

强调教学的交际性是新制订的一些外语教学标准中的重要内容，例如：《英国国家外语教学课程大纲》（*The National Curriculum for England：Modern Foreign Languages*，1999）、《欧洲语言共同参考框架：学习、教学、评估》（*Cadre Européen commun de reference pour les langues. Apprendre，enseigner，évaluer*）①、美国的《外语学习的标准：为 21 世纪做准备》（*Standards for Foreign Language Learning：Preparing for the 21ˢᵗ Century*），等等。美国的《外语学习的标准：为 21 世纪做准备》的"5C 标准"（5Cs Standards）中，列首位的就是"交际"（Communication）。其依据是："5C 标准认为，当我们提供给学生大量机会使其能够通过大量活动运用目的语进行交际时，学生学习外语的效果是最好的。"（张媛媛，2001：101）作为对此标准的补充，1999 年美国制订出版的《21 世纪外语学习标准》（*Standards for Foreign Language Learning in the 21ˢᵗ Century*）提出了包括汉语在内多种外语的具体学习标准。②突出交际的重要性也显示出新标准与以往的教学观念的不同："在汉语学习目标中，交际目标是实现其他所有目标的关键。过去，大部分的汉语课堂教学都集中在如何（how）通过语法和词汇表达（what）内容上。语言的这些方面仍旧重要，但当前汉语学习的组织原则是交际，以及为什么（why），对谁（whom），和什么时候（when）（社会语言学和文化方面）。"

---

① 有学者认为《欧洲语言共同参考框架：学习、教学、评估》"基本吸收了交际法的观点"。（傅荣，2008：18）

② 有学者明确提出了这些"标准"的重要性："作为外语教育的纲领性文件，具备很强的指导作用和实用价值。它是针对美国所有的外语教学的文献，具有概括性、原则性及全面性。"（罗青松，2006：132）

（王添淼、钱旭菁，2006：263）突出交际在外语学习和教学中的重要性，在美国制订的新标准中是尤为显著的。

"5C 标准"代表着新的外语教学观念，也顺应了时代的发展和第二语言教学理论发展的新趋势："这种新的视角与全面的标准，表明美国外语教育顺应新时代的要求，将外语作为课程教育的核心内容；在具体的教学规划中，也体现出注重学生的交际能力培养与综合素质培养的指导思想。从第二语言教学的发展来看，这种基于交际能力的各个因素设计的宏观目标体系，代表了第二语言教学理论方法的发展趋势。"（罗青松，2006：128）新标准的制订和出台为美国汉语教学的发展和教材编写的更新指明了方向。

对于"5C 标准"，有学者强调了其在教学中的重要性："这五项目标在美国的外语教学中占有极重要的位置，它明确地体现了美国教育的理念，提出了有关外语教学的基本概念和培养原则，可以说是外语教学的灵魂。"（陈绂，2006：62）还有学者提出了"5C 标准"对于教材编写的意义："从编写理念到编写原则，再到编写体例，一定要符合美国的 5C 教学原则。只有选用符合美国教学要求的教材，才能真正与美国的汉语教学实际相适应。"（朱波，2010：86）由此可见，无论是对于课堂教学还是对于教材编写，"5C 标准"都具有重要的指导意义。

《中文听说读写》的编写者认同于该"标准"，重视交际的特点在该教材第 3 版中更为突出地体现出来。在《中文听说读写》第 3 版"练习册"（Workbook）的"前言"里编写者提及：

> 练习册中的练习覆盖了"21 世纪外语学习标准"中的三种交际模式：理解诠释、互动交际和表达演示。为了帮助学习者定位不同类型的练习，我们用三种交际模式来标示练习册中的不同练习题。

实际上，这样做也把练习题的不同侧重点标示了出来，学习者和教学者在选择和使用这些练习题时，可以明确其所要达到的训练目标和预期的效果。

这里提到的三种交际模式是对"5C 标准"中的"交际"标准的具体化，也包含了教学标准制订者对语言交际的一种新的认识。"对语言交际能力这样划分比传统的听说读写技能划分更真实地体现出语言运用的实际状况：一方面从表达和理解关注交际过程的语言输入和语言输出两个基本方面；另一方面，将人际沟通作为一个项目，表现出对文化认知、交际策略等因素在语言交际中作用的关注。"（罗青松，2006：127）王若江认为它们无论是对于交际还是对于教学都有重要的意义："为了实行语言交流而设计的这样三种教学模式，确实有独到之处，令人耳目一新。语言交际的基本形态是互动的、多项的，以实际生活为标的，三种交际模式所涵盖的内容则是生动的、丰富的、广泛的。"（2006：48）《中文听说读写》的编写者重视这三种交际模式，可以说确实把握住了语言教学发展的新趋势，跟上了语言教学的新潮流，也通过具体的编写举措在教材中贯彻并落实了"21世纪外语学习标准"中首要的"交际"的标准。

（二）采用任务型语言教学的教学观念和练习方式

作为一种适应时代和社会发展，特别是语言教学的发展，尤其是网络时代学习者的变化与发展的新趋势的教学方式，任务型语言教学在语言教学领域得到了广泛的重视和应用。在美国也是如此，来自美国的中文教学研究者提出："任务教学法（Task-based Language Teaching）是近年来深受教师青睐的一种方法，其宗旨是培养学生的语言交际能力。"（陈东东，2009：53）

重视任务型语言教学也是当今许多国家制订外语教学标准时必然提及的内容。王建勤认为欧盟和美国的这些新标准体现的外语教学新理念之一就包括："突出交际活动和交际任务。CEF[①]是以'行动为导向'的语言标准，因而强调在'交际活动'中实现交际任务。CEF通过交际活动将听说读写四种技能很好地结合在一起，突出了语言综合交际能力的培养。在这一点上，美国《21世纪外语学习标准》同样采取了基于交际任务构建标准的方法。"（2008：69）

《中文听说读写》的编写者也在编写教材时力求体现任务型教学观念。在第3版教材"课本册"（Textbook）的"前言"中编写者写道："教材采用任务型教学的方法，是为了强化学生们的学习动机和提高他们对每一课学习目标的意识。"在"练习册"的"前言"中提到编写以学习者为中心的任务："我们在练习题中包含了与学生有关联的和个人化的同时又联系到他们日常生活的话题和主题。"其目的是："创造任务型练习题以训练学生们准确而得体地能够用中文处理实际生活中的各种情况。"

教材编写者也确实在教材编写的实践中落实了他们提倡的任务型教学观念。第3版的《中文听说读写》除了练习的形式变得更为多样化以外，还加入一些基于任务型教学法理念编写的练习形式。例如，在一年级第2册

---

① CEF是《欧洲语言共同参考框架：学习、教学、评估》（*A Common European Framework of Reference for Languages：Learning，Teaching，Assessment*）的英文版缩写简称。

（Level 1 Part 2）的"练习册"中增加了诸如："计划周末的安排"（Plans for the weekend，p. 76）、利用校园地图确定方位的"Location，Location，Location"（p. 92）和利用同一幅地图的另一项练习"我怎么去那儿?"（How Do I Get There?，p. 93）等采取任务型教学理念的练习方式。

（三）在第 3 版更为注重教学的交互性和语言的实践性

课堂教学中的交互性和语言操练的实践性，在第 3 版《中文听说读写》中得到了编写者的重视。在"课本册"的"前言"中编写者写道：

> 教材"语言实践"（Language Practice）的部分突出了各课中的各种表达方式的各种功能，并且提供了集中于这些表达方式的各种任务型课堂活动。在增加为提高学生们的口语交际和语篇结构技能而设计的练习题的同时，我们特别增加了互动型练习题的数量。

在"练习册"的"前言"里，编写者还提到：

> 为了帮助学生发展各种互动交际的技能，我们在每一课都新增了很多反馈式回答的练习题。这种反馈式回答是用来发现学生是否能够有逻辑性地和有意义地回答一个问题或回应一个评论。

教材编写者特别提到了上述"交际"标准中的"互动交际"（Interpersonal）的交际模式，注重交际性和实践性都是新的语言教学观念的体现。

1. 教材中重视交互性的体现

这个方面的特点可以通过第 2 版第 11 课的练习与第 3 版同一课的同一练习的对比体现出来。在一年级第 2 册（LEVEL 1，Part2）第 2 版的"练习册"中，"说的练习"部分的"练习 B"为"比较两件物品或比较两个人"、"练习 C"为"比较两种语言，中文和英文"。而在第 3 版中，同一练习题分别改为："问一下你的同伴在天气不好的时候，他/她通常都做些什么"、"查一下这个周末的天气预报，看看天气是好是坏并且描述一下根据预报的天气情况你计划做什么"。据编写者的标示，这两种练习形式则分别涵盖了"互动交际"（Interpersonal）和"理解诠释/表达演示"（Interpretive/Presentational）这三种交际模式。

2. 对实践性的重视在教材中的体现

这个方面的特点也可以从第 2 版一年级（LEVEL 1）"课本册"中简单的"句型练习"（PATTERN DRILLS）发展到第 3 版中的"语言实践"（Language Practice）看到。例如，在第 3 版一年级第 2 册（LEVEL 1，Part

2）第 11 课的"语言实践"（Language Practice）中就有：A"让我们来比较"、B"健康生活方式的选择"、C"你是粉丝吗?"、D"提供天气报告"、E"左右为难的约会"和 F"摘要说明和简要叙述"等形式多样的新型语言实践活动。

三　教材编写新发展背后的教学观念的变化

（一）重视交际教学的教学观念发展潮流

在美国的外语教学中重视交际教学的大背景是这样的："美国的各个语种的外语教育大致都走过了一个从二战后以军事政治需求为动力、冷战后以经济贸易发展为动力的演变过程，这也是交际语言教学法终据上风的社会历史背景。"（王建琦，2005：39）这实际上也体现着教学观念的变化，因为教学方法的变化是教学观念发展变化的具体表现。"海外的一些国家强调多元文化，因为学生背景不同，要求不同，教法也就不同。现今人们通常使用的交际法在与学生沟通方面有一定作用，配合以学生为中心及对比分析等教法，揭示汉英两种语言上的差异，而这种差异往往反映了更为深层的两个民族间的文化差异。"（徐弘、冯睿，2009：9）美国外语教学面对的多元文化、多样背景和多种要求的情况可以说在世界上都是非常突出的，由此而带来的重视交际教学和重视语言教学中的文化也是顺理成章的事了。

（二）教学观念变化的内部根本性原因及教材编写的跟进

教材编写新发展最主要的动力和原因，还是美国的外语教学观念在近些年发生了变化（其实这也是美国外语教学顺应时代的变化和发展对其提出的新要求，为应变而做出的反馈性动作）。

《21 世纪外语学习标准》是美国外语教学观念变化的集中体现，它在引领或者迫使美国中文教学（至少是基础中文教学）跟上美国乃至世界上外语教学观念变化的潮流以及时代的发展。陈绂认为这些标准代表着美国外语教学观念发展的新趋势："由美国教育机构及多个外语教学协会共同制定的《21 世纪外语学习标准》，集中反映了第二语言学习的最新趋势，即强调在文化适当的情境中整体地使用语言。"（2006：60）《中文听说读写》适应这种外语教学观念的变化和发展，采用和追随了《21 世纪外语学习标准》中的外语教学标准。除上文所涉及的一些方面以外，再如：《中文听说读写》的编写者在教材"前言"中就反复提到教学向目的语社区的扩展，这就是"5C 标准"中的"社区"标准的体现。在第 3 版"课本册"的"前言"

中，编写者提到：

> 我们努力地把语言习得置于真实世界的语境当中，并且努力使《中文听说读写》与教室里的语言的实际使用联系起来，以及更为重要的是，与超越于教室之外的语言运用联系起来。

在"练习册"的"前言"中，教材编写者也写道：

> 为了在教室里使用的教学材料与学生们在目的语环境中将要面对的语言材料之间搭建起联系的"桥梁"，我们在所有各课的练习题中包括了各种真实性的语言材料。

（三）教材编写新发展的外部竞争性因素

美国大学教材的出版本来就存在着不断更新再版的传统。这一方面是为了跟上知识更新和时代发展所带来的变化，以追求教材编写和出版的时效性；另一方面也是为了在教材出版市场上占有更大的份额和获得更高的销售利润。

除了教材更新的传统以外，还有其他外部原因迫使教材编写者加快更新教材的步伐，缩短更新教材版本的时间间隔。因为其他同类教材〔如《中文天地》（*Chinese Link*）等〕①也在加快更新，所以面对其他教材的竞争，如果要吸引使用者，占据教材市场中的更多份额，教材的编写者就必须跟上教材发展的变化趋势，不能不对教材加以更新。

四 《中文听说读写》尚需进一步改进之处

（一）教学观念的更新在教材编写具体成果上的体现还不够充分

虽然《中文听说读写》的编写者努力更新观念并力求使之体现在教材之中，但是在教材编写的具体成果中，人们所能看到的较多的仍然只是局部的增添和小范围的改动。

如何才能使教材的编写冲破当前已有成果的束缚，取得突破性的进展？陈绂提出："正确的做法是打破传统框架，建立全新的'大纲观念'乃至教学观念，从表达意义的角度将各个语言项目融合在一起，把实现'成功交际'作为教学的'根本纲领'，在编写教材的过程中，把语言技能的培养与

---

① 有研究者在分析该套教材时提及其新版的教材也注意到体现教学的新标准和新观念："这套教材体现了美国的5C外语教学目标和一些新的教学理念。"（徐蔚，2011：20）

三种沟通模式的训练紧密地结合在一起，千方百计为学生设计真实的语境，能够让学生真正沉浸在汉语的学习中而'乐此不疲'。"（2006：63）由此可见，教材编写要取得更大的突破，在教学观念方面进行翻转性的全面、彻底的更新是最为根本的，也是最为重要的。

（二）在教材的体例上还需要有更大的变化

第3版的《中文听说读写》在体例上基本没有变化。在教材的基本格局和整体框架上没有变化，但面对美国中小学基础中文教学的发展和大学中文学习者越来越多样化的发展形势，其教学适应性就会受到限制。有研究者就认为，依据在美国加州大学教学的经验，《中文听说读写》不适应对华裔学生的教学使用："在教学中教师感到这套教材对华裔学生来说有些偏易，原因是教材中的语法、词汇和功能项目大多属于日常生活范围，大部分华裔学生从小已经接触到了，因而稍加讲解即可领会并正确使用，完全不需要像非华裔学生那样花大量时间练习。"（吴星云，2010：308）但也有该教材的编写者认为，经过教学实践中使用这套教材的探索，对教材进行补充和侧重读写内容的使用，使其能够适应对华裔学生的教学，获得了学生的好评："他们认为基础语法的讲解与练习，汉字或篇章段落的认读与书写，以及以课文内容为基础所带出的文化知识与口语讨论，使得他们的语言使用更准确，汉语水平有所提高，也使他们对汉语学习产生了更大的兴趣。"（毕念平，2006：145）[①]如果编者能提供更多的教学组成部分，使教材具备更多可选择使用的组成部分，甚至使教材成为一种可自由拆装拼接的组合体，教学者进行教学设计和具体教学时的选择余地就可以大得多。[②]

有学者提出了一种利用计算机为工具面向美国学生进行综合课教学时采用的组合式教学设计方式，并且认为这种设计方式有以下的优点："组合式设计能根据不同情况提供有效的信息，以多种手段调动学习者已有的汉语知识经验，又可以根据学生需求快速提取词汇、语法、语段、语篇、文化背景等各个层面的文字、音像信息，以满足学生开展相关的汉语交际技能训练活

---

① 在该论文的"附录"中作者提供了作为示例的一些补充材料：（1）为学生学习教材的课文后编写的一篇补充阅读课文，（2）一个看拼音写汉字的练习，（3）一个引导式的写作练习。（毕念平，2006：147—8）这些也透露出，仅凭该教材是不足以满足对华裔学生的教学需求的，而必须补充不同类型的技能训练材料才行。

② 适应华裔与非华裔学生的不同情况而开展汉语教学确实是一个难题，有学者就把"学生语言文化比较的差异和学习动机的多元化"列为美国的中文教学面临的四项挑战之首。（温晓虹，2011：540）

动，并使其在汉语的形、音、义和视觉方面产生深刻的印象。"（杨翼，2009：52）尽管这是针对中国境内的对外汉语教学而提出的一种教学设计系统，但是由于其教学对象的共同性（都是面向美国学生），所以对美国境内的中文教学和教材编写还是有很多启示性的参考意义。

语言教材的针对性和适用性是一对矛盾，针对性强者适用面就会狭窄，反之亦然。也许在教材编写时采取组合式的方式不失为一种另辟蹊径的出路。对此，已有研究者早在1996年就提出了这样的设想："这种教材由两大部分组成：第一部分为'原料'——候选课文库，第二部分为'菜谱'——教师用书。这两部分都将储存在计算机里，由计算机来辅助编写。这样教师只要有一台计算机，就可在很短的时间内编写出一份新教材。"并且认为："这种教材的最大优势是其高度的灵活性，一方面它能根据不同的学习对象在短时间内编出相应的教材，另一方面增删、修订起来十分方便，这为任课教师根据教学进行的实际情况不断调整教学安排提供了有利的条件。"（孙德坤，1996：88—89）也许在当时这种设想有些超前，故而在教材编写实践中因响应者寥寥而实际编写成果几无，但是，随着汉语教学的不断发展，这种编教方式的灵活性和效用性逐渐显露了出来。

（三）更多地增加听说的练习，培养即时交际的能力

汉字教学和读写技能的训练的确重要，特别是在美国中文教学的环境下，但是，听说技能在第二语言学习和实际交际中还是第一位的，最为重要的。《中文听说读写》的编写者也是秉持这样的理念，在第3版练习册的"前言"中特别提出："学习任何语言的最终目标是使用该语言进行交际。"

学习者的听说技能发展不足、基础不好，即使到目的语环境中学习，其效能仍然会打折扣。因此培养能够实际运用目的语的交际能力，受到了学者们的重视："在编写教材时必须选择有利于开展以学生为中心的互动活动的场景，使用能够反映出现实生活经验的真实语料和实物图片，让学生在他们所熟悉的情境中充分地使用汉语进行交际。"（陈绂，2006：65）这里也突出强调了真实语料对培养学生交际能力的重要性。

教材有导向性的作用，虽然《中文听说读写》的编写者重视和强调交际的重要性，但遗憾的是该教材中听说练习的比重仍然不够多，应当更多地增加这些方面的练习，以引起教学者和学习者的重视。"教材的编写也必须本着这一原则①，从整体的设计、语料的选择、课文的编排、练习活动的组织等各个方面都围绕着培养交际能力这一根本目标，彻底抛开死死依照语法体系编写教材的老路，走出一条符合新世纪外语教学标准的新路。"（陈绂，2007：427）教材中若听和说练习提供得不够充分，在美国这样的非目的语环境无论是依靠教学者还是通过学习者自己来发展建立在听和说的练习基础上的交际能力，则更为困难。

（四）文化教学应当加大比重

随着全球汉语教学的发展，特别是汉语国际教育的方兴未艾，文化教学越来越显示出其重要的地位和作用。朱瑞平认为："如果说过去的对外汉语教学主要是把留学生'请进来'，且曾有相当长的一段时间仅把对外汉语教学作为纯粹的语言教学来处理的话，那么，现在的汉语国际推广则是我们主动'走出去'，让世界更方便而真切地了解中国——中国的历史与现实，中国的社会与生活，中国的经济与政治，中国的文学与艺术……这就不仅仅是纯语言的问题、工具的问题，更是一个文化的问题。世界不同的国家、民族不断加深对包括中国文化在内的其他国家、民族文化的了解与认识，才能促使全球范围内不同国家和民族对异文化的理解与包容。"（2006：113）只进行"纯粹"的语言教学显然也是不合乎语言教学的规律的，这里提出和反复强调的正是一种语言教学的新观念，而且直指语言教学的深层本质和根本目的。

与语言教学直接相关的交际文化已经在《中文听说读写》的第 3 版中增加②，但比重还不够多，编写教材时应以交际文化为主，介绍性的文化知识传播为辅。现在资讯发达，从互联网等新型媒体上获取知识非常方便，也包括与中国有关的文化知识和国情知识，因此，知识文化可以安排学习者自主探索。

除了在该教材的文化版块"Culture Highlights"中已经增加的交际文化的内容以外，编写者还应当在课文和练习中更多地编入体现中国文化特色的交际文化。

虽然编写者在"课本册"的"前言"中特别提到他们力求"介绍那些

---

① "这一原则"用作者的话来说就是："美国的外语教学标准——对于语言知识本身并没有具体的要求，倒是对所应该达到的交际能力的水平作了许多宏观的描述。"（陈绂：2006：427）

② 该教材的编写者在第 3 版的"前言"中提及："与早前的版本相比，第 3 版中有更多的文化信息。"

反映充满活力和迅速变化的当代中国的文化生活",但还应增加更多有关当代中国国情的社会文化内容。在海外进行汉语教学时所涉及的中国文化的教学内容,朱瑞平认为应该"以现当代为主。历史的辉煌永远属于过去,立足现在,面向未来,是所有民族、国家最现实的基点。世界关注中国,希望更多地了解中国,当然有其最现实的考虑。中国的现代社会是什么样,现代的中国人怎么想、怎么看、怎么做,这也许是世界最想知道的,也是我们最需要向世界展示的内容。"(2006:115)这实际上提出的是汉语教学和教材编写中文化内容的选择和处理方面(尤其是面对传统文化与现代文化的抉择之时)的一个原则性的标准。

在该教材中也确实增加了介绍中国文化的篇幅,编写者在这方面下了不少的功夫,但是教材中文化内容仍然是点状分布、随机安排的,尚未对中国文化的广博内容进行成体系、有计划、系统性的设计编排。在论及《中文听说读写》和《中文天地》等教材时,就有学者也指出这一方面存在的问题:"这些教材比较注重语言知识和技能的训练,但在与中国文化结合及系统性等方面还有一定的发展空间。考虑到这些教材的使用对象是对中国文化了解不多的美国人,因此在编写上要注意语言和文化的有机结合,让学生在学习汉语的同时也了解中国文化,使学生感到汉语学习不是枯燥无味的死记硬背,而是生动有趣的语言文化学习。"(袁国芳,2009:18)

重视文化实际上也是在遵从"5C标准"的要求。在"5C标准"中是非常重视文化因素的重要性的。"文化"(Culture)作为"5C"其中的一个"C"是放在第二位的。"在一个专门为外语教学的'标准'编制的指导性文件中,不仅提出'文化'问题,而且把这一问题放在如此显要的位置上,这充分说明了在美国目前的外语教学中对于'文化'问题的重视。"(陈绂,2006:64)

在具体的教材编写中如何落实文化内容的编写,并且能够与语言教学的内容恰当地结合,是摆在编写者面前的重要课题,同时也是一个难题。语言与文化的内容在编写教材时如果结合得好则"两利",结合得不好则"两伤",这是因为,毕竟在教材有限的篇幅和众多的教学任务中间,如何安排好属于不同领域并具备不同特点的这两类内容是对编写者们编教能力和智慧的最大挑战和考验。在教材对文化内容的导入方式上,王若江提出:"教材将多层面内容放在不同的课文中,以显示不同的交际文化。"(2006:91)由此看来,丰富的文化内容在教材中的合理分配是至关重要的,而且还要注意与语言教学的有机结合。

　　有学者也对教材编写中文化问题的处理提出了很好的建议："经过实地考察，经过对五个'C'的全面分析，我们初步认识到，作为一门外语课，'文化'的标准不是只指那些单纯的文化活动或文化产品本身，而是指建立在这些具体的文化内容之上的文化观念。这就要求我们编写教材时，在题材的选择、课文的编写、背景资料的介绍等各个方面，都能围绕着一个个文化现象展开，用不同的形式体现出这些文化现象的背后所蕴含的丰富的民族思维特点和思维方式。"（陈绂，2006：64）这些很好的建议应当引起教材编写者们的思考，在处理编写教材中的文化问题时加以参照。

五　结语

　　重视语言结构的教学并且把语言结构的教学与语言技能的培养结合起来，适应美国中文教学的特点和需求，是《中文听说读写》一直以来的特色。但是，重视语言结构与重视语言交际是矛盾的，如何处理好两者的关系，以何者为主或如何平衡，希望《中文听说读写》的编写者能进一步进行有益的探索。

　　《中文听说读写》还应该有更大的变化，目前的第 3 版，似处于一种过渡的形态。逐步过渡也许有编写者想要适应教学者的教学传统和教学习惯的考量，但是学习者的代际变化也在加快[1]，后者是最需要引起教材编写者加以注重的因素。如果教材不能充分体现这种新变化，束手束脚，抱残守缺，如果别的教材更适应学习者兴趣和需求的新变化，就会取而代。[2] 希望这套教材的编写者们能走出新旧交杂的过渡状态，探索出一条新的教材编写之路。

　　虽然"5C 标准"是面向所有在美国讲授的外语而提出的，但是汉语教学的标准也列入了《21 世纪外语学习标准》，美国大学的基础中文教学也不能自外于美国外语教学的发展潮流，成为落伍者。希望《中文听说读写》

---

　　[1] 学习者的学习方式、交际方式和获取信息的方式都随着技术的发展在快速变化，因而呈现出代际差别加大和更替时间缩短的情况。

　　[2] 吴星云就透露，为了对华裔学生进行汉语教学，他们只好放弃《中文听说读写》而转向选择别的教材："近两年加州大学各中文项目开始着手换教材并进行新教材尝试。以戴维斯校区为例，到笔者离开前，这里的一年级华裔班已经采用了由哥伦比亚大学刘乐宁教授参与主编的《大学语文》，二年级正在选择新教材，三年级在选定教材之前则是几本教材穿插使用而不固定教材。"（2010：308）

的编写者在保持教材特色的同时，跟上时代的发展和学习者需求的发展。

　　美国新的汉语教学观念和教材编写理念，也会影响到中国本土开展的对外汉语教学和由中国而及境外在世界上普遍开展的汉语国际教育中教学观念的更新和发展，使全世界的汉语教学都受到启发。就像《中文听说读写》主编之一的姚道中教授在谈及"AP 中文"时所说："AP 中文不但在美国进一步地推动汉语教学，它也把美国最新的外语教学理念介绍到了其他教授中文的地区。……这说明汉语教学已经进入一个全球化的时代，不同地区的汉语教学项目可以互相学习，取长补短，提高教学的质量。"（2011：49）这也是本文探讨此课题的一点意义和期望所在。

参考文献

陈东东：《美国学生中文教学法问卷调查报告》，《国际汉语教育》2009 年第 3 期。

陈绂：《五个"C"和 AP 汉语与文化课教材的编写》，《语言文字应用》2006 年第 S1 期。

陈绂：《从 AP 中文课程看美国外语教学的新标准》，载程爱民、何文潮、牟岭主编《对美汉语教学论集》，外语教学与研究出版社 2007 年版。

毕念平：《有背景学生的初级汉语课程与〈中文听说读写〉》，姚道中等编《中文教材与教学研究——刘月华教授荣退纪念论文集》，北京语言大学出版社 2006 年版。

傅荣：《〈欧洲语言共同参考框架：学习、教学、评估〉述评》，《国际汉语教学动态与研究》2008 年第 4 期。

桂明超：《美国汉语教学与研究综述 1999—2003》，《云南师范大学学报》（对外汉语教学与研究版）2005 年第 2 期。

韩萱：《全球视阈下的对外汉语教材评述》，《云南师范大学学报》（对外汉语教学与研究版）2009 年第 4 期。

何文潮：《从近年在美国使用的新中文教材看中文教学的发展》，载程爱民、何文潮、牟岭主编：《对美汉语教学论集》，外语教学与研究出版社 2007 年版。

李敏：《〈中文听说读写〉的优缺点及其对国内汉语教材编写的启示》，《现代语文》2009 年第 5 期。

罗青松：《美国〈21 世纪外语学习标准〉评析——兼谈〈全美中小学中文学习目标〉的作用与影响》，《世界汉语教学》2006 年第 1 期。

孙德坤：《组合式——教材编写的另一种思路》，《世界汉语教学》2006 年第 1 期。

王建琦：《欧美高校汉语教学情况比照》，《国际汉语教学动态与研究》2005 年第 2 期。

王建勤：《汉语国际推广的语言标准建设与竞争策略》，《语言教学与研究》2008 年第 1 期。

王静：《关于美国高校对外汉语教师及教材的调查报告》，《国际汉语教育》2009 年第 3 期。

王若江：《关于美国 AP 汉语与文化课程中三种交际模式的思考》，《语言文字应用》2006 年第 S1 期。

王若江：《美国与澳大利亚两部汉语教材的对比与分析——〈中文听说读写〉和〈汉语〉的考察报告》，《语言文字应用》2006 年第 S1 期。

王添淼、钱旭菁：《浅析美国国家汉语学习目标》，载李晓琪主编《汉语教学学刊》第 2 辑，北京大学出版社 2006 年版。

王晓钧：《美国中文教学的理论与实践》，《世界汉语教学》2004 年第 1 期。

王晓钧：《互动性教学策略及教材编写》，《世界汉语教学》2005 年第 3 期。

温晓虹：《美国中文教学面临的挑战与对应策略》，《世界汉语教学》2011 年第 4 期。

吴星云：《美国华裔与非华裔学生中文教学特点及教学法差异》，载《第九届国际汉语教学研讨会论文选》编辑委员会编《第九届国际汉语教学研讨会论文选》，高等教育出版社 2010 年版。

徐弘、冯睿：《海外汉语教学新理念的思考》，《国际汉语教育》2009 年第 1 期。

徐蔚：《美国两部汉语教材的对比分析——〈中文天地〉和〈新实用汉语课本〉》，《云南师范大学学报》（对外汉语教学与研究版）2011 年第 2 期。

杨翼：《面向美国学生的汉语综合课组合式教学设计》，《国际汉语教育》2009 年第 1 期。

姚道中：《超越美国的 AP 中文》，载李晓琪主编《汉语国际传播研究》第 1 辑，商务印书馆 2011 年版。

袁国芳：《美国汉语教学的若干问题与对策》，《国际汉语教育》2009 年第 4 期。

张媛媛：《美国 5C 标准对我国对外汉语教学的启示》，载迟兰英主编《汉语速成教学研究》，北京语言大学出版社 2011 年版。

朱波：《试论美国高中汉语教材的选用》，《黄石理工学院学报》（人文社会科学版）2010 年第 3 期。

朱瑞平：《汉语国际推广中的文化问题》，《语言文字应用》2006 年第 S1 期。

The new developmentof compilation of basic Chinese teaching materials: *Integrated Chinese* (*Third Edition*) which are common used in universities of United States as an example

Abstract: The transforms of the ideas of language teaching and the ideas of compilation of teaching materials are reflected in *Integrated Chinese* which are common used in universities of United States as a series of basic Chinese teaching materials. These transforms are specifically reflected in three aspects: (1) put the communicative standards of language teaching in the first important place; (2) adopted task-based ideas of language teaching and relevant exercises forms; (3) attached importance to the interaction of language teaching and the practice of target language.

*Integrated Chinese*still have some problems need to improve: (1) the transforms of the ideas of language teaching are not fully reflected in this series of Chinese teaching materials; (2) the formation of this series of teaching materials need has more large change; (3) it need more increase of exercises for listening and speaking; (4) develop the ability of immediate communication in language learners.

Key words: Chinese teaching materials, compilation of teaching materials, task-based language teaching

美国明尼苏达州光明汉语学校沉浸式教学项目简介

李丹青

（北京师范大学汉语文化学院）

摘要： 美国明尼苏达州目前共有七所中小学开展了 K – 12 汉语沉浸式教学项目，最高年级的学习者现已进入初中。麦迪逊小学中的光明汉语学校就是其中一个比较年轻但又很典型的代表。该校招生的目标人群以学区内的学前儿童为主，是一个有连续性和系统性的学习项目。其充满美国特色的课程安排、教学方法与丰富的教学资源也对国际汉语推广有所启示。但其在教师队伍的培养和学习者的学习成果评估方面仍然存在许多不足之处。

关键词： 汉语；沉浸式；明尼苏达州；小学；汉语国际推广

麦迪逊小学（Madison Elementary School）位于美国明尼苏达州（Minnesota）圣克劳德市（St. Cloud），是该市 742 学区（District 742）的一所公立小学。圣克劳德市的汉语沉浸式教学项目（Chinese Immersion Education Program）——光明汉语学校（Guang Ming Academy）就开设在这所小学中。麦迪逊小学有 K – 5 共六个年级，其中汉语沉浸式教学项目共有幼儿园班级两个，1—5 年级班级各一个。另外，光明汉语学校还在同学区的北方初中（North Junior High School）有六年级班级一个。截至 2014 年 5 月，光明汉语学校共有汉语学习者 178 名，专门任课教师 8 名，助教 1 名，日常事务管理者 1 名，志愿者若干名。

一　明尼苏达州的汉语沉浸式教学项目

明尼苏达州目前共有汉语沉浸式教学项目七个，其中开办最早的是位于明尼阿波利斯市（Minneapolis）的英华汉语学校（Ying Hua Academy）。该项目开始于 2006 年，是美国第一所汉语沉浸式特许学校（public charter

Chinese immersion school)①, 也是美国中西部的第一所汉语沉浸式学校（来源于英华汉语学校网站）。在随后的 2007 年，其他几个汉语沉浸式教学项目也陆续开始运行，其中规模比较大的是位于霍普金斯（Hopkins）的新兴汉语学校（Xin Xing Academy）和位于明尼唐卡（Minnetonka）的"精进"（Excelsior）和"景山"（Scenic Height）两所小学中的汉语沉浸式教学项目。其中新兴汉语学校也是明尼苏达大学孔子学院所指定的孔子课堂之一。本文所介绍的光明汉语学校也成立于 2007 年，而相对于前面四个项目规模较小，学习者人数也较少。另外，在 2007 年，明尼苏达州还有两所国际学校开办了汉语班级（Benjamin E. Mays World School 和 Lakes International Language Academy），也使用沉浸式教学法进行教学。

明尼苏达州受到沉浸式教学法发源地——加拿大的影响，在美国率先开展了以汉语、西班牙语和法语等语言为第二语言的沉浸式教学项目。其中拥有汉语沉浸式教学项目的这几所学校还共同成立了"明尼苏达州汉语沉浸式合作组织"（MMIC, the Minnesota Mandarin Immersion Collaborative），其宗旨为通过合作和制定统一的标准来推进明尼苏达州汉语沉浸式教学项目的发展（Schlicht, 2010）。汉语被美国国务院下属的"外国服务学院"（Foreign Service Institute, FSI）划分为难度较高的"第三类"（Category 3）语言，也就是说，学习者学习 2200 小时汉语所达到的语言水平基本上等同于学习者学习 575—600 小时法语或西班牙语所达到的语言水平（Schlicht, 2010）。因此，能够使学习者长期浸泡在汉语环境中的沉浸式教学不失为一个最佳选择，这样能保证学习者有足够的时间学习汉语，得到更集中的汉语教育。

在统一的教学理论指导下，纵观明尼苏达州的七个汉语沉浸式教学项目，我们发现如下几个共同特点：

第一，所有学习者都是从幼儿园就开始进入沉浸式班级的"早期沉浸式"（Johnson & Swain, 1997），计划学习期限都是从幼儿园到高中三年级（K-12）。

第二，在幼儿园、一年级和二年级这三年里实行"全沉浸式"汉语学习，除 special 课程外（指音乐、美术和体育），所有课程都由任课教师使用

---

① 特许学校（Charter School）是美国一种改良过的公立学校，在《不让一个孩子掉队》法令的指导下，公立学校（Public School）可以申请转变为特许学校，这些学校的运转资金仍由美国政府和州政府提供，但它们不受一般公立学校的条令限制，可以有自己的操作系统。明尼苏达州在 1992 年率先颁布了特许学校法令并开办了第一所特许学校。（资料来源于维基百科）

汉语来讲授。从三年级到五年级，每天增加 45 分钟英语课，由英语代课老师教授，主要训练学习者的英语读写能力。从六年级开始，学习者从小学进入同学区的中学继续学习，汉语授课时间减少为每天 85 分钟，教师主要负责汉语课和社会课（Social Study）的学习，其他科目，如科学课和数学课，可以由学习者自由选择使用英语或者汉语进行学习。

第三，汉语沉浸式教学项目中的学习者均来自英语单语种家庭。这样可以保证所有学习者在开始学习第二语言的时候都处于同一起跑线上（Johnson & Swain，1997）。因此学习者及其家庭以白种人居多。

第四，目前明尼苏达州汉语沉浸式教学项目中的最高年级为七年级，这样的学习方式对学习者未来发展的利弊尚无体现。

第五，任课教师均为汉语母语者。

二　光明汉语学校沉浸式教学项目

Bauldauf 和 Kaplan（1997）认为一项成功的语言教学计划应该包含六个方面：目标人群（target population）、教师队伍（teacher supply）、课程安排（curriculum）、教学方法（methods）、教学资源（materials）和教学评估（assessment）。这六个方面基本上涵盖了教学中的重要因素，另外，笔者认为"教学环境"也应该被列入一个良好的语言教学计划之内，在这里我们把它归进"教学资源"一项中进行介绍。下面我们就从这六个方面来了解光明汉语学校的概况。

（一）目标人群

光明汉语学校是麦迪逊小学的一部分，日常教学与以英语为教学语言的班级（regular classrooms）无异。在招生时，学习者和家长也可以自由选择是否进入汉语班进行学习，学校对所招收的汉语学习者并没有制定严格的标准。在理想情况下，学习者应该在五岁，也就是进入幼儿园时开始参加汉语沉浸式教学项目，并且学习者在开始此项目时最好是英语单语者。这样既保证了学习者在获得第二语言的最佳年龄入学，又确保了所有学习者拥有相似的语言文化背景，基本处于学习汉语的同一起点上。在入学时学习者尚处于低龄的情况下，是否进入汉语班进行学习通常是由家长来决定的。学习者在学习的过程中如果发现自己不喜欢或由于其他原因不愿意继续在汉语班进行学习，可以随时申请转到同年级的英语班级中。同时汉语班也接收有特殊需要（special needs）的学习者，如患有自闭症、阅读障碍症和多动症等疾病的儿童。

汉语沉浸式教学项目的目的是要把儿童培养为平衡的英汉双语者
（Schlicht，2010），所谓"平衡的双语者（Balanced bilingualism）"是指一个
人可以同等流利地使用两种语言（Rosenberg，1996）。而儿童在进入汉语班
后，他们英语水平的提高就面临着极大的挑战，这时家长对教师和学习者的
支持和帮助就起到了至关重要的作用。所以在每一学年新生入学之前，麦迪
逊小学会为即将参与汉语沉浸式教学项目的家长召开家长会，让家长在儿童
入学前就充分了解此项目并做好帮助儿童学习英语的准备。

（二）教师队伍

光明汉语学校目前有专门任课教师八名，其中幼儿园老师两名，1—6
年级老师各一名。每位教师每学年都固定教授同一年级，不作年级更换，所
教授科目包括汉语、数学、科学、社会等。任课教师大部分是在美国学习教
育学的本科或硕士毕业生。学校还规定学习者超过 28 名（不包括 28 名）
的班级需要助教一名，光明汉语学校现只有一年级超过了 28 人（29 人），
配有助教一名。另外，由于麦迪逊小学的校长和各级管理人员均不精通汉
语，学校还聘请了一位专门负责汉语班级日常事务的管理者。以上人员均为
汉语母语者并且精通英语，能够实现与家长和校内其他工作人员的有效
交流。

明尼苏达州要求所有的小学教师在从业前或从业后的 3—6 年内必须取
得相应的教师资格证，同时需要完成由明尼苏达大学（University of Minneso-
ta）提供的关于如何教授第二语言和培训教师专业技巧的相关课程。另外，
对于汉语教师应有的职业技能，全美中小学中文教师协会（CLASS：The
Chinese Language Association of Secondary-Elementary Schools）建立了一套专
业的教师标准，共计 12 项，这也是光明汉语学校在培训教师时所参考的。
这套标准主要关注"从幼儿园到十二年级的汉语教师在课堂教学中应该了
解和做到的事项"（CLASS，2007）。具体内容简要概括如下：

教师应是可以被作为典范的汉语使用者；充分了解并掌握汉语语言学尤
其是语法、语用知识；充分了解中国的知识文化与交际文化；有一定的第二
语言习得知识；关注儿童的成长与发展；可以充分应对不同学习者的不同学
习要求；了解如何创建良好的汉语学习环境；能够做好教学计划和选择正确
的教学策略；保证对学习者测试与评估的有效性和多样化；在课堂内和课堂
外都拥有有效的沟通技巧；能够熟练运用现代课堂教育技术；主动参与教师
技能培训，关注自身职业发展。

但到目前为止，光明汉语学校并非每位教师都拥有相对应的教师资格证，与州内其他几个汉语沉浸式教学项目中的教师相比，仍然是一个十分明显的缺陷。

（三）课程安排

麦迪逊小学每周一到周五早上八点半开始晨会，九点正式上课，下午两点 50 分放学，期间有 40 分钟的午饭时间，20 分钟的自由活动时间和 15 分钟的吃点心时间，此外不再有其他课间休息时间。另外，学生每天有 40 分钟的美术、音乐或体育课（special classes），汉语班的学习者与英语班一样，分年级和时段由专门教师用英语授课。学习者每周还有 50 分钟的图书馆时间和 50 分钟的电脑课。与英语班级不同的是，汉语班从幼儿园到二年级除 special classes 外全部课程由汉语教授，从三年级到五年级开设每天 45 分钟的英语课，从六年级开始，由汉语讲授的课程每天减少至 85 分钟。

在完成教学大纲并使学习者达到本学年必须达到的教育水平之前提下，麦迪逊小学的教师对每天所上课程和教学内容有极大的自主选择权，可以根据学生的掌握程度进行调整。各年级除作息时间安排不同外，各项教学活动安排均相似，这里以三年级为例作一说明。

三年级晨会内容一般包括选择一名学习者作为小队长，带领其他同学朗读早晨信息，信息内容包括日期、天气和教学内容；之后做互相问候的游戏和个人分享，每个学习者轮流为大家分享自己喜爱的东西并回答同学提出的问题。三年级的课程包括汉语、英语、数学、科学和社会，其中汉语、英语和数学是每天都要涉及的科目，其他两门科目教师可以每天交替进行。三年级使用的汉语课本是新加坡教育部课程规划与发展司编写的《小学华文》三年级上下册，教师主要讲授生词与课文，配合以听写、阅读和游戏等练习形式；英语课由美国老师授课，主要培养学习者的英语拼写与阅读能力；数学课上教师把与英语班学习者相同的学习内容用汉语教授给学习者，如 100以内的乘法和除法、认识四边形等；社会课和科学课主要介绍人文科学方面的常识性知识，以学习者自己动手为主，培养他们的创造力和想象力，如认识明尼苏达州特产，分辨不同材料发出的不同声音等。数学课、科学课和社会课的课本均为明尼苏达州标准课本，需要由教师翻译成中文再讲授给学习者。

（四）教学方法

一项成功的教学设计离不开正确的教学方法，在语言学习中，良好的教学方法可以帮助学习者更快更好地掌握目的语。儿童学习者与成人相比，学习第二语言的优势在于他们在学习的最佳年龄入学,更容易自然习得第二语言,但其劣势在于儿童通常缺乏学习第二语言的动机,学习自主性不足。另外,美国儿童与中国儿童相比,学习压力较小,学习目的性也不够明确,家长更关心儿童在学校是否快乐,创造力和想象力是否得到发展,而不单纯是知识的积累。本着以学习者为中心的教学理念,光明汉语学校的教师使用多种教学方法帮助儿童掌握汉语及其他知识。

从汉语沉浸式教学项目来说,沉浸式教学本身即为一种学习第二语言的教学方法。Johnson 和 Swain(1997)总结出了典型沉浸式教学项目的八个核心特点:

第一,以第二语言为教学媒介;

第二,用第二语言教授的课程平行于其他班级用第一语言教授的课程;

第三,第一语言至少被作为一门课程学习;

第四,项目的目标是使学习者拥有"添加性双语能力(Additive Bilingualism)"[①];

第五,对第二语言的接触通常只局限于课堂中;

第六,同班级的学习者第二语言水平相似;

第七,教师为双语者;

第八,课堂仍处于第一语言社会文化之中。

在沉浸式教学基础下,光明汉语学校的教师在实际课堂教学中还结合使用了多种多样的教学方法,如支架学习法(Scaffolding)、基于主题的教学(Theme-based)、基于内容的教学(Content-based)和词汇中心教学法(Vocabulary focus)等(Schlicht,2010)。

支架学习法来源于维果茨基(Vygotsky)的"最近发展区(Zone of Proximal Development)"理论:教师在儿童的"最近发展区"之内为儿童搭建支架(如基本概念、学习线索和小提示等),儿童在教师的帮助下完成在他们原有能力之下不能完成的任务,从而一步一步地提高认知水平。(Costley,2012)光明汉语学校的教师主要把这种方法运用在数学、科学等科目中,集中讲授和小组活动的时间基本相同,引导学生发现问题、解决问题,在动手和动脑的过程中学习新知识。

---

① 添加性双语能力(Additive Bilingualism)是指学习者在掌握第一语言之后或在掌握第一语言的同时学习第二语言,在掌握第二语言之后又不丢失第一语言(ESL Standards for Pre K – 12 Students Glossary,TESOL,2007)。与此相反的是"消减性双语能力"(Subtractive Bilingualism)。

由于每个年级几乎所有课程都是由汉语教师讲授，虽然分科，但仍然可以进行主题式教学。教师可以在一些主题之内（历史、地理、社会、宇宙、动植物等）根据学生的情况选取教学资源，从不同侧面让学习者获得知识（陈绂，2006），从而覆盖到多个学科。如五年级在科学课上学习到关于火山的知识时，教师引导学习者用汉语写出火山各组成部分的名称，再用数学计算火山的体积，然后分组动手制作火山并用汉语讲述火山喷发的原理等。

而在汉语和英语的教学中，光明汉语学校的教师较多采取基于内容的教学法和词汇中心教学法。汉语沉浸式教学项目并不强调用第二语言来教授其本身，而是用第二语言来获得其他知识和使用第二语言进行交际，这也正是基于内容的教学法所强调的用其他科目的内容来学习第二语言。（Valeo，2013）丰富的教学内容和课堂活动让学习者习得汉语的过程变得更加有效率。以不同学科的内容来学习汉语更能使学习者掌握比普通学习者更丰富的汉语词汇。汉语学习和其他学科的学习相互推进，形成良性循环。

另外，除教学之外，汉语沉浸式教学项目还有一项重要的内容——课堂管理，教师需要给予儿童正确的行为规范引导，还要维持正常的课堂秩序并且鼓励学习者多说汉语。光明汉语学校的教师对儿童的日常行为表现通常采取奖惩分明的方法，帮助学习者树立正确的是非和道德观念。在汉语学习方面，光明汉语学校有"每天只能说五句英语"的准则，但由于学习者年龄较小，自觉性较差，同学之间大部分对话仍然使用英语。以三年级为例，教师采用观察法为同学之间的汉语交流加分，教师也不会接受学习者的英语提问，以此来鼓励学习者使用汉语进行交流。为了防止儿童在排队去厕所的过程中用英语交流，一年级教师还要求儿童在此过程中背诵唐诗，也是行之有效的办法之一。

（五）教学资源

从教学环境来说，光明汉语学校每个年级都有一间固定的教室，其中幼儿园一班和一年级教室相邻、幼儿园二班和二年级教室相邻、四年级和五年级教室相邻，只有三年级和六年级（六年级位于北方初中）处于周围全部为英文班的环境中，较不利于这些儿童与其他汉语学习者进行交流。在教室布置上，教师把每位学习者的汉语名字贴在桌子一角，并在教室墙壁上悬挂汉语版的中国、美国和世界地图，汉语拼音表，称谓表，四季表，同学生日表，以及儿童的绘画作品等。另外，各年级都配有一部分汉语图书和识字卡片，以及大字报和各类学习游戏供学习者使用。值得一提的是，每间教室配备的"聪明板（Smart Board）"是教室和学习者最必不可少的教学设备。这种结合了幻灯片投影、触摸屏和白板功能的大屏幕可以让教师和学习者在课堂中更加充分地互动，教师可以在普通的教学幻灯片上任意地触摸、拖动与写画，为教学带来了更多的便利。

在图书资源方面，光明汉语学校所使用的汉语课本为新加坡教育部课程规划与发展司编写的《小学华文》，其他科目课本均为明尼苏达州统一的英语课本，由教师翻译后讲授给学习者。除了每个班级中的一部分汉语读物外，麦迪逊小学图书馆中还存有大量按阅读难度分级的汉语读物供学习者借阅。为了同时提高学习者汉语和英语两方面的阅读能力，光明汉语学校每周都举办"高年级给低年级读汉语故事书"和"给爸爸妈妈读英语故事书"的活动。

在网络资源方面，麦迪逊小学的网站中有与《小学华文》配套的汉语学习资源，还有数学练习题、各类教学游戏等。另外，在实际教学中，光明汉语学校的教师通常会利用网络中的汉语动画片、儿歌和游戏等资源来辅助教学。

（六）教学评估

对光明汉语学校学习者学习成果的评估，每个科目拥有不同的评估标准与评估方法。除汉语外，对其他科目（包括英语）的评估都与英语班级一样。根据州立标准，学习者每学年的英语和数学都要达到相应的水平方能顺利进入下一学年。学习者使用汉语为中介学习其他科目，但却需要参加以英语为中介的评估，这就意味着汉语沉浸式教学项目中的学习者和家长都需要付出更多的努力来达到和英语班学习者同样的学习水平。

在汉语学习评估方面，由于针对汉语沉浸式教学项目中儿童的权威评估测试的缺乏，明尼苏达州有些汉语学校用 HSK 来测试学习者的汉语水平，而光明汉语学校则主要由任课教师来对学习者进行评估，尚无统一的评估标准。评估形式一般包括：小测验，中期考核和阅读能力分级等。小测验一般都表现为听写课文中的生词，平均每周一到两次，错误率在 40% 以上的学习者需要完成教师布置的额外练习作业。中期考核的试卷也由任课教师根据所学内容设计，一般考试时间不超过 45 分钟。阅读能力分级是教师根据儿童一分钟可以读所学课文中的多少个汉字为标准为学习者所分的等级，阅读能力不同的学习者可以借阅难度不同的图书进行课外阅读，循序渐进地提高汉语阅读能力。

在口语测试方面，光明汉语学校采用应用语言学中心（CAL，Center for Applied Linguistics）设计的"学生口语测试（SOPA，Student Oral Proficiency

Assessment）"来衡量沉浸式语言学习项目中学习者的听说水平（Schlicht，2010）。测试用一对一对话的形式从目的语口语流利度、口语语法、口语词汇和听力理解四个方面来考察。但此测试标准最初是为拼音文字设计的，所以在实际应用到汉语中时，还有许多标准需要进行调整，如针对中级阶段学习者的标准中，"有使用现在时态的意识而经常出错（SOPA，2000）"被判定为口语语法低级，这样的标准与汉语并不匹配。

三　光明汉语学校给我们的启示

任何一个成功的语言教学项目都需要长时间的探索和改善，明尼苏达州的汉语沉浸式教学项目也是如此。从这七所汉语沉浸式教学项目学校来看，目前存在的最大问题是在学习者步入中学阶段后如何激发青少年学习汉语的兴趣和提高他们的学习主动性，以及如何建立一套明确且有针对性的汉语水平测试系统。光明汉语学校距离其他几所相对密集的汉语沉浸式教学项目学校较远，项目人数较少，任课教师的经验相对不够丰富，所以存在更多问题，如任课教师缺乏汉语语言学系统理论知识，课程与学习内容安排缺乏明确的标准与时间轴，学习汉语的同时忽略了英语的学习，以及缺乏对学习者汉语听说读写能力统一的考核标准和实施办法等。

尽管光明汉语学校以及明尼苏达州的其他汉语沉浸式教学项目尚存在许多不足，但仍然可以给我们的国际汉语推广一些启示：

第一，对外汉语的教学对象不止针对成人，越来越多的家长和学校认识到儿童学习第二语言的优势。在培养国际汉语教师时，我们也应该与时俱进，为有兴趣从事国外中小学汉语教育的准教师们提供关于国外中小学教育理念、教学方法和课堂管理的课程。有趣的教学内容与设计、丰富的课堂活动与游戏、立竿见影的课堂管理，对我们的教师来说都是极大的挑战。

第二，针对成人的汉语学习课堂模式和教学方法通常比较单一，丰富多彩的教学活动不但能够引起儿童的学习兴趣，也能调动成人的学习主动性。

第三，在学习汉语的同时，教师可以鼓励成人学习者用汉语学习他们已知或未知的科目，如数学、科学、历史和地理等，帮助学习者把各方面的知识转化为汉语。

第四，充分利用教学资源，教师可以根据学习者的阅读水平来分配图书并做读书报告，以扩大学习者的阅读量，甚至儿童读物也可以让汉语初学者有所收获。

参考文献

陈绂:《对国内对外汉语教学的反思——AP 汉语与文化课及美国教学实况给我们的启发》,《语言文字应用》,2006 年第 6 期。

Bauldauf & Kaplan, *Language Planning*: *From practice to theory*, Philadelphia: Multilingual Matters, 1997.

CLASS. (2007). *CLASS Professional Standards for K – 12 Chinese Teachers*. 来源于 http: //nealrc. osu. edu/sites/nealrc. osu. edu/files/K – 12TeachersStandards. pdf Costley. (2012). *An Overview of the Life*, *Central Concepts*, *Including Classroom Applications of Lev Vygotsky*. Report: Online Submission. 来源于 http: //eric. ed. gov/? id = ED529565。

ESL Standards for Pre K – 12 Students: Glossary. (2007). 来源于 http: //bogglesworldesl. com/glossary/additivebilingualism. htm。

Johnson & Swain. , *Immersion Education*: *International perspectives*, Cambridge, UK: Cambridge University Press, 1997.

Rosenberg, "Raising bilingual children", *The Internet TESOL Journal*, 2, 6.

Schlicht, "A Critical appraisal of the Chinese Immersion program in St. Cloud", Master's thesis of St. Cloud State University.

SOPA. (2000). Center for Applied Linguistics. 来源于 http: //www. cal. org/topics/ta/sopa_ ellopa. html。

Valeo, "The Integration of Language and Content: Form-Focused Instruction in a Content-Based Language Program", *The Canadian Journal of Applied Linguistics*: 16, 1: 25—50, 2013.

The Introduction of Chinese Immersion Program in Guang Ming Academy of Minnesota, USA

Abstract: There are seven schools have K – 12 Chinese Immersion Education programs in Minnesota. The students of the highest classes have already learned in Chinese at junior high schools. Guang Ming Academy of Madison Elementary School is the one of them, which is a young and typical representative. And this is a continuous and systematic program. The target population of this program is children come from this school district and want to learn Chinese. Our Chinese international promotion could be inspired from their American style curriculum and teaching methods and abundant materials. However, there are some disadvantages of the program, such as teacher supply and assessment, etc.

Key words: Chinese; Immersion; Minnesota; Elementary; International

方位名词"前"的认知意象分析
——兼谈"三天前"和"前三天"的差别

钱 多

（北京师范大学汉语文化学院）

摘要：本文从方位名词"前"的意象图示出发，探讨"前"在空间域、次序域、时间域和事件域的语义延伸过程和其在句法形式上的投射，分析了与其相关的不同域内的歧义句的成因和消除歧义的方法，并用图表明确地区分了外国留学生常常混淆的"N天前"和"前N天"。

关键词：方位名词"前"；认知意象；歧义

"前"在现代汉语词典（第5版）中作为名词的义项有七个：除了可作为姓氏以外，其余均为方位词，意义分别为：

1 在正面的（指空间，跟"后"相对），如前门；

2 次序靠近头里的（跟"后"相对），如前排、前三名；

3 过去的，较早的（指时间，跟"后"相对），如前天、前几年、前功尽弃；

4 从前的（指现在改变了名称的机构等），如前政务院；

5 指某事物产生之前，如前科学、前资本主义；

6 未来的（用于展望），如前程、事情要往前看。

从这些义项中，我们不难看出，方位名词"前"的语义范围从空间域（意义1）延伸到了次序域（意义2）、时间域（意义3、4）和事件域（意义5、6）四个方面。从认知语义学的角度来看，"前"的意象图示是在人类与客观外界进行互动性体验的过程中获得的，通过抽象思维的范畴化和概念化，投射到其他的域，固定成抽象的语义。这个语义的发展过程，呈现出人类主观作用下的认知顺序性，造成了句法形式上的多样化和语义分析上的歧义现象。本文将从方位名词"前"的意象图示出发，探讨"前"在空间域、次序域、时间域和事件域的语义延伸过程和其在句法形式上的投射，并试图分析与其相关的歧义句的成因和消除歧义的方法。

一　"前"的空间意象图示

《周易·系辞下》中说："古者庖牺氏之王天下也，仰则观象于天，俯则观法于地，观鸟兽之文与地之宜，近取诸身，远取诸物，于是始作八卦，以通神明之德，以类万物之情。"这句话说明对身体和外界空间的认识和互动是形成概念系统的基础和来源，这也正是认知语言学家的共识。人类通过身体的感知和体验形成了方位名词"前"的空间意象图示结构，然后通过理性思维和想象力才发展出若干新的概念意义和语言表达。

在空间概念中，"前"表达了四种基于身体经验的方位关系：部分—整体关系、接触关系、距离关系和路径关系。如图 1 所示：

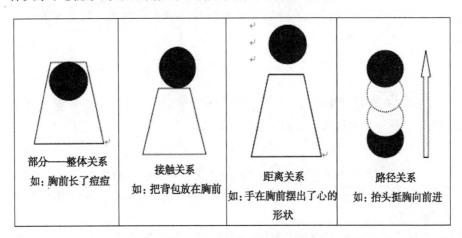

图 1　"前"表达的四种方法关系

从图 1 中不难看出，这四种关系也有一定的顺序性：部分—整体关系—接触关系—距离关系—路径关系。对比部分—整体关系和路径关系，前者是对身体内部"组成部分"的方位分析，后者则是参照身体这一整体和周围空间环境的方位分析。这也可以看作一个转喻的过程，是组成要素和整体之间的互代。

以上是"近取诸身"，下面再分析一下"远取诸物"。人类根据身体经验和各种感官的综合体验，由己及物，规定了物体的"前"。具体说来有如下几类：

1. 向阳的为"前"，例如：房前有一棵大槐树。

2. 面向对象的为"前"，例如：在镜头前摆造型。

3. 朝向物体外侧的为"前"，例如：门前蹲着一只小狗。

4. 与人的视线方向一致的为"前"，例如：到教室前边来背课文。

5. 开始的部分为"前"，例如：歌曲前奏。

6. 与正常的运动方向一致的为"前"，例如：为了避让前车，货车撞坏了路灯。

不论是"近取诸身"还是"远取诸物"，都是基于身体经验和感官体验的空间概念。值得注意的是，容器图示也是人类概念结构中的一个重要意象图示。人类常常把自己的身体也视为"容器"，有前后之分；同时又把身体作为空间概念中最基本的参照标准，对身体以外的物进行前后的区分。这种区分也投射在语言系统中。比如，在英语中，in the front of 和 in front of 完全不同，清晰地标明了说话者观察的着眼点是"容器"还是包含"容器"的整个空间。可以说，定冠词 the 严格地标记了"容器"的内外区别。

汉语虽然也有"前部"与"前面/前边"的区别，但是并不像英语那么明显，特别是在口语中，常常只用"前"，而不进行区分。区分主要体现在语序上。具体说来，"前+＊＊"的着眼点在于"容器"本身，表示对"容器"本身的区分；"＊＊+前"的着眼点在于"容器"所处的空间，表示对"容器"的相对方位的判断。可以说，对认知概念中的"容器"内外的方位区别，不以添加语素为手段，而是以语序为手段。"前"在其他域的投射也在句法上反映出了这一特点。

二　由空间域向次序域、时间域、事件域的投射过程

"时间表达是空间的延伸"，但方位名词"前"在空间域向时间域乃至事件域的投射过程中，首先要经过次序域。这个投射的过程，是通过人类的认知和推理把空间域的概念系统地、对应地映射到另外三个域内的结果，即隐喻的过程。在隐喻的过程中，原本是具象语义的空间概念"前"跨域形成了抽象的语义。具体说来：

在从空间域投射到次序域的过程中，人类首先根据身体经验和感觉体验认识到"前"的方位意义，进而对具体的排列进行划分，认为位于排列之首的为"前"。在形成数、序等抽象概念的同时，也形成了抽象概念的"前"，即"排在头里的"为"前"。

在空间域经过次序域向时间域投射的过程中，次序域就像一种具有过滤

作用的介质, 夹在两域之间, 过滤掉了"前"的辐射状的方向性, 只保留了一维线性的特点①。但是在一维线性的特点上, 次序域和时间域还是略有不同:

1. 从科学的角度讲, 一个序列内部的各个组成元素是独立的个体, 元素之间是可分的; 而时间则是不可切分的。但是在语言表达和生活实践中, 我们还是将时间人为地切分成年、月、日等单位加以计量。

2. 在时间域里, 时间的发展是不自返的, 也就是不具有可逆性。这一点恰好与次序域相反。也可以说, 时间域就是单一方向的次序域。

事件域也有类似于时间域的特点——不可切分、不自返和可主观计量。这是因为事件就是在时间层面上进行的线性序列。Panther & Thornberg (1999) 从言语行为角度分析了动态性事件, 他们将一个言语行为视为一个由几个时段 (如前时段、中时段、后时段) 组成的行为场景 (转引自王寅, 2007: 239)。换一个角度来看, 也可以把一个事件看作是时间轴上被切分的几个部分的组合。龚千炎把事件切分为将行、即行、起始、持续、继续、完成、近经历、经历八个部分, 对应于时间轴, 可以得到如下图示 (见图2):

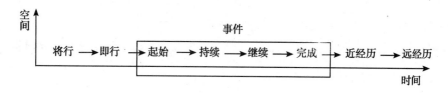

图2 事件过程体现在时间轴上的序列

如图2所示, 事件的八个部分组成了沿着时间轴方向相继发生的一个序列。

值得注意的是, 时间、事件客观发展的不可逆性不能阻止人类在主观认知上对时间或事件的进度进行正序或倒序的计量。所以如果以时间轴上的某一点为标记, 我们既可以沿着时间维度的发展方向计量, 也可以逆着发展方向计量。表现在语义上, 顺向的, 意思是"开头的"或"未来的"; 逆向

---

① "前、后、左、右"与"东、南、西、北"是不同的。"东、南、西、北"是固定的, 不随人的方位的改变而改变; 而"前、后、左、右"更强调人的身体经验, 不是固定的。人面向哪一个方向, 哪一个方向就是"前"。从这一点上可以说, "前"的方向性是360度的辐射状的。而在次序域中, 一个序列只有起始和终止之分, 而且起始和终止也只是相对而言, 所以是一维线性的。

的，意思是"以前的"。表现在汉语句法上，顺向的，用"前＋＊＊"；逆向的，用"＊＊＋前"。如图3所示：

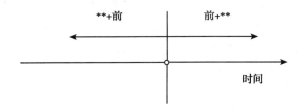

图3　"前"与时间轴上的"参照物"

这个作为标记的"时间轴上的某一点"，其实是作为参考、参照的标准或标记。借用物理学上的术语，可称之为"参照物"。这种参照物，在空间域内，是身体或物体本身；在次序域里，是出于序列中的某一单个成分。在时间域和事件域中略有不同，可能是时间上或动作发生时的、瞬间的"点"，也可能是时段或动作延续过程的一部分。这是由于时间和事件过程的不自返和不可分性造成的。

三　关于"N天前"和"前N天"①

部分留学生在学习汉语的过程中提出不能区分"N天前"和"前N天"，用图4可以很好地解释：

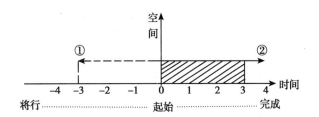

图4　"三天前"与"前三天"在时间轴上的差别

在图4中，我们把事件的"起始"看作时间轴上的零坐标，每个刻度假定为一天，并且假定 N＝3，也就是通过图示分析"三天前"和"前三

---

① 这两个结构中的"天"当然也可以换作其他的时间计量单位，如年、（个）月、小时等。因为"天"的认知显著度最高，所以本文以"天"为例，对比分析两个结构的不同。下文同。

天"的差别。

虚线箭头 1 以事件的"起始"为起点，向零坐标的左侧延伸，即逆着时间/事件的发展方向计数，延伸到 -3 的垂直上方停止。时间轴 -3 坐标上的空心圈标明"三天前"在时间域和事件域上的投射为一个时点，在这一时点上某事件发生，但是否具有可持续性并不可知。所表达的语义是"（某一事件发生）以前的"。

实线箭头 2 也以事件的"起始"为起点，向零坐标的右侧延伸，即顺着时间/事件的发展方向计数，但是延伸到坐标 3 的垂直上方并未停止，而是继续延伸。从零坐标到坐标 3 构成的阴影区域标明了"前三天"在时间域和事件域上的投射为一个时段，在这一时段内某事件发生并持续和/或继续下去。表达的语义是（某一事件过程）开始的。

特别强调的是，空心圈和阴影部分着重强调了时点和时段的差别。因为"三天前"表达的是时点概念，所以在句法结构中，多作时间状语，置于句首，后面的主句多表达某事发生，谓语动词在语义上多具有［-可持续］的特点。作定语时，中心名词是单一的或偶然的。

例如：

（1）三天前，我买了一块手表。

（2）国王想起三天前的噩梦。

"前三天"表达的是时段概念，所以，在句法结构中，"前三天"的前边常常有更大时段的限制定语，后边的主句多表达某事进行，谓语动词在语义上多具有［+可持续］的特点。作定语时，中心名词是集合的或反复的。

例如：

（3）暑假前三天，他美美地看完了最喜欢的电视剧。

（4）《建国大业》放映前三天的票房收入就达到 700 余万元。

四　短语"＊＊前 N 天"歧义现象分析

可出现在"前 N 天"前面、构成短语结构的主要语言成分有两种，时间名词和动作动词或词组，这两种又分为四类情况：

1. 时间名词，表示大于"前 N 天"的时段，例如：

（5）十一长假前两天，银行也要放假。

（6）上海黄金周前三天的游客量达到 270 万人次。

2. 时间名词，表示具体时点的节日、纪念日等，例如：

（7）我们称除夕前一天为小除。

（8）他赶在端午节前一天到了家里。

3. 具有［－可持续］的动作动词或词组，例如：

（9）从 1936 年 1 月 1 日起到逝世前一天，……竺可桢没有一天间断过这样的科学日记。

（10）圣火……于奥运会开幕前一天到达举办城市。

4. 具有［＋可持续］的动作动词或词组，例如：

（11）选秀前两天，戈德堡还在说："照目前情况，我们不能选姚明。"

（12）比赛前三天，选手们一直很兴奋。

从例句中不难看出，第二、三类情况的含义比较清晰，并无异议。但是在第一、四类情况中，却存在着有待琢磨的空间。在例句（5）中，如果单看"十一长假前两天"，我们无法得知这指的是九月二十九号、三十号还是十月一号、二号。但是根据社会常识和下文的"也要放假"，我们可以推知一定指的是后者。推理过程是这样的：

十一长假期间一般机构都要放三天的假。

银行也要放假。

银行和一般机构不同，所以放假时间较短，只有两天。

所以，银行放假的两天一定是在十一长假期间。

这还是可以根据社会常识和生活经验、结合上下文进行分析消除歧义的。歧义最为严重的是第四类情况。在例句（11）中，单凭"选秀前两天"，我们很难判定这个"两天"，指的是选秀开始之前的两天还是选秀活动的第一天和第二天。同样的歧义也存在于例句（12）中的"比赛前三天"。

产生这样的差别，可以结合句法、语义和认知三方面来理解，我们以"选秀前两天"为例：

在句法层次的切分上，短语"选秀前两天"有两种切分方式。

1 切分为"选秀前＋两天"。这就变成了" ＊＊ ＋前"和时间计量结果

"两天"的组合，"两天"有点类似于时量补语。如上文所述，"＊＊＋前"的句法形式表示逆着时间轴或事件进程的方向来计量，表达的意思是"以前的"，所以"选秀前＋两天"的意思是"选秀开始之前的两天"。

2 切分为"选秀＋前两天"，这就变成了定中结构短语。为了凸显这种结构关系，还可以加上标记"的"，变成"选秀的前两天"。"前＋＊＊"的句法形式表示顺着时间轴或事件进程的方向来计量，表达的意思是"头里的"和"未来的"，所以"选秀＋前两天"的意思是"选秀活动的第一天和第二天"。

之所以可以有两种切分方式，是因为"选秀"类动词在语义上具有可持续性，表达的是一个完整的事件，内部包含着起始、持续、终止等部分。当我们想表达"开始选秀"这个不可持续的、瞬间性动作时，出于语言的经济原则，在句法形式上我们较少地使用"开始"之类的标记性词语，而是用"选秀"一词一以盖之。从事件域认知模型的角度看，就是"选秀"在短语"＊＊前 N 天"中既可指一个完整的事件，又兼指这个事件的起始。看成一个完整事件，就要切分成"选秀＋前两天"；看成事件的起始，就要切分成"选秀前＋两天"。

五　歧义现象在不同域内的分布和消除

一般来说，"前"在空间域和次序域出现的歧义现象比较少，这是因为：①空间域和次序域依赖身体经验、视觉经验和比较简单的抽象思维，更为直观和容易理解。②空间域依赖于身体经验时，把自身看作物，有体积和空间范围；依赖于视觉经验时，倾向于把自身看作一个点。次序域内序列上的所有排列都被看作"点"。而在时间域和事件域出现的歧义现象则比较多，这是因为在汉语思维习惯中，时间和事件在时间轴上难于切分，既可以看作"点"，也可以看作"段"。"点"和"段"的切分更多地需要依赖语感和生活常识来判断，在语言形式上没有明显的标记。

在前文提到的歧义结构中，"高考前三天"、"比赛前三天"之所以产生了歧义的理解，就是因为"高考"、"比赛"本身既可以被看作时间点，也可以被看作时间轴上的一个事件——时间段，因此需要依赖常识判断：

A，"高考前三天"中，一般高考只持续三天，因此"高考"应被视作时间点，意思是"高考"这一事件发生的那一刻。"高考前三天"应指"高考"事件发生的那一刻向前追溯的三天时段；

B，"比赛前三天"中，一般比赛可能持续三天，甚至更多天。所以"比赛前三天"既可以视作从"比赛"这一事件发生的那一刻起，向前追溯的"三天"时段，也可以视作从"比赛"这一事件发生的那一刻起，向时间轴上"比赛结束"方向延伸的"三天"时段。

为了消除这类歧义，可以采用以下方式：

1. 严格区分"前 + ＊ ＊"和"＊ ＊ + 前"；

2. 添加"开始"、"结束"等严格表示时点意义或尽量使用［ - 可持续］的词语；

3. 添加"的"以强制停顿；

4. 用"头"代替"前"以突出其序列之首的意义；

5. 根据上下文和语境分析、结合常识经验。

此外，还有留学生提出为什么"生前"和"死前"意义一致的问题。个人认为这是因为中国传统文化心理中讳谈死亡，因此用"生前"代替"死前"的说法，与"前"的认知心理和歧义现象并无联系。另外一个有趣的现象是"来北京之前"和"没来北京之前"的含义是一样的，其中的语言机制和认知心理暂时还未理清，期待专家同仁等一起商讨，共解疑惑。

参考文献

方经民：《汉语"前""后"方位参照和汉族人的时空观》，《中文自学指导》1992年第 1 期。

方经民：《汉语空间方位参照的认知结构》，《世界汉语教学》1999 年第 4 期。

林笛：《汉语空间方位词的语用考察》，载《语言学论丛》第 18 辑，商务印书馆1993 年版。

廖秋忠：《空间词和方位参照点》，《中国语文》1989 年第 1 期。

张清常：《北京街巷名称中的 14 个方位词》，《中国语文》1996 年第 1 期。

文炼：《处所、时间和方位》，上海教育出版社 1984 年版。

蒋斌、徐薇：《汉英空间方位异构与文化认知差异》，《大家》2012 年第 1 期

范继花：《汉语方位隐喻的认知研究》，硕士毕业论文，湖南大学，2006 年。

The Analysis of Position Wordqián in cognitive image——A Study of Differences between 'sāntiān qián' and 'qián sāntiān'

Abstract：Starting from analyzing the image of cognition of a noun of orientation "前", this paper investigates the course of semantic extension of "前" in special domain, order domain, time domain and event domain, and its projection in syntactic form. Then the paper analyzes reasons of related ambiguous sentences in different domains and methods of disambiguation, and differentiates "N 天前" and "前 N 天" by diagrams, which usually confuse the foreign students.

Key words：noun of orientation "前"; image of cognition; interpretations

外向型汉英双解词典的编纂现状及思考

王 慧

（北京师范大学汉语文化学院）

摘要：本文通过对国内外双解词典编纂和使用状况的比较，分析了我国外向型汉英双解词典编纂基础的薄弱现状及其形成原因，提出从汉语本体知识研究、单语学习词典质量、词典翻译等几方面来加强外向型汉英双解词典的编纂。

关键词：外向型；双解词典；对外汉语

一 引言

近些年，随着西方国家对汉语学习需求的逐渐增长和汉语推广的不断发展，外向型汉英学习词典在汉语作为第二语言的学习和教学中的作用越来越受到学者们的关注。与此同时，国内编纂的外向型汉语学习词典的数量也逐渐增多。

在第二语言习得实践中，成年学习者往往是在母语的基础上利用已有的思维模式去理解和运用第二语言的，因此，二语学习者对母语都有很强的依赖性。我们发现目前学习者使用的学习词典通常多为电子词典或网络词典。学习者多选择电子词典或网络词典，除这类词典收词量大、查找方便、便于检索外，很大原因是这些词典都是双语词典，能提供所查词目的母语对等词或母语释义（尽管有些释义值得商榷），便于初、中级水平的汉语学习者使用。

但由于不同民族文化及思维的差异，每种语言中都有若干词在外语中是没有对应词的，再加之词的多义性造成的词与词之间复杂的交叉关系，学习者从词典中找到的所谓母语"对等词"往往并不准确。因此，学习者通过此类双语词典并不能完全准确地理解目标语在所在民族文化中的准确含义。正如王还所说："当外语学到一定的水平，学习者往往不满足于双语词典，而想使用单语词典，看看究竟如何以本族语解释某一词语的，因为一般的译语不能体现出语言的文化背景……"

为满足不同汉语水平的学习者的需要，我们认为双解词典的释义方式更为直观有效。双解词典是以单语词典为基础，将其词条内容全部或部分地翻译成另一种语言的词典类型。通过汉外双解词典，学习者一方面可以依靠母语对词目、释义、例证等内容的翻译进行深入理解；另一方面也可根据汉、英的同步释义，进一步理解掌握汉语。

二 国内外双解词典的编纂及使用状况

黄建华曾指出："双语词典相对单语词典而言，其本质特征是对译，即两套符号的对应。"而双解词典（bilingualized dictionary）是双语词典（bilingual dictionary）的一类，是以单语词典为基础，将其词条内容全部或部分地翻译成另一种语言的词典类型。我们认为，双解词典既能满足高级水平学习者充分理解目标词的需要，又能通过母语翻译帮助初、中级水平学习者克服语言理解上的障碍，避免了词典用户的单一。但我们发现，目前国内外对双解词典的编纂及使用状况是有很大不同的。

（一）英汉双解词典的编纂及使用状况

目前世界上编纂规模较大、质量较高、使用范围较广的英汉双解词典有《牛津高阶英汉双解词典》、《朗文当代高级英语辞典》（英英·英汉双解）等。陈玉珍曾对福建省内六所高校英语专业的部分学生进行过调查，发现在所有的纸质词典中双解词典的使用率是最高的，达到了81.9%，而其中纸质版《牛津高阶英汉双解词典》的学生拥有率最高。《牛津高阶英汉双解词典》是在《牛津高阶英语学习词典》的基础上对释义、例证进行翻译的，其中的汉语注释和例句翻译增强了使用者对词义的理解，方便了学习者借助英汉对比了解两种语言表达上的差异，从而达到了更好地掌握英语的目的。而且该词典中的例句翻译也为英语学习者寻找与汉语相对应的更为灵活的英语表达方式提供了启示。

（二）汉外双解词典的编纂及使用状况

相比《牛津高阶英汉双解词典》等英汉学习词典的编纂质量和用户规模，我国自行编纂的外向型汉语学习词典则逊色得多。目前我国编纂的外向型汉语学习词典有《现代汉语学习词典》（孙全洲）、《汉语8000词词典》（刘镰力）、《商务馆学汉语词典》（鲁健骥、吕文华）、《HSK词语用法详解》（黄南松、孙德金）、《汉语常用词用法词典》（李晓琪等）、《HSK 汉语水平考试词典》（邵敬敏）等多部。但这些词典或为单纯的单语词典，词条的释义和例证均为汉语，如《商务馆学汉语词典》；或为双语词典，仅对词目提供英语对等词，而无汉语详细释义，如《HSK 词语用法详解》；只有一部为半双解词典，仅释义是汉英双解，而例证却无英文翻译，如《HSK 汉语水平考试词典》。

尽管商务印书馆已在《现代汉语词典》的基础上出版了《现代汉语词典》（汉英双语），但《现代汉语词典》本是一部针对母语为汉语的学习者的内向型语文词典，在编纂宗旨、释义方式等方面都与外向型汉语学习型词典有很大不同。目前我国唯一一部由国内学者编纂、旨在提供详细编码信息的外向型汉英双解词典是由王还编纂的《汉英双解词典》。不过这部词典仅部分词条有双语释义，许多词条没有汉语释义，只提供了英文对应词。如：

研究 yán jiū（动）study；research

词典未给出"研究"的详细解释，也未提供具体的例证，不能满足不同汉语水平的学习者的多种查阅需求。

三　外向型汉英双解词典发展滞后的原因

汉语是世界上使用人数最多的语言，随着中国国际政治、经济地位的不断提升，全球范围内的汉语热持续升温。但作为外国人学汉语必备的学习工具——外向型汉外双解词典——的编纂状况却远远落后于其他国家。我们不得不去反思造成这种状况的原因。

（一）单语学习词典编纂基础薄弱

一部双解词典质量的优劣，首先取决于是否具有一本完善的单语词典作基础。目前我国许多学习词典在编纂规模、收词标准、释义、例证等方面都难以与"牛津"、"朗文"等系列的学习词典相媲美。我们认为其原因如下：

1. 对外汉语词汇教学理论与实践的不足

我国对外汉语教学事业只有 60 年左右的历史，在取得大量成绩的同时仍存在着诸多问题，有关对外汉语词汇教学的理论研究还有待进一步深化。同义词辨析是对外汉语教学中的难点和重点之一，但目前各类对外汉语教材中的同义词辨析方法过于笼统，缺少明确具体的指引。同义词辨析理论研究的不够深入势必影响相关学习词典释义水平的提高。张和生曾指出："词汇系统的本质是词义系统。"近年来，有关汉语词汇系统的研究取得了不少成果，但应用于对外汉语词汇教学的实践却明显不够。这种理论与实践的脱节不能有效刺激汉英学习词典对词义系统的过多关注。汉语作为分析性语言，词性判定是一个难点。尽管有些研究机构做了一些词类划分的工作（如北大计算语言学研究所对动词义类的研究），但是还未应用于具体的对外汉语教学实践。同样，学习词典对词义的义类标识仍有进一步探讨和发展的空间。

2. 单语词典在编纂中存在着较多问题

首先，词典类型定位不准。汉英学习词典根据使用对象和使用目的可以分为积极型和消极型两类。积极型汉外词典着力帮助外族语学习者更顺畅地学习汉语，其主要内容应是对汉语词目语法、语用等方面的详细介绍。而目前汉语学习词典在很大程度上沿袭了消极型词典的处理模式，没有彰显"学习"的因素。同时，《汉英大辞典》、《汉英词典》、《新时代汉英大词典》等内向型汉英词典在长期的编纂中由于目标用户不够明确，其编纂目标既要满足国内广大英语学习者的需要，又要帮助学习汉语的外国读者，这种"兼容并包"的编纂宗旨却导致词典编纂中信息冗余与信息匮乏并存的局面，直接影响了词典的质量。

其次，词典规模小，收词少。汉语学习者在自由阅读或自学过程中，需要一部收词量较大的词典以备随时查考。上文我们提到的几部对外汉语学习词典中，《汉语8000词词典》、《汉语水平考试词典》、《当代汉语学习词典》（初级本）等主要是面对参加汉语水平考试的汉语初级水平者，收词量都在《汉语水平考试词汇等级大纲》所列出的8000词左右，规模较小。而具有较高水平的外国学习者在具体学习、生活、工作中所遇到的词汇绝不止《大纲》所列出的8000多词。王还主编的《汉英双解词典》收词3万余，主要面向初级到较高级学习者，但这部词典收录了大量如"背地里"、"灶王爷"、"赤卫队"等现在连中国人都很少用到的词或词组，收词标准和范围都不够明确，参考价值也较低。

（二）编纂人才、技术匮乏

每部词典的制作都要经历规划、编纂、出版三个阶段，双解词典还要在单语词典基础上做进一步的翻译、编辑工作。词典编纂的每一阶段都需要专业人员的通力合作和先进技术的大力支持，《牛津高阶英汉双解词典》（第七版）仅从着手翻译到出版就持续了三年之久。而目前我国的外向型汉语学习词典多由从事对外汉语教学的教师主持编写。这些教师尽管具有丰富的对外汉语教学经验，了解汉语学习者的学习难点，但由于承担着繁重的科研和教学任务，对外汉语教师们不可能将全部时间和精力都投入具体词典的编纂中来。许多编写人员没有受过词典学的专业训练，水平参差不齐。此外，许多编写者不能娴熟地掌握英语，汉语与英语专业之间的沟通不够深入，再加之大型语料库等信息技术发展相对滞后，这些都在很大程度上限制了优质汉英学习词典的编纂。

四　编纂外向型汉英双解词典的几点意见

一位优秀的汉语学习词典编纂者，既要具备丰富的对外汉语理论知识、教学经验、完备的语言学及现代汉语相关知识，又要掌握词典学、翻译学等相关理论。我们认为，编纂一部高质量的外向型汉英双解词典，具体可从以下几个方面考虑。

（一）加强汉语本体知识及对外汉语教学理论的研究

完整的对外汉语教学研究应该包括教材、学习词典和汉语本体研究三个部分，其中本体研究是对外汉语教学的支撑因素，也是教材和学习词典编写的基础。词典本身是对语言学理论和教学实践的体现，汉语本体知识及对外汉语教学理论的研究程度直接影响着外向型汉英学习词典的编纂质量。学习词典要想把每个词语的具体用法描写清楚，就必须加强对相关本体知识的研究。同时，在对外汉语教学的实践中，教师要善于发现学生学习的问题，不断总结偏误，并将语言研究中的相关成果应用于教学实际，为学习词典的编纂提供可借鉴的材料。

（二）利用词典学、语言学的相关知识，编纂一部优质单语学习词典

编纂一部供外国人学习汉语使用的学习词典首先要根据词典类型学的有关知识，对其进行准确定位。明确其用户对象是非本族语学习者，即词典应属于外向型而非内向型。因此，释义要使用简单易懂、具有典型性的元语言，句式尽量简单明晰；例证的选取要有代表性，词语例证和句子例证均应涉及，词的具体用法和文化含义可通过例证或标注的形式加以凸显；外向型汉英学习词典的收词要兼顾不同汉语水平的用户需求，即除包含现代汉语中最为常用的词汇外，为了便于高级汉语水平学习者查考的需要，还应收录一些次常用词汇。词典还要确保释义完备和例证典型，以确保用户"编码"和"解码"的双重需要，不能顾此失彼。

释义是衡量一部词典质量优劣的重要指标。由于外向型汉英学习词典的用户对象为外族学习者，因此词典在释义时应注意从编者本位转向用户本

位。认知语义学认为，语义形成的过程是大脑对客观映象概念化的过程。为此，章宜华等提出要从多方面触发学习者心理词库的语义网络节点，激活学习者的语义认知网络，根据词汇语义表征的多维性，建立意义驱动的多维释义模式，从形态结构、概念结构、句法结构和语用规则等方面系统揭示被释义词的语言属性。胡文飞提出了内向型汉英学习词典的五大释义原则，并初步构建了内向型汉英学习词典的多维释义结构，这为我们构建外向型汉英学习词典提供了可借鉴模式。

同时，外向型汉英词典还应注意对外国学生的易混词提供词语辨析，对一个词的多个义项及不同的用法应当进行恰如其分的说明，以避免学生的混淆和误用。

（三）做好翻译工作

不同的语言不仅具有结构特点上的众多差异，还体现着不同民族的文化特点。一部优质的双解词典既要求其所依据的单语词典在收词、编排、释义、例证等方面完善、合理，还要求词典翻译者具备过硬的翻译技能和丰富的语言知识。

任何一本双解词典都是在一本单语词典（或源语言词典）的基础上翻译而成的，所以没有翻译就没有双解词典。双解词典既包含对词目词的解释，也包含对单语词典中例证及其他语言信息的翻译。词典翻译不同于文学翻译，需翻译者在具备精深外语知识的基础上了解相应的词典学理论。词典译文既要体现概念意义的内涵，又要有高度的概括性、简洁性，即以最简练的词语来表达意义的内涵与外延。等值性是词目译文的基本理念和重要前提，因此词目的翻译要清晰明白，力争实现语义、语体、语用等方面的等值。而例证体现了词目在语言中的动态应用，因此，例证的翻译应达到与整个句子在表达功能上的对等，实现词目在具体语言中的灵活运用。如对"情况"的词目翻译有 circumstance、situation、condition 等，但例句"现在情况不同了"却应当翻译为 Things are different now. 与"情况"对应的是"things"而非其他。

五　结语

词典的编纂，尤其是大型词典的编纂并非一朝一夕的事情，需要大量人力、物力、财力的投入和大型语料库及先进科学技术的支持。目前我国尚无一部令人满意的单语外向型汉语学习词典，指望某个人或某几个人的努力来完成这项艰巨的任务，无疑是"纸上谈兵"。为推动外向型汉英学习词典的长足发展，真正使中国的文化发扬光大，增强中国的国际竞争软实力，政府相关部门或者有编纂能力的出版机构应挑起这个重担，选派具备汉语、英语及相关词典学知识的专业人才，携手编纂一部（或一系列）能在世界立足的外向型汉英双解词典。

参考文献

王还：《〈汉英双解词典〉的设想》，《汉语学习》1990 年第 5 期。

黄建华、陈楚祥：《双语词典学导论（修订本）》，商务印书馆 2003 年版。

陈玉珍：《对高校英语专业学生使用学习词典情况的调查分析》，《辞书研究》2007 年第 2 期。

张和生：《对外汉语词汇教学研究述评》，《语言文字应用》2005 年第 S1 期。

章宜华、雍和明：《当代词典学》，商务印书馆 2007 年版。

胡文飞：《汉英词典释义模式的理论综述》，《辞书研究》2011 年第 4 期。

The Current State of Compilation in Non-Chinese-Speaker-Oriented Chinese-English Dictionaries and Reflections

Abstract: This paper compared the status of compilation and usage about bilingualized dictionaries domestic and abroad, analysized the weak foundation about non-Chinese-speaker-oriented Chinese-English dictionaries and their cause. We put forward the following opinions to improve their quality of compilation: strengthen the research on Chinese ontology knowledge, improve the quality of monolingual learner's dictionary, pay attention to the dictionaries' translation.

Key words: Non-Chinese-Speaker-Oriented; Chinese-English Dictionaries; Chinese as A Foreign Language

对美当代中国形象传播与汉语报刊教材研发

吴成年

（北京师范大学汉语文化学院）

摘要：让美国民众客观、真实地了解当代中国形象，切合中美关系发展的需要与美国汉语学习者的需求。但目前西方媒体过多负面报道中国，而中国媒体与当代中国流行文化难以对美直接传播当代中国真实形象，这两方面因素制约着美国民众和汉语学习者对当代中国形象的公正解读。汉语报刊教材是对美当代中国形象客观传播的有效途径：报刊教材比其他语言教材更直接地多方面展示中国国情，并以学生可接受的方式传播当代中国形象。现有的汉语报刊教材难以切合对美传播当代中国形象的要求，研发新的对美汉语报刊教材应在话题选择、难度控制上切合美国汉语学习者了解中国国情的需求。

关键词：当代中国形象；对美传播；汉语报刊教材；研发

美国哈佛大学教授、著名"中国通"傅高义曾在十几年前指出："1978年以来，中国的改革开放政策使中国发生了巨大变化，但是很多美国人对此认识不够。"（傅高义，2001）前不久，傅高义接受中国媒体的采访，"傅高义介绍说，一项调查显示：在美国，大学里的知识分子比较了解中国人，认为应该在政治、贸易方面和中国搞好关系。但很多普通人，那些教育水平不高、不了解中国的美国老百姓，则有顾虑、担忧的心理"（张中江，2013）。傅高义对中国媒体直言美国人对中国的误会："至于美国人对中国最大的误会，我认为美国人最大的问题是他们觉得自己的制度是好的，别的国家在制度方面，比如民主、自由和人权问题等，如果不同于美国的做法，美国人就会觉得不行。美国人比较自以为是，以自己的做法为中心。大部分美国人没有研究过其他国家的情况，所以他们认为自己的制度是最好的。我个人也同意，民主对于美国来说是最适合的制度。但是，如果看亚洲，菲律宾和印度算是最民主的国家，结果二战以后率先实现经济腾飞的恰恰不是它们，而是日本、韩国、中国等国家，而这些国家历史上都是威权主义国家。现在美国的许多学者也开始怀疑美国的制度，因为我们的制度也有缺点。国会里面的讨价还价，不是在考虑国家的利益而是自己的利益。金融危机的爆发也促使我们反思美国的公司做得对不对，法律是不是健全。"（新华网，2013年1月31日）曾任美国密歇根大学督学的汤姆沃特金斯也指出了美国人需要了解中国："每次我到那里，都要惊叹中国之大那是一个无穷尽的金矿，耐人寻味、值得探索一个突飞猛进的国度。但同样令我感到震惊的是，大多数美国人对中国了解甚少，这很危险。要知道，那是一个占世界人口1/5的文明，是可能将很快超过我们的第二大经济体。在中国，从老的到少的，几乎人人都知道奥巴马总统的名字。但在美国，知道中国国家主席习近平的人很少，稍微有所了解的可能就更少了。"（《环球时报》2013年3月25日）由于种种历史与现实的原因，美国民众所理解的中国国情和中国形象与中国的现实总会有不小的差距，而让美国民众客观公正地了解并理解不断发展变化的当代中国新形象则有助于中美两国关系的平稳发展，进而有利于美国汉语教学的发展。"国家形象是公众对一个国家的总体认知与评价，包括政治、经济、社会、文化、地理、历史等诸多方面。……从国际关系的角度讲，国家形象至关重要。因为，作为国家的神经中枢，决策者在进行决策时，依据的并不是客观事实本身，而是他们对事物的主观认知，是对他们脑子里客观情境的'形象'做出反应，进行决策、采取行动。"（董向荣等，2012：1—2）一个被扭曲、"妖魔化"的中国形象不利于美国民众客观、真实地了解当前中国社会，也在一定程度上影响美国学习者对汉语学习的积极性。

一　对美当代中国形象传播的必要性

（一）中美关系发展的需要

　　美国是当今世界最大的发达国家，中国是当今世界最大的发展中国家，目前两国的GDP分别占全球前两位，两国2012年的双边贸易总额达到约5000亿美元，中美两国的关系可以说是当今国际社会最重要的国与国之间的关系。中国近三十多年发展变化巨大，如何让美国理解中国的快速崛起而消除不应有的敌意与误解，这是影响中美关系走向的重要因素。既然中美关系对中美两国以至国际社会来说是如此重要，但美国民众是如何看待中国形象的呢？

　　由于长期的冷战，在西方主流社会中，中国已被塑造为"异己"甚至是"敌人"。有研究者指出，受冷战思维与意识形态的支配，美国的《纽约时报》和英国的《泰晤士报》都"着力突显中国共产党的'一党专制'及其'合法性危机'"，"翻开两报任何一年的中国报道，人权问题都是最突出的议题之一"。（孙有中，2009：277）尽管中国一再强调和平发展，但外界并不认同，感受到的确是中国的敌意和威胁。美国近些年的一些民意调查显示，美国人的中国形象并不乐观。"2008 年 3 月 31 日，也就是在奥运会开幕之前四个多月，美国盖洛普市场及民意调查公司公布了一项调查结果显示，美国民众认为，在美国当前的主要敌人中，位列前三的分别是伊朗、伊拉克和中国。最近两年的民调也显示，美国人对中国的看法并没有因为中国做的大事（奥运会和世界博览会）、负责任（不抛售美国债券）、公共外交努力（孔子学院、时代广场的广告、《中国日报》在北美的发行和印刷、在《纽约时报》和《华盛顿邮报》做整版广告）而有所提高。"（刘亚伟，2012：22）中美关系的顺利发展，需要建立新型的大国关系，需要美国对中国的发展有客观的认识与了解，需要让美国社会更客观全面地认识中国形象，避免"中国威胁论"与"中国崩溃论"的两种极端看法。

（二）美国汉语教学发展的需要

　　随着中国经济地位与国际影响力的提高，美国的汉语学习者的数量也在快速增长。为了适应美国汉语教学发展的需求，在美国建立的孔子学院与孔子课堂超过世界其他国家，可以看出美国汉语教学的需求与美国汉语教学的重要性。美国的广大汉语学习者除了要学好汉语，还要学习中国文化、了解中国国情。中美之间国情与文化的巨大差异，以及西方媒体对中国发展过多的负面报道、滞后性的报道等，在一定程度上影响美国汉语学习者对中国形象的客观认知，甚至形成不少误解与偏见。汉语教学除了提高美国学习者的汉语水平，还可以不断消除美国学习者对中国形象固有的误解与偏见，形成对当前中国更客观公正的认识，在美国学习者中形成一批真正的知华派，为美国民众与社会更好地认识中国提供重要的人才储备，这将造福于中美两国与中美两国所栖身的整个国际社会。美国总统奥巴马高度强调美国学生学习汉语并了解中国的重要性，推出了四年将派出 10 万美国学生留学中国的"十万强"计划，负责该计划的美国助理国务卿麦格吉福特表示："奥巴马总统和克林顿国务卿高度重视'十万强'计划，将其视为一项具有战略意义的重大投资。首先，这是对中美关系的投资。让越来越多的美国青年学生来华学习，亲身感知和理解中国，对于发展积极合作全面的两国关系和两国人民的世代友好具有举足轻重的作用。其次，这是对美国和世界经济的投资。美国年轻一代必须掌握与中国交往所需的语言等技能以及文化和历史知识，才能确保美国在未来长期保持经济繁荣。第三，这当然是对美国青年一代的战略投资，相信该计划将为美国培养一大批具有国际竞争力的高级人才。……麦格吉福特表示，中美关系的未来取决于两国的青年一代，只有彼此深刻了解才能最终实现共赢。"（鞠辉，2011）中美关系的顺利发展，离不开对彼此的深入认识与理解，汉语教学自然责无旁贷，可以帮助美国学生更深入地了解当代中国国情，克服种种误解与偏见。

二　对美当代中国形象传播的局限

（一）中国媒体对美国影响力有限

由于目前全球媒体的话语权由西方媒体牢牢掌控，中国媒体的国际话语权相比较处于弱势地位，对海外受众、特别是欧美发达国家的受众的影响力非常有限。海外媒体受固有的新闻立场、了解中国的程度有限等自身或客观条件的限制，难以客观、公允、全面地报道当代中国国情，海外受众受本国媒体的长期影响，容易形成对中国的种种误解与偏见。"对外人来说，要想真正、全面了解中国可是件不容易的事情。对于绝大多数人来说，对中国的了解主要是来自于媒体的报道。作为外国的媒体，就算是有派驻中国的记者，对中国的报道也往往各取所需，一则很不全面，二则出于各种原因，在很多情况下很不公允。这样，即便是那些力图客观认定中国的外国人，中国的形象在他们那里也会是支离破碎的，或者是曲曲扭扭的。"（张蕴岭，2012：2）

再加上中国正处于快速发展变化期，外界媒体难以及时传达出中国的新变化。"国家形象是动态变化的，但是，它的变化存在一定的滞后性。一个迅速发展的国家，其新变化、新信息很难及时全面地传播给另一个国家的民众，造成对该国的认识跟不上其发展。在外国人心目中，贫穷、落后等陈见、偏见已经形成，很难改变。"（董向荣等，2012：9）

美国普通民众希望真实、全面、客观地了解当前中国，但美国和其他西方国家媒体人量报道中国的负面情况，难以真实呈现中国形象。于是，令西方民众颇为费解的是，向来被西方媒体贬低，甚至"唱衰"的中国何以在此次全球性的经济危机中表现强劲，成为提振全球经济摆脱危机的重要引擎？西方的媒体难以自圆其说，而最熟悉中国国情的中国媒体又难以向西方受众直接传递自己的声音。在西方媒体有影响力、但难以真实传播当代中国形象与中国媒体可以真实传播当代中国形象、但缺乏足够国际影响力之间，针对美国学生的汉语教学可以起到桥梁的作用，突破西方媒体与中国媒体的局限，让学习者更客观真实地了解当代中国形象。

（二） 中国当代流行文化对美传播影响力有限

除了新闻媒体，一个国家的流行文化对传播国家形象影响甚大。"目前世界文化市场份额，美国占43%，欧盟占34%，亚太地区占19%；在亚太地区所占份额中，日本占10%，韩国占5%，中国和其他亚太国家仅占4%。"（蒋建国，2010）美国的好莱坞大片、麦当劳与肯德基快餐文化、NBA等体育文化，在影响全球的同时莫不传播美国的国家形象。而中国目前的流行文化缺乏足够的国际影响力，据上海交通大学与美国杜克大学等对美国普通民众的联合调查，72.5%的美国人不认为"中国有非常吸引人的流行文化"。（姜泓冰，2011）这样，中国当代流行文化在塑造中国国际形象方面的直接影响力很有限。

由于中国的迅速发展变化，美国的民众与汉语学习者需要更客观、真实地了解发展变化的中国新形象，而西方媒体报道的滞后和带有偏见性的报道难以满足美国民众与汉语学习者的这种客观需求，再加上中国媒体与当代中国流行文化国际影响力的不足，汉语教学在一定程度上可以成为帮助美国汉语学习者直接了解中国新变化的重要途径与桥梁。

三　研发对美传播当代中国形象的汉语报刊教材的必要性

（一） 汉语报刊教材是对美传播当代中国形象的有效途径

1. 报刊教材比其他语言教材更直接地传播当代中国形象

报刊教材的选材与其他课型的语言教材相比，更注重选材的真实性与现实性，选文均选自中文媒体上的新闻报道、通讯或评论文章，在注重提高学习者的汉语水平的同时，非常注重帮助国外汉语学习者对中国国情的了解，在对中国国情介绍的侧重、深入与广泛方面，远远超过其他语言教材。海内外众多高校开设报刊阅读课，北京大学的潘兆明、陈如（1992：前言）曾指出："北京大学汉语中心的'报刊阅读'一直是深受外国学生欢迎的热门课程。……为什么学生喜欢这门课程呢？用他们自己的话说是：'读报课能帮助我们了解中国各方面的社会现实，还能帮助我们学习最新最实用的书面汉语。"在多年的报刊教学实践与报刊教材编写实践中，中国大陆出版的各种对外汉语报刊教材已形成一个共识：注重多角度、多方面地呈现当代中国社会。下面列举一些不同时期较有影响的报刊教材加以例证。

1993 年出版的《高级汉语报刊阅读教材》介绍道："本教材按专题编写，每课自成专题，内容广泛，反映了中国当今社会的各个侧面。"（武彤等，1993）

1999 年出版的《报刊阅读教程》指出："学习报刊语言最终还是为了获取信息，了解中国。因此，围绕语言教学介绍中国文化，特别是介绍当代中国社会是编写本教材的重要目的之一。……全书广泛、深入地反映了世纪之交的当代中国在建立社会主义市场经济体制这个转型时期社会各主要领域的基本情况。"（王世巽等，1999：前言）

2000 年出版的《新编汉语报刊阅读教程》在编写说明中指出：教材"内容涉及政治、军事、外交、经济、贸易、文化、环保、体育休闲、健康等，……使学生在全方位了解汉语报刊特点的同时，多角度地了解当代中国社会以及中国人眼中的世界"。（吴丽君，2000）

2005 年出版的《汉语新闻阅读教程》谈道："本教材总体上按照内容专题编写，包括中国和平崛起、大学生就业、读图时代、外国人在中国、上海的发展、扶贫、保护古迹、联合国改革、人口性别比、北京交通、汉语外来词、中国年俗、高科技、世界文化遗产、防治艾滋病、网络时代、奥运会、经济全球化与文化一体化、人造美女、科学发展观等问题，力图全方位地反映新世纪中国当代社会的面貌。"（刘谦功等，2005：前言）

2011 年出版的《读报纸，学中文——高级汉语报刊阅读》（上册）涉及的话题有：外国人学中文、中餐发展、徒步旅行、休闲生活、青少年体质、中美教育、网络看病、中国住房、人口老龄化、裸婚问题、大学生就业、交通与环保、睡眠与健康、遇险索马里、中国电影、农民工与留守妇女等，力求多方面展现当前中国社会各方面情况。（吴成年，2011）

2013 年出版的《读报纸，学中文——中级汉语报刊阅读》（上册）（第2 版）选入的话题有：留学中国、餐饮、低碳旅游、电视相亲、住房限购、睡眠危机、职业女性、恋爱婚姻、大学生消费、就业、影视明星、春节、网络交友、网购、农民工等，呈现了当今中国社会的新变化与新气象。（吴成年，2013）

从上述不同时期出版的报刊教材的介绍与话题选择中可以看出，报刊教材的编者们普遍追求在有限的报刊教材容量中，力求多专题、多方面地介绍当代中国国情，带有鲜明的时代特色，有助于学习者深入了解当代中国国情与时代变迁。

2. 报刊教材是以学生可接受的方式传播当代中国形象

中国大陆出版的各个时期的报刊教材也都强调报刊教材的语言功能，都是为了提高学习者的汉语水平，特别是报刊阅读能力。"不少语言学习者在学习结束后，将要从事外交、商贸、新闻等职业，阅读报纸，从中获取有关的信息和动态，是他们的重要工作内容。为此，在他们学习期间有必要给予专门训练和培养。对一般语言学习者来说，经常阅读以目的语的文字出版的报纸，也有利于学习和掌握此种语言，因为，报纸每天不断地、大量地提供的该语言社会的信息和动态，为读者展现了广阔的，极为现实、生动的社会文化背景；另一方面，任何语言都在不断变化和发展之中，报纸的大量语言材料，及时地为读者提供了这种变化和发展的最新信息。所以，报纸是学习语言的极好材料。"（施光亨、王绍新，1993：前言）中国大陆出版的汉语报刊教材普遍注重对学习者报刊阅读能力的培养，如加强报刊词语、句式、背景知识、读报常识等的注释，为学习者直接读懂中文报刊文章提供多种途径与学习策略，让学习者在提高汉语水平的过程中直接接触认识当今中国国情的中国媒体报道，突破西方媒体的局限，这样有利于学习者基于自己的阅读体验与判断之上，构建更加客观、真实的当代中国形象。

（二）现有的汉语报刊教材难以切合对美传播当代中国形象的要求

1. 多数教材出版已超过五年

由于改革开放以来的中国处于快速发展变化期，需要反映当代中国国情的汉语教材必须与时俱进、推陈出新。经过笔者统计，大陆出版的汉语报刊教材出版先后出现三个高峰期：1992—1993 年；1999—2000；2004—2006。第三个报刊教材出版高峰期距今已在 7 年之上，前两个高峰期出版的汉语报刊教材距今至少在 13 年之上，这三个高峰期出版的教材内容难免过时得较严重，2006 年之后出现的新事物、新话题就无法体现出来，如近些年新出现的低碳生活、网络团购、电视相亲、用工荒、草根明星、人肉搜索、住房限购、医保改革等话题，在当前的中国社会非常重要、受人关注，新编的教材应自觉吸收这些新话题以体现时代的发展变化。面向美国学习者的汉语报刊教材《人民日报笔下的美国》、《报纸上的中国》、《报纸上的天下》，分别出版于 1993 年、2004 年、2004 年，距今有 9—20 年之久，无法反映近来中国的新发展与新变化。

2. 多数教材偏难

由于报刊教材的语料直接选自中文媒体的文章，而中文媒体的文章本来是给中国人或以汉语为母语者看的，其难度可想而知。"读中文报纸一直被外国学生视为畏途。中文报纸难读，在对外汉语教学界几乎是通识。……在国外，我们往往可以看到有很多汉语不错的学生甚至是博士生，学习汉语经年，能读懂中国的小说、戏剧、散文甚至古典诗歌，但在读中文报纸的时候往往就捉襟见肘、一头雾水了。"（王海龙，2004：导言）为了降低中文报刊教材的难度，不少教材加强了对读报背景知识、读报技巧等方面的注释，这对帮助学习者适应中文报刊文章的特点有一定的作用。但多数报刊教材对主课文生词的超纲词比例控制不太理想，往往居高不下，以影响较大的面向中级汉语水平的《报刊语言基础教程》（上下）为例，这两部中级报刊教材超等级、超纲词合计比例上册为78.74%，下册为97.05%，与教学大纲所规定的中级教材超等级超纲词比例不超过20%的要求相差甚远。（吴成年，2011）这些教材尽管保留了所选报刊文章的原汁原味，但由于超纲词过多，给学习者带来较大的负担，会严重影响学习者学习的积极性。

3. 多数教材属于通用型教材、缺乏针对性

20世纪90年代以来公开出版的汉语报刊教材中，占主流的是通用型汉语报刊教材，即主要给大陆环境的来华留学生使用，其中只有三部供美国学习者使用的汉语报刊教材（周质平、王学东编写的《人民日报笔下的美国》；王海龙编写的《报纸上的中国》、《报纸上的天下》）。通用型汉语报刊教材针对国内密集型、混合编班汉语教学的环境，在教材的容量、难度、针对性、适用性等方面不太适合海外汉语教学的具体需求。

《人民日报笔下的美国》作为一部专供美国学习者使用的汉语教材，选择话题注意美国学生的兴趣，练习围绕主课文或选取一些漫画进行话题讨论，照顾到美国学生爱讨论、爱看漫画的特点。但这部教材同时也存在着如下问题：一是出版的时间离现在有20年，无法反映近20年中国的巨大发展变化。二是选材的立场存在明显的主观倾向性，具有浓厚的意识形态色彩，专门选择《人民日报》中对美国问题进行批评的文章，而无视同一时期《人民日报》也有中立、客观报道美国的其他大量文章，这样会让使用该教材的美国学生误以为《人民日报》只有攻击、批判美国的文章，对美国的态度很不友好。这样容易导致美国学生对《人民日报》，甚至中国产生敌意，不利于美国学生客观、理性地看待中国与中国媒体。三是文章来源过于单一，尽管《人民日报》是中国官方最权威的媒体之一，但只选《人民日报》一种中文媒体，会让学习者的眼光局限于《人民日报》，忽视丰富多样的其他中文媒体。四是选材的视角过于褊狭，即只选择《人民日报》如何

看美国的文章，而没有任何直接报道中国的文章，学生学了这样的教材，只知道《人民日报》如何看美国问题，但对中国与中国国情的具体情况还是一筹莫展。

同样是供美国学习者使用的汉语报刊教材，《报纸上的中国》与《报纸上的天下》要比《人民日报笔下的美国》改进不少：一是文章来源丰富多样，包括中国内地、香港、台湾以及海外的中文报纸，视野异常开阔。二是有关中国的各种报道成为教材的重心，使学习者对当今中国国情进行多方面了解。三是作者的立场与态度客观公正，去意识形态化，以友好理解的态度编写中国内容，这样有助于学习者更客观公正地看待中国与中国形象。四是注重读报背景与读报技巧等的介绍，起到很好的指导作用。当然该教材最大的问题就是出版时间离当前有 9 年之久，近些年中国新出现的重要话题无法在教材中展现，给人以时过境迁之感，无法让美国学习者了解新近中国之发展变化。

四 对美传播当代中国形象的汉语报刊教材的研发策略

（一）话题选择

话题是报刊教材的灵魂，历来被报刊教材的编写者所重视，话题编选的质量在一定程度上决定了一部报刊教材的质量。

首先，报刊教材的话题选择应丰富多样。目前报刊教材的话题选择主要有两种，一种是一课一话题，各课之间的话题基本相互独立，大部分报刊教材采用这种方式。另一种是数课围绕同一话题组成同一单元，少量报刊教材采用这一方式，如《时代》系列报刊教材每册由 3—5 单元构成，每个单元由 3—4 课组成，每一单元同属一个大话题，同一单元的每一课都有一个子话题。这种数课一话题的编排方式的优点是学生可以比较集中、深入的学习某一话题，但缺陷比较明显：学生在一部教材中接触到的话题只有 3—5 个，显得太少，不利于多方面地了解中国国情；当学习者不喜欢某一话题，在连续 3—4 课中都学习同一不喜欢的话题时，痛苦折磨的时间过长，影响学习者的学习兴趣。一课一话题的报刊教材可能给学习者带来每课要学习一新话题的挑战，但可以避免数课一话题这两方面的不足，满足学习者多方面了解中国国情的需要。

其次，在话题内容的国别性上应综合考虑。面向美国学习者的报刊教材话题内容按国别性可分为如下五类：①中国内容的话题；②中美内容的话题；③美国内容的话题；④中美以外其他国家内容的话题；⑤全球性内容的话题。这五类话题的重要性排序为：①＞②＞③＞④、⑤。这样排序的理由是：美国学习者最需要了解的是中国国情，其次是中国人眼中的美国，再次是中国人眼中的其他国家与世界。作为美国学习者，最想了解的不是美国的内容，而是学习者不熟悉的中国内容，这样，才有可能多方面了解中国国情。《人民日报笔下的美国》只选择美国内容的话题，就不如《报纸上的中国》侧重选择中国内容的话题。

再次，应敢于选择中美之间存在争议或分歧的热点话题。如政治制度、人权、计划生育、人民币汇率、知识产权保护、网络黑客、台海问题、新疆问题、西藏问题、反腐问题等，这些是美国民众很关注、西方主流媒体常常加以负面、歪曲报道的中国话题，我们应以事实、故事、数据来有理有节地表明中国的立场与真相，让美国学习者了解中国的事实真相与中国的实际想法，消除不必要的偏见与误解，从而更客观地看待中国的发展变化。

此外，应优先选择有关中国的新锐话题，凸显中国的新时尚、新气象、新发展、新变化、新问题、新趋势，扭转西方眼中老旧、保守、落后的过时中国形象。像网络看病、网络团购、网络反腐、人肉搜索、低碳旅游、电视相亲、裸婚、住房限购、城镇化等新话题，都可以展现中国的新气象与新形象，让美国学习者几乎同步地了解当前中国发展变化。即使是一些中国老话题，我们也应善于捕捉其新变化与多元看法。如计划生育政策，外国人往往刻板地认为就是一个家庭一个孩子的生育政策，而实际上，中国的主流媒体近些年一直在热议：随着中国人口的老龄化、要不要放开二胎？甚至两会代表、网民都在不断热烈讨论这一问题。我们就可以编选中国人对这一话题持不同看法的文章，丰富海外学习者对中国国情的了解。

（二）难度控制

在难度控制方面，重点是对报刊教材主课文的难度控制。对此，教材编写者有两种不同的态度：一是主张应尽量保持报刊文章原有难度，这样学习者在适应报刊教材难度的过程中也就适应了直接阅读中文报刊文章的难度。二是主张应适当降低报刊教材入选文章的难度，便于学习者学习。应该说，这两种观点都为学习者考虑，都有各自的合理性。本文认为要根据学习者的汉语水平与所选报刊文章原文的难易度这两方面因素综合考虑是否要改动入选的报刊文章原文。当学习者汉语水平较低时，我们尽量选择较短小、与学习者水平接近的报刊文章。但如果学习者汉语水平与所选的报刊文章难度相差较大时，且一定要用这些选文，不可避免要对所选的报刊文章进行改动。

对报刊文章进行改动时，应遵守一些原则：一是尽量保持原文的风格与主要内容、观点的完整性；二是可适当去掉或精简不影响全文主要内容理解的过长过难的语句、段落；三是去掉或替换一些不影响原文理解的超纲词，提高生词的纲内词的比例。

除了加强对选文篇幅、超纲词数量的控制，还应加强对报刊特有词语、句式的例释，以及对文章背景知识、读报技巧、中国媒体常识等的介绍。（吴成年，2011）对报刊教材课文难度的控制与报刊阅读相关知识和技巧的注释，有助于学习者既能适应具体的报刊选文难度，同时也在形成良好的报刊阅读策略，这样，中文报纸由畏途变成通途，帮助学生直接获取中文信息与中国国情。

五　结语

中美关系是影响当今国际社会最重要的国与国关系，不仅直接影响着中美两国的今后发展，也较深地影响着人类今后的和平与发展。中美关系的良好发展离不开美国民众对中国形象客观真实的了解，更需要避免不必要的误读误解。美国的汉语学习者需要了解最新发展变化的中国，而西方媒体对中国的过多负面报道容易误导美国汉语学习者对中国国情的解读，中国媒体又难以直接影响美国汉语学习者。美国汉语学习者是美国民众中的特殊人群，他们将是未来深入理解中国、保持中美良好关系的最重要的一支力量。汉语报刊教材比其他的语言教材更直接、广泛、深入地呈现中国国情，但目前大陆出版通用型为主的报刊教材与面向美国学习者的报刊教材在面向当前的美国汉语学习者时，都有不合时宜之处。研发新一代对美汉语报刊教材既可以让美国汉语学习者学好汉语，还可以增进对正在发展变化的中国国情的广泛、深入解读，当代中国形象也将会更全面、更客观地为美国汉语学习者所理解，有助于在美国形成一批像傅高义那样真正知华的优秀汉语人才——中国通。

参考文献

［美］傅高义：《美国人看美国》，《中国与世界》，《美国研究》2001 年第 2 期。

蒋建国：《推进文化体制改革提高国家文化软实力》，《人民日报》2010 年。

刘亚伟：《中国、中国人和中国人形象——说说美国人眼中的"新"中国人形象》，载韩方明主编《中国人的国际新形象》，新华出版社 2012 年版。

刘谦功、王世巽:《汉语新闻阅读教程》,北京大学出版社 2005 年版。

姜泓冰:《美国人对中国好感度上升 对中国文化的认知度还很薄弱》,《人民日报》2011 年。

[美]傅高义:《美国最大问题是只觉得自己制度好》,2013 年,新华网。

美学者:《大多数美国人对中国了解甚少很危险》,《环球时报》2013 年。

潘兆明、陈如:《读报刊 看中国》,北京大学出版社 1992 年版。

施光亨、王绍新:《新闻汉语导读》,北京语言文化大学出版社 1993 年版。

孙友中:《解码中国形象:〈纽约时报〉和〈泰晤士报〉中国报道比较(1993—2002)》,世界知识出版社 2009 年版。

王海龙:《报纸上的中国》,北京大学出版社 2004 年版。

王世巽、刘谦功、彭瑞情:《报刊阅读教程》(上册),北京语言文化大学出版社 1999 年版。

吴成年:《报刊教材面临的挑战与对策研究》2011 年第 4 期。

吴成年:《读报纸,学中文——高级汉语报刊阅读》(上册),北京大学出版社 2011 年版。

吴成年:《读报纸,学中文——中级汉语报刊阅读》(上册)(第 2 版),北京大学出版社 2013 年版。

吴丽君:《新编汉语报刊阅读教程》(初级本),北京大学出版社 2000 年版。

武彤、王希增、彭瑞情:《高级汉语报刊阅读教材》(上册),北京语言文化大学出版社 1993 年版。

肖立:《报刊语言基础教程》(上下册),北京大学出版社 2005 年版。

张中江:《〈邓小平时代〉作者:一些美国人担心中国强大》,2013 年,中国新闻网 2013 - 1 - 19。

张蕴岭:《序:兼听则明》,载董向荣、王晓玲、李永春著《韩国人心目中的中国形象》,社会科学文献出版社 2012 年版。

鞠辉:《美国用"十万强"计划力促美国学生留学中国》,《中国青年报》2011 - 12 - 10(4)。

Image dissemination of Contemporary China to USA and Chinese Newspapers and Periodicals Textbook Rcsearch and Development

Abstract: Understanding objectively the contemporary China's image meets the need of the development of China-US relations and the need of Chinese learners in the United States. But at the moment, too much negative reports about China are made by the western medias, while the Chinese media and the contemporary Chinese popular culture is difficult to direct transmission of the contemporary China's image, so the two factors restrict the Americans and Chinese learners fair interpretation of the contemporary China's image. Chinese newspapers and periodicals textbook is an effective means of communication in contemporary China. But current Chinese newspapers and periodicals textbook are difficult to meet demand for the dissemination of contemporary China's image. Compiling the new Chinese newspapers and periodicals textbook should select suitable topics and control the difficulty to meet the American students' demand to understand the real China's national conditions.

Key words: Contemporary China's image; Dissemination to USA; Chinese newspapers and periodicals textbook; Research and development

现代汉语反问句研究述评

史芬茹

（北京师范大学汉语文化学院）

摘要：与现代汉语反问句相关的语法语用研究成果显著。本文从性质定义、句法形式、语义特征、语用分析以及对外汉语教学研究五个方面总结了反问句主要的研究成果，发现反问句研究越来越注重理论革新和实验统计，但也还存在一些问题有待改进。

关键词：反问句；性质；句法形式；语义特征；语用分析；对外汉语教学

一　引言

反问句古已有之，早在先秦诸子的散文中便很常见。仅举一书为例：经陈志明调查，《论语》全书共有疑问句 326 句，其中反问句有 183 句，占到了问句总数的 56.1%。到了近现代，反问句大量存在于当时的文学作品中，有关学者对《水浒传》、《红楼梦》、《金瓶梅》、《雷雨》中的反问句都作了具体分析。到了当代社会，反问句使用也相当广泛。一般来说，反问句若用在政论文或抒情散文等书面语体中，多起加强语气、加重感情色彩等作用，能达到很好的修辞效果；而若在口语交际中出现，其表达的语气和功能则是复杂多样的，既可表示讽刺、责备，也可表示提醒、劝慰，甚至可用于寒暄与客套，如一些习用化的反问形式如"哪里哪里"、"哪儿呀"、"那还用说"、"可不是吗"等都是交际常用语。可以说，反问句自古至今一直是中国人表情达意的一种重要句式。

Hatch（1983）认为语言的自然度/认知难度（特征的显著性、形式和意义对应的清晰性等）在二语句法习得中起主导作用（转引自丁雪欢（2006））。而反问句是对基本疑问功能的偏离，它以问句形式表达非疑问的语用意义，因此对二语习得者而言，是自然度差、认知难度高的一类问句。

施家炜关于 22 类句型的习得顺序研究也证明了反问句属于难度大、习得晚的语法项目。然而在对外汉语教学界，这种重要、常用、功能复杂、习得难度高的反问句式，却仅仅是作为一种强调的方法被介绍（见《汉语水平等级标准与语法等级大纲》）；而部分对外汉语教材在处理反问句时，很少有系统讲解。若课文中出现了反问句，就作出类似"你不是去过北京吗？＝你去过北京"这种非常单一的解释，对反问句的形式特点、使用条件、语用功能、反问程度等很少涉及，以至于留学生学了几年汉语，但仍不理解、不会用或不敢用反问句的现象相当普遍。要改善这种教学现状，有必要认真总结和梳理现代汉语反问句的研究成果，以便更好地指导对外汉语教学。

　　反问句作为一种特殊的句式，一直是现代汉语语法研究关注的对象。20世纪 40 年代吕叔湘《中国文法要略》的出版标志着反问句研究的初步成熟；50 年代到 70 年代末期，反问句的研究基本没有新的突破；而自 80 年代开始，随着多种语言理论，特别是语用学理论的引进和逐渐普及，反问句的研究进入了一个新的发展繁荣阶段。学者们发表了相当数量直接或间接研究反问句的论文；同时，以反问句为研究对象的硕士和博士论文也相继出现。如今，这个阶段也已经过去了将近三十年。那么，反问句的研究涉及了哪些方面，取得了哪些进步，还存在哪些问题，这些正是本文所关注的。

二　反问句的性质特征和定义

　　反问句的基本性质究竟是什么，学界存在争议。学者们从不同的角度给反问句下了诸多定义，其中也涉及反问句的性质。

　　吕叔湘先生在《中国文法要略》中指出：反问句是"不疑而故问的句子"，"有疑问之形而无疑问之实"。

　　王力在对语气的研究中论述了反问句："凡无疑而问，为的是加重语意，或表示责难，叫做反语语气。""一切的疑问式都可以当反诘用，这是可以由上下文观察出来的。"

　　刘月华等著《实用现代汉语语法》则认为："反问是表示强调的一种方式。……反问句的作用是对于一个明显的道理或事实用反问的语气来加以肯定或否定以达到加强语势的目的。"

　　符达维认为反问句"是一种运用语法结构（语法上的疑问句）达到某种语用目的的修辞手段"，因此表推测的疑问句不是反问句，表责问的也不一定是反问句。如："难道还有更好的办法吗？"说话人说此句时如果带有一定的犹豫和揣测，该句就不是反问句；而像"这孩子！已经给了你了，你还哭！"（选自刘月华《实用现代汉语语法》中反问句的例句）这样的句子就不应该纳入反问句的范畴。

邵敬敏给反问句下的定义是："反问句，又叫反诘句，是现代汉语中应用广泛，并相当有特点的一种假性问疑问句式。"并进一步解释了反问句在语用上的三个特点：表示说话者内心的"不满"情绪；表示说话人主观的"独到"见解；传递说话人对对方的一种"约束"力量。

郭继懋认为："反问句是一种间接地告诉别人他的行为不合情理的方式。"

张伯江在对疑问句进行重新分类，并给是非问句（指针对一个命题提问，要求答话者判断是非的疑问句）下定义后提到了反问句："反问是一种有标记的是非问句，它借助'不是'、'难道'……有形的标记，把句子的否定意义推向极致。"同时指出："反问句是一种修辞性的问句。"

范晓称："反问也叫反诘，是指说话人借用疑问句的形式，说明一个事实或道理。语气是疑问的语气，语意却是确信无疑的。"

冯江鸿在《反问句的语用研究》中总结了汉语反问句的四个特征：

1. 形式与交际功能的不一致。

2. 句表形式与其隐含意义的转换。

3. 交际功能的多样性。

4. 表意的间接性和隐含性。

并认为：反问句是问句的一种特殊使用，主要表达间接的陈述，并在此基础上实施各类断言和指令类言语行为。

以上我们列举了一些有代表性的反问句的定义。应该说，这些定义都从一定角度揭示出了反问句的性质。但是，仔细研究我们会发现，这些定义有些重合，有些互补，而有些则是互相冲突的。我们认为，如果只从形式特征上定义，很难触及反问句的核心本质，因为在一定的情境下，一切疑问句都可以当反问句用；而如果从功能上定义，反问句又是一个主观性非常强的句类，具有复杂性和模糊性，很难清晰界定。我们认为有必要引进"类典型论"概念，从动态过渡的角度去分析反问句的性质特征及其涉及范围。这些内容我们将另行撰文专门研究。

三　反问句的句法形式研究

反问句的句法形式，传统观点认为同一般的疑问句并无区别，只是表达功能不相同而已。对反问句结构的描写，也都是以传统的四大结构类型（是非问、特指问、选择问、正反问）为纲。吕叔湘先生在《中国文法要略》中指出："反诘和询问是作用的不同，在句子的基本形式上并无分别"，并指出："特指问和是非问都可以用作反诘句，而以是非问的作用为最明显"，"抉择式和反复式是非问句，因为都是两歧的形式，反问语气不显"。其后的许多论著都是在此框架内分析反问句，如李铁根、邵敬敏、范晓等。

但是否所有反问句的句法结构都与疑问句相同呢？反问句有没有自己独特的形式标记？近年来，这一问题被越来越多的学者关注。

高名凯认为：西方语言的反问句与一般的疑问句没有区别，汉语却非如此。汉语的反问句有自己的语法结构，如，"岂"和"难道"就可以看作汉语反问句的标志词。但对此观点，有些学者并不认同。刘钦荣等和苏英霞皆在文章中指出：有"难道"的句子还可以表示带有疑问的揣测，并非只表示反问。

徐思益将反问句分为弱式反问句和强式反问句两种，认为弱式反问句即特指问、是非问、选择问、反复问等与一般的疑问句同构的反问句，而强式反问句则是反问句特有的表达式，如"S 不就 P"和"S 能不 P"（S 和 P 分别代表主项和谓项）两种格式。

李宇明也认为反问句式与询问句式是一种交叉关系，而非完全重合的关系，并列举了一些反问句式的形式标记，如由"什么"、"哪、哪儿"、"怎么"、"何、岂"形成的反问句式。而且，文章还提到了表示反问的一些固定短语，如"有完没完"、"岂有此理"等。

常玉钟将"岂有此理"等固定短语称为习用化的反问句，认为其含义、功能已经与结构形式建立了固定的联系，并在口语交际中很常用。后来的学者多接受了这种说法。

萧国政通过对毛泽东著作的分析，指出现代汉语书面语的反问形式有三种，分别为：词语反意形式（如"难道"、"岂"、"宁"等）、格式反意形式（如"不是…吗?"等）和语境反意"形式"。前两者可以看作反问句的形式标记，而后一种没有识别反意的形式标记，需通过语境来识别。

史金生研究并确认："除'副 + 动'的'不是'外，表提醒和表确认的两个'不是'只能用在反问句中",如"今天不是还得拍电影吗?"中的"不是"表提醒,"世道变了,北京人的日子过得顺心顺气了。可又不能说人人顺心,个个顺气不是?"中的"不是"表示确认。

刘钦荣发现:对反问句来说,特指问和是非问有某种对应关系,可以互相变换;在特指反问句中,疑问代词"怎么"和"哪里"如果做相同的成分,也可以互相转换。这些现象说明,反问句和询问句的变换形式是不同的,因此反问句和询问句不是严格意义的同构形式。

李晟宇在文章中列举了"呢"字反问句的多种形态标记,并指出:许多反问句都是疑问句式的超常使用造成的。

综上所述,多数研究者认为:大部分反问句与一般的疑问句表层形式相同,但其特有的表达形式也同时存在。其中,萧国政对反问形式的分类非常重要。其后若干关于反问句的博士、硕士论文,都是在此基础上将反问句分为有标记和无标记两大类,而对有标记反问句的整理也是以词语和格式为纲展开。如于天昱的硕士论文统计说明了十类二十三种有标记反问句的频率与功能;而殷树林在其博士论文中则总结出了四大类二十七小类反问句形式。我们认为,反问句形式特征的研究与总结对于对外汉语教学来说很重要,因为形式特征的显著和清晰能降低反问句认知和使用的难度。

四 反问句的语义特征研究

反问句的语义特征也是研究反问句时必须涉及的一个方面。学界普遍认为反问句要表达的真实意义是对其句表意义的否定。

吕叔湘先生指出:"反诘实在是一种否定的方式:反诘句里没有否定词,这句话的用意就在否定;反诘句里有否定词,这句话的用意就在肯定。"刘月华在《实用现代汉语语法》中也基本认同吕先生的观点,并具体分析了四种类型反问句的语义和语气。李宇明和朱俊雄则分别从反问句的结构形式入手,逐类描写了反问句的否定类型和否定指向。

许皓光在《试谈反问句语义形成的诸因素》中认为影响反问句语义的因素至少有五个:语言环境,副词"不是"、"还"等的使用,语句重音的转移,疑问代词意义的虚化和语序的变化。刘松汉也指出:反问句必须有充分的语义前提,才能表达一个必然的毫无疑问的结果,而一般疑问句则没有。刘钦荣在此基础上具体分析了语义前提出现的七种情况。

对于选择问和正反问反问句,学界一般认为需凭借前后语境才能确认其意义，但有学者对此提出了异议。李铁根分析了"X 不 X"正反问反问句。这类反问句既可表示肯定，也可表示否定，如"你说可笑不可笑?"句，形式上是肯定和否定并列，实际的意思则是肯定的；而"你讲理不讲理"的意思则是否定的。作者认为，此类句子不一定非依靠语言环境才能确定是肯定还是否定，X 的性质才是决定肯定还是否定的关键。凡像"可笑、讨厌、丢人"等表贬义的词语进入"X 不 X"格式，反问句就表示肯定，而像"讲理、听话、要脸"等表褒义的词语进入"X 不 X"格式，反问句就表示否定，并分析了"可爱、漂亮"等词在正反问反问句中表示肯定的特殊性及原因。指出"正反问反问句因为肯定否定同在，难以在句式上表现出倾向性，因此通过词语的选择来表示倾向性"。这一分析开创性地指出了词语意义对反问句语义的制约作用。刘瑛又进一步对此作了分析。

三个平面理论的提出和推广为学者们研究反问句提供了新视角。人们发现，反问句的意义不仅仅体现在语义层面上，更多的是体现在语用层面上。反问句的意义是多层次的。常玉钟首先提出应区分反问句的语义和语用义。其后，郭继懋把反问句的意义分为显性和隐性两部分：显性意义是反问句的字面意义，隐性意义是会话隐涵意义，表达隐涵意义是使用反问句的最终目的。刘娅琼则将反问句意义的两部分分别称为理性义与附加义。

从以上分析我们可以看出，学界对反问句意义的解释是逐步深化的。反问句很多时候是一种语境句，使用时与说话者的意图密切相关。要深入理解它的意义，就必须充分考察它的使用情况和使用功能。因此，从语用学的角度进一步分析反问句成为大势所趋。

五　反问句的语用分析

对反问句进行语用分析的文章比较多，我们将其主要归纳为以下几个方面。

1. 反问句的语用条件

郭继懋首次运用会话含义和言语行为理论，分析总结了反问句的语用条件。并认为，"使用反问句时，说话人总是预先设想别人可能会有相反的观点"，因此，反问句都有一种辩论语气。

赵雷将反问句的使用条件归纳为两点：一是说话人对某种已经发生的自认为不合情理的行为或言论予以否定，二是说话人对自己主观预想的某种行为或言论进行否定，借以强化自己正面肯定的观点。

　　李晟宇提出反问句必须具备"句外语境的支持"、"句内有反问标记"、"特定句式选择特殊词语"三大条件之一。

　　2. 反问句的语用含义

　　语用含义在有的文章中也被称为语用功能。常玉钟指出，反问句的语用含义具有隐含性、行为性和多样性三个特点。其后，多篇研究文章都从不同角度总结描写了反问句的语用功能。

　　邵敬敏指出反问句有六种语用含义，分别是：困惑义、申辩义、责怪义、反驳义、催促义、提醒义。赵雷将反问句的语用功能总结为四点：表达不满情绪的功能，提醒、催促的功能，抒情、说理的功能和谦逊、客气的功能。刘娅琼认为反问句的附加义（即语用义）主要有以下三项：提醒义、评价义、强调义，其中提醒义是反问句最主要的附加意义。于天昱则将反问句的语用功能归纳为 12 类，分别为：辩驳类、埋怨责怪类、催促类、提醒类、困惑类、阻止类、确认类、调侃讽刺类、劝解类、客套类、出乎意料类和鼓励类。可以看出，反问句的功能分类有细化的趋势。其实刘松江早在1993 年就撰文指出："无论是鄙视、厌恶，还是嘲笑、讽刺，是安慰、劝解，还是漫不经心、无所谓。总之，凡属人所具有的各种情绪都可在反问句中得到反映。"

　　我们认为，从本体研究的角度看，反问句的语用功能复杂多样而且主观性很强，用归纳法很难穷尽描述；而从教学语法的角度看，反问句到底有哪些功能，这些功能中哪些常用、哪些不常用，表达某种功能主要使用哪些句式等都是教学中需要解决和面对的问题。对这些问题进行适当地量化研究，有助于我们在对反问句进行教学时科学地安排教学顺序和教学内容，因此以上研究有其价值所在。

　　3. 反问句的反诘度

　　我们在使用反问句时可以发现，有的反问句反问语气很强，而有的反问句则很弱。这种反问程度的差别，我们可以称为反诘度不同。反诘度是反映反问句功能的一个非常重要的方面。最早研究这一问题的学者是于根元。他指出：反问句否定的轻重，取决于否定的对象、反问时的表情态度、反问者的身份以及与对方的关系。

　　而后，刘松江从交际作用的角度分析反问句，指出反问句反映的人对人的各类情绪，态度可分为缓和、严肃、强硬三大类。

　　邵敬敏在《现代汉语疑问句研究》一书中专辟一节讨论反问句的反诘度问题。他将反问句的六种语用功能归结为三个等级，分别为强级（责怪、反驳)、中级(催促、提醒)和弱级(困惑、申辩)。并认为影响反诘度的主要原因有二:一是疑问句的内部类型,二是交际的目的性。而对话者的身份、语境的制约以及对象的差异也都起到一定的作用。

晏宗杰引入利奇(Leech)的礼貌级别理论,分析比较了"V+什么"和"V+什么+V"两类反问句式,发现两类句式的礼貌级别不同。

语气和态度的差别向来难以把握,因为其主观性很强。比如"看什么"是否就比"看什么看"更礼貌一些,我们还心存疑问。但礼貌级别理论无疑对我们研究一些不同形式反问句反诘度的差别开辟了一个新视角。

4. 反问句的回答系统

学界曾普遍认为反问句由于发问者心中已有明确的意见或想法,所以并不要求回答。但近年来有越来越多的学者认为反问句要求回答,可以回答,并且能用来作答。最早指出这一点的是于根元。他的观点与以往研究不同,具有开创意义。

其后,邵敬敏进一步阐释了这个问题,并将反问句的答语分为自问自答和自问他答两大系列。朱晓亚把针对反问句的回答分为两大类:一是针对反问句表层的回答,即把反问句当一般问句来回答;二是针对反问句深层的回答,听话人如果听懂了反问句并遵守对话中的合作原则的话,一般都会作出这种回答。聂莉娜将答句类型分为合意答句和不合意答句两种,分析了引出合意答句必须遵守的准则以及出现不合意答句的原因。冯江鸿对反问句回答的研究和分类更为精细。其贡献主要在于:她认为针对反问句的回答有隐性和显性之别。其中隐性回答是由反问句引发的听话人的内心反应,是非言语表达方式,而显性回答则是言语表达方式。

综上我们可以认为,说反问句不需要回答与言语实际有出入,反问在有些情况下是有答句的。现阶段对针对反问句的回答研究得较充分,但对用反问句来回答问题的情况研究得还不够,而后者直接影响对反问句性质的把握。因为很多习用化的反问句都是作为答语出现的,如"哪里哪里"、"那还用说"、"可不是吗",等等。

六 面向对外汉语教学的反问句研究

近年来,从对外汉语教学角度研究反问句渐成热点。就我们目前所见到的资料而言,正式发表的论文有四篇,而专门研究或部分涉及反问句教学的博士、硕士论文则有十数篇之多。这些研究文章都指出:目前对外汉语教学中反问句的教学面临困境。这种困境主要体现在三方面：（1）反问句细腻复杂，而教材（包括大纲）的解释与编排简单机械；（2）对外汉语教师对反问句重解释轻操练或不知如何操练；（3）留学生对反问句的使用存在回避心理。

正式发表的论文中，赵雷对留学生理解和使用反问句的情况作了调查与分析，认为大纲和教材对反问句的说明都存在问题；并按课型设计和讨论了反问句的教学对策。董付兰对《王朔小说·纯情卷》进行了反问句语料分析，得出结论：反问句是适应人们表达上的需要而产生的一种独特的否定形式。在这一结论的指导下，作者突破教材的限制，在教学中将反问句作为否定的一种方式来处理，颇有新意。肖治野则主要调查留学生使用"怎么"类反问句的情况，认为对不同汉语水平的留学生，反问句教学的侧重点应该不同。朱淑仪调查了中高级水平留学生对四大类十四小类带有形式标记的反问句的理解和运用能力，并从教材编写和课堂教学两方面提出了教学建议。

我们认为，要彻底改变反问句教学的现状，需要先解决以下几个问题：反问句什么时候用，对谁用，怎么用，用什么以及留学生为什么不用或用不好。解决这些问题一方面要进一步从语用学的角度分析反问句的本质特征，一方面要对母语使用者和二语习得者反问句的使用情况进行统计，根据统计结果修正大纲、设计教材。对教师而言，讲练反问句一定要有形式、功能、情景相结合的教学思路；同时，要充分考虑留学生的母语结构和国家文化，针对留学生的生活设计情景。

七　结语

综上可见，反问句已有研究成果颇丰。特别是 20 世纪 80 年代以来，相关论文数量逐年增加，研究的问题也不断深入、细致，在许多方面都有了突破性进展。从研究内容上说，现有研究已经开始运用多种语用学理论对反问句性质特征进行探讨；不断发现和整理出反问句特有的句法结构；多角度、多层次分析整合反问句的语义、语用条件和交际功能；同时，反问句教学法的研究也方兴未艾。从研究方法上说，现有研究逐渐从以归纳描写为主过渡到使用实验统计等方法，这种转变无疑加强了反问句研究的科学性。但我们在肯定进步的同时也发现有些问题值得注意：有的研究运用语用学理论分析反问句，但对语用学理论本身把握得不够准确深入，因此虽然语料翔实、描写细致，但分析流于表面化，解释力明显不足；反问句教学法研究中，虽然使用了统计和调查方法，但普遍存在被试数量少、语料较单一的问题，降低了结论的可信度。另外，分国别的反问句对比与习得研究还几乎是一片空白。

总之，今后与反问句相关的语法语用研究需要加强理论探索意识，而与对外汉语教学相关的研究也需要进一步总结和提高。

参考文献

陈志明：《〈论语〉疑问句考察》，《山西师大学报》（社会科学版）2000 年第 1 期。

丁雪欢：《初中级留学生是非问的分布特征与发展过程》，《世界汉语教学》2006 年第 3 期。

施家炜：《外国留学生 22 类现代汉语句式的习得顺序研究》，《世界汉语教学》1998 年第 4 期。

国家汉办：《汉语水平等级标准与语法等级大纲》，高等教育出版社 1995 年版。

吕叔湘：《中国文法要略》，商务印书馆 1982 年版。

王力：《中国现代语法》，商务印书馆 1985 年版。

刘月华：《实用现代汉语语法》，外语教学与研究出版社 1983 年版。

符达维：《不宜扩大反问句的范围》，《中国语文天地》1989 年第 6 期。

邵敬敏：《现代汉语疑问句研究》，华东师范大学出版社 1996 年版。

郭继懋：《反问句的语义语用特点》，《中国语文》1997 年第 2 期。

张伯江：《疑问句功能琐议》，《中国语文》1997 年第 2 期。

范晓：《汉语的句子类型》，书海出版社 1998 年版。

冯江鸿：《反问句的语用研究》，上海财经大学出版社 2004 年版。

李铁根：《正反问形式反问句的语义区分》，《汉语学习》1984 年第 4 期。

高名凯：《汉语语法论》，商务印书馆 1986 年版。

刘钦荣、金昌吉：《有"难道"出现的问句都是反问句吗？》，《河南大学学报》（社科版）1992 年第 3 期。

苏英霞：《"难道"句都是反问句吗？》，《语文研究》2000 年第 1 期。

徐思益：《反问句特有的表达式》，《锦州师范学院学报》（哲社版）1986 年第 4 期。

李宇明：《反问句的构成及其理解》，《殷都学刊》1990 年第 3 期。

常玉钟：《试析反问句的语用含义》，《汉语学习》1992 年第 5 期。

萧国政：《毛泽东著作中是非性反问句的反意形式》，《中国语文》1993 年第 6 期。

史金生：《表反问的"不是"》，《中国语文》1997 年第 1 期。

刘钦荣：《反问句的句法、语义、语用分析》，《河南师范大学学报》（哲社版）2004 年第 4 期。

李晟宇：《"呢"字反问句的产生条件》，《语文建设》2005 年第 2 期。

于天昱：《典型有标记反问句研究——兼及对外汉语教学中的反问句教学》，硕士学位论文，东北师范大学，2004 年。

殷树林：《现代汉语反问句研究》，博士学位论文，福建师范大学，2006 年。

朱俊雄：《反问句的否定指向》，《内江师范学院学报》2004 年第 5 期。

许皓光：《试探反问句语义形成的诸因素》，《辽宁大学学报》1985 年第 3 期。

刘松汉：《反问句新探》，《南京师范大学学报》1989 年第 1 期。

刘瑛：《正反问反问句中谓词的类及其形容词性倾向》，《洛阳师范学院学报》2005 年第 1 期。

刘娅琼：《试析反问句的附加义》，《修辞学习》2004 年第 3 期。

赵雷：《谈反问句教学》，《语言教学与研究》2000 年第 3 期。

刘松江：《反问句的交际作用》，《语言教学与研究》1993 年第 3 期。

于根元：《反问句的性质和作用》，《中国语文》1984 年第 6 期。

晏宗杰：《从"V + 什么 + V"看汉语表达的礼貌级别》，《汉语学习》2004 年第 5 期。

朱晓亚：《现代汉语句模研究》，北京大学出版社 2001 年版。

聂莉娜：《反问的非零形答句》，《修辞学习》2001 年第 5 期。

董付兰：《谈反问句及其教学》，《首都师范大学学报》2000 年增刊。

肖治野：《从"怎么"反问句看反问句教学》，《云南师范大学学报》2006 年第 4 期。

朱淑仪：《中高级留学生汉语反问句习得情况考察》，《惠州学院学报》（社会科学版）2008 年第 10 期。

A Review of Studies in Relation to Modern Chinese Rhetorical Questions

Abstract：This paper aims at summarizing the existing studies on Chinese Rhetorical Questions. The review covers five areas： （i）Features and Definitions of Rhetorical Questions， （ii）Syntactic structures of Rhetorical Questions， （iii）Semantic features of Rhetorical Questions， （iv）Pragmatic analysis of Rhetorical Questions， and （v）studies of

Chinese Rhetorical Questions Teaching.

Key words: Chinese Rhetorical Questions; Features; Syntactic structures; Semantic features; Pragmatic analysis; Teaching Chinese as Foreign Language

浅论对外汉语教学中"是……的"结构

薛 萌

(北京师范大学汉语文化学院)

摘要： 外国留学生对许多以汉语为母语的人的造句方式往往存有疑问，尤其是在日常生活中十分常用又十分灵活的句式，掌握起来难度比较大。"是……的"句式就是其中的一个典型。本文仅对该句型进行了一定深度的教学研究。论文主要采用中国汉语语言研究工作者经多年总结后常用的六大有效语法研究手段，表现该句型在语法上的特性；从词汇角度分析其语义构成，主要分析不同情况下的语义搭配情况；另外突破传统语法束缚利用语境等语用学概念探讨该句型使用规律，从而将该句型分别在句式结构特点、语义表达和语用规律三方面进行理论分析。除此之外，通过分析"是……的"句型在对外汉语教材编写及教学方法方面的现状，秉承"有所扬弃，有所创新"的原则，提出了该句型的深入浅出的对外汉语教学法。

关键词： 是……的；语法；语义；语用；对外汉语教学

一 对"是……的"句型的理论探索

20 世纪 80 年代以后，随着中国的改革开放，国外的众多语言理论和语法理论蜂拥而入，如"转换生成法"、"格语法"、"系统功能法"，等等。未经深刻考虑研究，直接将外国的理论加上汉语的材料进行研究，虽然与时俱进，但其研究往往是孤立的、静止的，甚至是片面的、牵强的，得出的结论往往难以真正符合汉语实际。于是有些学者本着"兼收并蓄，为我所用，立足革新，不断探索"的原则，集国外诸多语法理论之长，结合汉语实际，对汉语研究中的重大问题进行了认真积极的思考，并开始致力于建设中国学者自己的汉语语法理论。在这样的大背景下，"语法研究的三个平面"理论逐步浮出水面。

鉴于语言是一种复杂综合的形势与内容密切结合的合体组织，单从结构或单从意义方面进行研究都是不全面的，因此，我国自古以来着力于意义的研究方式和近现代西方着重结构的研究方式都不能很好地解决问题。于是，胡裕树先生和范晓先生就在1985年提出："要使语法学有新的突破，在语法研究中必须自觉地把三个平面区别开来，在具体分析一个句子时，又要使三者结合起来，使语法分析做到形式和意义相结合，动态和静态相结合，描写性与实用性相结合。"这正是研究汉语语法的三个平面理论的最初状貌。这三个平面具体是指：句法分析层面、语义分析层面和语用分析层面。

（一）句法层面特点

研究句法层面之前首先需要明确几个概念。词语间相互结合之后，形成的显性关系就是句法关系，这种关系体现出的意义就是句法意义。词语与词语相互结合，形成的语言实体叫作句法结构。研究汉语句法主要是研究有关句子的组织结构、短语结构和语法表现形式上的特点和规律。具体而言，就是"1. 短语层面的词语和词语之间的结构类型及其成分关系；2. 句子层面的基本句法结构类型及其成分关系，包括一般所说的主语、谓语、宾语、定语、状语和补语等成分关系；3. 句子层面因语用需要产生的基本句法结构的变体"。

经过在北京大学中国语言学研究中心语料库搜索网页页面和在国家语委现代汉语语料库检索系统对"是……的"句型的检索，并加以总结概括，可以将其按照句法特点分为以下几类：由动词性成分组成的"的"字结构构成的判断句；由形容词性成分构成的判断句；由名词性成分构成的判断句。具体分类如下：

1. 由动词性成分组成的判断句：
是＋动词性成分＋的　　　　　　　　如：他本来是想答应的。
2. 由形容词性成分组成的判断句
是＋形容词性成分＋的　　　　　　　如：他的工作是十分出色的。
3. 由名词性成分组成的判断句
是＋名词性成分＋的　　　　　　　　如：我们的小康是低水平的。
下面一一具体讨论：

1. 动词性成分主要包括，动词性联合短语、状中短语、动宾短语、动补短语、主谓短语、连谓短语和兼语短语。这七种是比较常见的，在各大语料库中均有证明，如下：

联合短语：诸多文字中有相当部分是写女人或写给女人的。

状中短语：如今展出的一百余幅合作作品是在几经传递、辗转交换中完成的。

动宾短语：胜利一定是属于伟大的非洲人民的。

动补短语：其实原因很简单，他为期一个月的休假是原先定好的。

主谓短语：这个项目的原亚洲最好成绩为26秒41，是河北选手夏福杰于今年4月创造的。

连谓短语：自由是随着人们在实践活动中对客观规律认识的深化而发展的。

兼语短语：这是搞商品经济带来的。①

2. 形容词性成分主要可以分为形容词性联合短语和状中短语，其中状中短语依据其状语的构成成分又可以进一步划分。如下：

联合短语：我们关系的基础是明确而且坚实的。

状中短语：她的平衡木和高低杠也是十分出色的。

两队在这场比赛中违背了社会主义体育道德，是与"公正竞赛，团结拼搏"的竞赛原则不符的。

3. 名词性成分除了一般的名词、代词之外还主要包括名词性定中短语、同位短语、方位短语、"的"字短语和"所"字结构。在语料库中获得语句实证如下：

定中短语：书是他爸爸的。

同位短语：隔板后边有两张窄窄的铁床，一张是列宁的，另一张是他夫人克鲁普斯卡娅的。

方位短语：这种妥协完全是表面上的。

"的"字短语：他拿的是别人挑剩下的。

"所"字结构：公正，是我们党历来所提倡的。

(二) 语义层面特点

词语与所代表的客观事物之间发生关系，这层关系就是语义关系。汉语语义学自古而来，最早可以追溯到先秦时期的训诂学。训诂学在译解古代词义的同时，也分析古代书籍中的语法、修辞现象。与现代的语义学在部分方面有异曲同工之处。现代汉语语义学结合外国语言学多年发展成果，加以汉

---

① 本文举例来源于国家语委现代汉语语料库检索结果、《现代汉语八百词》例句或高等教育出版社出版的黄伯荣、廖序东版《现代汉语》（下册）。

语本身的独特性，近年来在语义学方面有所发展。汉语没有拉丁语系、印欧语系较为明显的双轨制语法规制，因而"形式和意义在一定条件下可以相互转化，所以融句法形式和意义为一体的句法结构可以转化为语义平面中的形式"的理论提出来，并进一步具体化为针对汉语动核结构、动词的"价"、名词的"格"、语义指向、歧义现象、词语的语义特征及语义的选择限制等方面的内容。

按照"是……的"的语义特点，学者将这一句型划分为几类。柴世森先生根据其否定形式差别分为"不是……的"、"是不……的"和"（不）是（不）……的"，举例如下：

公正，是我党历来所提倡的。　　公正，不是我党历来所提倡的。

他是会来的。　　　　　　　　　他是不会来的。

胜利一定是属于非洲人民的。　　胜利一定（不）是（不）属于非洲人民的。

这样分类的主要目的在于探讨"是……的"句型中"是"和"的"的词性。另外一种分类方法即《现代汉语八百词》所采用的根据"是"与"的"之间的性质和意义关系分类。主要有以下四类：表示领属、质料的，表示归类的，表示对主语的描写或说明又加重语气的，以及强调小句主语动作为结束性质的。举例如下：

表领属：书是爸爸的。

表质料：衣服是丝绸的。

表归类：我是教书的。

这本书是他前年写的。

加重语气：他是一定愿意去的。

鱼是挺新鲜的。

强调小句主语：是我关掉收音机的。

笔者在大量语料中从配价研究角度发现，部分词语很少运用在"是……的"句型中。在这里借鉴句式特点中根据以成分词类特性分类的分类方法继续分类，以动词性成分构成的还可以根据动词的特点分为零价动词、一价动词、二价动词和三价动词，以形容词性成分构成的还可以分为一价形容词和二价形容词，同理，以名词性成分构成的还可以分为一价名词和二价名词。依靠配价理论对各类词的分析结果，结合大量语言实料，可以发现以下规律。

零价动词大多是反映自然现象的动词，零价动词在"是……的"句型中使用有限，多仅限于动作发生前的预测或事后的转述，动词本身不能单独出现，常有指示时间的附加成分，举例如下：

明天是要下雨的。

昨天墨西哥是地震了的。

一价动词在"是……的"句型中多表示人的职位、分工，或加相关助词表示状态以便确定或分辨，可以在"的"后面添上相应名词或"那个"填充完整。举例如下：

他当年不过是跳远的（运动员）。

张三是正在游泳的（那个）。

蔷薇花是凋谢了的（那朵）。

二价动词是汉语动词中最大的一类，强制要求与两种性质的名词性词语相互关联，就是一般所说的及物动词。在二价动词用于"是……的"句型中时，二价动词的施受双方都可以作为"是……的"句型的主语，说明或描述主语，从而强调主语。举例如下：

乾隆时期增建西路宫殿。　　　西路宫殿是乾隆时期增建的。（受事主语）

他下了一番硬功夫。　　　　　他是下了一番硬功夫的。（施事主语）

三价动词基本上就是常说的双宾动词。当施事、受事和与事都出现在句中时，三价动词的施事、受事都可以作为"是……的"句型的主语，但通常强调受事主语时肯定句采用"是 + 小句 + 的"的形式，否定句则采用主谓谓语句结构，强调施事主语时采用"是 + 小句 + 的"的形式。举例如下：

我告诉张经理这件事。　　这件事是我告诉张经理的。（受事主语）

是我告诉张经理这件事的。（施事主语）

我不告诉张经理这件事。　　这件事我是不告诉张经理的。（受事主语）

是我不告诉张经理这件事的。（施事主语）

当施事、受事和与事只有两方出现在句中时，三方都可以作主语。举例如下：

我给张经理英汉词典。　　张经理我是给的。（与事主语）

张经理是给英汉词典的。（与事主语）

英汉词典是给张经理的。（受事主语）

英汉词典是我给的。（受事主语）

是我给张经理的。（施事主语）

是我给英汉词典的。（施事主语）

　　一价形容词和二价形容词在"是……的"句型的使用中使用规律区别不大，举例如下：

　　一价形容词：此种情况在中国体育史上恐怕是极罕见的。

　　这种观点是完全错误的。

　　二价形容词：情感态度类：广大党员和人民群众是不满意的。

　　经验认知类：他关于阔人的衣着是比别人更内行的。

　　有用无益类：如果重大弃小，即使从利益出发，也是不利的。

　　公平公正类：他们的许多意见是合理的。

　　据配价理论研究得出，名词也可以根据关涉对象分为一价名词和二价名词，从大量语料中发现，一价名词可以运用于"是……的"结构表示领属、质料等，二价名词是不能单独运用在这一句型的。因为"是 + 名词性成分 + 的"通常是表示领属、质料的，一价名词主要有称谓、属性、部位、材料等类名词，而二价名词多为情感态度类、见解论点类、作用意义类和方针政策类名词，后者本身就很难作为领属、质料的关涉对象，因而基本不用在这个句型。名词性成分中的代词也可以运用在这一句型之下。举例如下：

　　一价名词：表称谓：书是爸爸的。

　　表属性：目前我国人民的衣着是低水平的。

　　表部位：这个螺丝是书架的。

　　表质量：你的嫁衣是丝绸的吗？

（三）语用层面特点

　　语用层面的研究主要是研究语言的理解和使用，研究在特定情境中的特定话语，研究如何通过语境来理解和使用语言。语序、虚词和语音等语法形式在语用学的研究范围内常常表现出其他作用，比如，语序变化表达句子强调成分不同，运用虚词，如"关于"、"至于"表达主题，运用语音表现句子焦点或表达重心。语用层面的研究在汉语语言研究中有重要的地位，汉语语言很多现象，尤其是在对外汉语教学中许多因文化传统、思维方式等方面的差异带来的教学困难，可以从语用角度有所突破。

　　在"是……的"句型中，这一搭配主要起到两种作用，一是陈述作用，如"书是爸爸的"；另一种是强调作用，如"广大党员和人民群众是不满意的"。在主要起陈述作用时，大致与英语中"is + n/that clause"相似，而在主要起强调作用时，与"it is…… that/who"相似。在此笔者主要讨论"是……的"句型表示强调时的语用特点。

　　布拉格语言学会的终身主席马泰修斯广泛利用一套"主位"和"述位"

的术语来从句子功能的角度分析句子，这两个术语也是语用学常用的术语。前者是指已知的信息或者至少在给定语境中明确的信息，后者则是指说话者陈述有关或至少涉及话语起点的内容。由此，汉语句子可以按照已知和未知信息分为不同的组合类型，其中，"是……的"句型涉及其中两类，如下：

已知＋未知　　小王是今天来的。

未知＋已知　　是我请小王来的。

未知＋未知

已知＋已知

经过对语料资源的分析，可以发现表示强调作用的"是……的"句型中主题在"是"之前的，多为"已知＋未知"类的信息排列方式，按照布拉格学派的概念，即客观顺序。而主题在"是"后面的，即"是＋小句"的构成方式，多为"未知＋已知"的主观顺序。可以发现，被强调的内容总是出现在"是"的后面。如上面的例子，"小王是今天来的"强调的是"今天来的"不是"昨天来的"，根据语气重音的不同，也可能是"今天来的"而不是"今天走的"。而第二个例子中"是我请小王来的"强调的是"我"，不是别人请小王来的。

二　对"是……的"句型的教学尝试

（一）现行教材与教法

1. 教材

"是……的"句型表示陈述作用时，主要需要掌握的是"的"字结构相当于名词的用法，关键点在于短语的构成，和对名词在句中使用情况的熟悉，因此，在此主要讨论"是……的"句型在表示强调作用时的对外汉语教学实例。

北京师范大学《走进汉语》系列教程涉及这一语言点的编排大致如下：《走进汉语·初级读写》第七课第一次出现本句型，"我昨天晚上是十点睡的"，没有特别的讲解，在《走进汉语·中级读写》第二十课出现"在那个时代，女人是不能去学校学习的"，并在语言点中文注释部分有如下注释：

表示加强语气"是……的"句可以用在表示说话人看法或态度的句子里，一般起加强语气的作用。

在这样的句子里"是……的"可以省略，或只省略"是"，句义基本不变。

如：这件事情，我们都是很清楚的。

北京语言大学出版社出版的《汉语口语345》一书中在第十六课出现"里边儿的房间是我弟弟的"，这一句属于"是……的"句型表示陈述的，而表强调的"是……的"没有在书中出现。

北京大学出版社出版的《目标汉语》第三册第一课作出的解释是"有时'是……的'中间包含动词的短语，这种句式用来强调说明与已经发生（完成）的动作有关的时间、地点、方式、行为发出者，在肯定句中，'是'可以省略，在否定句中'是'不能省略，如果'是……的'中间的动词有宾语，名词宾语常常放在'的'后面，而代宾语或者动宾短语后带有趋向补语时，要放在'的'前面"。第七册第二课解释说："'是……的'句式可以指出动作的目的或者事情的原因，'是'字常放在表示目的或原因的词语前面，'的'字常位于句尾"，并附有举例。

以上是现在较为流行且认可度较高的几套教材中关于本句型的引入和讲解，可以说各有千秋。鉴于本句型在汉语日常生活中的频繁使用率，不出现、不讲解是不合适的。而作为基本句型，讲解过于深刻也是不明智的，因此，把握有度，举例丰富而典型，至关重要。

2. 教学法

当今对外汉语教学过程中综合使用各种第二语言教学法，包括语法翻译法、直接法、自觉对比法、听说法、视听说法、自觉实践法、认知法、交际法、自然法以及任务交际法。在"是……的"句型的教学过程中，较为普遍的是运用认知法，以学生为中心，引导学生在理解该语言点知识和规则的基础之下进行该句型的操练，允许学生犯错误，帮助学生分析错误原因、疏导错误认知并提出解决方案，以最终保证学生掌握。这一点不仅表现在课堂的教学活动中，也体现在教材的编纂上。例如上述教材北京大学出版社出版的《目标汉语》第三册，就是通过解释"是……的"使用的语义环境、表达的语法含义——"用来强调说明与已经发生（完成）的动作有关的时间、地点、方式、行为发出者"，以及语法结构——"中间包含动词"，"在肯定句中，'是'可以省略，在否定句中'是'不能省略，如果'是……的'中间的动词有宾语，名词宾语常常放在'的'后面，而代宾语或者动宾短语后带有趋向补语时，要放在'的'前面"，使学生了解基础知识和规则，对应课文中的原句加深语法的理解，但不足之处是没有紧随其后的练习，不利于学生的预习、自学和复习。

（二）"是……的"句型教学模型尝试

1. "是……的"句型的用法一

教学目标：掌握"是……的"句型的强调用法，用于强调时间、地点和方式。

教学法：认知法，自觉对比法。

教学环节：

内容导入：阅读课文，找出"是……的"句型的句子。

讲练语言点：

（1）找出课文中的"是……的"句型，如：玛丽是坐飞机来北京的。

（2）语义讲解：这件事情已经发生过了，玛丽已经来了北京，这个动作已经完成。

（3）语用意义讲解：对比"玛丽是坐飞机来北京的"和"玛丽坐飞机来北京"可以发现，"是……的"句型突出了方式，即玛丽是坐飞机来的，而不是坐火车、坐汽车或其他交通工具，除此以外，明显地表明这件事情已经完成。

（4）语法结构讲解：玛丽 + 是 + 坐飞机 + 来北京 + 的　　玛丽坐飞机来北京

主语 + 是 + 方式 + 动作 + 的　　　　　主语 + 方式 + 动作

即：将"是"置于方式前，"的"放在句末。

（5）操练练习：爷爷用毛笔写字。

主语：爷爷；方式：用毛笔；动作：写字

将"是"置于方式前，"的"放在句末。

即：爷爷是用毛笔写字的。

当动作这一部分是动宾短语时，可将"的"置于动词和宾语间。

即：爷爷是用毛笔写的字。

（6）扩展学习：妈妈早上八点上班。

妈妈是早上八点上班的（上的班）。

金先生在韩国出生。

金先生是在韩国出生的。

即："是……的"还可以用于强调时间和地点。

语法结构式：主语 + 是 + 时间/地点/方式 + 动作 + 的。

（7）练习：

A. 把下面各句改成"是……的"句型

a. 他用电脑看电影。

b. 老师周二出差。

c. 这张照片在公园拍摄。

B. 完成句子

a. 这本书很好，　　　　　　　　　　。（在新华书店）

b. 听说你去海边了？是的，　　　　　　　　　　。（骑自行车）

c. 我在校园里看到你妹妹了。噢，对，　　　　　　　　　。（上星期）

（8）引导自主对比：教师可以根据学生母语引导学生对比母语中的强调句，尤其是在汉语国际教育过程中能较为有效地使学生建立自主汉语语法体系。如针对英语国家学生，可引导他们对比"it's…that…"来强调状语部分，即强调时间地点或方式；针对法语学生，可引导他们对比"c'est…que…"句型；针对日语学生，可引导他们对比"…よ"表示强调。

2. "是……的"句型的用法二

教学目标：掌握"是……的"句型的强调用法，用于强调说话人的态度、评价等。

教学法：认知法。

教学环节：

内容导入：阅读课文，找出"是……的"句型的句子。

讲练语言点：

（1）找出课文中的"是……的"句型，如：老板是不会同意的。

（2）语义讲解：表达说话人的看法、评价和态度，等等，语气较重。

（3）语用意义讲解：对比"老板不会同意"和"老板是不会同意的"，后者更让说话双方绝望。

（4）语法结构讲解："是"放于句子中集中表达看法、评价和态度的成分之前，"的"放于句末。

（5）操练练习：我不会欺骗你。　　　我是不会欺骗你的。

爬华山很累。　　　爬华山是很累的。

（6）扩展练习：我们是对外汉语教师，外语对我们很重要。

外语是对我们很重要的。（"是"放在集中表现看法的"对我们"前面，表示说话者强调对我们对外汉语教师很重要，而不是针对国内的汉语教师。）

外语对我们是很重要的。（"是"放在集中表现看法的"很重要"前面，表示说话者强调的是外语很重要，不能忽视它。）

（7）练习：把下列句子改为"是……的"句

a. 你的看法很对，但我不同意。

b. 我一定会遵守诺言。

c. 问他们这个问题不太礼貌。

参考文献

胡裕树、范晓：《试论语法研究三个平面》，《语言教学与研究》1993 年第 2 期。

高顺全：《三个平面的语法研究》，学林出版社 2004 年版。

张和友、邓思颖：《与空语类相关的特异型"是"字句的句法、语义》，《当代语言学》2010 年第 1 期。

陆俭明：《现代汉语语法研究教程》，北京大学出版社 2005 年版。

刘宁：《析"是"字句句末"的"的词性》，《成都教育学院学报》2001 年第 4 期。

A Study on "shi……de" Structure in Teaching Chinese as a Foreign Language

Abstract：This article is written to talk about teaching process of "是……的" structure. The structure is used widely and flexibly in n-atives, but it is difficult for second language learners to master. After having analyzed through authentic methods，"是……的" structure has been exposed on syntactic, semantic and pragmatic aspects. The writer aiming at teaching Chinese as the second language, a model for class teaching has been displayed as well.

Key words：Syntactic；semantic；pragmatics；teaching Chinese as foreign language

英语母语者使用汉语介词"从"的相关偏误分析[*]

吴继峰

（北京师范大学　文学院）

摘要：本文通过对北京语言大学中介语语料库、HSK 动态作文语料库和北京师范大学汉语文化学院学生作文等语料中母语为英语的学习者使用汉语介词"从"的考察，总结归纳了其使用介词"从"的六种偏误类型，并通过汉英介词对比、汉语介词对比等方式分析产生偏误的原因，对学生产生的偏误加以纠正和解释，并对对外汉语教学中介词"从"的教学提出几点建议。

关键词：介词；从；偏误分析；教学建议

"从"是母语为英语的学习者使用频率和偏误率都较高的介词之一，赵葵欣（2000）对留学生学习和使用汉语介词的情况进行了调查和分析，崔希亮（2005）对欧美学生汉语介词习得的特点进行了分析，并总结了偏误类型，以上两位学者都是从整体上分析留学生介词习得的状况。佟惠君（1986）、白荃（1995）、李大忠（1996）等学者总结了留学生使用汉语介词"从"的偏误类型，细致分析了错误原因并对错误进行了纠正，这些研究都只是针对留学生普遍存在的错误，没有区分学生的母语背景。程美珍等（1997）收集母语为英语的学习者使用介词"从"的偏误共 12 例，但只包括四种偏误类型：该用"从"而没用、语序不当、与其他介词混淆、框式结构缺少后置词（原书没有偏误类型分类，偏误类型由笔者根据书中例句自己归纳得出）。张静静（2008）从母语迁移的角度分析了留学生使用介词"从"的偏误，主要针对的是日韩学生，涉及母语为英语学习者的例子不多。曲宏欣（2010）从语义功能、介词短语结构、句法成分三方面对母语

---

　* 本文英文句子翻译得到北京师范大学汉语文化学院硕士研究生［美］赵扬同学的帮助，谨致谢忱！

为英语的汉语学习者使用介词"从"的偏误进行了细致的归纳和分析，但是并未涵盖所有偏误类型。高霞（2012）对汉语介词"从"和相应英语对译介词从语义、句法、语用三方面进行了对比，但是偏误类型分类较粗，存在较多遗漏。周文华（2011）对介词系统的五个次类（时间介词、空间介词、对象介词、依据介词、缘由介词）进行了界定及句法功能考察、频率考察、习得情况考察、偏误分析，并进行了分级排序，提出了教学建议，该专著介词习得研究系统性较强，但是没有展开分国别的汉语介词研究。

本文收集母语为英语的学习者使用介词"从"的偏误句共 113 例（其中北京语言大学 HSK 动态作文语料库"从"的相关偏误句 77 个，北京师范大学汉语文化学院学生作文偏误句 16 个，程美珍主编的《汉语病句辨析九百句》相关偏误句 12 个，北语中介语语料库相关偏误句 8 个），将其分为六种偏误类型，根据偏误原因从英汉对比、汉语近义词辨析等角度对偏误句进行分析和纠正。

据《现代汉语八百词》（增订本），介词"从"主要表示时间和空间的起点，表示经过的路线、场所，也表示凭借、依据。除了与名词性词语结合组成介词结构以外，还可以介引谓词性成分。从汉语内部来讲，在现代汉语介词系统中，介词"从"和"在"、"自"、"由"等介词在句法语义上存在相似之处，同中有异；从汉英对比角度来说，"从"可对应于英语的多个介词，如"from"、"through"等，但是这些英语介词的义项要比汉语介词的义项多得多，一个英语介词往往可以对应于多个汉语介词。正是语内和语际在句法语义上的错综复杂的关系，以及教材翻译失当、教学误导等原因，共同导致了偏误的产生。下面对六种偏误类型作具体分析。

一　不该用"从"却用了

此类偏误主要由母语负迁移导致，例如：

（1）a. ＊她今天很高兴，因为<u>从男朋友来信了</u>。

b. She is glad because she received a letter <u>from her boyfriend</u>.

（2）a. ＊我的生活费都是<u>从父母寄来的</u>。

b. My allowance comes <u>from my parents</u>.

在英语中，"from"表示来源时，一般与名词或名词性短语组合，位于句首或句末作状语，"from"不能省略，例如以上两例的 b 小句。但是以上两个汉语句中的"从"是多余的，从句法方面来看，"因为男朋友来信了"和"父母寄来的"是完整的句法结构，加上"从"句法结构就出现冗余；从语义关系来看，在以上两例中，"从"的宾语是后边谓语动词的行为主体：例（1）"来信"的行为主体是"朋友"，例（2）"寄来生活费"的是"父母"，当没有必要强调来源时，汉语中一般不用"从"表示引介，而是让"从"后的宾语即后边动词谓语的行为主体直接作主语。所以，对于画线部分，例（1）应改为"因为男朋友来信了"，例（2）应改为"父母寄来的"。

二　该用"从"而不用

此类偏误主要是目的语规则的过度泛化导致，例如：

（3）＊目前的农村家庭来看，大多数不是那么有钱的。

（4）＊车一停，他很快车上跑下来。（程美珍：《汉语病句辨析九百句》）

（5）＊狼小路逃走了。（程美珍：《汉语病句辨析九百句》）

此类偏误的出现，主要是因为学生知道在某些情况下"从"可以省略，从而把这种规则类推泛化，导致偏误。在下面两种情况下，"从"必须出现（陈信春，2001）。

一是和"从"组合的词语在句中不能独立作状语，例如：

（6）从他的眼神里，我看到了渴望。

二是"从"之前有修饰成分，受其限制，"从"一般不能省略，例如：

（7）夜深了，缓缓地从窗外吹来一阵凉风。

例（3）—（5）之所以错误，是因为和"从"组合的词语在句中都不能单独作状语，如例（3）中的"目前的农村家庭来看"，例（4）中的"车上"，例（5）中的"小路"在句中无法作状语，"从"必须出现。

三　与框式介词有关的偏误

此类偏误主要由母语负迁移导致，分为以下几类。

（一）缺少后置词

1. 缺少方位词

（8）＊反过来说，我们<u>从报纸</u>知道很多犯人与精神分裂的人都缺乏父母的爱。

（9）＊<u>从父母的生活方式、行为、解决问题的态度和方法</u>，孩子也可以学会不少东西。

英汉介词最大的不同之处在于：英语的介词包含方位义，汉语的介词不包含方位义，所以汉语的介词结构要表达方位义的时候，一般在名词后加上方位词，再与前置词连用，即"英语'介词＋名词'＝汉语'介词＋名词＋方位词'"（沈家煊，1984），这种结构后来被称作"框式介词"，即"在名词短语前后由前置词和后置词一起构成的介词结构"（刘丹青，2002）。所以，"from"包含空间方位的意义，后面不需要再加方位词，但是汉语介词"从"的名词性宾语后面需要加上方位词才能表示来源等。例（8）中的"从报纸"应改为"从报纸上"，例（9）中的"从父母的生活方式、行为、解决问题的态度和方法"应改为"从父母的生活方式、行为、解决问题的态度和方法中"。

2. 缺少"起"或"开始"等

（10）＊从出生的第一天我们就开始受到父母的教育。

（11）＊我绝对认同父母是孩子的第一任老师，从小孩一张开眼睛，父母便担起了这份责任。

在英语中，表示时间的起点只需用介词"from"，与其后面的名词性短语搭配即可，但是汉语必须在介词"从"后面的名词性宾语之后加上"起"或者"开始"，才能表示时间的起点。所以，例（10）中的"从出生的第一天"应该为"从出生的第一天起"，例（11）中的"从小孩一张开眼睛"应该为"从小孩一张开眼睛开始"。

3. 缺少"那儿"等

（12）＊我从她身上所学到的东西远远超过了我从父母学到的。

（13）＊孩子在成长的过程当中，从父母学到怎么来跟他人交流。

造成此类偏误的原因是学生母语的负迁移，因为"从父母"是由"from my parents"直译而成。在英语中，"from"表示来源或空间起点的时候，后面的宾语可以直接由表示人的词语充当。但是在汉语中，表示空间起点，介词"从"的宾语不能是表示人的词语，而必须是表示处所的词语，"父母"不是方所词，不表示处所，所以后面要加上"那儿"。

4. 框式结构"从……来看"中缺少成分

（14）＊中国有5000多年的历史，从一个美国人来看，很难了解5000年是多长时间。

（15）＊从社会普遍大众来看，此行为不应该受到法律的制裁。

造成此类偏误的原因是学生对两个框式结构的错误类推，一是"对……来说"，一是"从……来看"。在框式结构"对……来说"中，中间可以插入表示人的名词，如"对我来说"，但是"从……来看"的中心语不能是表示人的名词，而应该是"角度"、"立场"等词，表示人的词只能在前作修饰语。所以，例（14）中的"从一个美国人来看"应改成"从一个美国人的角度来看"或者"对一个美国人来说"，例（15）中的"从社会普遍大众来看"应改为"从社会普遍大众的角度来看"。

5. 缺少"来看"

（16）＊因此从佛教立场上，绝对不会认为"安乐死"是一个可取的方法。

（17）＊从以上两个不同观点，我觉得评论"安乐死"事件不能一边倒。

例（16）中的"从佛教立场上"和例（17）中的"从以上两个不同观点"在句中作状语，缺少谓语动词"来看"，因而句子不成立。造成此类偏误的原因是：在英语中，要表示"从……来看"有时需要动词，有时不需要，例如"seen from the outside（从外表来看）"，"in the long run（从长远来看）"，"from their perspective（从他们的观点来看）"。所以学生在使用"从……来看"结构时往往省略"来看"。

（二）不该用框式介词而用

（18）＊父母从日常生活中的教育来达到这个目的。

此句介词框架"从……中"多余。此偏误句是由"Parents achieve this goal through lessons found in daily life"直译而来，"through"可以译为"从……的一端到另一端"、"通过"等，此句中的"through"应译为"通过"，所以例（18）应该改为"父母通过日常生活中的教育来达到这个目的"。

四　与其他介词以及动词"离"的混淆

此类偏误主要由目的语规则负迁移和英汉介词一对多导致。

（一）与"在"混淆

（19）＊刚在狱中放出的人士，他们要面对社会上的压力、人们的议论。

（20）＊孩子们在一出生就开始成长，他会学习他所看到的事物。

（21）＊然而在法律的观点上看，每一个人都没有权利去把自己毁灭，也不可以去毁灭别人。

（22）＊在我的角度而言，我认为"安乐死"在解决晚期病患者痛苦方面，不失为一个比较适合和可取的方法。

介词"从"和"在"都可以表示空间和时间。表示空间时，介词"从"既可以表示动作行为的起点，如"他从北京搬到上海来了"，也可以表示动作通过的处所，如"蝴蝶从花丛中飞过"；介词"在"表示动作行为的处所，例如"我在北京待了六年了"。表示时间时，"从"表示动作开始的时间，如"他从昨天早上就开始不舒服"；"在"表示动作发生的时间，如"人在孤独的时候，往往渴望一个真心的朋友"。例（19）要表达的是动作行为的起点，而不是动作行为的处所，所以应该把"在狱中"改为"从狱中"。例（20）表示时间的起点，所以应该把"在一出生"改为"从一出生"。例（21）和例（22）要表示起点、来源、依据，应该用介词"从"，不应该用介词"在"，所以例（21）中的"在法律的观点上"应改为"从法律的观点上"，例（22）中的"在我的角度而言"应改为"从我的角度而言"。

（二）与"由"混淆

（23）＊这是因为代沟是从缺乏了解而产生的。

介词"由"可以表示原因，如"由感冒引起的肺炎"，但是介词"从"没有这种用法。学生混淆"从"和"由"的原因可能是因为：介词"从"和"由"都可以表示处所、时间的起点，事物发展变化的起点或来源，与"从"的意思相同。在这些用法上，一般来说，用"从"的地方都可以用"由"，"从"比"由"更口语化。（刘月华，2001）学生错误地认为"从"和"由"在各个义项上都可以互换，所以造成了偏误，例（23）中的"从缺乏了解"应改为"由缺乏了解"。

（24）＊从此可见，政府规定严厉惩罚在公共场所吸烟的人是正确的决定。

介词"由"构成一些常用短语，如"由此可知"、"由此可见"，所以例（24）中的"从此可见"应该改为"由此可见"。

（三）与"跟"混淆

（25）＊对孩子来说，从谁一起学习很重要。

介词"跟"可以跟指人的名词组合，表示共同、协同，指示与动作有关的对方，表示与某事物有联系，引进用来比较的对象。（吕叔湘等，1999）例如"他跟朋友去酒吧了"，"他跟谁都合不来"，"这事跟我没关系"，"女儿跟妈妈长得很像"。而介词"从"不具备"跟"的这个功能，"从"的宾语是指人的名词时，只能表示范围或者发展、变化，如"从小孩到大人都参加了植树活动"，"从外行变成内行"。例（25）中的"谁"不是指范围或者发展、变化的起点，而是指"一起学习"这种行为所关涉的对象，所以应该把"从"改成"跟"。

（四）与"跟"、"与"、"和"、"同"混淆

（26）＊我同屋的性格从我的完全不一样。

（27）＊在美国，大城市的生活从小城市的不一样。

英语介词"from"的义项远远多于汉语介词"从"的义项。英语介词"from"除了可以表示时间和空间的起点、来源、幅度和范围、发展和变化等以外，还可以引介比较的对象表示区别、辨别，例如"I can tell one flower from another"，"We must know right from wrong"。但是汉语介词"从"却不能引介比较的对象，而是用"跟"、"与"、"和"、"同"来表示引介的对象。学生简单地将"from"对应于"从"，导致了偏误，所以应该将例（26）和例（27）中的"从"改为"跟"、"与"、"和"或者"同"。

（五）与动词"离"混淆

（28）＊第一公寓从教室比较近，兰蕙公寓从教室比较远。

"from"可以表示两地的距离，对应于汉语中的"离"，如"100 meters from the scene of the accident"可翻译为"离事故现场有100米"。留学生之所以产生上面的错误，是因为"from"有"离"的义项，但是"从"却没有，所以例（28）中的"从"都应该改为"离"。他们的简单对应造成了

偏误。

（六）与"对"混淆

（29）＊因为孩子年幼，对各种事物认识不深，父母应该从日常生活中的事物加以解释，使孩子明白什么是对的，什么是错的。

介词"对"指示动作的对象，如"你对他说了些什么"，"他对我笑了笑"等，介词"从"没有这种功能。所以例（29）应改为"父母应该对日常生活中的事物加以解释"，介词"对"指示动词"加以解释"的对象"日常生活中的事物"。

五　语序错误

此类偏误主要是母语负迁移导致。

（30）＊我的父母来我看从美国。

英汉状语在句中的位置不同。在英语中，"from"和名词性词语结合作状语，位于句首或者句末，例如"The boy fell from the tree"，"From that moment we got fine again"。在汉语中，介词短语"从……"一般位于动词前作状语，表示动作行为的时间起点或者空间起点。所以英汉语序的不同，造成了学生的偏误，例（30）应该改为"我的父母从美国来看我"。戴浩一曾经提出一条"时间顺序原则"，说明汉语的语序和时间具有极强的相似性，在汉语中，"由于状语要说明主语在某个事件中的意志、心态，是影响到行动的因素，所以必须出现在动词之前"。（屈承熹，1998；朱志平，2008）但是英语中的状语往往出现在动词之后或者句首，这是英汉状语位置最大的差别。

六　缺少谓语成分

此类偏误主要是母语负迁移导致。

（31）＊我们班的同学，有的是从日本，有的是从韩国，只有我和大卫是从美国。

造成此偏误句的原因是由"In my class, some students come from Japan, some students come from South Korea; only David and I come from Japan"直译

而来的。在英语中，"从……来"可以译为"from……"，在汉语中，介词"从"组成的介词短语不能够直接作谓语，其宾语之后需要加"来"等动词。此外，这个句子还有一个错误，就是用错了"是……的"，此处的"的"不能够省略。所以，例（31）可以改为以下三种形式：

（31）a. 我们班的同学，有的是从日本来的，有的是从韩国来的，只有我和大卫是从美国来的。

（31）b. 我们班的同学，有的是日本人，有的是韩国人，只有我和大卫是美国人。

（31）c. 我们班的同学，有的来自日本，有的来自韩国，只有我和大卫来自美国。

（32）＊这是从楼下的声音。

此偏误句由"The sound/voice came from downstairs"直译而来的，错误原因也是缺少谓语动词，应该改为"这是从楼下传来的声音"。

七　结语

为更加直观地显示母语为英语学习者习得汉语介词"从"的偏误类型和所占比例，以便更好地找出学生学习的难点，指导教学，我们将收集到的113条偏误句分成六种类型绘制成表1：

表1　　英语母语者使用汉语介词"从"的偏误类型及统计分析简表

偏误类型			偏误数量	所占比重	造成偏误的主要原因
1. 不该用"从"而用			14	12.4%	母语负迁移
2. 该用"从"而不用			6	5.3%	汉英介词一对多的关系
3. 与框式介词有关的偏误	（1）缺少后置词	缺少方位词	11	9.7%	母语负迁移
		缺少"起"、"开始"或"以后"	13	11.5%	母语负迁移
		缺少"那儿"等	15	13.3%	母语负迁移
		框式结构"从……来看"中缺少成分	4	3.5%	母语负迁移
		缺少"来看"	7	6.2%	母语负迁移
	（2）不该用框式介词而用		4	3.5%	母语负迁移

偏误类型	偏误数量	所占比重	造成偏误的主要原因
4. 该用介词"从"却使用其他介词或动词"离"	23	20.4%	英汉介词一对多的关系目的语规则负迁移
5. 语序错误	12	10.6%	母语负迁移
6. 缺少谓语成分	4	3.5%	母语负迁移

从表 1 可知，母语为英语的学习者习得汉语介词"从"产生的偏误主要集中在不该用"从"而用、框式介词中缺少后置词、介词"从"和其他介词或动词"离"的混淆、语序错误四个方面，在对母语为英语学习者的教学中，以下几点值得注意：

1. 首先，一定要提醒学生注意英汉介词的根本不同之处：汉语的介词不包含方位义，但是英语的介词包含方位义。即"汉语介词（主要是'在'、'从'、'朝'、'到'）常常跟方位词配合使用，表示处所或方向，而英语表示处所的介词本身包含方位的意思，即英语'介词＋名词'＝汉语'介词＋名词＋方位词'"（沈家煊，1984）。

2. 加强易混淆介词的对比分析，如"从"和"在"、"由"、"对"等介词，以及与动词"离"的对比，对比它们在意义上的差别以及使用的条件和规则。

3. 说明汉英语序的不同，尤其是由"from"组成的介宾短语作状语的位置和"从"组成的介宾短语作状语的位置的不同。

4. 对框式介词的后置词结合具体事例进行分析，尤其是对缺少方位词、"那儿"、"起"或"开始"的偏误类型，从汉英对比角度入手，使学生深刻理解两种语言的差异，可以采用语块教学法，即把介词结构作为一个整体教给学生。

5. 根据学生的程度，适当进行"from"和"从"的义项的对比，使学生对两个介词总体上有所把握。

参考文献

白荃：《外国学生使用介词"从"的错误类型及其分析》，《北京师范大学学报》（社会科学版）1995 年第 6 期。

白荃、岑玉珍：《母语为英语的学生使用汉语介词"对"的偏误分析》，《语言文字应用》2007 年第 2 期。

　　陈信春：《介词运用的隐现问题研究》，河南大学出版社 2001 年版。

　　程美珍：《汉语病句辨析九百例》（第二版），华语教学出版社 2009 年版。

　　崔希亮：《欧美学生汉语介词习得的特点及偏误分析》，《世界汉语教学》2005 年第 3 期。

　　高霞：《从偏误看母语对英语国家学生使用汉语介词"从"的影响》，《南宁职业技术学院学报》2012 年第 3 期。

　　李大忠：《外国人学汉语语法偏误分析》，北京语言大学出版社 1996 年版。

　　吕叔湘：《现代汉语八百词》（增订本），商务印书馆 1999 年版。

　　刘丹青：《汉语中的框式介词》，《当代语言学》2002 年第 4 期。

　　刘月华：《实用现代汉语语法》（增订本），商务印书馆 2001 年版。

　　屈承熹：《汉语功能语法刍议》，《世界汉语教学》1998 年第 4 期。

　　曲宏欣：《汉语学习者介词"从"的偏误分析》，《长春工程学院学报》（社会科学版）2010 年第 4 期。

　　沈家煊：《英汉介词对比》，《外语教学与研究》1984 年第 2 期。

　　佟慧君：《外国人学汉语病句分析》，北京语言学院出版社 1986 年版。

　　张静静：《跟介词"从"有关的偏误分析》，《云南师范大学学报》（对外汉语教学与研究版）2008 年第 2 期。

　　赵葵欣：《留学生学习和使用汉语介词的调查》，《世界汉语教学》2000 年第 2 期。

　　周文华：《现代汉语介词习得研究》，世界图书出版公司 2011 年版。

　　朱志平：《汉语第二语言教学理论概要》，北京大学出版社 2008 年版。

An Error-analysis for Native English Speakers' inUse of the Chinese Preposition Cong

Abstract：This article sum up 6 types of common errors made by native English speakers using the Chinese preposition cong （从） through study of the compositions in HSK dynamic composition corpus of Beijing Language and Culture University and Chinese Language and Culture Institute of Beijing Normal University. It reveals the factors which leading to these errors by contrasting Chinese with English and related prepositions. Besides, it corrects and explains the errors, and makes some suggestions on how to teach the Chinese preposition Cong.

Key words: Preposition; cong; Error analysis; Teaching suggestion

论"讨"词义的虚化

彭 亮

（北京师范大学汉语文化学院）

摘要："讨"在词义的引申发展中有虚化的现象。其"上对下"、"问责"的语义成分在与"伐"、"攻"、"诛"等字的高频连用中逐步虚化；在"讨论"的高频使用中，"讨"的"条分缕析"之义被虚化；"讨"与"寻"近义，表示"谋求"，但这种"主动求取"的实词义逐渐减弱，"被动遭受"义获得发展，进而虚化为被动标记。"讨"的这一虚化现象目前还没有引起学界足够的关注，辞书对"讨"的释义也忽略了其虚化后的义项。

关键词：讨；词义；语义成分；虚化；被动标记

一 "上对下"、"问责"语义成分的虚化

文献记载中，"讨"最早是一个实词。《左传》中与"讨"共现且意义相近的字，以"伐"最为常见（共现 19 次），其他还有"征"、"戮"、"侵"等等，并不常见（共现不过 3 次）。具体语例如：

> 郑人伐卫，讨公孙滑之乱也。（隐公元年）
> 公伐邾，为宋讨也。（隐公七年）
> 公使吊焉，不敬。邾人来讨，伐我南鄙。故惠伯伐邾。（文公十四年）
> 遂伐曹，入其郭，讨其来朝也。（文公十五年）
> 三年春，诸侯伐郑，次于伯牛，讨郑之役也，遂东侵郑。（成公三年）

可知"讨"最早与"伐"构成近义字组，共处于一个同步引申系统中。这一语言现象，现在尚可从方言中求得佐证。成都、建瓯、贵阳、福州等方

言中都有用"讨"来表示"摘取、割、砍"等意义的用例,如"讨个南瓜"、"讨猪草"、"讨柴"等。贵阳方言中,"从高处摘下来"之义也可用"讨"来表示,这与《诗·豳风·七月》中"以伐远扬"的"伐"正近义。其实,这可能正是"伐"的同义借用。但是"讨"与"伐"仅是义近,在上古汉语中,它们的区别也是十分明显的。《孟子·告子下》章说:"是故天子讨而不伐,诸侯伐而不讨。赵岐注:讨者,上讨下也;伐者,敌国相征伐也。"《尽心下》章又说:"征者,上伐下也。敌国不相征也。""敌国"的"敌"即"势均力敌"、地位对等之意。可知"讨"与"征"都只用于上下级之间。赵岐注说的"敌国相征伐"中的"征伐"应该是个偏义字组,语义重心在"伐"——由此也可看出,大概在赵岐所处的时代,"征""伐"之别可能就已经不显著了。《荀子·仲尼篇》"文王诛四",杨倞注:"诛者,讨伐杀戮之通名。"这里的"讨"与"伐"都具有"诛"之义,已然被视为近义词。但值得注意的是《左传》中的以下语例:

> 晋荀林父、卫孔达、陈公孙宁、郑石楚伐宋。讨曰:何故弑君?(文公十七年)
>
> 晋人以鄟故来讨,曰:何故亡鄟?(襄公六年)
>
> 今楚来讨,曰:女何故称兵于蔡?(襄公八年)

由此可见,"讨"与"伐"的区别还不止在于"上对下",就在"诛"这一共同的义类上,它们的侧重点也不同。即:"伐"侧重于声势、武力上的威胁,而"讨"则侧重于道义上的谴责。《左传·庄公二十九年》中又说:"凡师有钟鼓曰伐。无曰侵。杜预注:有钟鼓曰伐,声其罪。"钟鼓之设,是为声其罪,即从声势上显明问罪之意。声其罪,还只是一种信号,"罪"究竟为何,还没有显示出来。于是,需要有言语的直斥。这种直斥,就是"讨"。所以孔颖达进一步注解道:"且伐者,声其钟鼓;讨者,责其罪状。"又唐李德裕《刘公神道碑》:"以公累护戎事,尤邃武经,出为淮南监军,委以攻讨。鸣钟鼓以问罪,运筹策以出奇。"[①] 可知,概括而言,"讨"与"伐"都具有"诛杀"之义;但具体说来,"伐"指的是声势、武力上的威胁、进攻,施动者常常是军队;而"讨"乃是"问罪"之义,侧重于以道义来"谴责",所以施动者也不限于军队,而多由"使者"或善于辞令者执行。这也许正是"讨"从"言"之由。徐锴释"讨"曰:"寸,

---

① (唐)李德裕:《李文饶集》卷6,四部丛刊影明本。

法也。奉辞伐罪，故从言。"郑樵《通志·六书略》也说："寸，法度也。责以法度。"《左传·宣公十五年》："不讨有罪，曰'将待后，后有辞而讨焉'，毋乃不可乎？""讨"须待"辞"而后行，可知"奉辞伐罪"确为"讨"之语义成分。

又《管子·形势》篇："衔命者，君之尊也；受辞者，名之运也。言受君之辞以出命，则名必运。运，行也。"《礼记》所谓"师必有名"，正是此意。既然是奉君之"辞"，那么"讨"之"上对下"、"责以法度"之义就可以理解了。《墨子·七患第五》说："君修法讨臣，臣慑而不敢拂。""讨"也是"责以法度"之义。

《汉语大词典》释"讨"中给出了一例："《潜夫论》：三公不以让州郡，州郡不以讨县邑。"这里的"讨"，清人汪继培注引《说文》："讨，治也。"而与"讨"对举的"让"字，汪继培也引《说文》为注："让，相责让。"①"责让"就是谴责、责问。"让"（即攘字）本就有"诮责不善"之义。准此而论，与"让"对举之"讨"字，也应有"问罪"、"问责"之义。汪继培引"讨，治也"之说，表明这里的"治"具体就是"责问"之义，而这正是"讨"本义中的固有内容。

现有辞书中，"讨"多训为"讨伐"。《现汉》如此尚无可厚非，但是作为古今兼收的《大词典》、《汉语大字典》等，似乎应对"问责"、"上对下"、"奉辞伐罪"的语义特征略加强调。但值得注意的是：即便是在先秦，"讨"的本义使用得并不多。"奉辞伐罪"、"上对下"的语义特征在使用中并未得到强调甚至是受到了忽视。这种现象，越到后来越是明显。如：

> 鲁平曰：公子纠，亲也。请君讨之。鲁人为杀公子纠。（《管子·小匡》）
>
> 皇帝起丰沛，讨暴秦，诛强楚。（《史记·郦生陆贾列传》）
>
> 是时，上方征讨四夷，锐志武功。（《汉书·礼乐志》）
>
> 出兵击讨，为浚所败。（《十六国春秋·后赵录》）

以上四例中的"讨"，很难说还限于"上对下"、"奉辞伐罪"的语义范畴。究其原因，这是由"讨"与"伐"、"诛"、"杀"、"攻"等字高频连用的现象导致的。从认知心理上来说，语言单位在话语中的不断重复（频率）会导致说话人的"自动化"和听话人的"适应"这两个过程。"自动

---

① （汉）王符著、胡大浚等译注：《潜夫论译注》，甘肃人民出版社1991年版，第55—56页。

化" 导致 "若干单位构成的序列逐渐被处理为一个单一的单位或者组块"，以致 "组成单位的个体身份逐渐消失以及整个组块在形式上开始缩减"。① 在理解 "诛讨"、"征讨"、"攻讨"、"战讨" 等高频向心字组的过程中，"心"——"讨" 的意义反而变得不重要了，重要的是 "区别特征"。"诛讨"、"征讨"、"攻讨"、"击讨" 等字组的高频运用，使 "讨" 的 "上对下"、"奉辞伐罪" 的语义特征虚化了。

但是，"一个实词的语法化通常是发生在它的某个义位上，语法化的结果是该词在某个义位上独立或分离出某个虚词。至于这个词的其他义位则仍按实词功能继续使用"。② 虚化了部分语义特征的过程并未能改变先秦 "讨" 的实义动词的性质。晋代文献中，"讨" 加补语的情况比较普遍。仅以《华阳国志》卷四③为例：

> 作乱众数万，毅讨破之。
>
> 会夷发夜郎庄王墓。逊因此，遂讨灭之。
>
> 遣将军郭昌讨平之。

"讨破"、"讨灭"、"讨平" 等形式，这时已经结合得相当紧密了。能带补语，可见 "讨" 字此时的 "实义动词" 的性质还十分明显。

二 "条分缕析" 语义成分的虚化

"讨" 既有 "问责" 之义，引申而言，"数" 之义必在其中。王念孙《读书杂志·〈史记〉第四》："让亦责也。数音朔。念孙案：……数，责之也。" 数读如 "数之以王命" 之数。高注《秦策》曰："数，让也。"《广雅》曰："数让，责也。" 数让连文，犹诛让连文。古人自有复语耳。

古文多有 "数责" 连用者。"数" 就是 "数落"，也就是列举罪状，一一驳斥。这样就引申出 "条分缕析" 的意思。《说文·言部》：讨，治也。从言、寸。段注：发其纷纠而治之曰讨。《秦风》传曰：蒙，讨羽也。笺

---

① 本文所用 "自动化" 与 "适应" 的概念，引自吴福祥《语法化演变的共相与殊相》一文。参见吴福祥《语法化与汉语历史语法研究》，安徽教育出版社 2006 年版，第 107 页。

② 刘坚、曹广顺、吴福祥：《论诱发汉语词汇语法化的若干因素》，《中国语文》1995 年第 3 期。

③ （晋）常璩：《华阳国志》，四部丛刊影明本。

云：蒙，尨也。讨，杂也。画杂羽之文于伐故曰尨伐。据郑所言，则讨者，乱也。治讨曰讨，犹治乱曰乱也。《论语》："世叔讨论之"。马曰：讨，治也。《学记》："古之学者比物醜类"。醜或作讨。凡言讨论、探讨，皆谓理其不齐者而齐之也。

段氏认为"讨"的"治"义源于"杂"，而"杂"则与"乱"同义。"乱"字本身有"治"、"乱"二义。按照同步引申规律①，"讨"也有"乱"和"治"两个相反的意义（即所谓"同词反义"）。段氏谓"丑或作讨"，实则"讨"为"计"之讹。但是他说"凡言讨论、探讨，皆谓理其不齐者而齐之也"却是持之有故的：

> 与之探讨其原，而敷绎其旨。（宋·刘一止《苕溪集·下李谊行》）
>
> 其学长于讨论寻绎前世之迹。（宋·张耒《上曾子固龙图书》）
>
> 舍绅绎讨论之乐，而劳神明于简书榜楚之间。（宋·程俱《北山小集·漫堂记》）
>
> 乃并包于新旧，俾褒缀于科条。惟讨绎之加详，肆编摩之函就。（宋·綦崇礼《特转太中大夫恩命不允诏》）
>
> 论，卢昆切。说也，议也，思也，绅绎讨论也。（元·戴侗《六书故》）

《说文》释"绎"曰："绎：抽丝也。从糸，睪声。"又"繹"，《说文》曰："繹茧为丝也。"《方言》："䌷、绎、督、雉，理也……丝曰绎之。郭璞注：言解绎也。"可知，"绎"有"抽丝"义。"抽丝"是一个"条分缕析"的过程，所谓"理其不齐者而齐之"也要经过"条分缕析"。而"讨论"原本也有类似的意义，② 但在使用过程中，由于"论"的构词能力较强，并与"议"、"谈"、"评"等高频组合而使"对话"成为"讨论"的主要语义特征——"讨论"在现代汉语中几乎成为了一个偏义结构，"讨"的"条分缕析"的语义特征也随之虚化了。

---

① 许嘉璐先生在《论同步引申》一文中将"同步引申"定义为："一个词意义延伸的过程常常'扩散'到与之相关的词身上，带动后者也沿着相类似的线路引申。"参见许嘉璐《语言文字学论文集》，商务印书馆 2005 年版，第 24 页。

② 《论语》："世叔讨论之"。刘宝楠正义曰："郑注云：讨论，整理。理亦治也。谓整比其辞而治之也。""讨论"原本是"整理"（即条分缕析）之义。见刘宝楠《论语正义》，上海书店出版社 1986 年版，第 304—305 页。

三　"谋"语义特征的虚化

"讨"既有"条分缕析"之意，"条分缕析"必有所求，故而又引申出"求"之义。但是，这里的"求"不同于恳请、乞求之"求"，而是与"寻"近义。朱骏声说："寻所以度物，故揣度以求物谓之寻。""揣度以求"就是谋求，谋求而有所得，必然要经过"条分缕析"的过程。"讨"训为"求"的早期用例，正带有这样的特点：

> 虑世事之变，讨正法之本，求（范钦本、秦四麟本无"求"字，元本有——笔者）使民之道。（《商子·更法》）

这一例很值得重视。从语义上来分析，"讨"既可视为与"虑"对举，带有"揣度"之意；又可视为与"求"对举，有"寻求"之意。故而，"讨"字带有"谋求"之意也就可以理解了。但是，"讨"字的"谋求"之意在使用中却渐渐地丢失了"谋"的语义特征，跟"寻"成为同义并列字组。"寻"在上古汉语中多表示"追踪"、"寻找"、"追寻"，"讨""寻"二字连用的频率很高，"寻"字的使用频率又明显高于"讨"。张谊生先生说："谓词性的联合结构在充当谓语的过程中，其词义偏向后面一词时，并列成分就会形成后主前次的格局……这种联合结构在使用中常常会出现词义偏向后项的情况。"① 我们以为，这里提到的"词义偏向"并不限于"后主前次"的情形，"前主后次"的情形也是有的。"讨寻"、"寻讨"都是比较常见的字组，只是因为"寻"字频率较高，"讨"字受其影响，便失去了"谋"的语义特征。表1是笔者统计的几部近古汉语文献中的用例：

表1

文献名	寻个+P	讨个+P
《朱子语类》	22 次	37 次
《水浒传》	25 次	9 次
《今古奇观》	29 次	21 次
《醒世恒言》	34 次	20 次

在《红楼梦》中，"讨个+P"的用例要比"寻个+P"多2个。但综

---

① 张谊生：《论与汉语副词相关的虚化机制》，《中国语文》2000 年第 1 期。

合其他清人文献，则"寻个+P"的用例要远高于"讨个+P"。"讨个+P"与"寻个+P"形式的频繁使用，说明"讨"与"寻"已近乎等义。且以《朱子语类》为例。如：

> 便常守定这个知得不是底心做主，莫要放失。更那别讨个心来唤做是底心。（卷17）
>
> 就志学上便讨个立底意思来；就立上便讨个不惑底意思来。（卷23）
>
> 而今讲学，用心着力，却是用这气去寻个道理。（卷4）
>
> 凡事只是寻个当然，不必过求，便生鬼怪。（卷120）

由以上四例可知，丢失了"谋"语义特征的"讨"，此时的"寻求"义已经十分常用。甚至不仅限于"寻求"，但凡有"求"之意，无论方式手段，都可以用"讨"来表示：

> 邓隐峰一事亦然。其人只管讨身，隐峰云说底是甚么。其人悟，谢之而去。（《朱子语类》卷3）
>
> 且只就身上理会，莫又引一句来问。如此只是纸上去讨。（《朱子语类》卷14）
>
> 不放洒家入寺时，山门外讨把火来烧了这个鸟寺。（《水浒传》卷4）
>
> 必认做我们讨媳妇不起，传说开去，却不被人笑耻。（《醒世恒言》卷8）

第一例中的"讨"倾向于"索求"；第二例中的"讨"倾向于"谋求"；第三例中的"讨"则倾向于"寻求"。而所谓"讨媳妇"，其实就是"寻求"：

> 那老贼道是寻得个好媳妇，真心相待。（《今古奇观》卷37）
>
> 妈妈明日和老太太求了，聘作媳妇，岂不比外头寻的好。（《红楼梦》第57回）

四　被动标记"讨"的出现

"讨"字的"求"义到后来产生了变化，"索求"、"谋求"等主动"求取"的特征逐渐减弱，而"请求"、"乞求"等被动求取的倾向逐渐增强。

中古、近古汉语中,"讨"常见于"讨人+P"这一句式中:

> 宁可输人便宜,不可讨人便宜。(宋·应俊《琴堂谕俗编·积阴德》)
>
> 只是要便宜底人,凡事只认自家有便宜处做。(《朱子语类》卷26)

"便宜"原本是针对双方而言的。自己的便宜被人占了、要去了,自然是"输"之意。"讨人便宜"却是将别人的便宜谋求过来。这里的"讨"就是"要"、"占"、"寻",还是倾向于主动求取之意。"讨人破绽"之"讨"也是"谋求"之意:

> 往往讨人破绽以为话柄。(清·王有光《吴下谚联》卷4)
>
> 只得卖个破绽,拖了禅杖便走。(《水浒传》卷6)

只有"卖"破绽与人,人才能"讨"。这里的"讨"就是"要",就是"谋求"。"讨价还价"之"讨"正是此意。所以这里的"讨"仍旧是主动求取之意。这一点,从"讨人+P"的缩略形式"讨+P"也能看出来:

> 凡事莫容易,尽爱讨便宜。(《寒山诗》)
>
> 世间只有僧人讨便宜。他单会布施俗家的东西,再没有反布施与俗家之理。(《警世通言》卷5)
>
> 我家官人正去乡试,要讨采头。(《拍案惊奇》卷34)
>
> 店小二笑道:客人你们休要在这里讨野火吃。(《水浒传》卷46)

"讨便宜"、"讨采头"、"讨野火"都是指主动求取。但是,随着"讨人+V"句式的频繁使用,"讨"便开始了虚化的过程:

> 休只贪图酒食,讨人厌贱。下次做娘的到此处也没光彩。(明·冯梦龙《平妖传》第6回)
>
> 千不是万不是,总是自不该来讨人奚落。(明·诸圣邻《隋炀帝演义》第34回)
>
> 无姆晓得仔例说我小,干仵哭哭笑笑讨人厌。(清·韩邦庆《海上花》第23回)
>
> 子路:偏是莽性男子,从孔子,讨人揶揄。(清·邱维屏《邱邦士文集》卷1)

这几个例子中，"讨"很难说是"主动求取"之义。"趋利避害"是生物界的普遍原则，这反映在"施受同词"①的语言现象上，便表现出主动求取与被动承受之别。当"动词行为"对于施动者是褒奖意味的时候，"讨他+V"多表现出主动求取的意味：

> 董文甫还只把些本领讨他喜欢。（明·东鲁古狂生《醉醒石》第13回）

现代汉语中"讨他开心"、"讨他欢心"等表达方式中，"讨"也表现出主动求取的意味。而上举几例中的"讨"所接的动词行为对于施动者而言都是具有贬损意味的。对于这些行为，施动者是不会主动求取，而只能是被动地遭受的。因此，这种语境下的"讨"一般不会具有"主动求取"的意思。而要表达这样的意思，往往要加上"自"：

> 等曲尽了方法还不以为可，就该止住了不要说得厌烦，自讨羞辱。（明·葛寅亮《四书湖南讲·论语湖南讲》卷3）
>
> 你道赵干为何先不走了，偏要跟着张弼到县自讨打吃。（《醒世恒言》卷26）

"讨"本是表示"不得已"情况下的被动遭受之义，"自讨"则是表示主动求取"害"之意，有"咎由自取"的意味。在"讨他+V"的结构中，"讨"更进一步表现出作为被动标记的特点：

> 莫奉承透了，讨他做大起来。（《今古奇观》卷3）
>
> 万一不成，舍亲何面目回转。小子必然讨他抱怨了。（《今古奇观》卷27）
>
> 期本大怒，以为礼部官数落我数通，我为一福王，故讨他骂。（明·孙慎行《玄晏斋集·玄晏斋文抄》卷2）
>
> 轻则讨他耻辱，重则功名不保。（清·李百川《绿野仙踪》第39回）

这几例中的"讨"，作为被动标记的意味已经很明显了。带有这种语义特征的"讨"一般只用于劝诫意味的句子。这一点，可以拿"否定词+讨+V"的句式证之：

---

① 徐世荣《古汉语反训集释》中收有"讨"字的施受同词语例，可参看。

他是兴头的时节，不要讨他鄙贱，还宜从容为是。(《二刻拍案惊奇》卷24)

如今把这事靠后，且把太太打发了去要紧，宁可咱们短些，别又讨没意思。(《红楼梦》第74回)

"不要/别＋讨＋V"句式多表现出希望对方"避害"，不要去招致恶果的"劝诫"意味。这从反面反映出"讨他＋V"句式带有的被动遭受意味。所以，上引诸例中的"讨"，辞书最好不要释为"惹"。因为这里的"讨"其实是一种被动的"求"，而"惹"则是表示"招引"、"触动"等主动意义。值得注意的是，"讨"的被动遭受义在现代汉语中的用法明显不及主动求取义。近古汉语中比较常见的"讨人嫌"、"讨人厌"等表示被动遭受意义的词组已经词汇化为"讨嫌"、"讨厌"等词了。而"讨他欢喜"、"讨他开心"等词组的词汇化情形则不很明显（"讨喜"等词多见于方言词汇）。正是由于表贬损意味的"讨他＋V"的句式中，"讨"表被动标记的功能十分明显，相应地，"讨"的实词意义就虚化了。而表褒奖意味的"讨他＋V"句式中的"讨"则不具有这样的功能。"一个实词词义发生某种变化，也会影响其功能，改变其所处结构的关系和性质。"①意义的变化引起形式的相应改变。既然表贬损意味的"讨他＋V"的句式中"讨"的实词意义不再明显，"讨"的受动对象也就不必列入其配价成分。因此"讨"就可以直接加贬损意味的动词，构成"讨厌"、"讨嫌"等现在比较常用的词了。

这种作为被动标记的"讨"字在普通话中没有找到用例。但在湖南常德、安乡以及武汉方言中，都有"讨"作为被动标记的用法。比如：

讨他气得没办法。
讨人家看不起！
讨狗子咬得！
讨他把个话讲得稀烂走样哒。
脸上讨太阳晒得黑黢哒。

以上语例都转引自易亚新《常德方言语法研究》②一书。要说明的是，原书上引诸例中的"讨"本作"逗"，但这是常德方言的用法。在安乡方言

① （晋）常璩：《华阳国志》，四部丛刊影明本。
② 易亚新：《常德方言语法研究》，学苑出版社2007年版，第212—213页。

中，同样的表达中"逗"都用"讨"。易亚新说："上述句子中的'逗'实际上呈现出动词的特点，表示'招、讨'的意思"；又说："当'逗'用做介词时，整个句子主要表示不如意的事情"。他说的"介词"，实际上就是"被动标记"，而"不如意的事情"与上面所论"被动遭受"是一致的。在安乡方言中，上引语例中的"讨"换成"被"字语义基本一致。常德和安乡方言中极少用"被"字，"讨"字在某种程度上充当了"被"字的角色。

参考文献

张谊生：《论与汉语副词相关的虚化机制》，《中国语文》2000 年第 1 期。

刘坚、曹广顺、吴福祥：《论诱发汉语词汇语法化的若干因素》，《中国语文》1995 年第 3 期。

吴福祥：《语法化与汉语历史语法研究》，安徽教育出版社 2006 年版。

徐世荣：《古汉语反训集释》，安徽教育出版社 1989 年版。

易亚新：《常德方言语法研究》，学苑出版社 2007 年版。

The Grammaticalization of "TAO（讨）"

Abstract： There is a grammatcalization phenomenon during the semantic extension of "TAO（讨）". The semantic elements of "TAO（讨）", "superior to the lower" and "accountability", are grammaticalized in the collocation with high-frequency words like "FA（伐）", "GONG（攻）" and "ZHU（诛）", etc. In the high-frequent use of "TAO LUN（讨论）"（to discuss）, the meaning of "TAO（讨）", "to make a careful and detailed analysis", has been grammaticalized. "TAO（讨）" is synonymous with "XUN（寻）", expressing the meaning of "to seek for something"; such a content word's meaning is degrading, while the meaning, "to suffer passively" has been developing, which will further grammatcialize as a passive marker. This grammaticalization phenomena of "TAO（讨）" has not got sufficient atten-

tion from the academia, and the lexical definitions of dictionaries also o-
mit the semantic items of "TAO（讨）" after its grammaticalization.

Key words: TAO（讨）; the meaning of a word; semantic element;
grammatcialization; passive marker

在京英美留学生跨文化适应调查研究[*]

亓　华　杨璐西

（北京师范大学汉语文化学院）

摘要： 本文采用定性和定量结合的研究方法，探讨了来京英美留学生的跨文化适应问题。调查显示，英美留学生来华动机强烈，来华前的准备较充分，来华后的感觉超出了预期，来华后满意度较高，打算在中国工作的可能性较大；社会文化适应较好，社会文化生活参与度最高，但人际交往感到困难。来京英美留学生的文化适应过程大体经历四个阶段：观光阶段、文化冲击阶段、理解适应阶段和选择接受阶段，其跨文化适应策略为"文化整合"型。应对策略为：积极融入、换位思考、理解包容、历史眼光、发现亮点。

关键词： 英美留学生；跨文化适应；社会文化适应；心理适应；文化整合

一　引　言

随着中国经济快速发展和国际地位的不断提升，欧美发达国家的学生们已把中国作为主要的留学目的地国。2014 年，全年在华学习的外国留学人员覆盖 194 个国家和地区，总数突破 29 万人，其中欧美学生的人数达到 79304 名，占第二位。这就使得兴起于 20 世纪 90 年代的中国的跨文化适应研究从不分国别的"留学生"阶段，进入到了针对不同文化背景留学生的国别化的研究阶段。而且由于这一课题的边缘交叉性的特点，成为了教育学、社会学、心理学、文化人类学和第二语言汉语教学等多学科共同关注的一大课题。笔者于 2008 年起利用跨文化交流学课，带领各国研究生们作了

---
　* 本文作为北京师范大学汉语文化学院 2009 年科研项目"来华外国留学生跨文化适应研究"的结项成果之一。

来华前六国留学生跨文化适应的量化和质性研究①，把外国留学生当作跨文化交际的"主体"作了细致的调查，深入了解到隐藏在表象背后的深层价值观和文化观的差异与冲突问题，进而提出应对策略。本文重点探讨在京英美留学生的跨文化适应问题，分析影响他们跨文化适应的各种因素，并将访谈中个体的适应情况和内心感受融入实际调查分析中。

　　本文的研究对象集中在 2010 年北京师范大学、首都师范大学、北京语言大学、北京大学、对外经贸大学、中央财经大学、中原厚土汉语培训学校，共发放英文问卷 130 份，回收有效问卷 108 份，同时在北京师范大学、首都师范大学、北京大学访谈英美留学生共计 25 人，并对其中的 5 人进行了多次深入采访。参加调查的留学生基本情况如表 1 所示：

表1　　　　　　　　　　英美留学生调查对象基本情况

性别	男：58 人（53.7%）　女：50 人（46.3%）
国籍族裔	英国：58 人（53.7%）　　其中：英籍华裔 3 人（2.8%），英籍其他裔 22 人（20.4%） 美国：50 人（46.3%）　　其中：美籍华裔 7 人（6.5%），美籍其他裔 4 人（3.7%）
年龄	20 岁以下：12 人（11.1%）　　20—25 岁：80 人（74.1%）　26—30 岁：8 人（7.4%）30 岁以上：8 人（7.4%）
最高学历	高中：75 人（69.4%）本科：23 人（21.3%）硕士及硕士以上：8 人（7.4%）其他：2 人（1.9%）
学习项目	非学历项目：105 人（97.2%）　　本科项目：3 人（2.8%）　　硕士项目：0 人（0%）
资金来源	公费：31 人（28.7%）　　自费：69 人（63.9%）　　部分公费：8 人（7.4%）
汉语水平	初级：30 人（27.8%）　　中级：68 人（63%）　　高级：10 人（9.3%）
来华时间	0—6 个月：48 人（44.4%）　　6—12 个月：37 人（34.3%）　　1—2 年：10 人（9.3%）　2 年以上：13 人（12%）
出国经历	有：100 人（92.6%）　　无：8 人（7.4%）

　　从表 1 可知，被调查的英美留学生的基本特点是：（1）年龄上，以20—25 岁这个阶段的留学生最多；（2）学历上，有 75 人（占 69.4%）为高中学历，23 名（21.3%）是本科学历生；（3）学习项目，英美留学生以非学历项目为主（105 人），本科 3 人，硕士学历项目没人攻读；（4）资金

---

① 亓华、李秀妍：《在京韩国留学生跨文化适应问题研究》，《青年研究》2009 年第 2 期；亓华、李美阳：《在京俄罗斯留学生跨文化适应调查研究》，《语言教学与研究》2011 年第 2 期；亓华、刘汉武：《来华越南留学生跨文化适应研究》，《云南师范大学学报》2012 年第 6 期。

来源上，以自费生为主，占 63.9%；公费生为 28.7%；（5）汉语水平多集中在初、中级，高级寥寥无几；（6）多为短期生，留学 1 年以上的较少，2 年以上的是留京创业的留学生；（7）出国经历上，英美留学生 92.6% 都有出国经历。

本文为了保护留学生的个人信息及隐私，统计和分析的结果不包含学生的真实名字等私人信息。论文里为了识别 25 位访谈者，用其名字的大写英文首字母代称。

二　来华留学动机、准备，来华后预期以及满意度调查分析

（一）来华留学动机调查与分析

该问卷（见表 2）参考德国学术交流中心（DAAD）发放的问卷设计而成，采用里克特五点量表法统计分数，即 1 = 完全不赞同，2 = 不很赞同，3 = 赞同，4 = 很赞同，5 = 完全赞同，用 SPSS18.0 统计软件对回收的问卷进行求平均值、频数分析，并辅以 EXCEL 软件进行部分柱状图的描绘，力图详尽、精准地分析出问卷结果。

表 2　　　　　来华留学动机、来华前的准备、来华后的预期实现度、满意度和未来打算调查表

	1	我对中国语言、文化很感兴趣，想多学习、了解。
	2	我想锻炼自己应对不熟悉的环境的能力。
	3	有利于以后找工作，有一个好的发展前途。
	4	得到一个在中国旅游的好机会。
来华动机	5	中国大学的生活、学习条件（如设备、图书馆、实验室等）比我国大学的好。
	6	考中国的重点大学比我国容易。
	7	父母、朋友建议我来中国大学学习。
	8	我的朋友在中国的大学里学习。
	9	在中国学习、生活的总花费比较低。
	10	北京这座城市吸引我。
来华前的准备充分度	11	来华前已对中国有较多了解，为在华的生活做好了心理上、物质上的充分准备。
预期实现度	12	来华后对中国的好感度大大超出了预期。

续表

满意度	13	总体来说，来华后对中国的满意度很高。
未来打算	14	打算以后在中国工作。
	15	打算以后找个中国男/女朋友，并不排除与其结婚的可能。

统计结果显示，英美留学生的来华动机均为 3.46 分，最高值为 4.6，说明英美留学生的来华动机总体来说较为强烈。与以往的调查不同的是，英美留学生找工作的"工具性"动机超过了以往，位居第一（见图1）。

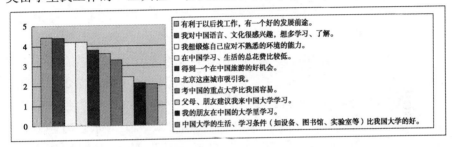

图1 英美留学生来华动机各题排序情况

（二）影响英美留学生来华留学的主要原因动机

1. 功利目的（4.44 分）。通过调查采访发现，吸引英美留学生来华留学最主要的是功利目的。随着中国综合国力的增强和国际地位不断提升，经济快速发展，全球贸易往来日益密切，所以留学生越来越认识到学习汉语文化对自己的前途有帮助。比如，东亚学专业的大学生在面临语种的选择时，都倾向于把汉语排在日语、韩语之前，主要原因并不是文化吸引。要说到对文化的兴趣，有的直接表示，并不认为日本、韩国文化就比中国文化逊色，而是因为中国飞速发展的经济使他们觉得学汉语会带给他们更好的发展前景。除了语言专业的学生外，英美大学里学经贸、政治、国际关系专业的学生更是把来中国留学作为首选。例如，北师大二年级的英国男生 J 说："我的理想是希望在中国有房有车，娶个中国姑娘，过着体面舒适的生活，这在伦敦很困难。"首师大国际交流学院中一年级的美国女生 S1 说："我爸爸是做生意的，他建议我选择汉语专业而非日语，因为我将来想做生意，在中国市场前景更好！"北师大二年级的美国男生 W 则说："我从我美国室友那儿看到了一个国家地理频道拍的中国经济纪录片《龙的腾飞》，所以我决定选修中文课程，然后来中国寻求发展。"

2. 兴趣目的（4.42 分）。与功利目的几近并列的是兴趣目的。中国古老神秘的东方文化和五千年的历史召唤着英美留学生来华探索、体验。比如，J从小被电视里李小龙的中国功夫吸引，爱读《论语》、《诗经》；R的本科专业为亚洲艺术史，对中国现当代艺术尤其着迷。北师大二年级的美国男生 D1 说："我从小对中国历史文化感兴趣，觉得中国有很多矛盾，作为一个发展中国家，中国人的思想既传统又现代。"北师大一年级的美国男生 G 说："北京是东方文化政治中心，是一个新的莫斯科。"首师大二年级的美国男生 S2 说："我本来学习日语，在玩日本游戏《三国志》时迷上了中国历史，所以决定来中国学汉语。"北京教育学院的美国男生 P 说："我在大学里无意中听到了一节有关中国传统道德观的课，于是就喜欢上了中国文化，特别是'道'家思想。"

3. 培养适应环境的能力（4.21 分）。锻炼自己应对不熟悉的环境的能力是英美留学生来华的第三大主要原因。虽然英美留学生大部分都有出国的经历，但中国对他们来说仍然是最遥远、陌生的国度，来中国并能生存下去就成了他们的挑战目标。北师大三年级的美国男生 F 说："我当时在大学学经济，但由于不喜欢自己的生活，故意想找一个遥远陌生的地方，体验全新的生活，强迫自己学语言、文化，于是我来到了中国。"北师大二年级的英国男生 D1 说："我觉得能够在中国顺利生活下来，这本身就算挑战成功。"

4. 费用低廉（4.21）。生活、学习总成本较低是英美留学生选择来华的第四大原因。很多英美留学生觉得，由于物价低廉，在中国吃、住、行可以享受到较高级的待遇，这在自己国内是不可能的；且学费相对来说也更便宜些，相比于韩国留学生，公费的名额也更多。例如，北师大二年级的英国男生 J 说："当时我有三种选择：学德语、俄语或汉语，相比较而言，在中国留学更经济些，英镑在中国也更值钱。"北师大 102 年级的英国女生 M 说："作为一个学生，我在北京的生活比在英国的生活好很多。在这儿，我几乎每天都能去饭馆儿，我能在很好的小区住很好的现代化的公寓；如果要在英国享受同等的待遇，我得拥有一个很好的工作，挣很多钱才行。"首师大初 C 年级的非洲裔美国男生 D3 说："我对中国没什么了解，但来中国旅游很便宜，所以我就参加了学校的交换生项目。"

英美留学生来华动机倒数三名依次是："中国大学的生活、学习条件（如设备、图书馆、实验室等）比我国大学的好"（2.06 分），"我的朋友在中国的大学里学习"（2.13 分），"父母、朋友建议我来中国大学学习"（2.44 分）。由此可见，我国大学的硬件设施水平还有待提高；英美留学生因为朋友才来华学习的不多，多是因为在中国的花费要比本国的花费低得多。

（三）来华前的准备，来华后预期、满意度调查结果与分析

调查显示，英美留学生在"来华后对中国的好感度大大超出了预期"（3.52），"总体来说，来华后对中国的满意度很高"（4.0）"打算以后在中国工作"（3.28）上都持肯定态度；在来华前的准备上，美国留学生得分较高（3.31），在"打算找中国伴侣"上，英美留学生基本持否定态度（2.46），但也不排除个别人持肯定态度。

经访谈了解到，多数美国留学生在国内都选修过汉语，所以在来华前已对中国的语言文化有一定的了解。但他们对中国当代社会、国情文化知之甚少。在他们的头脑中，对中国形成了不少负面印象。他们普遍都不了解现在的中国，只通过身边的华人同学、老师零碎地了解到一些，几乎没有人参加过跨文化适应培训，有几人倒看过这方面的书。北师大二年级的美国男生 J 说："来中国前，以为中国和非洲差不多，还是毛泽东时代的人民公社的样子，人人都穿绿帆布的衣服，戴有红角星的帽子，吃大锅饭……很担心中国人会对自己不友善。第一次来中国，刚出机场打的时，突然听见车里收音机传来京剧的尖叫声，当时被吓了一跳，以为中国人说话都这样呢！"北师大三年级的 F 说："以前对中国的印象就是鸦片战争时期，长胡子老头吸食鸦片的情景。"北京教育学院的男生 P 说："想象中的中国，军队无处不在，人人都穿绿军装，戴红五星帽，和苏联一样。言论不自由，老外也只能说'我爱中国'，而不能说不好的话。"可见，大多数英美学生都或多或少地对中国存在文化误读，他们大都带着各种各样的定型观念来到中国，来中国本身就是重新认识中国、打破定型观念的自我教育的过程。

英美留学生大都觉得来华后的见地超出了预期，总体上来说非常满意。他们普遍回忆起第一天来到北京的情景，都说到北京很大，很现代化，道路很宽阔，交通也很发达。北师大 102 年级的英国男生 M2 说："虽然以前女友跟我说到过北京很现代化，但我还是被眼前的北京所震惊了。当我第一天从首都机场出来坐上出租车后，向三环朝阳区、国贸一路行驶，很多高楼大厦进入眼帘，太现代化了，天很蓝，阳光很灿烂，至今仍能回想起那令人印象深刻的场景。英国城市中心大多是四五层楼高的古建筑，北京比它现代多了。"由于英美留学生来华前期望不高，来华后却发现超出了预期想象，这样反而增加了满意度。

关于对未来前途的打算，英美留学生的想法还不明确，呈多样化。有的愿意留在中国工作，有的打算回国，但是不管他们怎样打算，以后会从事和中国有关的工作是普遍的倾向。在找中国伴侣方面，有的愿意找，有的男生甚至已经有了中国女朋友，但是否能走向婚姻却很不确定。

三　英美留学生的跨文化适应调查问卷

（一）英美留学生的社会文化适应状况调查统计

借鉴了 Ward, C. & Kennedy, A. （1990）著名的《跨文化适应量表》（SCAS）[①] 以及杨军红 2005 年《来华留学生跨文化适应问题研究》中的调查问卷[②]，设计了《英美留学生社会文化适应状况调查表》（见表 3），采用里克特五点量表法统计分数，即 1 = 没有任何困难，2 = 有一点困难，3 = 一般困难，4 = 比较困难，5 = 最困难，并辅以 EXEL 软件进行部分柱状图的描绘。

表 3　　　　　　　　英美留学生社会文化适应状况调查表

1. 环境适应	1	我不习惯北京的气候。*
	2	很多地方都挤满了人，让我很不舒服。*
	3	我对交通状况、公共设施（如公厕、公用电话）和市民公德意识（如遵守交通规则、维护公共卫生）不满意。*
	4	我觉得在中国很安全、自在。
2. 日常生活适应	5	我喜欢吃中国菜。
	6	我的住宿条件还不错。
	7	北京有我喜欢的娱乐活动。
	8	我讨厌买东西时讨价还价。*
	9	我的学习压力很大。*
	10	我对社会服务体系（如商场、餐厅、银行、邮局、医院）不满意。*
	11	找到兼职工作很容易，且报酬还不错。
3. 语言适应	12	我对自己的汉语水平感到满意。
	13	我感到学习和使用汉语很困难。*
	14	我很怕在课堂上及中国人面前说汉语，怕丢面子。*

---

① ［美］Ward, C., Kennedy, A. "The measurement of socio-cultural adaptation", *International Journal of Intercultural Relations*, 1999, （23）: 659—677.

② 杨军红:《来华留学生跨文化适应问题研究》，华东师范大学博士学位论文，2005 年。

续表

	15	我交过中国男/女朋友。
	16	我有很多免费的中国语伴。
	17	我倾向于多交中国朋友，少交本国朋友。
	18	我常常和中国朋友一起吃饭、聚会、玩夜店等。
	19	我很容易约到自己喜欢的中国女生/男生。
4. 人际交往 适应	20	理解中国人的思维方式、价值观很困难。 *
	21	理解中国人的交际风格（如倾向于间接委婉表达）很困难。 *
	22	很难区分中国人的真实情感和客套。 *
	23	我常常为自己的私人空间遭到侵犯而烦恼。 *
	24	我非常想念家乡。 *
	25	我总是被陌生人盯视，或被指指点点，这使我很不舒服。 *

（注：后注＊者是反面陈述，反序计分）

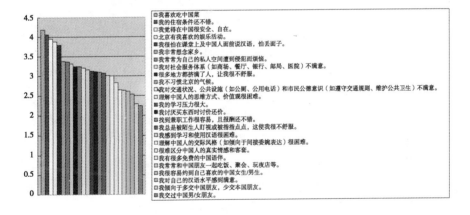

图2　英美留学生社会文化适应各题得分排序情况

（注：否定叙述题已反向计分，分越高适应越好）

　　由图2和表3可见，英美留学生社会文化适应在前六项依次排名为：日常生活适应（3.54分）、环境适应（3.41分）、思乡承受力（3.38分）、语言适应（3.12分）、被陌生人盯视或议论的心理适应（3.07分）、人际交往适应（2.75分）。前五个方面都适应得较好，但唯独人际交往方面适应得分低于3分，说明有困难适应得一般。具体来说，英美留学生得分最高的五项依次是："我喜欢吃中国菜"（4.19分），"我的住宿条件还不错"（4.06分），"我觉得在中国很安全、自在"（3.95分），"北京有我喜欢的娱乐活动"（3.88分），"我很怕在课堂上及中国人面前说汉语，怕丢面子（否定陈述题，已反向计分，分数越高适应越好）"（3.80 分）。

英美留学生适应低于 3 分的后五项依次是："我交过中国男/女朋友"（2.25 分），"我倾向于多交中国朋友，少交本国朋友"（2.23 分），"我对自己的汉语水平感到满意"（2.54 分），"我很容易约到自己喜欢的中国女生/男生"（2.6 分），"我常常和中国朋友一起吃饭、聚会、玩夜店等"（2.64 分），说明在这些方面适应有困难。

（二）英美学生社会文化适应访谈与分析

1. 环境适应。在自然环境方面，英美留学生普遍反映北京气候干燥、风沙大，空气污染非常严重；在城市公共环境方面，他们认为交通便利，地铁、公交线路多且便宜；但是人太多、交通拥挤、打的困难、公共厕所卫生差等都是他们很难适应的地方。在社会人文环境方面，对社会治安很放心；但市民缺乏公德意识，诸如吐痰、闯红灯、大声喧哗、旁若无人、排队加塞儿、小孩儿随地大小便、路遇打架袖手旁观、吃饭吐一桌子残渣和骨等，都是让英美留学生觉得不舒服、不文明的地方。

2. 日常生活适应。在食物方面，他们普遍喜欢吃中国菜，不适应的地方是：蔬菜里总加肉，纯素菜花样太少，且总是放味精。他们认为味精是有害健康的。住宿方面，对学校宿舍满意度很高。但对在外租房的英美留学生来说，一是经常受警察上门突击检查证件的侵扰，二是房东和中介的服务不太周到。对于讨价还价，有的很不适应，比如，首师大中 A 年级的美国女生 S1 对待讨价还价的态度是先感觉累，后变得生气，最后才渐渐习惯。但也有的认为这是一种谈判锻炼，觉得很有意思而乐此不疲。如首师大二年级的美国男生 S2 每次都运用学来的技巧讲价，觉得砍掉了一些钱的感觉很好，但是最终还是担心自己买贵了，也许中国人会买得更便宜，所以尽管讲价胜利但还是会沮丧。对于在商品买卖交易中普遍存在的见外国人要高价甚至骗钱的行为，留学生们都深恶痛绝，这也极大地破坏了中国人在他们心目中的形象。北师大 102 的英国女生 M1 说："有一次和中国朋友去珍珠市场，卖珍珠的人问中国朋友谁要买，如果是他自己买就几十块钱，如果是我买就上百元。这种喊高价的情况在市场经常遇到。"这种看人要价、买卖不公的情况令外国人很不适应。

在学习压力方面，由于英美留学生大部分是短期非学历项目，而且除了功利目的外，兴趣也很浓厚，加之西方教育提倡在玩儿中轻松学习，所以他们的学习压力没有韩国留学生那么大。

在社会服务体系方面，英美留学生总体来说比较满意，但是服务员的态度冷漠、办事疏忽仍然是他们抱怨的一个聚焦点。例如，北师大二年级的美国男生 W 说："在医院、餐馆、旅店，服务员态度极差，还会当面骗你。在西方，如果你服务态度不好，人们就会光顾其他地方；但在这儿，哪儿的服务都一样差，所以无法改变。"二年级的英国男生 T 说："餐厅的服务员很粗鲁；医院的房间没有隐私，我在检查身体时，但门却开着，人们进进出出，后来到药房还拿错了药。"二年级的英国男生 Z 说："我的一个朋友在校医院看病，医生让他等了一个小时，然后直接问：'现在怎么样了？'还有一次，我出车祸缝了针，但医院没给我开抗感染的药，还把我送错了部门；王府井国际医院好，但要收 100 元挂号费；还有银行职员不会说英语，等等。"英美留学生对北京的社会服务体系和服务人员不满抱怨最多。目前社会现实离"微笑服务"的确还存在距离，无怪这些初到中国、与国内反差较大的英美学生了。以上不少连中国人都认为是不文明的陋习，属于改变和纠正之列，而改变和纠正又需要随着生活水平的提高和教育的普及才能逐步实现。但是，美国学生对此在初到中国后的短期内是缺乏这种认识能力的。在找兼职工作方面，英美留学生很占优势，他们很容易找到教英语的工作，且报酬不错，这也是影响除英美国家以外的留学生来华满意度的一大原因。

3. 语言适应。英美留学生刚来中国时，总是被复杂的汉字所吓倒，当自己说的汉语没有被听懂时，会觉得很沮丧；但一旦能用刚学到的汉语顺利进行交际，就会产生巨大成就感。例如北师大二年级的英国男生 D1 说："点菜后我对着服务员说刚学来的汉语'很棒'，但服务员还是听不懂，这让我很沮丧。"D1 还说："我在中国最高兴的一件事就是有一次顺利打电话预定到了房间，很有成就感。"102 年级的英国女生 M1 说："我打的时想告诉的哥左转，以前一直都只会说'左边儿'，但效果不太好，有一次我刚好学到了'向左转'就用上了，觉得很兴奋。"

4. 人际交往适应。大多数英美留学生都认为，中国人很友好、礼貌、热情，交朋友讲究"投缘"，富有"人情味"。例如，北师大二年级的英国男生 J 说："我总能在火车上交到热情友善的朋友，他们会请我吃饭，我们聊得很愉快。"三年级的英国男生 L 说："我的老师认我做儿子，她让我叫她'妈妈'，对我非常关心。"但有时陌生人会当面对留学生指手画脚地议论、眼光冷漠、显得不太客气。他们表示，很难理解中国人的真实情感和客套客气的区别。比如，102 年级的英国女生 R 说："中国人很礼貌、乐于帮忙，但搞不清他们是真心想帮忙，还是只想给别人留下一个好印象。"北师大二年级的美国男生 D2 说："和中国人有分歧时，他们表面上说没什么毫不在意，但也许心里正在强烈不满呢！"他们虽然认识的朋友很多，但能深入交流的非常少，且感到中国朋友与自己空间距离太近，爱打听他们的隐私。他们在中国内已习惯于互相请客吃饭，与中国朋友一起常常被请客。他们感到与工作单位的上级相处有困难，觉得上级很专制，表面虚心听取下属意见，实则不然，领导权力大，开会说太多话搞一言堂。

尽管统计数据显示，英美留学生社会文化适应较好，但深入了解他们的真实想法后，还是发现了一些不满抱怨和难以适应之处。比如，在公共场合，中国服务员态度的冷漠，市民公德意识的淡薄、行为的粗鲁无礼等令英美留学生眼中的中国人印象值减分，觉得相处起来不舒服。此外，就是他们还不太了解中国的国情与交往之道，并不懂中国人的真心还是客气。因此，在教学中，需要老师适当加以点播和指导，应逐渐改变英美留学生以本国的习惯和标准来要求中国的思维方式，鼓励他们融入居住地的生活，尽可能做到入乡随俗、换位思考。

（三）不同来华时间组社会文化适应分析

1955 年，针对跨文化适应动态过程，美国社会学家利兹格德（Lysgard）最先提出了 U 型曲线理论。他认为，旅居者刚来到一种新文化中，首先出于好奇心会感到非常兴奋；一段时间过后，旅居者渐渐失去兴奋感，开始出现语言问题以及由它带来的挫败感、迷惑、误解和孤独感；再过一段时间，旅居者开始适应当地社会和文化环境，情绪逐渐回升。在以时间为横轴，情感变化为纵轴的坐标图上，这个适应过程会呈现出 U 型曲线。[①]

我们把完成调查问卷的英美学生分为四组：0—6 个月：48 人（44.4%）；6—12 个月：37 人（34.3%）；1—2 年：10 人（9.3%）；2 年以上：13 人（12%）。从平均值上来看，四个时间段的留学生在社会文化适应上的水平为先升高，后下降，后又升高，总体趋势是升高，其过程接近"～"波浪形曲线（见表4）。

表4   英美留学生不同来华时间组在社会文化适应各方面的平均分

时间	环境适应	日常生活适应	语言适应	人际交往适应
0—6 个月	3.3542	3.5952	2.9097	2.5579

---

① ［美］Lysgaard, S., "Adjustment in a foreign society Norwegian Fulbright grantees visiting the United States", *International Social Science Bulletin*, 1955, (7), 45—51.

续表

时间	环境适应	日常生活适应	语言适应	人际交往适应
6—12 个月	3.3311	3.4749	3.2432	2.7928
1—2 年	3.45	3.3143	3.1	2.7333
2 年以上	3.8269	3.6923	3.5385	3.3932

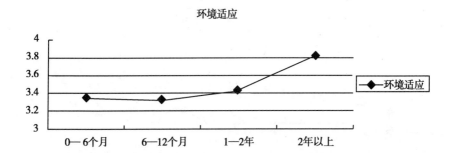

图 3　英美留学生不同来华时间的环境适应情况

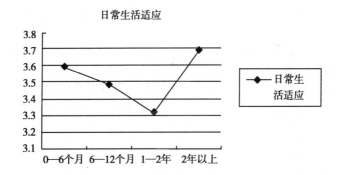

图 4　英美留学生不同来华时间的日常生活适应情况

如图 3-6 所示，除了语言适应和人际交往适应的曲线呈"～"波浪形外，环境适应呈缓慢上升型"↗"，日常生活适应曲线呈"U"形。

总体差异检验上得出了不同来华时间的英美留学生在社会文化适应维度上差异显著（.002），但由表 4 及图 3-6 可见，经过组内两两差异检验得出了更为精确的结果。在社会文化适应上，来华两年以上的留学生与其他三个时间段的留学生相比，差异都很显著。

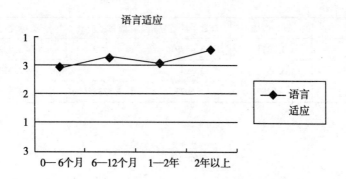

图5　英美留学生不同来华时间的语言适应情况

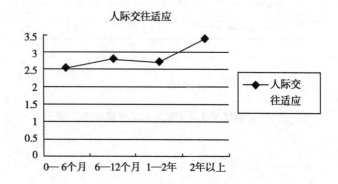

图6　英美留学生不同来华时间的人际交往适应情况

（四）英美留学生社会交际能力与社会支持度调查分析

1. 社会交际能力调查统计

对英美留学生的社会交际能力的调查共有十项（表略），得分超过3分的依次是："我很乐意每天都从周围学习新东西"（4.26），"我在日常交往中尽量使用汉语"（4.19），"我热衷于参加中国传统节日活动，体验中国习俗"（3.75），"来中国后，我很快就适应了在北京的生活条件"（3.69），"我热衷于学习中国传统才艺（如书法、国画、武术等）"（3.22），"每到中国的一个新地方，我都很容易同别人接近"（3.12）；而得分在3以下的是："我常去中国旅行"（2.97），"我常看中文电视电影，读中文报纸杂志，听中文歌曲"（2.81），"我常常主动同中国陌生人搭讪"（2.66），"我常被邀请去中国人家里做客"（2.40）。

2. 中国社会支持调查与分析

从表5看，英美留学生在中国社会支持的所有项目上的平均分都为3分以上，持肯定态度；英美留学生社会支持前五项依次是："我觉得被中国人冷落（已反向计分）"（3.96），"我在中国曾因为自己是英美人而受到歧视（已反向计分）"（3.83），"我认为中国人善意、友好、热心"（3.73），"中国人易于相处"（3.68），"我很受中国人的欢迎"（3.40）。

表5　　　　　　　　　来自中国的社会支持调查表

（1 = 完全不赞同，2 = 很不赞同，3 = 赞同，4 = 很赞同，5 = 完全赞同）

序号	中国社会支持调查项	平均分
1	我很受中国人的欢迎。	3.40
2	我认为中国人善意、友好、热心。	3.73
3	中国人对我国人的刻板印象令我烦恼。*	3.22
4	我觉得被中国人冷落。*	3.96
5	中国人易于相处。	3.68
6	我在中国曾因为自己是美英人而受到歧视。*	3.83
7	中国人常常帮助我克服学习、生活困难。	3.17
8	中国人的民族中心主义态度令我烦恼。*	3.25
9	总体来说，中国人是可以信任的。	3.3
10	加入中国的社会关系网很困难。*	3.05

（注：后注 * 者是反面陈述，反序计分）

可见，大多数英美留学生都反映自己很受中国人的欢迎，中国人对自己很热情友好，易于相处。但通过访谈也了解到存在以下问题：

（1）强烈的民族自尊意识。英美留学生认为中国人存在民族自尊意识，不能冷静客观地看待自己的国家，不愿接受批评意见。北师大一年级的英国男生 J 说："中国人只要听到他人批评中国就会情绪激动，千篇一律极端地认为任何批评性的评价都是在有意冒犯中国，有意冒犯中国人，往往不能客观冷静地看问题。他们还经常轻视其他民族和国家，认为什么都是中国最好。"北师大二年级的美国男生 W 说："奇怪的是，就算是在中国受过高等教育的城市年轻人也认为坚持民族中心主义是好的；但在美国和欧洲受过教育的人们会认为民族中心主义不好，因为正是由于这个才引发了第二次世界大战。"F 说："派出所的人跟我说，所有外国人的规矩都发源于中国。"他们对此很反感，尽量回避与中国人交流真实的想法，因而影响了与中国人的言语思想交流。

（2）刻板印象。刻板印象指来自某一个文化群体的成员对另一个文化群体成员形成的特定印象。①有的英美留学生在来华前就通过媒体、传闻等途径对中国人形成了刻板印象，有的对中国人没有任何印象；而英美留学生也普遍反映，中国人对自己也存在着积极或消极的刻板印象。几乎让所有采访对象都感到烦恼的是，中国人总是认为"老外"很有钱；而且总以为他们不懂中国话。北师大102年级的英国男生 J 说："每次和中国朋友去餐馆吃饭，点菜时服务员总是当我是不存在，从来只问中国朋友点什么菜而不问我！"这种无意识的忽略令英美学生感到不满。

（3）各种误解（3.83）。①把真诚的关心误解为多余的客套。如中国人的嘘寒问暖方式。②把中国人的某些做法看成是歧视。在英美留学生看来属于歧视的问题，有一些是由于其他原因造成的，并非歧视，如"中国人不理我，不跟我搭话"等，可能是由于说话者太害羞不知道怎么和老外说话。例如，北师大三年级的美国男生 F："我到北师大球场，想加入中国学生一起打球，可他们都不理我。"有的是由于特殊原因，如为庆祝新中国成立60周年，那一年国庆期间的音乐节只允许中国人演出。例如，北师大二年级的美国男生 W 说："在全国最大的每年一届的'摩登天空'音乐节，政府官员制止了所有外国人乐队以及其中有外国人参与的乐队演出，包括我的乐队也自然被禁止参加。"③认为中国的经济、法律政策的规定不公平。比如，北师大三年级的美国男生 F 说："外国人在中国炒股不能投赚钱多的 A 股，很不公平；外国人也没权利上中国的法庭，即使在中国上的学。"④把语言沟通问题看作歧视。如有的服务员或司机怕语言沟通障碍影响自己的工作所以不理老外。北师大三年级的美国男生 W 说："外国人打车，司机不停。因为很多外国旅游者不会中文，如果司机弄不明白他们想去哪儿，游客就会生气大叫，所以司机都不想搭理外国人。"以上三种情况英美留学生都存在误解或不满，需要双方进一步沟通理解。

在与中国人的私下接触中，英美留学生有三点不适应：①总是担心中国人的反应。开玩笑、美国式的身体接触，涉及政治、性等敏感话题的讨论，都使英美留学生担心会得罪中国人，所以他们必须在中国人面前小心翼翼地交流，这使他们很不自在。②英美留学生普遍反映，中国人总表现出民族主义情绪，对自己存在刻板印象、歧视和误解。有些人眼界狭窄、缺乏国际化视野，看重面子，不接受批评等。③与中国人建立亲密关系很困难。中国人

---

① ［美］Berry, J. W., Kim Uichol, Minde Thomas, Mok Doris, "Comparative Studies of Accul-turative Stress", *Migration and Health*, 1987, 3 (21), 491—551.

对英美人或仰视，或俯视，较少采取平视、平等的态度使他们不敢或不曾走近老外；但更多的是由于中西文化观念、生活方式的不同，再加上中国人对外国人的刻板印象以及民族自尊心的阻挠，使得中国人和英美留学生很难成为亲密的知心好友。

3. 英美留学生的误解辨析

（1）英美留学生最初总是觉得被盯视是中国人对自己不太客气，不友好的表现，其实这只是出于好奇，并非不友好。对于"中国人不理我，不跟我搭话"的问题，并非全是歧视，而有可能是由于中国人太害羞或不会外语，也没有和外国人接触的经验，不知道怎么和老外说话。

（2）把真诚的关心误解为客套、见外。中国人的情谊表达体现在对对方的关心上，如果天冷了会问"冷不冷"并提醒多加衣服防感冒；生病了会时刻关心病情，问是否按时吃药，是否感觉好些，等等，但英美留学生却从情感上体会不到关心，因为在西方文化中，他们习惯尊重别人独立处理事情的能力，包括提出需要帮助的能力，如果不提就不需要过问。他们认为主动表达关心的话全是客套话。

（3）对中国近代历史不太了解，不能理解中国人爱国主义的合理性把它视同为民族主义和民粹主义。有的英美留学生在来华前就通过媒体、传闻等途径对中国人形成了刻板印象，消极刻板印象对英美留学生适应中国产生了消极影响，也是误解产生的一大原因。因此，需要汉语教师在双向交流互动中及时去发现问题，并有效地消除误解，实现沟通理解，提高外国学生的跨文化交际/交流意识和能力。

四　在京英美留学生的适应过程及应对策略

美国文化人类学家奥伯格（Oberg）于1960年总结出了跨文化适应的四个阶段：蜜月阶段、危机阶段、恢复阶段和适应阶段。他还首次提出了"文化休克"这一重要概念，认为文化休克是"突然失去所熟悉的社会交往符号和象征，对于对方的社会符号不熟悉，而产生的一种突如其来的忧虑，和无所适从的深度焦虑症"。[①] 加拿大心理学家贝瑞（Berry，1974）根据文化适应中个体对自己原来所在群体和现在与之相处的新群体的态度来对文化

---

① ［美］Oberg, K. , "Culture shock Adjustment to new cultural environments", *Practical Anthropology*，1960，（7）：177—182.

适应策略进行区分，提出了两个维度：保持传统文化和身份的倾向性，以及保持和其他民族文化群体交流的倾向性。① 根据个体在这两个维度上的不同表现，贝瑞分出了四种文化适应策略：整合（integration）、同化（assimilation）、分离（separation）和边缘化（marginalization）。具体来说，不仅看重自己原有文化，同时重视群体间关系的个人具有整合态度；强调群体间关系而不重视本原文化的个体具有同化态度；强调本原文化而不重视群体间关系的个体具有分离态度；既不重视本原文化也不看重群体关系的个体具有边缘化态度。②

　　根据双维度理论模式，26 位受访者采取的都是"整合"策略，没有"同化"、"分离"和"边缘化"策略类型。从访谈的 26 位英美留学生的适应过程来看，他们的适应呈现出多样化、个性化的特点，这与西方文化的多元化特征相符合，但也有一些共同规律可循。

　　由于目的性强，对中华文化兴趣浓厚，他们选择到中国来留学，但由于对中国的生活水平期望值不离，他们来华后都被城市的现代化所震惊，吃、穿、住、行各方面都大大超出了预期，他们的心理满意度提高。刚开始一切都很新奇，虽然对公共场所、社会服务体系等的印象较差，也遇到了一些文化冲突，但他们还处于旅游观光者心理期，不但不在乎，还反而认为很稀奇有趣。但随着在华时间的加长，他们遇到的文化冲突增多，有些人越来越不能忍受总是重复这样的事，心情越来越烦躁；有的无可奈何，渐渐麻木；但也有些人非常理解中国的国情，用一种同理心去看待这一切，觉得事出有因、情有可原。随着语言水平的提高，他们参与社会文化活动程度的加深，加上交际圈的扩大，他们在华的生活变得充实起来，同时慢慢理解并选择性接受了一些以前感到不适应的现象，适应状况也越来越好。英美人在华的超高社会支持也给他们带来了巨大的便利，在交友、找兼职工作等方面进展顺利。

　　总结起来，来京英美留学生在跨文化适应过程中经历了这样几个阶段：

　　①观光阶段。把一切文化差异都看作一种猎奇式的旅游体验，虽惊奇，但不在乎，反而感到新奇有趣；②文化冲击阶段。英美留学生自身重复多次

　　① ［美］Berry, J. W., "Conceptual approaches to acculturation", In：K. Chun, P. B. Organista, G. Marion（Eds.），"*Acculturation：advances in theory, measurement, and applied research*", Washington DC：American Psychological Association, 2003. 17—37.

　　② ［英］Berry, J. W., Poortinga, Y. P., Segall, M. H., et al., *Cross-Cultural Psychology：Research and Applications*（2nd ed.），Cambridge（UK）：Cambridge University Press, 2002, 345—383.

遭受文化冲突，感到了烦恼，但又不明就里；③理解阶段。英美留学生通过与中国人交流，并加上自己思考的方法来理解中国的行为习惯、文化观念，消除自己的惊奇感和误解；④选择接受阶段。英美留学生经过自己的筛选，选择接受一些中国文化习惯；但对于一部分文化习惯，尽管可以理解，可仍然无法接受；另外还有一部分文化习惯，觉得不可理解，因而无法接受。

本文调查结果显示，英美留学生在京跨文化适应策略只存在"整合"策略类型，缺少"同化"、"分离"和"边缘化"类型。原因在于：

（1）英美留学生不仅动机强烈，而且对中国语言文化的兴趣浓厚，所以他们才千里迢迢来到中国，积极主动地了解、学习中国语言文化，并乐于和中国人交朋友，而不会像韩国留学生那样喜欢本国人在一起抱团，与中国人隔离开来。

（2）英美留学生社会适应及交际能力较强，参与中国社会文化活动的程度高，且大多性格外向、思想开放，所以他们更有意愿、能力和信心去接受中国文化，更好地融入中国社会文化生活，建立中国朋友交际圈。因此不会采取"分离"或"边缘化"策略。

（3）中西方文化观念差异巨大，与同属于东方文化圈的亚洲留学生相比，英美留学生被中国文化同化的可能性极小，就算他们在中国已适应得很好，甚至和中国人结婚，但他们总还会在某些方面不赞同不接受中国的文化习惯，从而在某些方面坚持自己国家的文化习惯，而非全盘接受中国的文化观念。

（4）西方文化在世界上一直处于强势文化、主流文化的地位，而中国文化虽然有精华，但也不乏历史遗留下来的糟粕，因此，英美留学生潜意识中会对自己的文化持有天生的优越感，不可能轻易抛弃自己的文化，也不可能对中国文化的精华和糟粕全部接受。

（5）和亚洲留学生相比，就算英美留学生愿意被中国文化同化，但其白皮肤的外表决定他不可能成为真正的中国人。就算加入了中国国籍，别人也会根据他的外表来判断，把他与其他中国人区别对待，这种态度反过来也会影响他们的适应，给他们决心成为真正的中国人的行动带来阻力，所以难以"同化"。

（6）英美留学生大都有出国经历，从小就培养起国际化视野和多元文化的兼容并包观念。对各种民族文化大都持有接纳和宽容的态度，所以总是愿意尝试着去理解和感受另一种文化和民族的思想和习俗，"整合"是他们一贯采用的适应策略，在中国也不例外。

最后，为了帮助英美留学生尽快适应中国当代社会文化生活，熟悉民俗国情，本文提出以下应对策略：

（1）采取多元文化态度，引导留学生积极融入中国社会、学作换位思考，消除美国学生对中国和中国人的误会和定型观念。跨文化适应首先要端正态度，才能理解包容，兼收并蓄，善于发现社会亮点。留学生应该尽量参与中国的社会文化活动，诸如参加传统节假日庆祝活动，参观中国的博物馆等。由于客观文化很少对世界观或身份提出挑战，所以对中国的意识形态存有抵触情绪的留学生可以首先尝试去了解，这样就能唤醒他们对文化的意识，为进一步了解中国深层文化打下基础。

（2）打破中外学生管理界限，实行"混合"管理

以前的管理方式是把留学生"隔离"起来，实行 24 小时保安站岗，中国人出入留学生宿舍必须严格登记，这一切做法都阻碍着中外学生的正常交往，不利于留学生了解中国人，与中国人广泛、深入交流。应该在教室、宿舍方面都混合安排中外留学生，使他们有更广泛的接触。

（3）加强从事留学生管理、服务人员的素质培养

从事留学生管理、服务的人员是留学生与外界接触的窗口，他们的工作不仅关乎留学生的切身利益，而且其一言一行都直接影响着中国人的形象。留学生普遍反映有些服务人员办事效率低、服务态度冷漠，中午长时间无值班人员，不会英语等，这些都需要通过各种方式来改善。

（4）提高对外汉语教师的各方面素质

作为每天对着留学生传道授业解惑的对外汉语教师，首先在课堂上要照顾到英美留学生文化习惯、宗教信仰、思维模式，这就要求教师具有跨文化交际能力，避免文化冲突、误会等情况。在教学方法上，应该根据留学生不同的性格特点来因材施教。在课外，对外汉语教师还应加强对留学生的关心，生活上给予及时的帮助，心理上进行及时的辅导。加强留学生跨文化自我训练。

（5）对留学生进行跨文化培训指导

由于英美留学生在来华前几乎没有进行过专门的跨文化培训指导，所以中国的高校有条件可以为他们补上这门课。通过为留学生开设跨文化传播学选修课、跨文化培训讲座等，利用生动形象的跨文化适应案例来培养留学生的跨文化适应能力，帮助他们在中国更好地适应。

交流互动、预测可能产生的误会以及采取适应性行为的能力。①

The Investigation and study of British
and American Students'
Cross-cultural Adaptation in

Abstract：This research explores the cross-cultural adaptation of British and American students in Beijing and analyses factors that influence their cross-cultural adaptation through qualitative research and quahtitative research. This results show that British and American students' motivation for coming to China is very strong, preparation before coming to China is good, satisfaction after coming to China is beyond expectations, possibilities of finding a job in China are high, adaptation is good, participation in Chinese social-cultural life is high, but interpersonal conmunication is hard. The process model of their cross-cultural adaptation includes 4 stages：sightseeing；culture shock；understanding；choosing and accepting. There is only one acculturation strategy：Integration. The coping strategies are：active participation, transpositional consideration, tolerancand understanding, historical perspective, and finding brightspots.

Key words：British and American students；Cross-cultural adaptation；Social cultural adaptation；Psychological adaptation；Cultural integration

---

① ［美］丹·兰迪斯，珍妮特·M. 贝内特，米尔顿·J. 贝内特：《跨文化培训指南》，北京大学出版社 2009 年版，第 212 页。

丹麦与日本学生汉字学习策略比较研究

王阿夫

（北京师范大学汉语文化学院）

摘要：汉语作为第二语言学习者汉字学习策略的研究，是汉字研究和对外汉字教学的前提和基础。本文以丹麦与日本的汉语学习者为例，从其不同的母语和文化背景的角度，对两国的汉语学习者汉字学习策略选择偏好最显著的笔画策略、应用策略及元认知策略进行了对比分析。分析结果发现，母语背景是影响两国汉语学习者笔画策略选择偏好的主要因素；应用策略的使用偏好与两国学习者的学习环境有着不可忽视的联系；两国汉语学习者元认知策略的使用，与其学习动机可能有着较大的关联性。

关键词：汉字学习策略；笔画策略；应用策略；元认知策略；丹麦学生；日本学生

一　引言

学习者的汉字学习策略研究是汉字研究和对外汉字教学的前提和基础。赵金铭（2011）提出，要提高汉字研究和对外汉字教学的效率，就应当充分认识和把握现代汉字的特点和规律，深刻认识外国学生，特别是非汉字文化圈的学生的认知和学习汉字的特点与规律，在此基础上探索对外汉字教学的特点与规律，为提高整个对外汉语教学效率服务。虽然近年来在中国对汉字的研究成果很多，"但大都从汉字自身的规律和特征的角度来探究课堂中可行的汉字教学方法"，"鲜有人能够从学生学习的角度进行探讨"（任倩梅，2011）。本文对丹麦与日本的汉语学习者汉字学习策略选择偏好最显著的笔画策略、应用策略及元认知策略进行了对比分析，发现以上三项学习策略的使用偏好与学习者的母语背景、学习环境以及学习动机有着较大的关联性。

二　汉字学习策略研究综述

汉语作为第二语言学习策略的研究出现于 20 世纪 90 年代后期，但数量并不是很多，其中较有代表性的学者研究有 Everson（1997）、杨翼（1998）、徐子亮（1999）、江新（2000）等。而汉字学习策略的研究在本来就为数不多的汉语作为第二语言学习策略的研究中，更为稀少。不过，随着第二语言学习领域研究的发展，越来越多的学者对汉字学习策略进行了研究。

McGinnis（1995）是最早涉及汉字学习策略研究的学者，他对初学者的汉字学习方法进行研究，发现了学习者最常用和不常用的汉字学习策略。柳燕梅、江新（2003）对 McGinnis（1995）发现的最常用的汉字学习策略——"机械记忆、重复抄写"的方法提出质疑，通过对欧美学习者"回忆默记法"和"重复抄写法"这两种学习方法对学习效果的影响的实验，发现"回忆默写法"比"重复抄写法"的效果要好。此外，还有众多学者从学习者汉字学习策略与其学习效果，以及与汉字教学相关性的角度出发，对汉字学习策略进行了诸多研究，如汪琦（2006）、凌德祥（2007）、郭小磊（2011）、王建勤（2004）、张彩霞、尹大为（2011）、史迹（2012）等。

笔者在 2012 年对丹麦与日本的汉语学习者八类汉字学习策略的使用情况进行了调查分析，本文将根据这一研究结果，对比分析两国学习者汉字学习策略选择偏好差异最为显著的笔画策略、应用策略及元认知策略，旨在发现影响不同母语背景的汉语学习者汉字学习策略选择偏好的因素。

三　丹麦与日本汉语学习者汉字学习策略选择的差异对比

2012 年的调查数据（见表1）显示，在八项汉字学习策略中，丹麦与日本两国汉语学习者使用偏好差异最为显著的三项汉字学习策略为笔画策略、应用策略和元认知策略（见表2）。

表 1　　丹麦与日本汉语学习者汉字学习策略使用偏好数据统计表

	丹麦	日本	
	学习策略使用情况平均值	学习策略使用情况平均值	平均值差
字形策略平均值	3.16	2.81	0.35
记忆策略平均值	3.34	2.68	0.66

续表

	丹麦	日本	
	学习策略使用情况平均值	学习策略使用情况平均值	平均值差
应用策略平均值	2.60	1.49	1.11
复习策略平均值	3.29	3.39	0.1
归纳策略平均值	2.62	2.04	0.58
笔画策略平均值	2.80	1.60	1.2
音义策略平均值	2.53	2.26	0.27
元认知策略平均值	3.30	2.37	0.93

表 2   丹麦与日本汉语学习者使用偏好差异最显著的汉字学习策略

	丹麦	日本	
	学习策略使用情况平均值	学习策略使用情况平均值	平均值差
笔画策略平均值	2.80	1.60	1.2
应用策略平均值	2.60	1.49	1.11
元认知策略平均值	3.30	2.37	0.93

四 丹麦和日本学习者笔画策略、应用策略和元认知策略使用偏好对比

从整体来看，影响学习者语言学习策略的因素可以分为两大类：学习者个体因素和环境因素。（丁安琪，2010）本文从环境因素的角度，对丹麦和日本两国汉语学习者笔画策略、应用策略与元认知策略这三类使用偏好差异最显著的汉字学习策略进行分析，探讨其汉字学习策略选择偏好与环境因素的相关性。

（一）笔画策略

江新（2008）指出，大多数以拼音文字为母语背景的学习者在学习汉语之前没有接触过汉字，对汉字的感性认识少，特别是对汉字字形结构完全不同于拼音文字这一特点感到很困惑，汉字学习成为他们汉语学习的难点。因此，丹麦汉语学习者的母语背景决定了其更多依靠笔画策略学习汉字的选择。而日本学习者因为其母语中包含大量的汉字，汉字笔画对他们来说并不陌生，相对于丹麦学习者来说，日本学习者在汉字的字形学习上占有很大的优势，所以日本学习者在汉字学习中会忽视对笔画策略的使用。由此可见，汉语学习者的母语背景与其笔画策略的使用偏好有着密切联系。

（二）应用策略

根据调查结果，丹麦汉语学习者应用策略的使用明显多于日本汉语学习者。其原因可能是（因为）丹麦的汉语学习者对应用策略有助于汉字学习的意识更为强烈。这一结果与江新、赵果（2001）"汉字文化圈学生比非汉字文化圈学生更多地使用应用策略"① 的调查结果相反。江新（2008）对其调查结果的解释是"因为汉字圈学生比非汉字圈学生在和中国人的交际中更多地依赖汉字的缘故"（江新，2008）。江新、赵果的调查是针对在中国留学的外国留学生的调查分析，而本研究的调查对象是在被试本国（丹麦和日本）学习汉语的学习者。笔者 2012 年的调查研究使用的问卷中，应用策略包括用汉字做作业、用汉字记笔记、用汉字发短信/邮件、读中文报纸、用中文唱卡拉 OK、看中文电影/电视、浏览中文网页或学习网站、寻找练习伙伴。在目的语环境中由于学习者较容易接触到汉语学习资源，受汉语环境的影响，会更多地使用上述汉字应用策略中的各项策略。而在母语环境中，学习者可能会因为学习环境的限制，对应用策略的使用少于在目的语环境中学习的学习者。因此，究竟是汉字文化圈还是非汉字文化圈学生更多地使用应用策略，也许和学生的学习环境有关。在中国目的语环境学习汉语的学习者和在本国母语环境学习汉语的学习者，对应用策略的使用可能会因为学习环境的不同而有不同的偏好。

（三）元认知策略

江新（2008）研究北京语言大学汉语学院基础系初级汉语学习者，发现汉字圈学生比非汉字圈学生更加经常使用"元认知策略"，并指出这一结果与被试学习汉语的职业动机有关。"在各种汉语学习动机中，汉字圈学生由于将来职业的需要而引发的汉语学习动机最强，非汉字圈学生由于对汉语感兴趣而引发的汉语学习动机最强。"（江新，2008）这与笔者的调查分析结果相反。笔者 2012 年进行的调查研究的结果显示，丹麦汉语学习者比日本汉语学习者更加经常地使用元认知策略。究其原因，可能和调查研究的时间有关。笔者2012 年的调查研究与江新 2008 年的研究时隔五年，近年来由于中国经济的迅速发展而在欧洲掀起的"汉语热"，很可能导致非汉字文化圈学生学习汉语的动机由"兴趣"转变为"需要"。这可能是笔者的调查结果和江新的研究结果不一致的原因。但由于笔者 2012 年的调查并没有涉及学习者的汉语学习动机，

---

① 江新、赵果：《初级阶段外国留学生汉字学习策略调查》，《语言教学与研究》2001 年第 4 期。

因此，这一推测有待在进一步的调查研究中加以验证。

五　结　论

通过从丹麦和日本汉语学习者不同的母语和文化背景的角度，对丹麦和日本的汉语学习者使用偏好差异显著的三类汉字学习策略的分析显示，母语背景是影响两国汉语学习者汉字学习策略中的笔画策略的主要因素；应用策略的使用偏好与两国学习者的学习环境有着不可忽视的联系；两国汉语学习者元认知策略的使用，与其学习动机可能有着较大的关联性。

参考文献

江新：《对外汉语字词与阅读学习研究》，北京语言大学出版社 2008 年版。

赵金铭：《对外汉语教学概论》，商务印书馆 2011 年版。

陈绂：《日本学生书写汉语汉字的讹误及其产生原因》，《世界汉语教学》2001 年第4 期。

陈译文：《初级阶段美国学生汉字学习策略的调查与研究》，学位论文，华东师范大学，2009 年。

崔立斌：《日本学生韩语学习的语法错误分析与汉日语言对比》，《语言文字应用》2001 年第 4 期。

高箐远：《日本学生汉语习得中的汉字词偏误分析》，《云南师范大学学报》（对外汉语教学与研究版）2004 年第 2 期。

郭小磊：《欧美留学生对于形声字形符表义作用认知情况的实验研究》，《中北大学学报》（社会科学版）2011 年第 5 期。

江新、赵果：《初级阶段外国留学生汉字学习策略的调查研究》，《语言教学与研究》2001 年第 4 期。

凌德祥：《"非汉字语圈"学生汉字认知调查研究》，《第九届国际汉语教学研讨会论文选》，2007 年版。

柳燕梅、江新：《欧美学生汉字学习方法的实验研究——回忆默写法与重复抄写法的比较》，《世界汉语教学》2003 年第 1 期。

任倩梅：《韩国和俄罗斯留学生汉字学习策略调查与对比分析》，硕士论文，黑龙江大学，2011 年。

沈卫红：《中日汉字习得对比》，《外国语言文学》2006 年第 3 期。

史迹：《论欧美学生的汉字认知与汉字应用》，《西南交通大学学报》（社会科学版）2012 年第 2 期。

王建勤：《欧美留学生汉字认知与习得的实验报告》，载《第三届全国语言文字应用学术研讨会论文集》，2004 年版。

汪琦：《中级欧美留学生汉字学习困难调查》，《湖北师范学院学报》（哲学社会科学版）2006 年第 1 期。

王顺洪、[日] 西川和男：《中日汉字异同及其对日本人学习汉语之影响》，《世界汉语教学》1995 年第 2 期。

魏继东：《谈谈日本学生学习汉语的一些问题》，《北京师范大学学报》（社会科学版）1992 年第 6 期。

徐子亮：《外国学生汉语学习策略的认知心理分析》，载《第六届国际汉语教学讨论会论文选》，1999 年版。

[日] 舆水优：《日本人学汉语》，载《第一届国际汉语教学讨论会论文选》，1985 年版。

张彩霞、尹大伟：《非汉字文化圈留学生汉字教学策略探析》，《语文学刊》2011 年第 1 期。

A Comparative Study of Chinese Character Learning Strategies Based on Danish and Japanese Students

Abstract：The study of Chinese character learning strategies is the precondition and foundation in the teaching field of Chinese as a second language. I have compared and analyzed stroke Strategies、Application Strategies and Metacognitive Strategies linked to the different mother tongue and cultural background of Danish and Japanese students. My findings are：there are close relations between the choice of the stroke strategies and the students'mother tongue；there are close relations between the choice of the application strategies and the students' learning environment；there are possible close relations between the choice of the metacognitive strategies and the students' motivation.

Key words：Chinese character learning strategies；Stroke Strategy；Application Strategy；Metacognitive strategy；Danish students；Japanese students

来华暑期班汉语课堂教学模式探讨
——以"普北班"初级汉语课堂为例

章望婧

（北京师范大学汉语文化学院）

摘要：本文从教学环境、编班情况、教学时间、教材、教师等方面对美国普林斯顿大学和北京师范大学联办的暑期汉语培训班（简称"普北班"）进行调查。采用课堂观察录音、笔录和个案分析等方法对"普北班"的教学理念和课堂教学模式进行探讨，通过弗兰德斯互动系统、斯金纳强化理论、构式语法等理论对明德模式影响下的汉语教学进行分析和反思，以期能为全面认识并更好地发展该教学模式提供参考。

关键词：普北班（PIB）；操练法；教学模式

一 普北班概况

（一）PIB 简介

普北班是美国普林斯顿大学跟北京师范大学合办的暑期汉语培训班的简称（PIB：Princeton in Beijing），采取联合办学的形式。所谓合办，即北师大主要提供住宿和教室，普林斯顿大学负责招生、课程设置、培训班的运作程序、教师招聘和培训、教师酬金的发放等问题。普北班从 1993 年开办以来，在美国的影响力不断扩大，报名的学生非常多。

（二）普北班课程设置

普北班分设四个年级，分别为二年级、三年级、四年级和五年级，没有一年级。参加普北班的学生都要参加分班考试（包括口试和笔试），根据学生之前汉语学习的情况、分班考试成绩和个人志愿来确定被分配到哪个年级。

学生在北京学习的时间一共是八周，除了每周末的休息时间外，中间有四天的小长假，安排学生外出旅游等。普北班八个星期的课程相当于美国大学一个学期的课程，学生若通过最终的期末考试，则能获得相应的学分。普北班每天的课程安排是：早上四节课，前两节是大班课，后两节是小班课。大班课上新课，小班课主要是复习和巩固大班课的内容。

（三）普北班特色

普北班的创始人是原明德中文暑期学校的校长周质平教授，在普北班的教学和管理上基本沿用了明德中文暑校的模式。首先是教师的培训，由周质平教师亲自指导，并实行淘汰制，对开课前一周中表现欠佳的教师进行淘汰。其次是实行大小班结合的授课方式，每天上午前两节是大班课，后两节是小班课，下午是个别谈话时间，晚上则安排教师坐班答疑。教师需要提前集体备课，而且每天授课班级和对象都不同。此外，学生在北京期间绝不能说英文或其他母语，只能说中文，在开班之前每个学生都要写一个保证书，签上名字，保证在普北班期间不说自己的母语。如果被发现说除了汉语以外的其他语言，则当即开除，而且不退还学费。教师也一样，虽然没有保证书，但是若被发现用英语教学或跟学生用英文交流则会受到严厉的批评甚至开除。

二 普北班二年级优秀课堂特点评析

我们对普北班二年级多位老师的大班课进行了观摩，其中对四位老师（包括大班课和小班课老师）进行了课堂录音，并参与了二年级教师的多次集体备课。

本文选取的是 2014 年普北班二年级彭涛老师所教的第 39 课《下岗》（共两课时）。

对于课堂的主体过程，我们可以总结出如下特点：

（1）在整个课堂中，学生开口率明显高于教师的开口率，教师会通过问题不断引导学生运用课文中的语法点来回答问题、表达观点。周质平教授非常反对传统的"满堂灌"的教学方式，不允许教师在课堂上讲解深奥复杂的语法点，而注重学生足够的操练。在普北班，老师课堂上多数的时间都是在引导学生开口表达或者引导学生谈论某个话题，老师讲解的时间所占的比重很小，学生说话的时间和机会所占的比重很大。由于普北班要求老师授课时保持日常交际的语速，因此学生为了赶上老师的节奏，他们的精神状态自始至终非常集中，学习的热情也很高涨，"提问—回答—操练"的模式也使师生互动的效果远远好于国内一般的汉语教学课堂，这也许正是普北班在汉语教学上成功的一方面。

我们通过弗兰德斯互动系统理论对彭涛老师的课堂录音进行了分析（具体理论内容和分析见附件1），我们发现：

表1 **二年级 FIAS 矩阵分析表**

类别	1	2	3	4	5	6	7	8	9	10	共计
1	0	0	0	3	1	1	0	4	0	0	9
2	1	0	0	6	2	2	0	0	0	0	11
3	2	0	41	10	11	0	6	0	0		70
4	0	0	0	3	2	6	0	130	1	6	148
5	0	0	0	21	3	1	0	1	1	2	28
6	0	0	1	6	0	11	0	101	0	4	123
7	0	0	0	1	0	2	0	1	0	0	4
8	5	11	67	61	8	78	4	34	10	27	306
9	0	0	2	1	2	0	0	7	6	0	18
10	1	0	0	5	0	11	0	22	0	60	99
共计	9	11	70	148	28	123	4	306	18	99	816
%	1.1029	1.3480	8.5784	18.1373	3.4314	15.0735	0.4902	37.5000	2.2059	12.1324	100
	29.1667					18.9951		39.7059		12.1324	100
总和	教师说话							学生说话		安静	

进一步采用变量分析法可以得出：

①教师话语比率（TT）：48.1617（常模约为68）

②学生话语比率（PT）：39.7059（常模约为20）

③教师间接影响与直接影响的比率（i/d ratio）：153.55（常模约为100）

④安静或混乱的比率（SC）：12.1324（常模约为11或12）

⑤教师发问比率（TQR）：62.18（常模约为44）

1. 上述分析得出的教师话语比率与学生话语比率值可以看出，普北班教师话语比率低于常模，而学生话语比率大大高于常模，这是由普北班的语言教学的性质决定的，教师授课仅占较小比重，多数时间是用于引导学生开口表达、更正或引导谈论话题等等，因此使学生话语比重远远高于普通授课模式，从中也可以看出该课堂师生互动效果远好于普通授课模式。

2. 安静和混乱的比值与常模相符，同时由于在课前听写过程中部分时间处于沉默状态，说明整个课题沉默时间正常，时间利用充分。

3. 教师发问率值高于常模，表示上课时教师频繁地用问题引发学生回答，交错地对课本内容和学生真实情况进行提问和交际互动；

4. 表达情感行为（表4中的项目1）较低，这说明教师回馈简短，极少表达自己意见，因为学生水平较低，所以教师大多数时间在指令、讲解和提问。

5. 鼓励和表扬（项目2）和采纳学生意见（项目3）在教师行为中比例适中，可以看出，教师多采用正面回馈的态度，或引用学生说的话，或对学生意见表示支持，这可以提高学生发言的积极性，促进学生参与讨论。

6. 提问（项目4）大大高于常模值，说明二年级教学多以教师提问，引导学生回答问题为主方式。

7. 教师讲授行为（项目5）较少，二年级教学内容相对简单，因此教师讲授内容所占比例较低。

8. 指令行为（项目6）所用时间相对较高，说明操练时间较多，教师多用指令语引发学生的操练行为。

9. 纠错行为（项目7）在比例较低，因为是初级汉语水平，所以学习内容简单，没有太多的难点，但是因为大多数学生的母语都是英语，声调对他们来说是个难题，而且他们尚未形成正确的语感，所以在表达中时常出现发音不准确的现象。

10. 学生主动说话的行为（项目9）仅占学生所有行为的 2.2059% 左右。可见，学生由于掌握的目的语过少，在课堂中主动参与程度很低，几乎没有自愿回答和主动提问的现象出现，提问主要是以教师指答的方式进行的，这和学生的汉语水平有很大关系。

11. 无效语言（项目10）相对较高，这是因为二年级学生表达的流利度很低，教师提问后学生的思考时间较长。当然，普北班二年级的课堂沉默比例与常模值相符，课堂利用率还是很高的。

12. 教师话语量约为48.1617%，学生话语量约39.7059%，教师话语量相对学生话语量较多，说明主要以教师的提问，引导学生参与课程的互动。

总之，二年级的课堂教学主要是按照"教师提问—学生回答—语言点操练"的顺序进行的。在我们所记录的这堂课中操练时间约为42分钟，比例占80%以上。普北班每天的大班课或者小班课都是连续两个课时完成一个完整的教学内容。我们所选的课例是第一课时，在第二个课时中，二年级教师的教学方法没有变化，仍然是以提问操练为主要教学内容。如果将两课时合计100分钟计算的话，操练时间所占比例高达84分钟。因此，可以说二年级的课堂话语互动是以操练为主要模式。

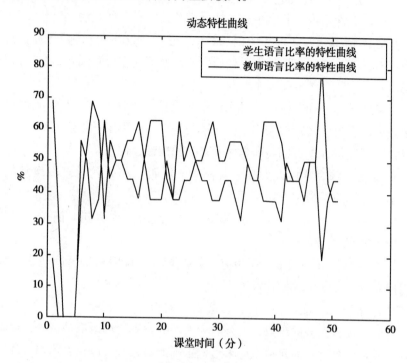

图1　二年级师生话语量动态分布图

　　老师在上课时常常用提问的方式来引导学生回答，整堂课发问的频率很高，但对于学生的回答，老师的回馈通常非常简单，而且很少表达情感和发表意见。另外，由于老师不间断地对所学课文内容以及学生的实际情况进行提问，在一问一答的互动中，学生的注意力异常集中，随时做着开口说话的准备，课堂秩序井然有序，在有限的上课时间里能够充分利用课堂，提高操练效率，基本没有课上突然安静或者课堂秩序混乱无序的情况发生。而且，因为二年级学生的汉语水平比较低，老师在课堂上大部分的时间都是在指令和提问学生。与其他年级相比，二年级的课堂老师指令所占的比重最大，老师多用指令引发学生操练，这也正说明二年级的操练时间也是最多的。因此，也更加证明了二年级课堂能够充分利用时间，互动效率高。

　　对于学生的回答，老师通常都是给予正面积极的回馈。学生回答完问题后，老师一般都会有"好"、"很好"、"非常好"、"很不错"等的表扬和鼓励，或者也会引用学生说的话作为例句进行操练以表示对学生意见的支持。这样，老师总是对学生处于加油打气的状态中，学生在课堂上发言的积极性也明显有了提高，从而更加乐于开口说话和参与讨论。

从图1可以看出，除了上课前5分钟听写阶段的沉默现象以外，课堂中偶尔也会出现无效语言现象。由于二年级学生的汉语水平还比较低，掌握的汉语词汇量相对还比较少，因此对于老师的提问，学生不能马上反应过来做出回答，在思考上会耽误一定的时间，因此课堂上会出现图作中显示的时间空白，这说明沉默这种无效语言存在于课堂中。但是不能否认的是，普北班二年级的课堂利用率和师生互动频率依然非常高，而且随着年级的增高，学生汉语水平的提高，这种频率会越来越高。

（2）普北班认为听、说、读、写不能截然分开，同时在听、说、读、写四项技能中又侧重听说技能的培养。基于这样的认识，普北班与国内传统的汉语教学将听力、会话、读写、综合等分技能教学的做法不同，普北班二年级（其他年级亦同）课程中只有大班课和小班课之分。大班课重在对课文语法点的学习，小班课在大班课基础上对语法强化操练并进行话题讨论。两种课型互相配合，结合下午一对一的个别谈话、演讲活动和每天的听写以及每周的作文，使听话读写相结合，各方面的能力都得到了提高。但是，普北班二年级教学中，听、说、读、写的比重并不平均，其首要目的是提高学生的语言交际能力，"听说第一，读写第二"。我们通过课堂观察发现，课堂上老师纠正学生发音错误的比重非常大。二年级的学生汉语还处于初级水平，对于这些母语是英语的美国学生而言，汉语的声调是他们学习中一个很大的难点。而且，由于学生尚未建立正确的语感，所以学生在表达时很难发现自己发音中的错误。基于此，普北班的周质平教授在教师培训时就一再强调必须有错必纠。

三 普北班二年级优秀课堂特点的理论阐述

普北班的教学方法将语言讲授和训练相结合，注重学生在教师的引导下进行科学的训练，培养学生形成良好的语言技能和行为习惯。PIB的这种教学方式并非仅仅以某一种语言学理论或教学理论为基础，而是一种综合培养的方式。

北京师范大学朱志平教授在《汉语第二语言教学理论概要》中提到，汉语作为第二语言教学中的主要学习理论有行为主义、经验主义、建构主义和认知主义等。普北班重反复操练所体现的是以斯金纳为代表的行为主义理论,通过"刺激—反应—强化"模式来强调条件反射和强化的作用。

从普北模式和课堂特点的分析中,我们发现简单的课堂中蕴藏着丰富的理论基础,如斯金纳的强化理论、克拉申的"输入假说"、弗兰德斯的互动系统理论以及构式语法理论等。

(1)以斯金纳为代表的强化理论在普北班二年级课堂中的体现。"强化"是斯金纳从巴普洛夫的实验中借来的概念,在他的操作条件反射中,强化是指伴随于行为之后且有助于该行为重复出现的概率增加的事件。无论是积极强化,还是消极强化,都增强了反应再次出现的可能性,使该行为得到增强。将"刺激—反应"理论与汉语教学相结合,是该理论的显著特征之一。该反应得以实现的条件是学习者做出特定的反应,即操作性行为之后必须立即得到强化,刺激的情景也必须多次重现。① 在普北班二年级的课堂上,老师通过高频率地领读、提问和指令使学生的口语得到操练,帮助学生有效地进行输入和输出,强化记忆。对于课文中重要的知识点和语法点,老师会通过多种不同的问题对同一个语法点进行操练,使学生建立起语境与语法点的链接关系,让学生能够尽快达到识记和运用的目的。对于词汇,老师则通过这种强化的方式,使学生建立起词语的音、形、义的关系。基于此,我们也可以看出,为了保证足够的输入和输出量,普北班课堂的节奏非常快,通过大量的听说操练,使学得的语言达到自动化,充分体现了课堂教学密集、强化以及此操练法短时高效的特点。

(2)普北班二年级学生汉语之所以能取得显著效果,其中一个原因是老师在集体备课的过程中确保了给学生的操练内容是学生能够理解的,因为可理解性的语言输入是语言习得的关键。克拉申认为,人类习得语言最基本的途径就是对语言输入的理解,"可理解性输入"是语言习得的必要条件。可理解性输入要求学习者听到或者读到的语言至少要符合学习者自身现阶段的语言水平,这些材料的难度可以稍微高于学习者目前已经掌握的语言水平,但是难度不能过高。在可理解性语言输入方面,克拉申提出了其应具备的特点:①可理解性:克拉申认为在语言习得过程中,二语学习者理解所接触的材料是非常必要的。如果学习者无法理解听到或者读到的语言材料,那么即使有足够数量的语言输入也无法使学习者习得语言。因此,普北班的老师都要求学生提前预习,正是为了能够更易理解上课时老师操练的重要词汇

---

① 刘珣著:《对外汉语教育学引论》,北京语言大学出版社 2006 年版,第 150 页。

和句型。②趣味性与关联性：输入的语言不仅要有趣味性，即能够引起学习者的兴趣，而且必须要与生活有所关联。趣味性和关联性能够使学习者自觉地对输入的信息进行加工，并在此基础上不断探索他们想要知道且感兴趣的知识。无论是普北班二年级的教材——《新的中国》，还是老师上课时操练的句子，都与学生的日常生活息息相关，使学生有兴趣并自觉地对语言进行加工。例如，第三课《早起、洗澡》中，老师将北京生活与美国习惯相比较，让学生从实际情况出发，不仅语言点得到了操练，而且有话可说，做到将课文内容、知识点和学生的经历相结合。

［语言点示例］：

到了北京以后

7：30 a. m. 就 + 开始 + V

我真不 + V

我在美国上大学

从来没　　这么早　　V + 过

9：00 的课　还 常常　V

更不用说　……　了

对此，教育学家奥苏贝尔也持同样观点，他认为："一种真正实在的、科学的学习理论主要关注在学校里或类似的学习环境中所发生的各种复杂的、有意义的言语学习，并对影响这种学习的各种因素予以相当的重视。"[1]因此，我们认为普北班老师在教学时输入可理解且有意义的材料对学生汉语学习非常有帮助。

（3）普北班二年级的句型操练都以简单明了的格式为标准。例如在第二十六课《脱了裤子放屁》中的一个语法点：用……（来）表示……

⇒ 中国人用什么成语表示人很多？（人山人海/成千上万）

⇒ 用什么成语表示各地有各地的语言？（南腔北调）

⇒ 用什么拒绝请你吃饭的人？

⇒ 你会用什么方法来表示你喜欢一个人？

⇒ 用什么表示做了一件多余的事？（脱了裤子放屁/画蛇添足）

Goldberg 对"构式"所下的定义是：当且仅当 C 作为形式和意义的结合体〈Fi，Si〉，Fi 的某些方面或 Si 的某些方面不能从 C 的构成成分或从已经确立的构式中精确地推导出来时，C 就是一个构式。

---

① ［美］D. P. 奥苏贝尔：《教育心理学——认知观点》，人民教育出版社 1994 年版。

在汉语作为第二语言教学中，借鉴构式语法的思想与方法，至少在处理某些语言现象时能起到较好的效果，在理解时注重组成成分意义不如注重整体的构式义那样有效。因此，教师应该树立整体的构式观，构式语法认为"构式"的语言形式和意义是不可分割的，强调整体意义的研究和把握。

传统语法研究意义时一般采取自上而下的研究方法，在教学上也是先词素，后词，再词组、短语、句子、篇章等这一系列，后者的意义往往由前者组成或推导出来。但是有时这种通过分小类和分析此类序列来区分和教授不同句式的教学方法过于烦琐，学生在学习后不能灵活地运用到实际生活交际中，有时还会出现一些张冠李戴的现象。而构式语法的理论思想则要求教师向学生强调句式整体的意义，对一些固化或半固化的块状结构或句型，最好以整体的形式学习并储存在记忆里，在使用时直接从记忆里提取，无须语法生成和分析，可以提高语言理解和加工速度。

例如："好了"——如果将"好"和"了"分开教，往往会导致学生不能很好地明白"好了"整个词的意义，"好了"的形式和意义都具有规约性，是一种非能产的构式。因此，"构式义处理法"的教学能让学生相对容易接受。

基于使用的构式语法认为语言结构是在特定语境的使用中产生的，高频构式比低频构式更容易处理，这证实了学习和使用之间的联系（Ellis，2006）。在构式语法中，高频句法构式被认为是与词汇一起作为象征单位储存在心理词库中的。

我们可以说高频构式语法能更有效地促进汉语第二语言学习者对词汇—句法的掌握。由于语言结构的存储和图标化都倚赖高频构式，即语言学习需要反复接触和反复练习。因此，在汉语第二语言实际教学中，教师应充分重视构式的作用，在真实的交际性语境中实施教学。在导入新的学习内容过程中，教师要有意识地通过指导学生联系个人的经验或语言文化背景知识来启动学生已有的认知图式，或者充分利用频率效应，通过量化训练进行概念图示的形成。通过类似构式的学习激发学生的学习兴趣，调动他们学习的主观能动性，引导他们积极参与课堂教学活动以达到更好的教学效果。

此外，构式语法作为认知语法理论的一部分，认为言语活动是一种认知活动，语言习得是个循序渐进的过程。人的认识总是循着由表及里、由易到难的认识路线，在习得过程中，一般总是先习得那些共通的、普遍的形式，即无标记形式，因其在结构和认知上相对简单，更常用，更兼有语言的普遍特点；特殊的、有标记形式一般认为在习得难度上大于无标记形式，稍后习得，因其相对复杂，使用频率较低，表现出语言特性。（施家炜，2002）语言的差异同样反映在不同的句式类型上，在对外汉语教学上，我们应该根据学习者语言与汉语的句式区别，有针对性地安排学生先学习与其母语相同的无标记结构，再过渡到有标记结构的学习。

四 普北班模式的不足与教学建议

普北班的教学模式独具特色，受到了国内外汉语教学领域的认可和推广。但是，我们在看到其显著效果的同时，也应该重视该模式存在的局限性。

（1）由于普北班需要在两个月内完成美国一学期的汉语教学任务，因此，这种短期密集的强化培训方式要求学生和教师投入大量的精力，老师的工作强度和学生的学习强度都非常大。参加普北班的老师和学生普遍反映非常累，基本没有休息和娱乐的时间，每天学习和考试的压力让学生丝毫不敢松懈。在这种短期速成的情况下，学生对知识消化吸收的时间很少，往往会掌握得不够扎实。普北班的学生在八周的学习之后基本都能达到预期的学习目标，但是回国以后，由于学习强度远远不如在中国时，外加学习语言的环境改变了，练习汉语的机会也大为减少，明显减弱了学生在中国学习汉语的效果。

（2）周质平教授所提倡的"刺激—反映—强化"操练法对普北班二年级的效果比较明显，但并不适用于中、高年级的汉语教学。普北班四、五年级的学生已经有了较为扎实的汉语基础，这种枯燥的操练法难以真正调动学生学习的热情，长时间的机械练习会使其失去刚开始的新鲜感，容易让学生产生厌倦的情绪。而且强化操练法限制了学生能够自由表达的机会，让中、高年级学生感到束缚。因此，普北模式中的经典操练法只适合于初学汉语的低年级学生，有其特定的教学对象和环境。

（3）从教师培训到两个月的课堂观察，我们发现二年级老师们的教法相对比较单一，即在操练法的框架下，教师遵照统一安排进行教学，反复进行句型的操练，这也受限于操练法。同时，普北班重视教师集体备课，这一方面有助于教师之间的交流和统一进度，但也使老师们的思路受到了一定的限制，教学方法和形式比较单一，个性与创造性较难施展。

针对以上现象，我们提出相关的教学建议：

通过对普北班的二年级以及中、高年级的调查研究发现，受明德模式影响的操练法主要针对的是初级汉语学习者，在短期密集型教学中，取得了显著效果，但是也存在待思考分析之处。例如，针对普北班不同年级学生的特点和汉语水平，采用不同的教学方式，而不仅仅是以单一的操练法贯穿所有年级；课堂操练以听说为主，课后以读写作业为主，但作业量要适量，给学生消化当天所学知识的时间；集体备课是普北的一大特色，但若同时能结合教师的个性和创造性，让课堂更加生动活泼，不失为一个值得尝试的建议。

参考文献

刘珣著：《对外汉语教育学引论》，北京语言大学出版社 2006 年版。

王寅、赵永峰：《认知语言学著作评述》，高等教育出版社 2011 年版。

吴为善：《认知语言学与汉语研究》，复旦大学出版社 2011 年版。

钟海清：《教学模式的选择与运用》，北京师范大学出版社 2006 年版。

陈满华：《构式语法理论对二语教学的启示》，《语言教学与研究》2009 年第 4 期。

胡文仲：《语言习得和外语教学——评介 Stephen D. Krashen 关于外语教学的原则和设想》，《上海外国语学院学报》1984 年第 1 期。

梁君英：《构式语法的新发展：语言的概括特质——Goldberg〈工作中的构式〉介绍》，《外语教学与研究》2007 年 01 期。

刘昕、王维波：《构式语法：认知语言学的新视角》，《大连民族学院学报》2011 年第 7 期。

刘丽娟：《奥苏贝尔有意义学习理论及对当今教学的启示》，《南方论刊》2009 年第 5 期。

娄开阳、杨太康：《论美国在华短期汉语项目对明德汉语教学模式的改进——以 PIB、CIB 和 HBA 项目为例》，《汉语国际传播与国际汉语教学研究（上）——第九届国际汉语教学学术研讨会论文集》，中央民族大学 2011 年版。

苏丹洁、陆俭明：《"构式——语块"句法分析法和教学法》，《世界汉语教学》2010 年第 4 期。

罗立胜、刘延：《语言学习的"强化理论"及其对外语教学的启示》，《外语与外语教学》2004 年第 3 期。

牛保义：《〈激进构块语法〉评介》，《外语教学与研究》2003 年第 4 期。

亓华、李雯：《"普北班"中级汉语课堂话语互动模式分析研究》，《第九届国际汉语教学研讨会论文选》，北京师大学 2008 年 12 月 15 日。

时丽莉：《"弗兰德互动分析系统"在课堂教学中的应用》，《首都师范大学学报》（社会科学版）2004 年增刊。

峰：《北美密集型汉语教学模式比较和反思》，《汉语国际传播研究》2001 年第 7 期。

吴成年：《在华美国夏威夷大学汉语版的调查报告》，《汉语国际传播与国际汉语教学研究（上）——第九届国际汉语教学学术研讨会论文集》，中央民族大学 2011 年版（2011 年 7 月）。

许珊：《近二十年国内学者对克拉申输入假说研究综述》，《边疆经济与文化》2011年第 5 期。

朱伟娟、克拉申：《"输入假说"理论在对外汉语教学中的应用》，《湖北社会科学》2012 年第 6 期。

朱志平：《目的语环境中的强化教学一例——北京师范大学"普北班"评介》，《语言教学与研究》1996 年第 3 期。

高晨：《"哥伦比亚在北京"暑期汉语项目个案研究》，学位论文，北京语言大学，2007 年。

郭亚男：《密西西比大学在北京（MIB）暑期项目个案研究》，学位论文，陕西师范大学，2012 年。

刘笑：《2011 年 CIB 汉语暑期项目四年级个案研究》，陕西师范大学，2012 年。

王睿昕：《明德模式海内外项目对比研究及国内汉语教学对其的借鉴》，学位论文，云南大学，2012 年。

王颖：《明德模式下的 PIB 优秀课堂评介——以二年级大班课为例》，学位论文，河北师范大学，2012 年。

The Research and Discussion of PIB's Chinese Class and Teaching Mode

Abstract： The paper aims to look into the teaching style of the summer training class for Chinese learning. Princeton University and Beijing Normal University jointly organize the summer Chinese courses which is the typical representation. We firstly introduce the basic states of "pubeiban", and we try to explore its teaching philosophy and teaching mode by analyzing the class observation, recordings, transcripts and case analysis. We intend to think about the Chinese teaching methods using these linguistic theories, such as Flanders's interactive system,

Skinner's reinforcement theory and theory of construction grammar. We hope to provide a comprehensive reference for better understanding and development of the teaching model.

Key words：PIB；Practicing Law；Teaching Mode

中国古典戏剧在美传播的语言学路径初探[*]

——以《牡丹亭》唱词中"红"的翻译为例

吴　剑

（浙江大学美学与批评理论研究所）

摘要： 在美国的中国古典戏剧研究中，戏剧文本是一大难题。戏剧文本的翻译工作有待进一步推进和优化。文章以明代剧作家汤显祖的《牡丹亭》唱词为封闭语料，抽取出颜色词"红"的语料38 例，与汪榕培 2000 年的译本进行比对研究，总结了一部成熟的戏剧译本的翻译规律与值得借鉴之处。唱词翻译进一步努力的方向是词汇使用理据和意境的翻译，词汇理据的理解与翻译需要借助一些文化脚本。

关键词： 中国古典戏剧；美国《牡丹亭》；翻译"红"

一　绪论

中国古典戏剧包括宋、金、元、明、清时期的杂剧、戏文、传奇、花部戏以及仪式戏剧、傀儡戏、影戏等。北美地区（主要是美国）的学者大都尊重与珍视作为一种历史存在与现实存在的中国古典戏剧，他们在中国古典戏剧研究中表现出对戏曲本体特征、历史意义和戏剧文化所蕴含时代特征的极大关切与浓厚兴趣，我们姑且称其为特殊的"中国兴趣"。这种关切和兴趣不仅源于戏剧这种文体始终以"人情"作为中心对象的故事性和抒情性，更是源于对中华戏剧文化的好奇。曹广涛（2009）在其著作《英语世界的中国传统戏剧研究与翻译》中涉及的海外学者，大部分来自美国，而且自20 世纪 50 年代以来，美国本土出现了一大批研究戏曲的论著和研究论文。郭英德（2009）对 1998—2008 年北美地区中国古典戏曲研究博士学位论文进行了述评，总结出了"身份"、"文化"、"空间"、"宗教"、"互文本"这

---

* 基金项目：本文得到了中央高校基本科研业务费专项基金资助。

几个高频关键词。北美地区（主要是美国）的学者对中国古典戏剧的醇厚兴趣，是本文写作的主要缘起。

中国古典戏剧对外传播的时期很早，大约在12—13世纪，西方世界第一次大规模全面地接触中国戏剧。意大利人马可·波罗在元朝担任官员期间常有机会欣赏当时的元杂剧，后在其著作《东方见闻录》一书中介绍到了这种中国戏剧。中国古典戏剧对外传播的困难有很多，比如不同于西方戏剧的题材、服饰、场景、审美方式、表现手法等，但戏剧语言的难题却是首当其冲的。正如《赵氏孤儿》的译者，传教士马若瑟所言"歌唱对欧洲来说很难听懂，因为这些歌词所包含的是我们不理解的事务和难以把握的语言形象"，因此他把以歌唱为主的元杂剧改为以对白为主，删去唱词，失去了原作的韵味。就连热衷于中国文化的伏尔泰和其他一些文学家也认为"中国文化在其他方面有很高的成就，然而在戏剧的领域里，只停留在它的婴儿幼稚时期"。刘珺（2010）认为，戏曲的翻译一直是一个难题，要译出戏曲唱词的意思，既不能字字直译，又不能完全抛开字面的本意，同时还要兼顾国外观众的理解习惯，并力争保持戏曲唱词的音韵。可见，戏剧文本的准确、有效的解读对于我国古典戏剧对外传播有着极为重要的意义。中国古典戏剧的研究角度有很多种，但都必须以文本为基础，特别是当思想性的研究遭遇困境时，回归文本就是最好的选择。

二　戏剧语言的"译"与"不译"

戏剧语言，特别是戏曲语言中的唱词是汉语古典诗、词、曲、赋的重要组成部分。从一定意义上说，戏剧唱词是诗、词、曲、赋的一个复杂综合体，在唱词中以上几种文学形式杂糅其间，运用自如，相得益彰。王国维在其《人间词话》中提到过词的"隔"与"不隔"的问题，大致的意思是说一篇作品如果要达到"有境界"的标准，就必须具备两个条件：一是作者对所写之景和所谈之情须有真切之感受，二是作者对此种感受须予以真切表达之能力。如果能做到以上两点，那么作者和读者能够获致相同真切之感受，便做到了"不隔"；反之，如果做不到以上两点，作者和读者在意义理解上有不同的感受，便是"隔"，便称不上是上乘之作。

包括美国在内的西方学者研究中国古典戏剧，终究要面临语言上的"隔"与"不隔"的问题。若不能直接阅读戏剧原文，需要通过译文来了解和研究的话，就又涉及"译"与"不译"的问题。所谓"译"，指的是译文通达，准确、忠实而又流畅地表达了原作者的意思，达乎翻译上"信、达、雅"之标准；所谓"不译"，指的是译文无法全面展示原作者的本意，只能翻译出字面意义，无暇顾及字面意义背后的深层隐含意义。事实上，一个译者想要真正达到上面所论"译"的境界几乎是不可能的，因为没有两种语言是完全一一对应的，译者只能不断地、无限地接近"译"的境界。

迄今为止，元明清时期堪称经典的杂剧、戏文、传奇作品大都出版过全译本或节译本，构成了英语世界翻译古典戏剧经典作品较为完整的链条。根据郭英德（2010）的研究，1998 年以来北美地区学者孜孜不倦地大量翻译与介绍了中国古典戏剧文献，力求尽可能全面地展现中国戏剧史的状貌，这为将来中国古典戏剧研究在英语世界的发展开辟了更为广阔的疆域，奠定了更为坚实的基础。然而，这些译作还远远未能达到"译"的标准，下面我们以汤显祖《牡丹亭》唱词中颜色词"红"的翻译为切入点，与汪榕培（2000）的译本逐条进行比对研究，试图总结出一部成熟戏剧译本的翻译规律与值得借鉴之处，以期有利于中国古典戏剧在美国的传播，让更多的美国学者和大众享有这种"中国趣味"。这是一条研究戏剧传播的语言学路径。

三 《牡丹亭》唱词中"红"的翻译

《牡丹亭》是明代著名戏剧家汤显祖享誉世界的著作，目前比较有影响力的英译本有 Cyril Birch（1972）、张光前（1994）和汪榕培（2000）的译本，因为汪榕培的译文（以下简称：汪本）是最新的，且借鉴了前面两位译者成功的做法，所以汪本《牡丹亭》译文翻译质量比较高，下文的例句若非特殊注明，均为汪榕培的译文。笔者从《牡丹亭》唱词中抽取出 38 条颜色词"红"的语料，并对照汪本的英译进行研究。①

先来看前面所述三本有较大影响力的译本对《牡丹亭》中的名句"〔皂罗袍〕旦：原来姹紫嫣红开遍，似这般都付与断井颓垣。良辰美景奈何天，赏心乐事谁家院！"的翻译。

Cyril Birch（1972）

See how deepest purple，brightest scarlet②

---

① 本文语料均来自（明）汤显祖著《*The Peony Pavilion*》，汪榕培译，上海外语教育出版社 2000 年版。

② 语料中字体加粗和<u>加下划线</u>的地方是我们要关注的重点。

Open their beauty only to dry well crumbling.

"Bright the morn, lovely the scene,"

Listless and lost the heart

——where is the garden "gay with joyous cries"?

张光前（1994）

So the garden is all abloom in pink and red,

Yet all abandoned to dry wells and crumbling walls.

The best of seasons won't forever last,

can any household claim undying joy?

汪榕培（2000）

The flowers glitter in the air,

Around the wells and walls deserted here and there.

Where is the "pleasant day and pretty night"?

Who can enjoy "contentment and delight"?

可以看出 Cyril Birch 用"scarlet"，张光前用"red"，此二者皆用英语中对应的颜色词去翻译汉语的"红"，而汪榕培则用"glitter"这个表示"闪光、闪烁"的动词来体现各色鲜花怒放的情景，更为可取。汪本大量使用意译的方法来表现颜色词"红"的意义。由于颜色词"红"经常与其他成分组合构成含"红"词语，在译文中常常将含"红"词语作为一个整体进行翻译，如：

（1）〔后庭花滚〕净：红影筛。《牡丹亭·冥判》

In shining bright.

（2）〔啄木鹂〕生：开山纸草面上铺。烟罩山前红地炉。《牡丹亭·回生》

The yellow paperburns beside the grove

And light a fire just like a stove.

（3）〔霜天晓角〕净：英雄出众，鼓噪红旗动。三年绣甲锦蒙茸，弹剑把雕鞍斜靿。《牡丹亭·淮警》

A hero rises above all;

The drums and banners are the battle-call.

（4）〔前腔〕净：猛红尘透不出东君面。《牡丹亭·索元》

There are no where to find him.

上面的"红影"指的是剧中花神提到灯笼花时判官下的短语，形容花儿在阳光照射下形成的影子，汪本英译为"In shining bright"（指在阳光的照耀下）；"红地炉"则通过点燃火焰来描述，汪本英译为"light a fire"（指点火）；"红旗"用战争中的旗帜来描述，汪本英译为"banners"（指旗帜）；"红尘"指的是"某一地方"，通常是比较热闹的地方，当时的情境是报信官到处寻找新科状元柳梦梅而不得，汪本英译为"no where"（指没有地方）。可以看出，译文中"红"及含"红"词语的颜色义可以通过三种方式表达：（1）英语中对应的颜色词，如"red"、"scarlet"等；（2）新的词汇，通过人类共有的生活体验，还得觉察出颜色义，如"glitter"、"In shining bright"等；（3）新的词汇，完全觉察不出颜色义，如"banners"、"no where"等。

为了更有效地考察汪本译文对颜色词"红"及含"红"词语的翻译，我们根据"红"的意象特征将唱词语料分为四小类：一类是与花儿等植物有关；第二类是与女性有关；第三类是与喜庆和富贵有关；第四类是其他难以归纳入前三类的例子。下面我们将分别进行论述：

（一）与花儿等植物有关

在人类的普遍意识中，红色的花儿是我们所认知的花中的原型意象（prototype image）。那么用花儿的原型颜色（prototypical color）来转喻花儿本身是再自然不过的了。

（5）〔好姐姐〕旦：遍青山啼红了杜鹃，荼蘼外烟丝醉软。《牡丹亭·惊梦》

Amid the red azaleas cuckoos sing;

Upon roseleaf raspberries willow-threads cling.

（6）〔排歌〕外：红杏深花，菖蒲浅芽。春畦渐暖年华。竹篱茅舍酒旗儿叉。雨过炊烟一缕斜。《牡丹亭·劝农》

The apricot flowers turn red

And green sweet sedges spread——

（7）〔鲍老催〕末：他梦酣春透了怎留连？拈花闪碎的红如片。《牡丹亭·惊梦》

How can they tear themselves away from dream?

They'll wake up when the petals gleam.

（8）〔二犯幺令〕旦：偏则他暗香清远，伞儿般盖的周全。他趁

这，他趁这春三月红绽雨肥天，叶儿青。偏迸着苦仁儿里撒圆。爱杀这昼阴便，再得到罗浮梦边。《牡丹亭·寻梦》

When plums are ripe and rain is clean,

The vernal leaves are thriving green.

And so I'll serve you in my next lifetime.

(9)〔啭林莺〕旦：当今生花开一红，愿来生把萱椿再奉。《牡丹亭·闹殇》

I bloom and pine before my prime,

(10)〔五更转〕净：你说这红梅院，因何置？是杜参知前所为。丽娘原是他香闺女，十八而亡，就此攒瘗。《牡丹亭·秘议》

I'll tell you

For whom this nunnery is built.

I have been built by Perfect Du.

(11)〔罗江怨〕旦：一般儿轮回路，驾香车，爱河边题红叶。便则到鬼门关逐夜的望秋月。《牡丹亭·闻喜》

There were samsara roads

For perfumed carts,

Amorous rivers for love odes

And nether gates for broken hearts.

(12)〔懒画眉〕生：惊鸦闪落在残红树。《牡丹亭·冥誓》

The crows are startled in the trees.

(13)〔普天乐〕末：问天天，你怎把他昆池碎劫无余在？又不欠观音锁骨连环债，怎丢他水月魂骸？乱红衣暗泣莲腮，似黑月重抛业海。《牡丹亭·骇变》

Oh heavens! How can you bear

To see her remains be thrown away?

She does not owe anyone a debt;

Why should her remains bethrown in water and decay?

The lotus would have shed tear,

For her remains to be thrown into evil spheres.

(14)〔啭林莺〕合：恨西风，一霎无端碎绿摧红。《牡丹亭·闹殇》

O wild West Wind，why should you

Strike me like <u>a bolt out of the blue</u>!

例（5）和（6）体现了原文和译文中的"红"句法的灵活性，前者在英汉互译中从补语转变为定语，或者正好相反，目的都是通过所使用语言的规则对语言对象作出客观、准确、严谨、细致的描写；例（7）和（8）分别用"the petals"（指花瓣）与"plum"（指李子或梅子，这两种水果成熟的时候呈现出红色）来描绘"红"；例（9）用花开花谢，尤其是花儿在凋谢之前那种怒放的红色娇艳来隐喻女子青春的宝贵；例（10）到（13），我们在译文中几乎已经觉察不出"红"颜色义的存在了，比如"红梅院"用"this nunnery"（指尼姑庵），"红叶"用"love odes"（指爱的颂歌），"残红榭"用"the trees"（指树木），"红衣"用"the lotus"（指莲花或荷花），从原文的字面意思上来说，这些翻译都是正确的，但有些意境始终无法体现出来。以上三种情况正对应着上文所说的译文中"红"及含"红"词语的三种表达方法，尤其要注意的是第三种表达方式，如"红梅院"其实指的是开满红梅花的尼姑庵（the nunnery filled with red plum blossom），"红叶"指的是以前在红叶上写诗向爱慕的人传达情意的工具，"残红榭"指的是大部分花儿已经凋谢而剩下几片马上也要凋零的树木，"红衣"指的是将水中的荷花隐喻为女子的衣服，这就是为什么这些词语中有"红"的理据（motivation）。同样值得注意的是例（14），根据原文的意思，这句话是说凛冽的西风将绿色的叶子和红色的花儿都摧残殆尽，可是在译文中却用一个英语熟语"a bolt out of the blue"（指晴天霹雳，意外或不幸的事件），从语义上看译文是恰当的，但是我们也无法从译文中看到这里用"红"的理据了。

（二）与女性有关

在古典戏剧唱词中，"红"在很多情况下是与女性有密切关系的。我们看下面的例子：

（15）〔破齐阵〕贴：怕待寻芳迷翠蝶，倦起临妆听伯劳。春归<u>红</u>袖招。《牡丹亭·写真》

My mistress seems to get a troubled heart

And lends her ear to songs of shrikes;

With spring it's hard for <u>her</u> to part.

（16）〔三登乐〕老旦：今生怎生？偏则是<u>红颜</u>薄命，眼见的孤苦仃俜。《牡丹亭·诘病》

What does this life mean to me?

My daughter has not many days to see

And I'll be childless, like a lonely tree.

（17）〔黑蟆令〕旦：不由俺无情有情，凑着叫的人三声两声，冷
惺忪红泪飘零。《牡丹亭·魂游》

His moans have touched my heart；

Repeated moans and screams

Make my chilly teardrops start.

（18）〔山桃红〕生：则把云鬟点，红松翠偏。《牡丹亭·惊梦》

Look at her pretty hair,

Loosened here and there.

（19）〔前腔〕合：聚粮收众。选高蹄战马青骢。闪盔缨斜簇玉钗
红。《牡丹亭·牝贼》

Amass the grain, enroll the men,

And buy the battle steeds.

My hairpins glitter now and then.

（20）〔醉太平〕生：酒潮微晕笑生涡。待噙着脸恣情的呜嗑，些
儿个，翠偃了情波。润红蕉点，香生梅唾。《牡丹亭·欢挠》

Very soon,

You'll shut your eyes with grace,

And, in your scarlet spot,

Accept the green-plum juice.

（21）〔北四门子〕旦：叫俺回杜家，赴了柳衙。便作你杜鹃花，
也叫不转子归红泪洒。《牡丹亭·圆驾》

If you want me to go back to the family of Du

And leave the family of Liu,

All my life I'll weep and hate you.

　　例（15）和（16）分别用"her"去翻译"红袖"，用"my daughter"
去翻译"红颜"，体现了一种转喻的用法；例（17）中女子的眼泪"tear-
drops"是"红泪"；例（18）中女子发鬟的模样是一种"红松翠偏"的状
态，例（19）中女将飒爽的英姿也可以有"玉钗红"，译文中没有直接的词
去表现它们，但从语境中可知这两例均描写女性的装扮；例（20）中形容
女子青春红润的脸庞如同红色的美人蕉般娇艳，译文中用"scarlet spot"来

表达，语义稍显不足；例（21）与例（17）不同的是，例（21）是用一个表流泪的动词"weep"来形容女子伤心的眼泪，而例（17）用的是一个名词。

（三）与喜庆和富贵有关

中国人喜欢红色，这在反映人民大众审美趣味的古典戏剧中表现得尤为明显，红色往往代表喜庆、富足与高贵。我们看下面的例子：

（22）〔太师引〕旦：并不曾受人家红定回鸾帖。《牡丹亭·冥誓》

No one has offered me his hand.

（23）〔入赚〕校：明朝金阙，讨你幅撞门红去了也。《牡丹亭·闻喜》

Tomorrow at the court,

Please give us tips of some sort.

（24）〔唐多令〕外：玉带蟒袍红，新参近九重。耿秋光长剑倚崆峒。归到把平章印总，浑不是黑头公。《牡丹亭·硬拷》

In a crimson robe girdled by a belt of jade,

I'm promoted to serve in the court.

I stand with a sword of shinning blade.

Now I take the Grand Chancellor's post,

But my hair has greyed.

（25）〔收江南〕生：呀，你敢抗皇宣骂敕封，早裂绽我的御袍红。似人家女婿呵，拜门也似乘龙。偏我帽光光走空，你桃夭夭煞风。《牡丹亭·硬拷》

You defy royal orders to the excess

If you tear up the official dress.

The first visit by a son-in-law

Should be honoured all the more.

But you won't listen to what I explain

And put me to the cane.

（26）〔侥侥令〕净：则他是御笔亲标第一红。柳梦梅为栋梁。《牡丹亭·硬拷》

As the most successful candidate,

Liu Mengmei is a pillar of the state.

例（22）中"红定"指的是旧俗订婚时男方送给女方的聘礼，此时的杜丽娘尚未婚配，译文中用一双男性的手"his hands"隐晦地表达出了这个意思；同样例（23）中"撞门红"指的是求见入门时给守门者的赏钱，译文中用西方表示"小费"的"tip"似乎也表达不出中国古人在逢着喜事时会用金钱的形式与相关的人分享快乐的那种民俗文化，其实这种文化一直流传到了现代；例（24）中的"蟒袍红"指的是古代官员绣着蟒蛇形状的红色礼服，例（25）中的"御袍红"指的是皇帝御赐新科状元的红色礼服，象征着高贵的地位，译文中分别用"a crimson robe"（指一件深红色的礼服）和"the official dress"（指正式或官方的服饰）来表达，没有体现出"高贵"的含义；例（26）"第一红"指的是皇帝钦点某人为第一甲第一名状元，译文中用"the most successful candidate"（指最成功的应试者）比较好地表达了这个意思。

（四）其他

以上三类是"红"在戏剧唱词中比较常见的意象，此外还有一些别的意象，我们看下面的例子：

（27）〔红衲袄〕贴：小姐，再不叫咱把领头香心字烧，再不叫咱把剔花灯红泪缴，再不叫咱拈花侧眼调歌鸟，再不叫咱转镜移肩和你点绛桃。《牡丹亭·闹殇》

　　To burn the incense sticks,
　　Removethe candle drips,
　　Entice the whistling birds,
　　Or paint your tender lips.

（28）〔太师引〕生：姐姐呵，误了你半宵周折，累了你好回惊怯。不嗔嫌，一径的把断红重接。《牡丹亭·冥誓》

　　My dear sister,
　　The nuns distressed your mind
　　And brought you such a fright.
　　If you leave the woes behind,
　　We'll start the game again tonight.

（29）〔不是路〕外：休惊惧。夫人，吾当走马红亭路；你转船归去、转船归去。《牡丹亭·移镇》

　　Do not fear,

My lady,

I'll go by land.

You just turn back,

Turn back.

例（27）的"红泪"指的是红烛燃烧时滴落的蜡点，译文用"the candle drips"来表达是非常正确的；例（28）的"断红"指的是一件完整的事情由于意外而中断，译文中用"the game"来表达也很恰当；例（29）的"红亭"指路途中行人休憩、送别之处，那么"红亭路"应该是一条陆路，因而译文中"by land"的翻译也很好。

四　汪本译文的评介与新思路

（一）汪本译文的评介

汪本译文的成功之处在于他不拘泥于字面意思的翻译，采用句法和词汇上变通的手法忠实而又灵活地表达出了原著的本义。首先是句法翻译的灵活性，汪本《牡丹亭》对"红"及含"红"词语的翻译不拘泥于原文，针对英语句法自身的特点在尊重原著的基础上进行了创造性的灵活运用。其次是意译的生动形象性，他在处理一些涉及文化的词汇时，采取意象创制（如例22）和熟语运用（如例14）等方式进行英汉意义的巧妙转换，取得了不错的翻译效果。最后是译文的准确性，原著的字面意义基本都翻译出来了。

汪本译文的缺憾，笔者认为主要有两个方面，一是唱词的意境仍未能很好地翻译出来，二是词汇的使用理据没能很好地翻译出来。意境的重要性不言而喻，我们常常认为特别有意境的东西，特别美的东西，如果翻译的时候丢失了，读者便不能真切地体会出作者的体会，那么内容失真、审美价值减弱、传播效果不明显等一系列负面的东西就会凸显出来。唱词中很多词汇是体现了中华文化的，而中华文化也正是美国的学者和大众所热切关注的，我们翻译工作如果不能有效地将这些内容翻译出来，那么应当说是有缺憾的。举个例子，为什么"红袖"和"红颜"隐喻女子的认知过程中，"红"究竟有什么样的作用，这就是词汇的使用理据。我们如果只局限与词汇字面意思的翻译，而忽略了词汇使用理据的翻译，那么唱词的审美功能就大打折扣了。

（二）新思路初探

意境的翻译是一个极高的技术要求，而意境翻译的前提是必须将词汇的使用理据译出来，让我们回顾文中第三部分所举的例子，如图 1 所示：

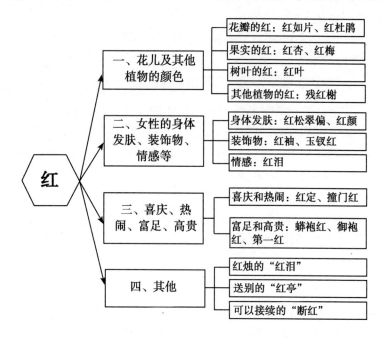

图1　"红"及含"红"词语的相关意象

"红"在表示"花儿及其他植物的颜色"的词语中使用时基本上属于"译"的范畴，因为该意象图式在世界各民族之间都是互通的；"红"在表示与"女性身体发肤、装饰物、情感"和"喜庆、热闹、富足、高贵"的词语中使用时，属于基本可"译"的范畴；"红"在与图1中"其他"类的词语中使用时，需要仔细斟酌判断，有的属于基本可"译"的范畴，有的则可纳入"不译"的范畴。我们重点关注的是第一类，即属于基本可"译"范畴的含"红"词汇，比如"红颜"、"红袖"、"红定"、"第一红"等，笔者认为，这些词汇的释义如果加上一些文化脚本（cultural script）的说明，在一定程度上能实现这些文化词汇内容的充分描写，"红"的文化脚本的大致思路如下：

（1）所有人都知道：

a：花儿的颜色在大部分情况下是红色的

b：花儿在开始绽放到凋谢之前的红色最鲜艳

（2）因为作者认为：

c：我知道"红"还能表达除了花儿颜色以外的内容（比如女性、喜庆

和富贵）

　　d：我想用含"红"的这些词去表达这些内容

　　e：因为如果这样说了，读者将不得不按照我的意思去理解这些内容

　　f：我希望这样

　　（3）如果我这么做了，读者会认可并且欣赏

　　那么"'红袖'表示女子"＝

　　（1）所有人都知道

　　a：女人们都喜欢花儿

　　b：花儿通常是红色的，红色是美的，女人爱美

　　（2）我认为：

　　c：我看到了红色的衣袖，说明这里有人

　　d：因为是红色的，这个人应该是女人

　　e：我用"红袖"表达了我所看到的东西

　　（3）我这么做了：

　　f：读者会理解，并认为这种措辞文雅

　　同样，"'第一红'表示状元"＝

　　（1）所有的人都知道

　　a：中国皇帝办公用的是红笔

　　b：科举考试的第一名是皇帝钦点的

　　（2）我认为

　　c：只有在特定的情况下，一个人的名字才会用红笔写

　　d：我认识一个科举考试第一名的人，我知道他的名字曾经被皇帝用红笔写过，

　　c：我用"第一红"表达了我所认识的这个人

　　（3）我这么做了：

　　f：读者会理解，并认为这种措辞文雅

　　读者有了对以上比较简单易懂的脚本的理解，就会知道这里为什么会用"红"以及含"红"词语，并可以在其他剧本中进行验证，比如例（30）中所举的汤显祖另一著名剧作《邯郸记》中的"红妆"也指女子。

　　（30）［集唐诗］不羡名公乐此身，风光别似武陵春，百花仙酿能留客，一面<u>红妆</u>恼刹人。《邯郸记·赠试》

Miss Cui："You enjoy your life ignoring frame,

Lu Sheng：As I enjoy Utopian life here best.

Miss Cui：with flower-brewed wine to entertain the guest,

Lu Sheng：Ihave a fairv beautv to my claim."[11]113

有了对词汇使用理据的文化脚本注释，才能使唱词意境的翻译成为可能。关于意境的翻译，由于篇幅限制，将另文探讨。

五　结语

我国古典戏剧作品的英译工作是艰难的，本文尝试性地探讨了唱词中的一个词"红"，就已经发现了不少棘手的问题，更何况其他诸如戏剧的宾白、诸宫调、曲牌的翻译工作。但戏剧在美国传播中，译文最好要不断接近"译"的境界，这样美国热爱戏剧的学者和大众才能真正做到"不隔"，真切体会到我国古典戏剧作品的美。只要我们坚持不懈地努力，我相信能实现这个目标。

参考文献

曹广涛：《英语世界的中国传统戏剧研究与翻译》，广东高等教育出版社 2009 年版。

陈伟：《西方人眼中的东方戏剧艺术》，上海教育出版社 2004 年版。

郭英德：《北美地区中国古典戏曲研究博士学位论文述评（1998—2008）》，《文艺研究》2009 年第 9 期。

郭英德：《"中国趣味"与北美地区中国古典戏曲研究》，《戏剧艺术》2010 年第 1 期。

刘珺：《中国戏曲对外传播的跨文化障碍》，《中国戏曲学院学报》2010 年第 2 期。

施叔青：《西方人看中国戏剧》，人民文学出版社 1998 年版。

（明）汤显祖著：《牡丹亭（The Peony Pavilion）》，张光前译，旅游教育出版社 1994 年版。

（明）汤显祖著：《牡丹亭（The Peony Pavilion）》，汪榕培译，上海外语教育出版社 2000 年版。

汪榕培：《英译〈邯郸记〉研究》，《锦州师范学院学报》2003 年第 1 期。

王国维：《人间词话》，吉林文史出版社 2007 年版。

Cyril Birch, *Anthology of Chinese Literature*（Volume Two），Grove Wiedenfeld, 1972.

The Linguistic Approach of Chinese
Classical Drama transmission
in The United States

Abstract: Drama text reading is a big problem in United States' Chinese classical drama study. The job of drama text translation needs to be optimized. THE PEONY PAVILION is a world famous Chinese drama created by Tang Xianzu in Ming dynasty, from which we extract 38 sentences containing color word "red". Meanwhile we compare the 38 chinese sentences with Mr. Wang Rongpei (2000)'s translations, we try to discover and conclude a number of rules and advantages. The further efforts in drama libretto's translation are vocabulary use's motivations and artistic conception's reappearance. Cultural scripts and their applications could help accomplish this task.

Key words: Chinese classical drama; the United States; THE PEONY PAVILION; translation; "Red"

初、中级泰国学生汉语状语语序习得过程的个案研究[*]

张晓涵　徐彩华　冯丽萍

（北京师范大学汉语文化学院）

摘要：汉泰状语语序同中有异，是泰国学生汉语学习中的难点，即使高年级学生也常出现错误。本研究对初、中级泰国学生状语语序的理解和排序作业进行为期半年的追踪研究（连续五次取样），发现四种不同的进步模式。结果表明，单项状语语序比较容易掌握，而双项和三项状语语序则有易混淆和反复、不易巩固的特点，容易出现"化石"化的现象，应该引起教学界的注意。

关键词：泰国学生；汉语；状语；习得过程

汉语和泰语同属汉藏语系，从语言形态来看，二者都是孤立语，依靠语序和虚词等语法手段表现意义，所以语序在汉语和泰语中都非常重要。两种语言的基本语序都是 SVO，不同在于修饰语和被修饰语的顺序。汉语的修饰语成分一般放在被修饰语之前，而泰语则部分在前、部分在后，与汉语语序的对应关系非常复杂。所以状语语序是泰国学生汉语学习中的难点之一。即使到了中、高级阶段，学生仍然时常造出："我教汉语在曼谷"、"我和我的朋友傍晚去玩公园常常"这样的句子。

显然，泰国学生汉语状语学习的困难来源于于语言间的差异，属于系统性的语言学习难点。如果学习者不从根本上意识到汉语语序特点，重设符合汉语状语特点的语序参数，其错误会极其顽固，出现"化石"化现象。因此本文提出泰国学生汉语、状语学习问题，首先从语言对比角度分析其困难成因。然后进行个案研究。对零起点、学习半年（初级上）、一年（初级下）、一年半（中级上）共四个水平的八名学生（每个水平两名）进行为期

　＊　本研究受"中央高校基本科研业务费专项资金"资助，通讯作者徐彩华，xchua@bnu.edu.cn。

半年的追踪研究，每个学生取样五次，观察其状语习得的历程，总结其学习中的共性。最后提出教学建议为教学服务。

一　汉泰状语语序对比分析

语序指的是语言单位排列组合的先后次序。在不同的语言里，语言单位排列组合的次序可能相同，也可能不相同。泰语属于侗傣语族。汉语和泰语同属汉藏语系，都属于孤立语，缺乏严格意义上的形态标记，在句法结构中主要通过词序和虚词等语法手段来表示语法意义，所以语序的排列在汉语和泰语中都具有重要的语法作用。在这一方面，汉语和泰语基本相同，而且汉语和泰语的基本语序也都是"S＋V＋O"，这对泰国学生来说也并不困难。但值得注意的是，汉语中各类定语、状语等成分的顺序比较复杂，其中状语的顺序尤为复杂（金立鑫，1988），这对泰国学生来说是有困难的。

状语跟中心语的位置关系以及多项状语排列的先后次序的不同是汉泰两种语言语序差异的突出表现。汉语里修饰成分位于被修饰的中心语之前，而泰语的修饰语却部分放在所修饰的中心语之前，部分放在后面。此外，由于泰语缺少动补结构，表示修饰、限定性的状语一般都在中心语之后，其中包括说明动作结果和状态的词语，因此这些泰语中语序位于中心语后的成分翻译成汉语时有些需要有语序的变化，有些不需要，这就成为了泰国学生汉语状语语序学习中的难点。

陆丙甫（1993）利用"轨层理论"从状语与动词语义结合紧密度方面对 11 种语言的状语顺序进行排序。这 11 种语言是汉语、英语、日语、朝鲜语、巴斯克语、加塔卡禄语、希伯来语、俄语、葡萄牙语、越南语和约罗巴语。每种语言中，他都对 5 种状语成分与句子的动词 V 之间的距离关系进行描写。这 5 种状语是方式状语（M）、工具状语（I）、处所状语（L）、时段状语（D）、时点状语（T）。他发现 11 种语言中，五类状语相对于句子中的动词，各自处在特定的轨道中，各轨道间保持着一定的距离，轨道的排序依据与动词距离的远近关系依次为：T、D、L、I、M，它们所构成的轨层结构如下：

TDLIMV（日语、朝鲜语、巴斯克语），*TLIMVD*（汉语），*TDMVIL*（加塔卡禄语）

TDVMIL（希伯来语），*TVMILD*（俄语），*VMILDT*（英语、葡萄牙语、越南语、约罗巴语）

陆丙甫依据这些考察结果，提出了存在于人类语言中一种普遍的语序共性规则，并利用"语义靠近理论"解释轨层结构的制约原则。"语义靠近理论"是指在语义关系上越紧密的成分，在句法位置上也越靠近。从上面的语序规则看，最靠近核心内层的是方式状语（情态状语），因为它与动作本身关系最密切，二者一般无法分割；情状之外的是工具状语，因为对于动作而言，工具比情状是外在的；工具之外的是地点，地点比工具更是外在的；在时点和时段的关系上，时段是动作所耗费的时间，而时点是动词发生时的参照时间，所以时段是比时点与动词核心关系更为紧密的单位。

根据陆丙甫的理论，汉语多项状语的排列顺序是 T—L—I—M—V—D（即时点状语—处所状语—工具状语—方式状语—动词—时段状语）。有研究者（颜雪云，2009）按照陆丙甫的理论，对泰语状语的排列次序进行分析，发现泰语状语的排列次序是 T—I—V—M—L—D（即时点状语—工具状语—动词—方式状语—处所状语—时段状语）。根据这种理论可以清晰地发现，处所状语（L）、方式状语（M）在泰语中都位于动词后，在汉语中却位于动词前。显然，这种语言间的语序差异容易导致学生出现系统性偏误。在下面的个案跟踪研究中，我们的测查语料以这两类状语语序为主。

二　个案追踪研究

1. 研究对象：个案调查的对象为北京师范大学泰国留学生，有 100、101、102、201 四个水平，每个水平选两名学生进行一学期的个案跟踪调查。其中 100 是零起点学生，101 是初级上水平，102 是初级下，201 是中级上水平。8 名个案调查对象中 6 名女生，2 名男生。8 名学生来华学习汉语的主要动机是就业需要、升学需要。从调查开始到结束时，共进行了 5 次调查。为便于描述，将这 8 个人计为 100A、100B、101A、101B、102A、102B、201A 和 201B。

2. 取样时间：从 2011 年 3 月 27 日开始至 5 月 31 日结束，共取样五次。第一次 3 月 27 日；第二次 4 月 10 日；第三次 5 月 4 日；第四次 5 月 20 日；第五次 5 月 31 日。

3. 调查问卷：根据理解和生成两方面形成句法判断、排序两个类型的测查题，100 水平各有 10 个句子（单项状语 4 句，双项状语 6 句），共 20 个句子。101—201 水平增加 4 个三项状语理解、4 个三项状语排序，各 14 个句子，共 28 个句子。句法判断题是给出状语语序违反的句子，让学生判断其是否正确，如：

Wǒmen　　yào　　tīngxiě shēngcí míngtiān

我们　　要　　听写　生词　　明天。（　　）

排序题让学生对词语进行排序，考查学生在这种半自然状态下汉语状语的产生情况。

例如：*xuéxí　fǎguó wǒ　fáyǔ zài*

学习　法国　我 法语　在　　排序：＿＿＿＿＿＿＿＿＿＿＿＿

每次调查需要 30—40 分钟，A 学生先进行排序，后进行判断，B 学生相反。每名同学调查后获得一份礼品。测查的间隔比较长，因此使用相同的问卷，但每次测试时题号顺序有所改变。

4. 调查结果：100、101、102、201 四个水平学生的正确率分别见表1—表4。

表1 为零起点的两名学生的成绩。100 A（女）和 100 B（男）都是零起点开始在北师大学习汉语的，来中国以前没有学习过汉语，学习目的是帮助家族企业发展。

从表1 可知，学生 A 对单项状语的理解是徘徊反复型的，在 60% 左右徘徊了很长时间，然后有个小的进步，但又回落，其双项状语的理解也有同样的特点，进步困难且容易回落。学生 B 则不同，在单项和双项状语的理解上都呈现前弱后强、"稳步进步"的特点。虽然也有小波动，但是又能迅速达到比较高的水平，属于扎实进步型。

在排序方面，学生 A 也体现出徘徊反复的特点。刚开始还好，然后就进入了混淆状态，几次反复，进步态势一直不稳定。学生 B 则是缓慢，扎实进步。

表1　　　　　　　　零起点学生（100）A、B 的调查结果正确率

	第一次		第二次		第三次		第四次		第五次	
	A	B	A	B	A	B	A	B	A	B
单项理解	62%	50%	62%	75%	66%	100%	75%	100%	50%	100%
双项理解			58%	83%	50%	100%	75%	91%	58%	100%
单项排序	75%	100%	37%	100%	58%	100%	63%	87%	24%	91%
双项排序			8%	50%	39%	83%	42%	91%	33%	83%

表2 为初级上两名学生的成绩。101 A（女）和 101 B（女）来中国以

前没有学习过汉语，在调查开始时已经在北师大汉语文化学院 100 水平班学了一个学期，学汉语的主要目的是找工作。

表 2　　　　　　　　初级上（101）学生 A、B 的调查结果正确率

	第一次		第二次		第三次		第四次		第五次	
	A	B	A	B	A	B	A	B	A	B
单项理解	100%	100%	100%	100%						
双项理解			83%	75%	100%	100%				
三项理解			87%	75%	100%	87%				
单项排序	100%	100%	100%	100%						
双项排序	75%	83%	67%	91%	83%	83%	83%	91%	75%	83%
三项排序			100%	87%	75%	63%	75%	63%	63%	87%

从表 2 可知，两名学生的单项理解都很好，双项和三项状语的理解则呈现起点比较高，一开始就达到 80% 以上的正确率，随后稳步上升，呈现稳健的进步。排序方面，两名学生单项排序都比较好，双项和三项排序则在 70%—80% 之间都出现波动、反复，没有稳定下来。其中，学生 A 曾经第一次在三项排序中成绩非常好，随后就下降到 70% 的区间进行波动。

表 3 为初级下两名学生的成绩。102 A（女）来中国之前学过一段时间汉语。且在来北师大之前，在南方一所大学学习汉语一年，来到北师大后通过分班考试编入 102 班学习。学习目的是取得汉语言本科学历，以便进一步深造。102 B（女）来中国之前没有学过汉语，在北师大 100 和 101 班学习了两个学期，目的是找到理想的工作。

表 3　　　　　　　　初级下（102）学生 A、B 的调查结果正确率

	第 1 次		第 2 次		第 3 次		第 4 次		第 5 次	
	A	B	A	B	A	B	A	B	A	B
单项理解	75%	100%	50%	75%						
双项理解			58%	100%	58%	83%				
三项理解			87%	100%	50%	87%				
单项排序	50%	100%	62%	87%						
双项排序	50%	100%	33%	75%	41%	91%	66%	75%	66%	83%
三项排序			37%	37%	50%	62%	50%	87.5%	63%	87%

　　从表 3 可知，学生 A 的单项理解就不太好，双项和三项理解也都不太好。学生 B 则是有"高开中走"的态势，刚开始几种理解都很好，达到 100% 的正确率，然后就下降，开始波动。在排序方面，学生 A 单项、双项、三项排序都不好，达不到 80% 的正确率。而学生 B 则在单、双项排序上继续呈"高开中走"的态势，而在三项排序方面呈现稳步上升的态势。

　　表 4 为中级上两名学生的成绩。201 A（男）、201 B（女）来中国以前都没有学过汉语，在北师大 100 开始学习，连续学习了三个学期后上 201。学习目的是找到更好的工作。

表4　　　　中级上（201）学生 A、B 的调查结果正确率

	第1次		第2次		第3次		第4次		第5次	
	A	B	A	B	A	B	A	B	A	B
单项理解	100%	87%	100%	100%						
双项理解			83%	91%	100%	83%				
三项理解			87%	87%	87%	75%				
单项排序	100%	100%	100%	100%						
双项排序	75%	83%	100%	91%	91%	83%	58%	91%	83%	83%
三项排序			75%	75%	87%	37%	25%	50%	62%	50%

　　从表 4 可知，学生 A 的单项理解非常好，质量很高、很稳定。双项理解有一些进步，三项理解徘徊在良好水平。学生 B 的单项理解逐步进步，双项和三项则都有在中高水平徘徊、略微下降的趋势。排序方面，学生 A、B 的单项排序都非常好，一开始就达到了比较高的水平，并且很稳定。而双项和三项排序则是出现明显的"U"字曲线，有一个明显下降，然后缓慢再次上升的时期。

　　纵观四个年级中正确率的发展态势，可以发现以下重要现象：

　　1. 从五次测试正确率的进步模式看，各个年级间、各个被试间的差异是明显的。有些学生的进步方式更单一，理解和生成、单项和双项之间的进步模式都比较类似（如 100A、100B、102B）。有些学生的单项状语与双项、三项状语之间，状语理解和生成之间都出现一定程度的分离，呈现多样化的特点。总的来看，八个学生的理解和生成成绩有以下四种进步模式：

　　"稳健进步型"，从低到高，或者从中高到更高稳步进步。100B 是其中的典型，其次，101 水平两位被试的理解作业也体现出这种特点。

"徘徊反复"型，有时在低水平徘徊，没有明显的进步。这其中的典型是100A，不论是理解还是排序都有反复、徘徊的特点；有时也会在中高的水平上徘徊、反复，例如101A的双项排序、三项排序都波动、反复。

"高开中走"型，第一次测试时非常好，但随后就有些犹豫和混淆，产生波动。102B是其中的典型，理解和生成都如此。

典型的"U"字曲线型，经历了由高到低或者由中高到低再缓慢上升的过程。201A、201B的双项、三项排序都如此

2. 理解成绩和排序成绩有一定关联，通常理解好的同学排序成绩也比较高。理解差的学生，排序成绩也比较差。

3. 单项状语理解成绩最好，而且与双项、三项状语理解和生成成绩有一定分离。首先，可以出现单项成绩好，但双项、三项成绩差的现象。但绝不会出现相反——双项、三项好而单项差的现象。其次，双项和三项成绩有一定关联。通常双项好，三项就好。双项波动时，三项就有波动。

三　难点成因分析

学习第二语言时，学生有时会出现顽固性错误，很难纠正。这种"化石化"现象的成因很复杂，有些来源于目的语本身逻辑上的复杂度，在各种语言中都如此。例如复杂反问句、双重否定句的学习，等等。有些"化石化"现象则来源于语言间的系统差异。泰国学生汉语状语语序的学习困难属于后者。首先，泰语中处所状语、方式状语位于动词后，在汉语中却位于动词前。如果学生对此差异不敏感，那么就会频繁地出错、反复错误。其次，即使学生意识到了汉语语序与泰语的不同，但如果对具体的状语位置认识不清晰、不确定，那么在语言产生的过程中也不能对语序参数进行重设，会出现犹豫不定、随意安排语序的错误。

根据乔姆斯基的深层语法理论，所有人都遗传了一套语言的普遍原则和参数，人类所有的语言都是由这两种成分构成的。其中普遍语法中的"原则"是恒定不变的，适用于所有的语言。"参数"则是由有限的数值构成，不同的参数设置形成了语言间的差异。母语学习者通过学习母语建立了学习者语言习得的"初始状态"，根据语言输入建立了语言的原则和参数，实现所谓的"稳定状态"。在学习第二语言时，学习者会调整参数去适应新的语言。

在第二语言习得研究中，目前对于部分参数需要重设有着广泛的认同，

有争议的是如何理解和解释这种参数重设。有研究者认为参数重设的困难很大，几乎是不可能的；有人认为是可能的。持后一种观点的学者占多数。例如，怀特（White）在1985、1986年进行了两项研究，通过考察代词脱落问题发现二语学习者必须重设语言参数。他们要求以英语为第二语言的西班牙、法国、意大利学习者对英语句子进行句法合法性判断（包括省略代词主语的句子、主谓顺序倒置不合语法的句子、带"that"语迹的句子）。其中，西班牙语和意大利语为代词脱落语言，法语和英语则是非代词脱落语言。结果表明，西班牙语和意大利语组更倾向于接受那些无主语的句子，而且比法语组被试更容易接受带"that"语迹的句子。上述现象表明西班牙和意大利学习者容易受母语影响。但与此同时，该研究也发现三组被试在主谓倒置的句子判断上差异并不明显，而且随着被试总体水平的提高，语法判断的正确率也逐步提高。因此怀特提出学习者在初级阶段采取母语参数设置的策略，第二语言输入材料并不直接对第二语言学习者产生作用。但是随着学习时间的延长，第二语言学习者会成功地进行第二语言参数的重设。

弗林（Flynn，1996）指出在很多研究中，第二语言学习者都可以成功地对第二语言的参数进行重设。比如在不同类型的语言中，中心语的位置是不同的，有的语言是"中心语前置（head initial）"，如英语；有的语言是"中心语后置（head final）"，如日语。例如：

the girl with blue trousers.（名词短语），hit the girl（动词短语）

日语中 E wa kabe ni kakatte imasu，（picture wall on is hanging）

中心语位置的变化就构成了短语结构中的"中心语参数"。研究表明英语为第二语言的日本学习者不仅能够成功地重新设置"中心语参数"，实现由日语的中心语后置到英语的中心语前置的参数重设，而且能够运用在日语中不起作用的一些原则，如"毗邻原则"（subjacency principle），即在运用英语时能够正确地将"wh－短语"移位到句首。另外，日本学习者还能够成功地习得日语中不存在的一些功能语类。因此，弗林认为，"第二语言学习者的确可以在普遍语法限定的条件下构建新目的语的语法。目前经过仔细考查的那些普遍语法的原则表明，即使是在母语中未显现或未使用的原则在第二语言中仍然可以起作用，事实上第二语言学习者是可以习得的。"

从本追踪研究结果看，泰国学生状语语序参数的重设具有很强的个体差异。学习能力强的学生（如100B），经过短暂的学习即能意识到新语序的特点，在语序理解方面（单项和双项）达到比较高的正确率并且表现比较稳定；在产出方面，单项产出也能达到比较高的正确率，只是双项产出还不太好，说明其语序参数基本上实现了重设，只是在更为复杂的双项状语排序时有困难。相反，学习能力弱的学生（如 100A）则是单项和双项理解和产出上都有很强的起伏、徘徊，很难达到 85% 以上的正确率，说明其对语序差异的意识不够，不能实现参数的重设。另外，在初级上、下和中级上这么漫长的期间，很多学生都会在双项和三项状语的理解和排序中出现"高开中走"，甚至"U"形曲线。这两种进步模式都体现了学习者刚开始接触时似乎还清楚，但是接触越多越容易混淆和犹豫，需要更长学习时间才能澄清混淆，达到更高的成绩。此现象说明双项和三项状语的理解和排序确实是泰国学生的难点。

另外，从状语语序理解和生成的难度上看，单项理解和单项排序到双项、到三项，学生的作业成绩逐渐下降，此现象与其他研究者的一致（尉腊墩盖，2006）。其中，单项状语的理解具有风向标的性质，体现了对语序参数的意识；双项和三项成绩也有很大的关联，双项波动时三项成绩就波动。显然，单项状语由于其简单、单纯地突出了汉语状语语序的特点，因此能成为判断学生是否具有参数重设意识和能力的标杆。所有单项状语理解比较好的学生，其他的理解和排序成绩都要好一些。确实，如果最简单的单项状语理解都不好，那么其他更复杂一些的双项、三项理解和排序成绩就更容易波动、不稳定。

如果以单项状语理解和排序正确率达到 80% 为学生汉语状语语序意识基本建立的标志，那么显然，即使是 100 的学生，如果学习能力比较强，也能达到这个水平。然而泰国学生汉语状语语序学习的难点在于，即使是最简单的单项状语的理解和排序，在有一定学习经验之后，仍然达不到 100% 的完全正确率，而是会偶有反复，说明了母语习惯影响的顽固性。值得庆幸的是，大部分学生还是在高水平上偶有反复（正确率达到 80% 以上），可见参数的调整和重设是可能的，只是容易反复，而且个体差异大。另外，相比单项状语，双项和三项状语的语序学习显然要难得多，到了中级上仍然会出现"U"形曲线，这是教学中要注意的。泰国学生汉语状语学习的困难在学习早期体现为语序参数的重设，有一定学习经验后，主要体现为双项以及三项状语的理解和排序。

四　教学建议

从追踪研究结果看，泰国学生的汉语状语语序学习具有很强的个体差异，学习能力强的学生调整得快一些、语序参数重设能力强。学习能力弱的学生则很长时间都会意识不到语序上的差异，参数重设能力弱。对于有了一定汉语经验的学习者来说，其单项汉语状语的理解具有风向标的作用，体现了其对汉语状语语序的理解。如果此项理解得好一些，那么随后的双项和三项状语理解和排序就容易一些。因此，教学中教师要意识到泰国学生容易出现状语语序的错误、意识到学生的个体差异。对于学习能力差的学生尤其要重点关照，提示他们正确的状语语序，提升其语序参数重设的能力。对于已经有一定学习经验的学生，也要通过单项状语的练习来强化他们汉语状语语序的意识，并且适当进行双项和三项状语理解与排序练习，加强在实践中操作和运用的能力。

参考文献

金立鑫：《成分的定位和状语的顺序》，《汉语学习》1988 年第 3 期。

陆丙甫：《核心推导语法》，上海教育出版社 1993 年版。

尉腊墩盖：《泰国学生汉语多项状语习得过程考察》，硕士学位论文，北京语言文化大学，2006 年。

颜雪云：《汉泰状语的比较》，硕士学位论文，北京语言大学，2009 年。

Flynn，S.，"A parameter-setting approach to second language acquisition"，In Ritchie，W. and Bhatia，T.（eds.），*Handbook of second language acquisition*，San Diego：Academic Press，1996.

White，L.，"The pro-drop parameter in adult second language acquisition"，*Language Learning*，35，1985.

White，L.，"Implications of parametric variation for adult second language acquisition：an investigation of the pro-drop parameter"，In Cook，V.（eds.），*Experimental Approaches to Second Language Acquisition*，Oxford：Pergrmon，1986.

A Case Study on the Acquisition Process of Chinese Adverbs by Thai Students

Abstract：Chinese and Thai belong to the Sino-Tibetan language family. However, the usage of Chinese and Thai peaceful modifiers (attribute and adverb) is significantly different in word order of rank. The Chinese modifier is found in front of main word, but the modifier is placed behind the main word in Thai. Therefore, when Thai students study the Chinese modifier, they often have problems recognizing it, especially the adverb (the adverb order corresponding relations is more complex compared to the attribute), which makes learning Chinese difficult. This article conducted a case follow-up survey and interviews to observe the learning process of Chinese adverbs of Thai Students in basic, intermediate and advanced levels. The results showed that Thai students are able to re-set Chinese adverb parameter, although there is great individual difference. Meanwhile, while students are able to understand the simple Chinese adverb, they still have difficulties for the orders of dual-adverb and three-adverb

Key words: Chinese adverb acquisition; Thai students; Case sutdy